河南省"十二五"普通高等教育规划教材

新课程历史教学论

XINKECHENGLISHIJIAOXUELUN

王翠 主编

河南大学出版社
·郑州·

图书在版编目(CIP)数据

新课程历史教学论/王翠主编. —开封:河南大学出版社,2011.2
(2018.12重印)
ISBN 978-7-5649-0355-8

Ⅰ.①新… Ⅱ.①王… Ⅲ.①历史课－教学研究－师范大学－教材 ②历史课－教学研究－中学 Ⅳ.①G633.512

中国版本图书馆 CIP 数据核字(2011)第 002838 号

责任编辑	张　珊　冯田芳
责任校对	张　珊
封面设计	马　龙

出　版	河南大学出版社		
	地址:河南省开封市明伦街 85 号	邮编:475001	
	电话:0378-2825001(营销部)	网址:www.hupress.com	
印　刷	北京虎彩文化传播有限公司		
版　次	2011 年 2 月第 1 版	印　次	2018 年 12 月第 2 次印刷
开　本	787mm×1092mm　1/16	印　张	23
字　数	545 千字	定　价	49.00 元

(本书如有印装质量问题,请与河南大学出版社营销部联系调换)

目 录

前 言 ……………………………………………………………………………… (1)

教 师 篇

第一章 历史教师的角色定位 ……………………………………………… (3)
    第一节 教师角色的历史演变 …………………………………………… (3)
    第二节 新时期历史教师的角色定位 …………………………………… (8)

第二章 历史教师专业化发展要求 ……………………………………… (17)
    第一节 历史教师素质结构要求 ………………………………………… (17)
    第二节 历史教师教学行为要求 ………………………………………… (23)
    第三节 历史教师专业化学习与进修 …………………………………… (25)

课 程 篇

第三章 历史课程的功能与目标要求 …………………………………… (33)
    第一节 历史课程的地位与功能 ………………………………………… (33)
    第二节 历史课程目标的沿革与发展 …………………………………… (36)
    第三节 新时期历史课程目标与要求 …………………………………… (39)

第四章 历史课程标准与教学原则 ……………………………………… (53)
    第一节 历史课程标准 …………………………………………………… (53)
    第二节 历史教学原则 …………………………………………………… (68)

教 材 篇

第五章 历史课程资源 …………………………………………………… (75)
    第一节 历史课程资源的概念与种类 …………………………………… (75)
    第二节 历史课程资源的开发与利用 …………………………………… (80)

第六章 历史教科书 ……………………………………………………… (86)
    第一节 历史教科书的历史沿革 ………………………………………… (86)
    第二节 新课程历史教科书的特点与结构 ……………………………… (90)
    第三节 历史教科书的功能与应用 ……………………………………… (102)

学 习 篇

第七章 历史学习的基本概念和理论 …………………………………… (111)
    第一节 历史学习的基本概念 …………………………………………… (111)

第二节　现代学习理论及其教学意义……………………………………(121)
第八章　历史学习的指导……………………………………………………(128)
　　第一节　历史学习指导的意义和内容……………………………………(128)
　　第二节　历史学习方法的指导……………………………………………(131)

教　学　篇

第九章　历史教学内容的讲授艺术…………………………………………(147)
　　第一节　基本史实的讲授艺术……………………………………………(147)
　　第二节　历史概念的讲授艺术……………………………………………(152)
　　第三节　重点、难点的讲授艺术…………………………………………(156)
　　第四节　时间、空间的讲授艺术…………………………………………(159)
　　第五节　历史人物的讲授与评价…………………………………………(163)
第十章　历史教学环节的处理艺术…………………………………………(169)
　　第一节　导入新课的艺术…………………………………………………(169)
　　第二节　课堂提问的艺术…………………………………………………(173)
　　第三节　组织讨论的艺术…………………………………………………(176)
　　第四节　课堂小结的艺术…………………………………………………(178)
　　第五节　布置作业的艺术…………………………………………………(182)
第十一章　直观教具、板书与多媒体艺术…………………………………(186)
　　第一节　直观教具运用艺术………………………………………………(186)
　　第二节　板书设计艺术……………………………………………………(193)
　　第三节　多媒体与板书教学优势的整合…………………………………(198)
第十二章　历史教学语言艺术………………………………………………(203)
　　第一节　历史教学语言的意义与要求……………………………………(203)
　　第二节　历史教学语言的艺术表现………………………………………(205)
　　第三节　历史教师语言艺术的训练途径…………………………………(224)

备　课　篇

第十三章　备课概述…………………………………………………………(231)
　　第一节　备课的意义和要求………………………………………………(231)
　　第二节　备课的基本形式…………………………………………………(233)
　　第三节　备课的发展趋势…………………………………………………(237)
第十四章　课时备课的程序与内容…………………………………………(240)
　　第一节　搜集信息…………………………………………………………(240)
　　第二节　教学设计…………………………………………………………(243)
　　第三节　制订方案…………………………………………………………(248)
第十五章　说课与观课………………………………………………………(257)
　　第一节　说课………………………………………………………………(257)

第二节　观课……………………………………………………………(265)

评　价　篇

第十六章　历史教师课堂教学效果的评价……………………………………(273)
　　第一节　历史课堂教学评价的基本功能与原则……………………………(273)
　　第二节　历史教师课堂教学评价的标准与内容……………………………(276)
　　第三节　历史教师课堂教学评价的途径……………………………………(281)
第十七章　学生历史学业的检测与评定………………………………………(288)
　　第一节　历史学业测评的基本要求、内容与方法…………………………(288)
　　第二节　随堂测评与阶段测评………………………………………………(296)
　　第三节　测试命题的原则与设计……………………………………………(298)
　　第四节　评改方法与一般要求………………………………………………(303)

实　习　篇

第十八章　历史教育实习概述…………………………………………………(309)
　　第一节　教育实习的概念与特点……………………………………………(309)
　　第二节　历史教育实习的功能与作用………………………………………(312)
　　第三节　历史教育实习的任务与要求………………………………………(315)
第十九章　国内外教育实习状况与展望………………………………………(320)
　　第一节　国外教育实习状况…………………………………………………(320)
　　第二节　我国历史教育实习的发展状况……………………………………(322)
　　第三节　我国历史教育实习的改革趋向……………………………………(326)
第二十章　历史教育实习的模式与程序………………………………………(330)
　　第一节　历史教育实习模式的分类…………………………………………(330)
　　第二节　毕业实习的程序与内容……………………………………………(337)

后　记………………………………………………………………………………(357)

前　言

　　历史,是人类的集体记忆,而要保持这一记忆,唯有凭依历史教育。

　　历史学科教学论,作为历史教育研究的重要领域,早在上世纪初就在我国大中专历史教育专业以一门基础的应用理论学科而创设,经百余年的变革,始终立足于高校和基础教育的历史教学,致力于历史教育理论与实践研究,为国家培养了大批兼具教育理论素养与教学技能的中学历史教育师资和研究人才,在全面推进学校素质教育和精神文明建设中发挥了重大作用。随着本世纪初我国新一轮基础教育课程改革的进展,传统的历史学科教学论日益显现出教育理念陈旧、教学模式落后、偏重理论灌输、脱离中学实际、知识体系不完善、缺乏实践技能训练、忽视教育科研能力培养等弊端,直接影响了高校培养历史师资的水平,最终危害到基础教育历史教学质量的提高和自身改革力度的强化。如何适应新形势的要求,进一步推进历史学科教学论课程改革与创新,就成为发展高师历史教育的一项重要研究课题。这本《新课程历史教学论》就是作者在长期从事该领域教学实践和对新课程进行调研反思基础上的探索之作。2011年本书出版后,一直作为高校历史教育专业学生用书,受到广泛好评和同行们认可,并在多种教师职业培训中,也得到广大中学历史教师和教研员们的欢迎。

　　在当前我国新的课程改革形势下,基础教育历史教学取得了显著的成果,新的师生观、课程观、教学观的影响不断深入,新的课程标准、教育目标、内容体系、教学方式和评价方式等都发生了很大变化。历史教学的变革,必然促发历史教育研究的发展,历史学科教学论也应不断吸收和研究改革新成果、新问题,并在充实完善和发展自身体系的同时,能够给予基础历史教育更实际的指导。借本次该书作为河南省"十二五"规划教材重新修订之机,对书中部分内容做了补充和修改。全书仍坚持以素质教育思想和新课程理念为宗旨,坚持党的教育方针,全面贯彻立德树人和社会主义核心价值观,坚持高校与基础历史教育的衔接与综合性研究,追求一定的理论和使用价值。一方面,以基础教育历史新课程标准和改革特点为依据,对基础教育历史教学的重要理论和实践问题进行探讨,努力探寻新形势下的教育教学规律与方法,帮助解决实践中出现的实际问题;另一方面,在借鉴国内外最新研究成果的基础上,进一步探索高校历史学科教学论的课程体系及其实践模式,以求促动高师历史教育的改革与发展,这是编写此书的根本任务和宗旨。

　　本书在吸取以往同类书优点的基础上,努力对传统内容与框架有所突破和创新,在高师历史教育改革理念、教师教学方式转变、学生主体地位确立、教学过程与方法设计、教学内容建构、教学实践模式以及教学评价措施等诸多领域进行探索。面对当前信息时代和知识社会对人才发展的新要求,转变育人模式,实现从学科本位、知识本位到育人本位、学生素质发展本位转型的问题,围绕现行初、高中新课程标准和教材特点,及新时期历史学科核心素养教育目标的教学与评价等问题,该书做了新的补充和阐述。为体现教师专业化培养的新理念,针对国际上备受关注的师范生教育实习问题,本书则立足"大教育实习观",强调"教育实习"不再单纯是高师教育的一个"环节性"工作,而是贯穿整个师范生在校学习过程始终的"日常性"工作,是高师历史教育全部工作所赖以存在的核心与支柱。也正为体现这一理念,全书以实践探究为主线,根据教学内容,从简到繁,有针对性的设计了形式多样的实践体验活动,并将之纳入本课程考核体系,且制定了具体的考评办法。对毕业实习,特别是对毕业实习时间的确定、实习基地的建立、观摩见习的内容、教学实习的环节、调研实习的方法、实习论文的写作、实习考核的标准制定等重要的实习课题,也做了较为全面系统的论述与探索。

作为高校历史教育专业的教学用书,本书在内容及其呈现形式上努力赋予它教学的实用性、指导性和可操作性。内容涵盖面广,几乎囊括了基础历史教育教学的基本概念、基础知识和技能。全书以"教师"开篇,强调了师资建设是整个教育改革的核心理念。此外设计了"课程篇"、"教材篇"、"学习篇"、"教学篇"、"备课篇"、"评价篇"、"实习篇"等,共包含八个有机联系的篇章。每个篇章依据教师教学和学习者学习心理的需要,设计了若干新颖独特的栏目,如每篇有"学习内容与目标要求"、"学习重点与难点";每章有"导语"、"思考与探究"、"本章小结"、"课后练习"和"阅读参考";文中,还设有较多的"案例赏析"、"拓展链接"和"观点讨论"等。不同类型、生动活泼、启发探究的小栏目,既体现了内容学习的重点难点,有利于调动学习者参与学习的积极性,又有助于锻炼学习者思考探究与实践的能力,同时也便于该课程教师对教学活动的组织与安排。所以,本书既可作为高校历史教育专业学生研习之用,亦可作基础教育历史教师培训教材和历史教研人员工作参考用书。

历史是沧桑多变的,历史的教育教学活动,无论从任何角度审视也都无疑是博大精深和充满无限探究空间的,而作为培养历史教育师资的教学用书,自然也难以做到囊括巨细。但我们毅然愿以此书的有限水平和篇幅,为历史学科教学论的课程建设能够跟上形势、走向规范、形成影响,为基础历史教育培养出更多高素质研究型的师资人才,奉献上我们的绵薄之力!

只有尊重历史,才能客观认识历史!
只有热爱历史,才能更好传承历史!
只有研究历史,才能更大推动历史!

王 翠
2018 年 6 月于河南大学博雅楼

教师的职责现在已是越来越少地传授知识,越来越多地激励思考……他将越来越成为一位顾问、一位交换意见的参加者、一位帮助发现矛盾论点而不是拿出现成真理的人。他必须拿出更多的时间和精力去从事那些有效果的和有创造性的活动:互相影响、讨论、激励、了解、鼓舞。

教师篇

☞ 学习内容与目标要求

本篇主要探讨在新课程改革形势下中学历史教师的角色定位、基本素质、教学行为和专业发展要求。通过本篇学习,使学习者认识到:历史教师是历史教育的主要实施者,是完成历史教育教学任务最活跃、最积极的因素,对历史教育有着关键性的影响。因此,作为新课改下的历史教师,要彻底改变原来旧的教育教学观念,重新进行角色定位、调整素质结构和转变教学行为,进而引导学生学习方式的改善。这是新课程改革成功与否的重要标志,也是素质教育能否深入推进的关键因素。

☞ 学习重点与难点

重点:历史教师的角色定位、基本素质、专业发展要求。

难点:新时期历史教师教学行为中的角色转变。

第一章　历史教师的角色定位

导　语

"没有一流的教师,就没有一流的教育"。基础教育的发展取决于教师的素质,教师素质的高低关键在于教师教育,而教师教育的一个重要前提,就是要对基础教育中教师所扮演的角色有一个科学的定位。那么,在新时期,历史教师的角色定位是什么？如何在历史教学的行为中转变教师的角色呢？

思考与探究

❖ 传统教师角色教学行为表现及其成因是什么？
❖ 新时期教师角色的转变对推进素质教育有什么意义？
❖ 什么是教师专业化？新时期历史教师的角色定位是什么？
❖ 教师怎样才能成为学生学习的促进者、合作者？
❖ 新课程改革为什么要求教师成为课程教学的研究者和开发者？

第一节　教师角色的历史演变

角色,是一个人在社会群体中的身份以及与其身份相适应的行为规范。教师角色,是指教师在教学活动中由所处的特殊地位决定的行为模式。一定时代教师的角色定位是该时代社会、教育需要的集中反应,是该社会对教师素质要求的根本体现。教育是和人类社会同时出现的一种社会现象,纵观教育发展的历史,教师的角色定位经历了一个漫长的演变过程。

一、长者或劳动者

伴随着原始教育的萌芽,也就开始有了教师角色的人,即由长者或劳动者来充当。在原始社会,为了繁衍生息,年长一代把生活中积累起来的生产、生活经验和部落的各种行为方式、准则及风俗习惯等传授给年青一代,于是就有了人类最初的、萌芽状态的教育实践活动。梁启超在《中国历史研究法》中描述道:"当人类之渐进而形成一族属或一部落也,其部族之长老每当游猎斗战之隙暇,或值佳辰令节,辄聚其子姓,三三五五,围炉籍草,纵谈己身,或其先代所经之恐怖所演之武勇……历数代而未已。"在古籍中,也有不少关于原始教育的记载。如《韩非子·五蠹》载道:"上古之世……有圣人作,钻燧取火,以化腥臊,而民说之,使王天下,号之曰燧人氏。"这里反映了人类早期生活中使用火的现象,从火的发明到"炮生为熟"、"以化腥臊"、"令人无腹疾",有一个教的过程。《白虎通》中有:"神农因天之时,分地之利,制耒耜,教民农耕。"《孟子·滕文公上》中有:"后稷教民稼穑。树艺五谷,五谷熟而民人育。"这些记载反映了原始农作技术传授的现象。

在生产力极端低下的原始社会,教育并没有成为独立的社会活动而从社会生活和社会生产中完全分化出来。教学主体尚不固定,没有专门从事教育的人员(主要是部落氏族的首领、老人及妇女)和相对固定的教育对象;没有专门的教学内容、时间和场所,教育活动渗透或融合在生产和生活过程之中,带有偶发性和随意性。

二、有知识者

随着社会的发展,人类进入奴隶社会,剩余产品有了积累,生产和生活经验逐渐丰富,使一部分人可以脱离生产,去专门从事管理、研究与教育之类的脑力劳动或精神生产。统治阶级为了强化对劳动人民的统治,迫切需要有一定的机构培养本阶级的接班人和为其服务的官吏和知识分子。因此,学校产生了。教育实体确定、产生以教育活动为专门职能的教师;教育对象相对稳定;形成系列的文化传播活动,所传播的文化逐渐规范化;有了固定的活动场所和或多或少的设备;由此成为社会分工中的一个部门。① 夏代的学校,有"序"、"校"两种,商代甲骨卜辞中发现有"教"、"学"、"大学"等字样,都是学校教育的明证。西周以"学在官府"、"以吏为师"为教育制度的主要特征(欧洲中世纪则多以僧侣为师)。春秋时期,诸子百家兴起,私学出现,孔子首倡"有教无类"的思想,广收门徒,传授弟子。以孔子收徒办学为标志,开辟了中国教育史的新纪元。这些教师虽都是有知识、有文化者,但本身没有受过教学方面的专门训练,并且,无论是我国奴隶社会的"庠、序、学、校"以及封建社会的私塾、官学,还是欧洲中世纪的"学校",教师的主要职能都是传授政治和宗教思想、传播统治阶级意识形态及奠定一定的文化基础。他们按统治阶级意志教学,其主体能动性被严重压抑。古代教学主要采取个别教学形式,教学方法大多是"口耳相传"或"朗读背诵"。西方国家亦然。

三、知识传授者

随着工业化制度的建立,由于社会化大生产的需要,要求劳动者普遍具备一定的文化素养和专业技能,这便导致了普及教育和国民教育制度的建立。学校制度、课程设置、外部考试制度等措施应运而生,逐渐形成学校系统,教育越来越呈现制度化。教育不再是古代的教师随心所欲的活动,它已成为一项技术性、科学性很强的职业。一方面,教育规模扩大对教师的需求量激增;另一方面,学校和教师作为一种教育体制的代表,教育权归国家所有,教师不再代表他自己,教育已非私人之事,而是一种社会的事业。国家用法的形式规定了教师的资格、任免程序、聘用条件以及教师的权利与义务。由此,"教师从知识分子中游离出来,不再是让那些学术通人去兼任,尤其是在普及初等教育中,教师已成为一批人的固定职业"。他们的任务不再是去研究未知的科学领域,而只是传授知识者。教师所面对的一切都是规定好了的、教学内容是现成的,无须更改,只需要你去执行,教师的自

---

① 陈桂生:《教育原理》,华东师范大学出版社,1993年版,第45、75、50页。

主性完全被抛在了一边,而作为工具的价值却越来越被凸显了出来,教师成了单纯的教学执行者。

教师作为知识传授者,其教学行为表现为:(1)信息交流呈单向传输方式,即教师讲学生听;(2)教师在教学中单独拥有权力,学生则在教师的控制和监督下进行学习;(3)教学以知识传授为主,学生的情感、态度、价值观受教师关注不够;(4)教学目标、内容、方法、进程、结果和质量评定等,都由教师决定和负责,学生的任务和责任就是彻底的"应试"和接受评定。

教师知识传授者角色形成的原因大致有:(1)教师是唯一的知识拥有者,学生是知识的接受者;(2)以教师为中心、书本为中心、课堂为中心的教育理念;(3)应试教育——对提高考试成绩快,能完成既定教学任务;(4)习惯传承——过去教我的人都这样,大家也都这样;(5)简化的工作方式——省时省力,见效快;(6)教学条件——受班额、教具设备和教学资源的限制。

四、专业化教育者

自20世纪50年代开始产生的新技术革命,导致了社会生产技术和科学的迅猛发展,引起了知识总量的剧增,出现了所谓的"知识爆炸"现象。在教育上,一方面,表现为对教育需求量的增加、教育社会功能的多元化和促进经济发展功能的强化;另一方面,表现为要求教育培养出能适应且能推进时代变化与发展的人才。这种人才,是那种能运用学到的知识进行独立思考的人;能独立工作又能与别人合作的人;能做出关键性的判断、做出建设性贡献的人;是知识面广、见解深刻的人。这种人在整个生涯中,还得有继续学习的要求和能力。[①] 可见,新的时代产生了新的人才需求,使教师原有的角色定位发生了动摇,这表现在:

一是,教师即知识传授者的传统地位被动摇。现代科学知识量多且发展快,教师要在短短的几年学校教育时间里,把所教学科的全部知识传授给学生已成为不可能,而且也没有这个必要。科学家和教育家的最后对策是建议向学生传授科学知识的"基本结构",引导他们进行"发现式"的学习。

二是,教师作为学生唯一知识源的地位已经动摇。学生获得知识信息的渠道多样化了。教师在传授知识方面的职能也变得复杂化了,不再是只传授现成的教科书上的知识,而是要指导学生懂得从哪里可以获取自己所需要的知识,掌握获得知识的工具以及学会如何根据认识的需要去处理各种信息的方法。

三是,学生独立学习的能力日显重要。学校教育给予的知识已不足以供其享受终生。尽管"继续教育"、"回归教育"已迅速发展起来,但毕竟是有限的。更新知识主要还是靠个体的自我努力,这才是内在性的。因此,学生必须具有独立学习与创造能力、自主学习与自我管理能力、同他人合作与协调各方面力量的能力。

知识经济时代带来的教育的历史性变革,发出了对教师教育改革的强烈呼唤。教师

---

① 国家教育发展与政策研究中心:《发达国家教育改革的动向和趋势》第二集,人民教育出版社,1987年版,第277页。

角色的专业化已成当务之急。

所谓专业化(professionalism),指的是通过专门的培养机制和管理制度培养出来的具有职业的理想追求、理论武装、自觉的职业规范和高度成熟的技能技巧,有不可替代职业特征的"专业人"形象。教师专业化,就是要求改变"学者即良师"的传统观念。将教师看做与律师、医生具有同样性质的专门职业;将教师教育看做与文科、理科、工科同样性质的专门学科加以重视、研究和投入。教师有其专业的基本特征,教师不仅是知识的传递者,而且是道德的引导者,思想的启迪者,心灵世界的开拓者,情感、意志、信念的塑造者。其所从事的是提高人的素质、促进人的全面发展,为社会培养合格人才的事业。合格的教师必须经过较长时间严格的专业训练才能获得专业资格,同时对自己专业范围内的事务有比较大的自主权。

美国在20世纪70年代中期,提出了教师专业化的口号,以提高公共教育质量,推动教学成为真正的专业。1986年霍尔姆斯协会(Holmes Group)和卡内基教育促进会(Carnegie Forum)分别公布了《明天的教师》(Tomorrow's Teachers)和《国家为21世纪准备教师》(A Nation Prepared: Teachers for the 21st Century)两份报告,都明确提出了教师专业化的概念,并将其视为提高教育质量的必要途径。报告认为,教师教育的责任就在于造就训练有素的达到专业化标准的教师,以教师的专业化来实现教学专业化。自此,在美国掀起了教师专业化运动,并波及其他国家,形成了世界范围内的教师专业化热潮。在美国,人们已普遍认识到教学是使所有其他专业成为可能的重要专业,是形成今天教育和美国未来的专业。法国前教育部长若斯潘认为:"未来教师不再只是传授知识的先生,而应是引导各种学生完成学业的教育教学专家。"日本也普遍把教师职业作为一项具有专业性职责的工作。《国际教育百科全书》也指出:"如果当今和未来的教师能同社会上做出杰出贡献的人一样,享有同等的地位和声誉,他们一定是专职教师,他们的教育教学水平应该愈来愈同内科医生的教育相媲美。"在世界正朝向知识时代不断迈进的今天,教师的重要作用和中心地位逐渐凸显出来,重视教师专业化教育已成为世界各国关注的焦点。教师的角色定位已经突破了纯粹作为一门职业的范畴,而转变成为一种专业。教师专业化发展,不仅是保障和提升教师专业性的前提和有力措施,也是推动教育变革的关键。

随着我国社会主义市场经济体制的发展和社会对新式人才的需求,在进入新世纪之际,我国启动了有史以来规模最大的、全方位的基础教育新课程改革。新一轮的课程改革,要求教师的角色定位及课堂教学行为都必须发生新的转变,才能适应新形势的发展需要。在新课改背景下,"教师再也不是由专家编写的教科书的忠实执行者,而是与专家、学生及家长、社会人士等一起共同建构新课程的合作者;教师再也不是一种只知'教书'的匠人,而是一批拥有正确教育观念、懂得反思技术、善于合作的探究者"①。教师从单一角色走向了多元化角色的转变,由"传道、授业、解惑"者转变为知识的批判者、反思者和建构者;由课程的忠实执行者转变为课程的开发者、知识的建构者;由学生的"控制者"转变为学生的"引导者"、"促进者"、"合作者"。教师的课堂教学行为也随之从"以知识为本"向"以发展为本"转型:由重传递转变为重发展;由统一规格教育转变为差异性教育;由重教

---

① 钟启泉等:《基础教育课程改革纲要(试行)解读》,华东师范大学出版社,2001年版,第419页。

师的"教"转变为重学生的"学";由重教学的结果转变为重学习的过程;由单向信息交流转变为综合信息交流;由居高临下转变为平等融洽;由教学模式化转变为教学个性化。

在课堂上,课程知识大体由三个方面组成,①如下图中"A"代表教科书及教学参考书提供的知识,"B"代表教师个人的知识,"C"代表师生互动产生的新知识。

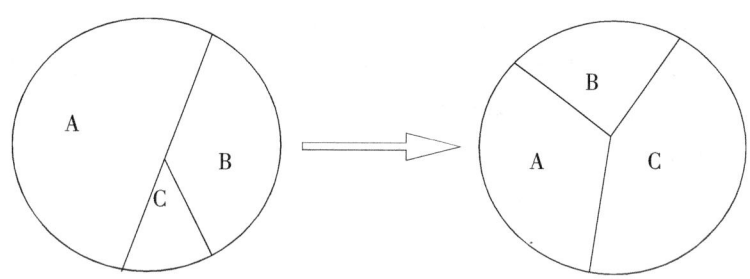

传统教学中,教师采用"结构式"、"封闭式"、"权力型"的教学方式,过重强调学生对教科书内容的记忆与内化。因而,A型知识占绝对优势,很少有B型知识产生,也几乎没有C型知识的生成。而在新课程的授受下,教师采取"非结构"、"开放式"的教学方式,特别注重学生的创新品质和创新能力。所以,A型知识的比例相对较少,而B+C型知识的比例较大。可见,新课程改变教科书一统课堂的局面,教师不再只是传授知识,教师个人的知识也将被激活,师生互动产生的新知识的比重大大增加。这种学习方式的改变,必然导致师生关系的改变,使教师长期以来高高在上的地位发生变化,教师从知识的权威到平等参与学生的研究,从知识的传递者到学生学习的促进者、组织者和指导者。

教师角色的转变既是时代的要求,又是新时期教育成功改革与发展的关键因素,同时也是教师自身专业发展的必经之路。

拓展链接

教师的角色转换及其对教师的职前教育和在职培训的影响
——国际教育大会第35次会议给各国教育部的建议书(摘录)

……

二、教师的作用

……

2. 各级各类教师和管理人员,应该知道在教育的现实状况及未来发展中他们自己所扮演的角色。他们应该懂得,他们的作用与职能不是使各种不变的教育类别凝固化,而是在社会和教育系统本身发生变化的影响之下促使教育发展。

3. 尽管各种不同的教育制度和师范教育组织遍布全世界,但是在某种实际意义上,仍普遍需要在国家政策和法规方面对教师的特殊任务和职能进行新的全民性的调查研究。这种包括教师自己参与的全民性分析,应当导致这样的结果,即以社会所赋予的作用和职能的明确规定,来为各类教师和其他教育工作人员树立职业形象。

---

① 新课程实施过程中培训问题研究课题组:《新课程与教师角色转变》,教育科学出版社,2001年版,第80页。

4. 应当采取措施保证各项条件的落实,帮助教师和未来的教师认识教师的角色转换,并为新的角色及其功能做准备。

(1) 今天,教师正利用一切现代教育手段和现代教育方法,越来越多地从事于新的教育程序。他们是试图发展学生能力与兴趣的教育者和顾问,而不仅仅是信息来源与知识传授者。教师在以科学世界观武装学生的过程中扮演着主要角色。

(2) 因为学校的作用不再局限于教学,教师除了教学职责之外,现在还必须与社区的其他教育力量合作,在为年轻人做好进入社区生活、家庭生活、生活活动等方面的准备,承担更多的责任。教师应有更多的机会参加各种课外活动和校外活动,以指导和帮助学生及其家长,并组织学生闲暇时间的活动。

(3) 作为专业人员和公民,作为发展与变化的执行人,作为被给予了可能性来实践其作用的执行人,教师必须意识到自己在社区中居于有影响的重要地位。

(4) 必须认识到,学校教育的效果在很大程度上依赖于师生之间新型关系的建立(他们在教育过程中成为了更活跃的合作者),依赖于教师同他们的同事,同其他可能的合作者之间的新型关系的发展,依赖于教师同学生的家长,同与教育过程有关的社区其他人之间的新型关系的发展。

……

第二节 新时期历史教师的角色定位

教师的角色定位,不仅意味着教师要以自己的角色作用体现新课程的有关要求,更意味着新课程对教师所抱的期望。作为新课改下的历史教师,承担着向学生传授历史知识和进行人文素养教育的重任,必须要适应新的课改形势,彻底改变原来旧的教育教学观念,重新进行角色定位。新时期历史教师的角色定位,可从以下五个层次进行系统分析,以把握其整体特征。

一、教师是学生学习的引导者

教育的本质在于引导,教师是学生人生成长的引路人。教师对学生引导的内容,不仅包括学习的方法和思维,也包括学习的态度情感和价值观。

(一) 引导学生的学习兴趣

"兴趣是最好的老师"。历史课是一门重要的人文学科,但多年以来,由于种种原因学生对历史学习兴趣并不高,直接影响了历史教育功能的发挥。因此,历史教学的首要任务就是要引导学生对历史学习产生浓厚的兴趣。培养学生历史学习兴趣的方法和途径有很多,最关键的有两条:一是教师教学要富有生动形象性,充满艺术感染力。教师要通过直观化教学手段,创设历史情境,改进教学活动,联系学生生活实际,增强学生情感体验,使教学过程充满情趣和活力。二是使学生不断取得学习上的进步和不断获取学习上的成功。学习上的最大兴趣莫过于不断获取学习上的成功,因为"成功的欢乐是一种巨大的情绪力量,它能够使学生产生好好学习的强烈愿望"。

(二)引导学生学会学习

引导学生学习,最重要的是指导学生学会科学的学习方法,使学生学会学习。古语说:"授人以鱼,可解一餐之饥;授之以渔,则可终身享用。"这不仅是完成教学任务、提高教学质量的需要,更是使学生将来走向社会,能够独立学习、进行创造性工作的需要。为此,历史教师应在课堂教学中,从偏重于知识点的学习中走出来,将学习历史、记忆历史的方法传授介绍给学生,尝试着让他们在学习、分析历史内容的过程中,掌握科学的历史思维方法。

(三)引导学生养成良好的学习习惯

良好的学习习惯对学生学习的影响是巨大的,它不是一朝一夕就能养成的,必须从小抓起,从平时抓起,常抓不懈。重点要培养学生养成勤于观察与探究、勤于思维与想象、勤于提问与质疑以及进行课外阅读、坚持有目的预习、有计划学习和及时复习、记忆等良好的学习习惯。

(四)引导学生形成良好的学习意志和探索品质

意志是成功的重要心理因素。如果没有明确的目标,没有敢于克服困难的信心和勇气,没有坚持不懈、刻苦努力的精神,没有坚韧不拔、顽强向上的毅力,学生的学习就不会搞好,其他事情也不可能做好。为此,教师必须注重培养学生学习的主动性、坚持性和自控力。学无止境,学习是一个不断发现问题、解决问题的探索过程。教师要培养学生的探索精神和探索品质,要教给学生科学的探究方法,使学生学会探究、乐于探究、勤于探究,还要引导学生不仅探究教科书上的问题,更要对自然、社会和生活中的问题进行探究。

二、教师是学生学习的促进者

教师促进者的角色,是指教师从过去仅作为知识传授者这一核心角色中解放出来,促进以学习能力为中心的学生整体个性的和谐与健康发展。这是教师角色特征的核心。教师促进学生学习,主要包括以下几方面工作:

(一)关注学生发展

传统教学以学科为本位,是一种"目中无人"的教学,突出表现为重认知轻情感、重教书轻育人。改革教学必须进行价值本位的转移,即由以学科为本位转向以人的发展为本位,服务、服从于人的全面健康发展。

一要关注每一位学生。教师要树立"教育是为了一切人的发展"的思想。每一位学生都是生动活泼的人、发展的人、有尊严的人,在教师的课堂教学理念中,每一位学生都是教师应该关注的对象。关注的实质是尊重、关心、牵挂,关注本身就是最好的教育。

二要关注学生的全面发展。"教育是为了人的一切发展",只关注"考试成绩"的教育是狭隘的,教师要关注学生的知识、技能、态度、情感与价值观,使学生得到教师全面的指导,以提高综合素养。

三要关注学生的长期发展。教师要关注学生近期、中期、远期的发展。关注学生终生学习的愿望和能力。

四要关注学生发展的需求。教师要关注学生不同需求和不同学生的需求,还要关注学生富有个性的学习,包括学习习惯、方法、态度、品质等,要给予学生学习的自主性,允许学生选择学习内容、途径和方法。

五要关注学生的生活经验。学生的生活经验是课程的重要组成部分,也是课程生成和发展的基础。学习不是简单的知识移植和传递,而是学习者主动地建构自己的知识经验的过程,学习者要将正式的知识与自己日常的直觉经验联系起来。缺少生活经验的课程,是不完整的课程。

六要关注学生的情绪生活和情感体验。教学过程应该成为学生的一种愉悦的情绪生活和积极的情感体验。学生对历史学习的态度是越来越积极还是越来越消极?学习的信心是越来越强还是越来越弱?这一切都必须为教师所关注。

七要关注学生的道德生活和人格养成。历史课堂不仅是历史知识传递的场所,更是人性养育的殿堂。教师不仅要充分挖掘和展示教学中的各种道德因素,还要积极关注和引导学生在教学活动中的各种道德表现和道德发展,从而使教学过程成为学生的一种高尚的道德生活和丰富的人生体验。这样,学科知识增长的过程,同时也就成为人格的健康与发展过程。当然,育人者必先育己,要求历史教师一定要加强自身修养,不断完善自己。

八要关注学生的心理健康。现代社会的竞争压力剧烈增加,人与环境冲突增多,使青少年面临着许多过去几代人未曾遭遇过的心理压力、心理冲突和困惑。对此,教师要从过去的"道德说教者"、"道德偶像"的传统角色中解放出来,成为学生健康心理和健康品德的促进者、催化剂,承担起学生心理保健医生角色的责任。不仅要排除学生心理的苦恼,解决其心理"病状",更要在日常教学和管理中,依照心理健康的原则,维护学生的自尊心,消除学生的紧张和焦虑,避免每个学生可能产生的挫折,满足他们的心理需要。

拓展链接

教师关注的阶段演变[①]

从教师关注的变化可以看到教师成长与发展的历程:

(1)"非关注"阶段。指进入正式教师教育之前的阶段。尽管后来做教师的人在此阶段很难说有从教意向,更没有专业发展的意识,但对后来从教的影响却不容忽视。这一阶段所养成的良好品格是教师成长中重要的生活基础。

(2)"虚拟关注"阶段。主要指师范学习阶段师范生的发展状况。因为这时的师范生所接触的中小学实际带有某种虚拟性。这种虚拟性主要问题是,师范教育没有形成教师专业发展的特定环境、是师范生的职业发展意识淡漠。

(3)"生存关注"阶段。这是初任教师阶段,在这个阶段教师有着强烈的专业发展的忧患意识,他们特别关注专业发展结构中的最低要求——专业活动的"生存技能"。这个阶段的教师急于找到维持最基本教学的求生知识和能力,他们努力维持课堂纪律、激发学生的动力、处理学生的个别差异、评价学生作业、与家长建立联系等。在处理这些问题时,他们感到缺乏基本的教师专业知识和技能,需要求助于有经验的教师,同时在教学实践中

---

① 傅道春:《新课程中教师行为的变化》,首都师范大学出版社,2001年版,第5~8页。

进一步充实自己。

（4）"任务关注"阶段。这是教师专业结构诸方面稳定、持续发展的时期，由关注自我的生存转到更多关注教学。此时的教师能够较好的完成教学任务，希望获得职业阶梯的升迁和更高的外在评价。

（5）"学生关注"阶段。此阶段教师不再受外部评价或职业升迁的牵制，直接以专业发展为指向。教师能够有意识的自我规划，以谋求最大程度的自我发展。这个时期的教师更加关注课堂内部的活动及其实效，关注学生是否真的在学习。教师能够对问题予以整体、全面的关注。这一时期教师的特征是自信和从容……此阶段教师知识结构发展的重点转到了学科教学法知识的应用上来，不再把专业学科知识作为重点。教师的个人实践知识进一步拓展……追求卓越和专业成熟，能保持一种开放的心态，能接纳新的教育思想和观念。

教师关注的升华

教师关注的升华表现为将关注置于教育伦理的层面，形成以关注学生的发展为宗旨的教育伦理观。教师应对每个学生的成长与发展负起责任。促进每一个学生发展，要注重发展的全体性、全面性、主动性、差异性和持续性。这些是在以精英培养为目的的教育框架中难以实现的。

（二）帮助学生学习

学生成长的水平在很大程度上取决于教师为学生创造的教学条件。教师不能再简单、盲目地把知识传授作为教学的主要任务和目的，把主要精力放在检查学生对知识的掌握程度上，而应成为学生学习的激发者、辅导者、各种能力和积极个性的培养者，要把教学的重心放在如何促进学生的"学"上。新课程理念强调课堂教学中师生的共同参与、平等互动，教师要随时洞察和把握学生的思维情境，及时调整施教导向，并相机给予指导和帮助。教师对学生的帮助体现在以下几方面：一是帮助学生检视和反思自己想要学习什么和获得什么，确立能够达成的目标，并确认和协调达到目标的最佳途径；二是帮助学生形成良好的学习习惯、掌握学习的策略和发展认知的能力；三是帮助学生寻找、搜集和利用学习资源；四是帮助学生设计恰当的学习活动和形成有效的学习方式；五是帮助学生创设丰富的教学情境、培养学习兴趣、调动学习积极性；六是帮助学生发现他们所学东西的个人意义和社会价值，激发学生的学习动机；七是帮助学生营造和维持学习过程的心理氛围；八是帮助学生建立一个接纳的、支持性的、宽容的课堂气氛；九是帮助学生对学习过程结果进行评价，并促进评价的内在化；十是帮助学生发现自己的潜能和性向。

（三）建立新型师生情感关系

新型的师生情感关系，是建立在师生个性全面交往基础上的体现着尊重、民主和发展的师生情感关系。它是搞好历史教学改革的前提和条件。为此，第一，要求教师要尊重每个学生。教师要实现"为了每一位学生的发展"的理念，必须尊重每一位学生做人的尊严和价值。第二，要真诚对待每个学生，关心爱护每个学生，尤其是贫困生，更要多鼓励、多关怀，要相信他们的潜力，并给予他们切实的帮助。第三，教师要赢得学生的爱戴就要努力完善自己的个性，使自己拥有热情、真诚、宽容、幽默等优秀品质，要自觉提高自身修养，扩展知识视野,提高敬业精神,提升教育教学艺术,成为富有个性魅力的人。第四,教师必须了解学生的需要、学习特点、兴趣、个性爱好等,以做到因材施教。在教学过程中,教师要以平等的身份同学生一起进行合作与探讨,共同解决学习中出现的问题。

(四)实行"立足过程,促进发展"的学生评价

传统历史教学评价,教师是评价的主体,教师用同一个标准去评价所有学生,评价的主要方法就是考试分数,评价的主要目的是为了区分和选拔。这种评价关注的是学生学习的结果而非成长的过程,关注的是少数学习好的学生而非每一个学生。它人为地把学生分成了"优等生"和"差生",使学有困难的学生因得不到正确评价的激励而陷入更加困难的境地,使一再失败的学生无法发现自己,找不到成就感,长期处于压抑郁闷的心境,这些非常有害于学生的健康成长。新课程强调过程性、多元化评价,关注每一个学生的全面发展。"多一把尺子"就多一些关注,就会多一批优秀学生。所以,要求教师必须实行"立足过程,促进发展"的学生评价。

三、教师是学生学习的合作者

教师合作者角色,是指教师以平等的身份,用合作的方式与学生共同完成教学任务。《普通高中历史课程标准》强调:"历史教学是师生相互交往、共同发展的互动过程。教学中应充分发挥学生的主动性,逐步推进教学手段、教学方法和教学形式的多样化与现代化。学生要进一步了解和掌握学习历史的方法,在探究历史问题的过程中善于独立思考和交流合作,切实提高发现问题、分析问题和解决问题的能力。"学生自主、合作、探究学习,教师的作用不是可有可无,教师要充分发挥指导点拨作用,成为学生学习的合作者。教师合作者角色,主要体现在引导学生对问题的探究过程中,要求教师不仅要善于把某个问题变成学生孜孜以求要解决的问题,而且还要求教师要以平等的合作者的身份与学生共同探究,在互帮互助、互相鼓励与启发中最终求得问题的解决。这种角色定位的关键是,教师既要完全让学生感觉到师生双方的合作关系,以使其自由充分地发挥主动性与创造性,同时,教师又要注意以引导性的、铺垫性的语言在暗中发挥其"主导"作用。课堂设计要充分为学生提供自主学习和合作交流的空间与时间。合作学习是一种互相协助的学习方法,教师将学习的责任还给学生,增加学生课堂上参与的机会,以增进学生的学习兴趣,让学生由被动的知识接受者转变成主动地去追求知识。对教师而言,可去除单向讲解的枯燥无趣,享受教学相长的乐趣。

在新课程之下,教师必须改变以往过于强调知识的单向传授的倾向,即满堂灌、填鸭式教学,而是要努力培养并使学生逐步形成积极主动的学习态度,使学生获得基本知识和基本技能,使学生学会学习和树立团结合作的意识。

四、教师是课堂教学的研究者

苏霍姆林斯基说:"如果你想让教师的劳动能够给教师带来乐趣,使天天上课不至于变成一种单调乏味的义务,那你就应该引导每位教师走上从事研究这条幸福的道路上来。"新课程的出现,使教育情境中的问题增多并变得复杂,"教师即研究者"这一要求在新课程背景下尤为重要。历史教师不仅是历史教育教学的执行者,本身还应该是一位积极

的、有效的历史教育教学的研究者。这既是时代赋予教师的要求,也是教师作为学生的引导者、促进者与合作者的前提条件。

(一)教师要从事一些与自己的教学有关的科学研究,从理论上提高自己的业务水平

传统的教学活动和研究活动是彼此分离的,教师的任务只是教学,研究被认为是专家们的"专利",教师不仅鲜有从事教学研究的机会,而且,即使有机会参与,也只能处在辅助的地位,配合专家、学者进行实验。这种做法存在着明显的弊端。一方面,专家、学者的研究成果并不一定为教学实际所需要;另一方面,教师的教学如果没有以研究为依托的提高和深化,就容易因循守旧,陷入僵化。这种教学与研究的脱节,对教师的发展和教学的发展都是极其不利的,不能适应新课程的要求。教师以研究者的精神不断地发现问题、解决问题,其教育教学质量也就在反思和实践中不断得以提高。

(二)教师必须从"教书匠"的角色中挣脱出来,成为"科研型"的教师

"教师即研究者"意味着教师在教学过程中要以研究者的心态置身于教学情境之中,以研究者的眼光审视和分析教学理论与教学实践中的各种问题,对自身的行为进行探究、对积累的经验进行总结,使其形成规律性的认识。这实际上也就是国外多年来所一直倡导的"行动研究",即不脱离教师的教学实际,而是为解决教学中的问题而进行的研究。可以说"行动研究"把教学与研究有机地融为一体,它是教师由"教书匠"转变为"教育家"的前提条件,是提高教学水平的关键,是创造性实施新课程的保证。

> **观点讨论:** 你认为"教书匠"与"教育家"的本质区别是什么?

五、教师是学校课程的开发者

在传统的教学中,教学与课程是彼此分离的。教师是按照教科书、教学参考资料、考试试卷和标准答案去教;而教学内容和教学进度是由国家的教学大纲和教学计划规定的,教学参考资料和考试试卷是由专家或教研部门编写和提供的,教师成为教育行政部门各项规定的机械执行者。

新课程标准倡导民主、开放、科学的新理念,教师必须成为积极的课程开发者和建设者。尤其是校本课程,即学校根据学生需求和教师专长自定的课程,它的实施使我国中小学拥有部分课程的决定权,目的是更好地贯彻因地制宜、因材施教的教育方针。目前我国校本历史课程的开发主要集中于活动课、选修课这一领域,体现在三种类型上:一是就国家课程《历史》中学生感兴趣的主题或重大题材的内容进行拓展和深化,如中国古代人物评价、中国科技史、世界宗教简史等;二是按照中学生的兴趣和教师的专长对课程进行整合,如中国政治制度源流考、古乐与历史、中国武术史、地方史话等;三是创新课程,如影视历史作品欣赏、老照片与历史、方言源流考等等。校本课程的开发是国家课程的重要补充,是促进教师专业发展的一条重要途径。它可以帮助教师了解课程编制的过程,深刻理解国家教育方针和办学宗旨,有利于教师积极主动和创造性地发挥自身潜在的教育智能。教师要提高和增强课程建设能力,使国家课程和地方课程在课堂实施过程中不断地丰富和完善;教师要锻炼和形成课程开发能力,使开发出的课程能符合本地区、本学校的需要;

教师要培养和造就课程评价能力,学会对教材应用的质量进行评鉴,对课程实施的状况进行分析,对学生学习的过程进行界定。

综上所述,新课程不仅要求教师的观念要更新,而且要求教师的角色要转变。教师角色要由过去的"传道、授业、解惑"者转变为学生全面发展的引导者、促进者、评价者、激励者;由教育活动的"独奏者"转变为"伴奏者"、优化者;由教育关系的领导者、控制者、权威者转变为指导者、合作者、组织者和服务者;从教师职业需要、课程发展的角度来看,教师又是学校教育教学的学习者、研究者、管理者和校本课程的开发者等等。可见,教师的角色是多重的,不是单一的。教师要将这多元化的角色定位在相应的教育教学行为中,以便更大限度地促进学生和自身的专业化发展。

拓展链接

一位研究者对教师角色的隐喻分析①

1. "教师是蜡烛"

肯定:奉献与给予。

不足:忽视教师的持续学习与成长;淡漠教师的内在尊严与劳动的欢乐。

2. "教师是园丁"

肯定:田园式的宽松环境;重视学生的成长历程;注意了学生发展的个性差异;强调教师作用的发挥。

不足:教育阶段顺序的固定性,教育缺欠的不可修复性(季节与时令);存在着淘汰制(间苗);有人为的强制性(修剪)。

3. "教师是人类灵魂的工程师"

肯定:工程师——重要的职业;灵魂——关注人心灵的发展。

不足:暗示一种固定、统一的标准,忽视了学生的差异性;整齐划一,批量生产,易形成新的机械运动。

4. "要给学生一碗水,教师自己要有一桶水"

肯定:强调教师要有足够的知识和能力的储备;学科知识的有效传递(很讲究"倒"的过程和方式)。

不足:灌输式的教学,学生被当做知识的容器;传递内容的单一(只有水),教学内容的学科性过强,不利于知识的汇通;教与学不是一个简单的"倒给",忽视了教学的创造成分。

5. "教师像警察"

肯定:维持必要的秩序,强调纪律性。

> **观点讨论**:你认为在新课程理念下应该怎样形容教师的角色形象?

不足:对学生实施严格控制;师生关系过于严肃,缺乏亲和力;着眼于学生的问题与错误,挑剔多而鼓励少。

---

① 新课程实施过程中培训问题研究课题组:《新课程与教师角色转变》,教育科学出版社,2001年版,第16页。

本 章 小 结

从传统到现代,教师的角色定位已经由师生的主从关系转变成互为主体的主体性存在;教学过程也由被动、单一的知识教学转化为师生互动的多元化动态过程。教师作为学生学习的直接引导者、促进者与合作者,无疑对学生的成长与终身发展产生着重大影响,而在课堂教学研究和学校课程开发等方面,也越来越显现出其不可替代的重要作用。时代呼唤出新课程,新课程改变着学生的学习方式,也改变着教师的教学生活。新课程中的学生可能会改变他们的一生,而新课程中的教师也将焕发新的生命。教师与新课程同行,与学生共同成长。

课 后 练 习

一、名词解释

教师角色　教师专业化　合作学习　"行动研究"

二、判断改错

1. 传统的教学模式,教师在教学过程的控制、教学活动的组织、教学内容的制定上享有居高临下的绝对权威。

2. 新课程理念强调在课堂教学中教师只是教学活动的组织者。

3. 在教学评价中,"多一把尺子"就多一些关注,就会多一批优秀学生。

4. 促进以学习能力为中心的学生整体个性的和谐健康发展,是教师角色特征的核心。

5. 教师的任务就是教学,科学研究是专家与学者们的"专利"。

三、教学试练

请自选一段中学历史内容,准备10分钟课堂教学试讲,对教师角色进行体验,并与大家分享你的体会和感受。

四、实践探究

以3~5人为一组到中学进行一次观摩教学活动,注意观察课堂上教师是如何引导、帮助和配合学生学习的,并就此问题与授课教师进行交流。

阅 读 参 考

1. 韩愈:《师说》.孟宪承:《中国古代教育文选》,人民教育出版社,1979.

2. 新课程实施过程中培训问题研究课题组:《新课程与教师角色转变》,教育科学出版社,2001.

3. 申继亮:《新世纪教师角色重塑》,北京师范大学出版社,2006.

4. 聂幼犁:《历史课程与教学论》,浙江教育出版社,2003.

5. 傅道春:《新课程中教师行为的变化》,首都师范大学出版社,2001.

6. 国家教育发展与政策研究中心:《发达国家教育改革的动向和趋势》第二集,人民教育出版社,1987.

7. 陈永明:《中日两国教师教育之比较》,华东师范大学出版社,1994.

8. 徐碧美:《追求卓越——教师专业发展案例研究》,人民教育出版社,2003.

9. 钟启泉、崔允漷:《为了中华民族的复兴,为了每位学生的发展》,华东师范大学出版社,2009.

10. 苏寿桐:《中国著名特级教师教学思想录》,江苏教育出版社,1996.

第二章 历史教师专业化发展要求

导　语

　　教以师为本,师以德为先;学高为师,身正为范。教育改革最根本的核心是教师的专业化发展,这既是世界教师教育发展的趋势和潮流,又是我国教师教育改革与发展的方向。为实现这一目标,我们必须清楚新课程改革对历史教师的素质结构、教学行为和专业发展的基本要求。

思考与探究

❖ 历史教师应具备哪些基本素质?
❖ 新课程历史教学理念及其要求是什么?
❖ 历史教师教学行为的基本要求有哪些?
❖ 历史教师如何从注重教学的结果转向注重学生学习的过程?
❖ 历史教师如何实现专业化发展?
❖ 什么是教学反思?它对教师专业化发展有什么意义?

第一节　历史教师素质结构要求

　　新一轮基础教育课程改革为培养高素质人才提出了新的目标;高素质人才的培养,必须有一支高素质的教师队伍。因此,提高教师队伍的整体素质是推进当前课程改革深入发展的关键。

　　关于教师的素质问题,国内外都进行过众多研究。1976年,美国盖洛普民意调查机构曾就"理想的教师素质"进行调查,结果显示,民众对他们心目中的教师素质按重要程度依次如下:交谈和理解能力;严格而公正地执行纪律的能力;启发和引起动机的能力;高尚的品德;爱护与关心儿童;对专门职业的献身与热诚;友善的个性与端正洁净的仪表等七个方面。可见,让教师"通过各种经验学会如何再现他自己,如何与别人进行交往,如何探索世界,如何学会继续不断地、自始至终地完善自己"[①],已成为当前新课程改革对教师素质的基本要求。

　　历史教师的素质与各科教师一样,是由多种因素构成的,包含政治思想素质、学科专

---

① 联合国教科文组织国际教育发展委员会编著,上海师范大学外国教育研究室译:《学会生存——教育世界的今天和明天》,上海译文出版社,1979年版,第18页。

业素质、教育教学素质和心理素质等等。新课改背景下,历史教师的素质特征主要体现在以下几点:

一、崭新的教学理念素养

(一) 历史教学理念

教学理念,是指教师在对教学工作本质理解基础上形成的关于教学的基本观念。它是教师教学行为的理性支点。① 历史教育的根本目标是培养学生科学的历史观。作为推动这一目标实现的关键因素——历史教师,自身必须具备科学的历史观。历史教师科学的历史观与教育过程的结合,就是历史教师的历史教学观,即历史教师的教学理念或教学思想。历史教学就是要通过对人类历史的教学向学生展示历史发展过程的来龙去脉,并使学生从中感受到历史运动的伟大力量,帮助其认识和理解现实与未来的社会,培养学生科学的历史观,树立高尚的人生观和使命感。历史教学观是历史教学的出发点和归宿,是历史教学的灵魂主题。缺少历史教学观的历史教学,只能是单纯对过去故事的讲述,必然会出现"满堂灌,遭人厌"的尴尬的课堂教学局面。②

在传统的历史教学模式中,历史教学的过程始终以"课本"知识为核心,"教师灌输,学生背书"。"课本"中的学习内容都是"既定的"、"共识性"的史实和结论,排除了有争议的问题,不给学生发挥的空间和研讨的余地。致使鲜活生动的人类历史,在历史课堂上变成了呆板、枯燥、抽象、繁琐的内容。"复述"、"记诵"书本上的历史知识,成了历史课的一大特色,也成为学生厌学历史的根源与沉重负担。学生的个性与创造性遭受压抑,根本谈不上对历史科学深层的认识与理解。历史学科作为一门人文学科,应该以鼓励学生自主发展为旨趣,以教育、爱为核心与基石,以正确认识、尊重人、信任人、开发人的心智与提升人的道德修养为指南,即在历史教学中,既要体现学生主体性与探究性,又要重视对学生人格的塑造与人文精神的熏陶。联合国教科文组织在《学会生存——教育世界的今天和明天》中明确指出:"未来的学校必须把教育的对象变成自己教育自己的主体。受教育的人必须成为这个人自己的教育。这种个人同他自己的关系的根本转变,是今后几十年内科学与技术革命中,教育所面临的最困难的一个问题。""我们今天把重点放在教育与学习过程中'自学'原则上,而不是放在传统教育学的教学原则上"。因此,教师首先要根据学生的实际情况,由浅入深、精心设计问题,要培养学生去寻求答案与探索规律的热情。历史作为一门人文科学,不在于教师能够帮助学生掌握多少历史知识,而在于学生能从这些知识中得到多少反思感悟,能从中吸取多少智慧,为他们的成长提供多少借鉴。③

(二) 英美历史教学理念

近二十年来,随着时代的发展,各国都将教学理念的变革作为教育改革的首要问题进行深入广泛的研究。英国历史教学界在教学理念上提出:"历史教学的中心是在于发展学

---

① 朱煜:《历史课程与教学论》,东北师范大学出版社,2005年版,第210页。
② 王西春:"论历史教师的教学观及其教学实践",载《历史教学》,2003(7)。
③ 朱可:"历史教师教学行为的调整策略",中国历史课程网 http://hist.cersp.com/kcjs/200601/1559.html。

生对于历史探究的方法或过程的理解。"也就是说,学生不应只学习那些"事实性"的知识,更重要的是学习关于"历史这一门知识是如何而来"的"程序性"的知识。就是引导学生学会史料的搜集和运用,将史料作为证据去认识过去,学习批判与诠释,甚而依据史学家的办法来"重建过去"①。美国历史教学界的一些人士认为,历史教学不只是让学生被动地搜集事实、日期、名字和地点,而是要求学生:一是积极主动地进行历史思考,即能提出问题并整理论据来回答问题;能超越课本提供的史实,自己查阅历史的记录。通过阅读历史文献、期刊、日记以及研究工艺品,访问历史古迹和其他过去的证据,富有想象地考虑这些记录建立时的历史条件,并对比当时在同一问题上的不同观点。二是为学生提供机会,通过论文、辩论等形式来表达观点。1994年颁布的美国历史科"国家标准",就非常强调培养学生的历史思维能力,即要求学生能够评价证据,发展比较的和因果的分析能力,解释历史的记录,根据历史对当代生活的影响,提出正确的论据和看法。英美的这种"从做中学"的教学方式,让学生透过对原始的文献资料的搜集、寻找、阅读或运用,图表的制作,角色的扮演,增加主动学习的机会,使整个学习充满动态感,培养了学生的历史思考能力及解决问题的能力。②

(三)新课程历史教学理念的要求

在新课程改革推动下,我国历史教育借鉴国外先进的理论思想,开展了"历史课堂主体活动教学"的改革实验,积极打破教师"满堂灌"的教学弊端,倡导学生主动体验、探索问题的教学模式,取得了一定的成效和经验。

新课程历史教学理念要求:

一是历史教学必须以素质教育为核心,体现育人为本的教育理念,关注学生整体和全面的发展,注重学生个性特征、情感世界、创新精神和动手实践能力的培养。

二是以学生"会学"为目标,注重变革学生的学习方式,突出学生自主学习、合作学习与探究学习,为其终身学习和可持续发展打下坚实的基础。

三是注重改革历史课程的内容体系,打破历史学科与历史知识本位,强调历史教学内容结构的基础性、时代性、合理性、选择性,克服重知识、轻能力的弊端,即历史课程内容的选择应体现历史学科特色与时代特征,符合学生的认知水平与心理特征,贴近学生生活、贴近社会生活,以有助于学生的终身学习。

四是强调历史教师要转变教学行为,树立以学生为主体的教学观念,创造性地探索新的符合学生历史学习方式变革的教学途径。

五是关注教学的开放性,注重课堂教学与课外活动的有机结合,积极利用与开发新的历史课程资源,为学生的历史学习提供更有效、更广阔的空间。

六是注重建立旨在促进学生全面发展,激励历史教师积极进取的评价机制,以学生综合素养为评价目标,实施发展性评价,实现评价重心由量到质、由教到学、由结果到过程、由手段单一到方式多样的转变。

---

① 陈冠华:《英国历史教育改革理念之历史科的内容》,载(台)《清华历史教学》,1999(10)。
② 刘德美:"美国历史科世界史国家课程标准——《探索通往现在之路》评介",载(台)《历史教育》创刊号,1997年。

总之,新时期的历史教师,要充分发挥历史学科的育人功能,树立培养学生创新意识和研究性学习能力的教学新理念,赋予历史教学以探究性、思辨性的新内涵,要让学生能理解和体会到历史的价值,并为今后的发展和终身学习打下良好的基础。

拓展链接

《义务教育历史课程标准(2011年版)》基本理念

1. 充分体现育人为本的教育理念,发挥历史学科的教育功能,以培养和提高学生的历史素养为宗旨,引导学生正确地考察人类历史的发展进程,逐步学会全面、客观地认识历史问题。

2. 以普及历史常识为基础,使学生掌握中外历史的基本知识,初步具备学习历史的基本方法和基本技能,促进学生的全面发展。

3. 将正确的价值判断融入对历史的叙述和评判中,使学生通过历史学习,增强对祖国和人类的责任感,逐步确立为中国特色社会主义事业、人类的和平与发展作贡献的人生理想。

4. 鼓励自主、合作、探究式学习,倡导教师教学方式和教学评价方式的创新,使全体学生都得到发展。

《普通高中历史课程标准(2017年版)》基本理念

1. 以立德树人为历史课程的根本任务

历史课程最基本和最重要的教育理念,是全面贯彻党和国家的教育方针,切实落实立德树人的根本任务,坚持育人为本、德育为先,使历史教育成为形成和发展社会主义核心价值观的重要途径,努力培养德智体美全面发展的社会主义建设者和接班人。发挥历史学科立德树人的教育功能,使学生能够从历史的角度考察国家的命运和世界的发展,形成现代公民应具有的历史素养和国家历史认同,得到全面、持续的发展,是历史课程所坚持的价值追求。

2. 坚持正确的思想导向和价值判断

历史课程要以唯物史观为指导,对人类历史发展进行科学的阐释,将正确的思想导向和价值判断融入对历史的叙述和评判中;要引领学生通过历史学习,认清历史发展规律,对历史与现实有全面、正确的认识,形成实事求是的科学态度和正确的世界观、人生观、价值观;要增强学生的历史使命感,不断增强学生对伟大祖国的认同,对中华民族的认同,对中华文化的认同,对中国共产党的认同,对中国特色社会主义道路的认同;增强学生的世界意识和国际视野。

3. 以培养和提高学生的历史学科核心素养为目标

历史课程要将培养和提高学生的历史学科核心素养作为目标,使学生通过历史课程的学习逐步形成具有历史学科特征的关键能力、必备品格与价值观念。课程结构的设计、课程内容的选择、课程的实施等,都要始终贯穿发展学生历史学科核心素养这一任务。在结构设计上,要在体现基础性的同时,构建多视角、多类型、多层次的课程体系。在内容选择上,要注重展现人类优秀文明成果和历史发展大势,精选最基本、最重要的知识。在课程实施上,进一步改进教学方式、学习方式和评价机制,将教、学、评有机结合,促进学生的自主学习、合作学习和探究学习,提高实践能力,培养创新精神。

二、宽厚的专业学识素养

历史专业学识,是指历史学科及其相关的专业知识和素养。历史知识本身综合性的特点,决定了历史教师必须具备丰富的知识与教学技能。近几十年来,伴随着全球一体化的到来,史学研究领域也在不断扩大,呈现出了新内容、新层次、新侧面的研究态势,既有多角度、多层次对历史问题的微观探析,又有整体和综合化研究。文明史、社会史、家庭史、城市史、社区史、民俗史、移民史等领域研究成果逐渐增多,历史学与社会学、经济学、心理学、人口学、计量学等诸多学科的交叉研究又增添了历史知识的内在复杂性。这些都对历史教学产生了较大的影响。新编历史课程内容已在很大程度上反映了史学研究的最新成果。例如,增加了社会生活史和文化史的内容,并编入大量文献资料,帮助学生感知和加深对知识的理解。历史叙述的内容不断趋向全面和丰富多彩,已经成为当今海内外历史教科书的明显特点。现行中学历史新课程无论通史还是专题设置,一个显著特点就是知识的综合性,并特别强调历史与现实生活的联系。这不仅要求教师要有完整的知识结构,还要有足够的教育教学综合能力。例如,在新编历史教材中"教学活动建议"里,有的要求"收集古代成语、典故,举办成语故事会或成语知识竞赛";有的要求"学唱《义勇军进行曲》《太行山上》等历史歌曲";有的要求"参观现代化工厂,体验大工厂进步对历史进步的影响";还有的要求就"人类能否有效避免世界大战的爆发"进行辩论等等。在"自由阅读卡"中也有不少跨学科的资料,如华丽的匈奴妇女头饰、品种多样的饮食、文房四宝等等。历史教师面对这种形势,必须及时"充电",来丰富自己的专业学识。

历史教师的专业学识素养主要由三个层面构成:

一是历史学科的基础知识。包括史学理论、中外通史、断代史、国别史、专门史、地区史等,一些专门历史知识如史料学、古人类学、考古学、考证学以及文明史、社会史、经济史、宗教史、科技史、思想史、文化史等,也都成为新时期历史教师亟需补充和掌握的基础知识。

二是历史学和考古学研究的新成果方面的知识。将之及时充实丰富教学内容,又使教学更具有新鲜感。

三是相关学科的知识。如地理学、经济学、政治学、教育学、心理学、生理学、人才学、社交学、美学、逻辑学、思维学、道德理论、法学、形势教育等学科知识,都与历史知识的教学有着密切关系。

当今的历史教师不仅不能再抱着"隔行如隔山"的态度对相关领域一无所知,反而要以开阔的视野和胸怀,博众学之长,采"它山之石",以丰厚自己的学识。只有博学的教师,才能培养博学的学生,才能在教学中左右逢源应对各种问题,为学生提供更多个性化的服务。其实,对于历史教师来说,生活也是一门必修的学科。因为,现实生活里积淀着厚重的历史,往往以各种形式为历史教学提供着多姿多样的素材。日常生活中的读书、看报、电视、网络、旅游等,都可以丰富我们的历史专业学识和素养,"世事洞明皆学问,人情练达即文章"。

三、过硬的教学研究素养

历史教学研究,就是运用科学的理论和方法,有目的、有意识地对历史教学领域中的现象进行研究,以探索和认识历史教学规律,提高历史教学质量。

现代教育理论认为,教师必须走出传统"教书匠"的樊篱,从单纯的知识传递者走向"学者型"、"研究型"的教育专家,即要求教师,不仅要有深厚的专业知识,还要具备敏感的教学研究意识和过硬的教学研究能力。随着基础教育新课程的发展,"教师作为研究者"的理解正逐步得以实现,课程与教师的关系日益发生根本性的变革,教师不仅要考虑教什么和怎样教的问题,而且还要思考为什么教的问题。只有这样,教师立足于真实的教育情境研究、创生课程的活动才能得以展开,教师作为研究者的角色也才能因此而形成。教师只有将教学与研究交融在一起,教学才有更富理性和多姿的内涵。

历史教师的教学研究能力,表现在能主动地创造性反思历史教学实践中的问题,对历史教学活动始终保持一种积极探索的习惯,通过不断地总结和探索历史教学问题,形成规律性的认识。历史教学研究的内容,既可以是教学工作中的各种具体问题,如课堂教学设计、教学方法改革等;也可以是历史教育教学中带有普遍意义的较为严肃的理论问题,如教学目标的制定、教材内容的体系、历史思维能力的培养、历史教学的心理分析等;也可以是史学专题研究。历史教师进行史学研究,可提高自己的业务水平和科研能力,还可带动和促进历史教学。当然,中学历史教师的历史研究一般要从自己的实际教学出发,不能完全以专业研究人员的标准要求他们。历史教师要掌握一定的历史教学研究方法,如掌握考订、综述、论述等研究方法,熟悉撰写历史教学论文的方法以及了解国内外史学界的最新研究方法、最新研究手段、最新研究理论等。

历史教师教学研究能力的养成,是一个不断渐进的过程,不可奢望仅靠职前的教师教育就能"毕其功于一役",而更需要在职后长期的教育教学实践中逐步锻炼和提高。

四、现代的教育技术素养

现代教育技术装备作为教育和发展的物质基础,为实践教学和教育手段现代化提供了重要的物质、技术保证,为推进素质教育做出了贡献。作为新时代的历史教师,不仅要具备从事历史教学活动的各种基本技能,如语言表达、板书设计、绘制图表等多种教学手段,还应该掌握现代教学技能,特别是多媒体和网络教学技术。在初、高中历史课程标准中都提出:要努力创造条件,利用多媒体、网络组织教学,并在更大的范围内共享高质量的教学资源。

教学过程是一个由教学目标、教师、学生、媒体等构成的相互作用的活动过程,但是课本、地图册、教学挂图、教师语言、板书等传统媒体的教学效能是有限的。而采用多媒体技术,可以把声音、文字、图像、动画、影像等多种不同类型的信息媒体综合编排处理运用于历史教学中,能产生很好的效果。它可以大大提高课堂信息容量;不受时空限制地再现历史场景;提供清晰的历史知识结构,使学生掌握其形成的过程;具有极强的动态感,能吸引学生的注意力。运用现代媒体技术,可以突破"一支粉笔+一块黑板+一本书+一张嘴=

教学"的单一模式,无疑给历史教学注入了多姿的色彩。近年来,不少历史教师已经掌握了 Animator Pro, Photoshop Power Point, Front Page, Flash, Author ware 等多种工具软件的使用技术,自行设计制作课堂演示型教学课件。多数教师掌握了上网、浏览、下载、制作网页等网络技术,利用丰富的网络信息资源辅助历史教学,取得了很多值得推介的经验。

当然,任何手段和方法,都是为了达成一定的目的服务的,使用现代信息技术亦是如此。我们不是单纯地为使用新技术才使用,而是为了提高教学的质量和效果。正如国外学者所说:"历史教育应在帮助学生有理解地掌握信息方面起到重要的作用,而信息传播技术的性质对这一目标具有重要的意义。如果我们充分重视信息传播技术在历史教学中的潜力,就要对之有清晰的思考和有效的传播。清晰的思考之一,就是认识到历史教育不只是填满学生的硬盘空间,而是要帮助他们发展成为有能力的和理解力强的信息处理者。"[①]

第二节　历史教师教学行为要求

教学行为,是教师从事教育教学活动时受思想支配而表现出来的行为方式。课堂教学诠释着每位教师不同的教育理想和教育目标,体现着教师不同的教学行为。学生正是通过观察教师的教学行为,来理解教师的要求、掌握知识、发展能力、培养个性品质的。教师的教学行为对教师的教学水平以及学生素质的提高,具有不可低估的影响和作用。在新课程理念下,对历史教师教学行为的基本要求有以下几点:

一、以学生"学"为中心

在传统教学中,教师是课堂的中心,教师牵着学生走,学生围绕教师转。长此以往,学生已习惯被动的学习,学习的主动性也渐渐丧失。显然,这种以教师"教"为中心的教学,是不利于学生的潜能开发和身心发展的。用现代教育思想来看,教师的"教"是为了学生的"学",不仅要看教师"怎么教?"还要关注学生"如何学?"反过来,还要从学生"如何学"这个基点上来看教师"怎么教"。唯此,才能促进教学相长。

二、注重学生的全面发展

传统教学模式是以知识为本,教师单向传授,学生被动接受,这对学生的生命成长是有缺陷的。新课程改革要求教师以人为本,呼唤人的主体精神,培养学生的创新和实践能力、搜集处理信息的能力、获取新知识的能力、分析解决问题的能力以及交流协作的能力;发展学生对自然和社会的责任感;让每个学生拥有健康的身心、优良的品质和终身学习的愿望与能力、科学与人文素养;养成健康的审美情趣和生活方式。最终,实现全体学生的发展和学生个体的全面发展。

---

① James Arthur and Robert Phillips, Issues in History Teaching, Routledge, London, 2000.

三、注重学生学习的过程

传统课堂教学中一个突出问题是"重结果,轻过程"。只重视知识的结论,忽略知识的来龙去脉,压缩了学生对新知识学习的思维过程,导致学生一知半解、似懂非懂,降低了教学的质量。重学习过程,就是要把教学重点放在揭示知识的规律上,通过学生亲自"感知—概括—应用",达到真正理解和掌握知识,并在此基础上有所发现和创新。在教学中注重学生的学习过程,就是从知识、情感、态度、价值观等全方位关注学生的发展,使学生既长知识又增才干。在教学过程中,教师要考虑创建灵活、宽松的学习环境,促进学生的学习。要允许学生采用自己的方式学习,允许学生在一定范围内选择学习内容和学习方法,使学生心态开放、主体性凸显、个性张扬和创造性解放。

> **观点讨论**:在历史教学中,注重学生的学习过程就是按顺序讲解历史知识的过程吗?

四、与学生平等的交往与对话

在传统教学中,教师处于至高无上的地位。教学的一切都由教师安排,学生的情感、态度被忽视和压抑,产生逆反、厌学心理,使教学效率降低。新课程体系要求建立平等和谐的新型师生关系。教学是一种特殊的交往活动,交往就意味着交流对话,意味着参与合作,意味着相互建构。对学生而言,学习意味着心态的开放、主体性的凸显、个性的张扬、创造性的解放;对教师而言,教学意味着知识的分享与影响。创设基于师生交往的互动和对话的教学关系,是教师的一种艺术也是一种责任。这种互动是学生主体性、探究性的最好体现。只有真正对学习有兴趣的学生,才能置身于教学相长的氛围中而乐此不疲。师生互动不在于形式的热闹,它应该是师生情感的交流、心灵的碰撞。只有在提高学生的思维质量、拓宽学生思维含量的前提下,这种互动才是有价值的。"当学生在教师的指导下,通过自己的理解、归纳,得出一个科学的结论时,当学生通过自身努力,形成一个对社会现象、社会本质相当深刻的认识时,他们会获得巨大的成功感,这种成功感就是学生主体性和探究性萌发的源泉,是创新思维与求异思维产生的原动力,也是教师教学行为优化的最佳折射"。

五、教学评价的"多元"化

传统的教师以学生的学业成绩作为评价的唯一尺度,且具有甄别和选拔的"精英主义"功能倾向。这压抑了大部分学生的个性和创造潜能,使他们成为应试教育下潜在的牺牲品。真正的评价应该起着激励导向和质量监控的作用。现代评价要求充分了解学生发展中的需求,关注个别差异,帮助学生认识自我、建立自信。评价内容和方式都要多样化,既要重量的评价还要重质的评价,如新课改提倡的档案袋评价方式、苏格拉底式研讨评定方式等。评价的功能要由侧重甄别筛选转向侧重学生的发展。另外,还要强调评价的真实性和情境性,不仅要重视学生解决问题的结论,更要注重学生得出结论的过程。

六、大胆、合理地处理教科书

传统的教学模式是"依纲据本",教学大纲与教科书具有不可改变的权威性。新课改下的课程标准则具有很大的灵活性、自主性,它允许有条件的地区、学校、教师可根据实际情况适当加深拓宽,为不同层次的学生创设了发展的空间。新课程教科书仅是一种文本资源,它不能取代课程标准,所以,教师要重点深入学习和领会课程标准的要求,根据学生的实际情况,合理利用、整合教材,使之达到最优化。在教科书的利用上还应注意全程备课。全程备课不仅要通篇考虑教学的进度、课时的安排等,更应关注学生的生活、知识、能力发展的需要,考虑本地区、本校的特点,考虑社会的热点问题,使教学更贴近学生、更容易被学生所接受。

> **观点讨论**:你认为如何改变传统历史教学模式中以"课本"知识为核心和"教师灌输,学生背书"的弊端?

总之,在中学历史教学中,教师只有适时、合理地调整自己的教学行为,才能激发学生的学习欲望,提升他们的学习技能,培养他们面向社会的习惯,开发学生积极的情感,养成正确的价值观和世界观,这是提高历史教学效率,培养合格社会公民的基本前提,也是素质教育对我们的要求。

第三节 历史教师专业化学习与进修

近年来,随着我国基础课程与教材改革的影响,教师专业化的学习与进修显得十分重要和必要。从本质上说,教师的专业化学习就是以教师的经验、认识为媒介的"学会教学"和"自我发展"的过程。① 也就是说,专业化学习不但有助于更好地完成教学任务,而且又能促进教师自身获得进一步发展。

一、历史教师专业化学习的方式

教师不断进行专业化学习,是教师角色适应与发展的必要条件。历史教师专业化学习的主要方式有:

(一)教学反思

教学虽是一项常规性工作,但在教学过程中存在很大的变数,教材体系、教学对象、教学手段、知识内容等都处在不断的更新变化中,所以,教学又具有很强的创新要求。教学反思,就是教师对教学行为和教学活动进行批判的、有意识的分析与再认识的过程。反思能力的培养是确保教师不断再学习的最基本条件。教师职业的特殊性决定了教师研究与反思的作用,它有助于教师在反思中发现自己和他人的不足与长处,从而拓宽专业视野,激发不断追求超越的动机。教师对教学的反思"反映了人类对教学实践合理性的不断追

---

① 钟启泉:"教师'专业化':涵义与课题",载张维义主编《教师教育——改革与发展热点问题透视》,南京师范大学出版社,2000年版,第84页。

求,是现阶段培养优秀教师、学者型教师,加速教师专业化的有效形式"①。教学反思对教师专业化发展至少有两方面的意义:一是推动教学研究的深入;二是有助于实践智慧的生成,即教师对教学和理性的追求。教学反思作为"教师实践智慧的体现过程",贯穿于教学活动的各个环节,从课前备课到课后小结,无不显示着教师的实践智慧。② 例如,在备课中,对整个教学过程的设计,就经历了许多次的反思与批判,要针对各种问题调整教学方案,使教学向着更合理的方向努力;在讲课中教师还要应对具体的教学情境、理性的随机应变来调整教学策略,使自己的实践智慧永远处于发展、生成的过程之中。在课后,教师更需要把教学过程中的一些感触、思考或困惑及时地记录下来,形成札记,以便重新审视自己的教学行为,从中吸取教益,总结经验和教训。

> **观点讨论:** 美国学者波斯纳(Posner)提出教师成长的公式:成长=经验+反思。谈谈你对此有何理解?

(二)发展实践理论

教师不但要有能力通过相关理论掌握教学情境变化的可能性、理解各种教育现象所蕴含的深层含义,而且能够将正式的理论与个人的专业经验进行转换、修正与反省,以获得理论与实践的高层整合。这样,教师可以建构并持续发展个人的专业实践理论,有效地将个人的专业经验转化为专业知识,并将其作为进一步反省与提高自身的基础。

(三)开展专业合作

教师要想实现自身专业的深入发展,就必须突破目前普遍存在的教师彼此孤立与封闭的现象,学会与他人进行交流与合作,必须走出在结构上趋于封闭的教室设计,与来自不同教室及学校的教师进行各种类型的专业合作。这样才能使自己的专业视野更加宽广,进而扩充个人的专业实践理论的内涵。

(四)终生专业学习

现代教师所面临的挑战,不但具有高度的不可预测性与复杂性,而且越来越找不到一套放之四海皆准的应变通则。因此,教师要树立不断学习和终生学习的理念与意识,保持开放的心态,将学校视为自己学习的场所,通过工作与学习的结合,不断地对自身的教育教学进行研究,对自己的知识与经验进行重组,解决自身在教育教学中遇到的问题。

二、历史教师专业化进修的内容

历史教师进行专业化学习与进修,主要包括历史教学和历史学科知识两大方面的内容。归纳起来主要包括以下几点:

(一)学习新理论

历史教师应重视对马列主义史学理论、教育教学理论的研习。在教学中,正确运用马克思主义的历史观点和方法论,观察、分析历史事件,评价历史人物,总结历史经验。教育科学集中反映了教育活动的内在规律,作为一名历史教师,要熟知教育学、心理学、历史教

---

① 刘捷:《专业化:挑战21世纪的教师》,教育科学出版社,2002年版,第262页。
② 朱煜:《历史课程与教学论》,东北师范大学出版社,2005年版,第204页。

育学、教育心理学、比较教育学、逻辑学、语言学、美学等相关学科知识以及系统论、信息论、控制论、布鲁纳结构论、沙塔洛夫合作教育论等现代教育科学理论。只有掌握了深厚的理论功底，才能指导历史教育教学的研究与改革，推动中学历史教学的发展。

（二）钻研新标准

现行《历史课程标准》是国家课程的纲领性指导文件，是国家对基础教育课程的基本规范和质量要求。新的课程标准与原来的教学大纲有很大的区别，教师要认真钻研，真正领会其精神实质和具体要求。课程标准不是一成不变的，每隔几年就要修订一次，每当新的课程标准颁布以后，历史教师就应该及时认真地研究它。

（三）熟悉新教材

新的历史教科书不仅和以往的在结构体系、内容表述和一些具体的要求上都有很大的不同，而且不同版本之间也有很大差异。这就需要历史教师要熟悉各种版本的教材，进行比较研究。做到不管采用哪一种版本的教科书都要胸有成竹。熟悉教科书及与之配套的辅助教材，理清线索，抓住重点难点，教学才会轻车熟路，得心应手。教材随着课程标准不断变化，教师就得不断地熟悉新教材。

（四）学习新教法

教师的教学方法直接影响学生的学习方式。在新的课程改革中，出现了许多卓有成效的新方法。例如，发现法、问题探究法、角色体验法、分组讨论法、师生互动法等等，都为教师的教学提供了众多成功的范例和选择的空间，教师要对此进行广泛的了解和研究分析，并根据自身的实际优势，在选择使用的同时加以改造和创新。

（五）充实新知识

当今信息时代，新知识层出不穷。历史教科书和辅助材料所反映的是要求学生掌握课程学习的最低标准。教师需要掌握的知识从理论上要比它深刻得多，内容上比它丰富得多。这就需要历史教师通过学习和接受培训，不断提高自己的理论水平，丰富自己的知识宝库。这些新知识，可以是史学界的最新研究成果；中外历史上的重大考古发现；历史学和其他学科相结合而形成的新的边缘学科，对历史教学相关知识的继续深造、相关能力的提高；现代科学技术的最新成就，刚刚发生过的重大事件等等。不断汲取新知识的营养，才能在历史教学中"左右逢源"。

（六）掌握新技能

21世纪的中学历史教师必须掌握最基本的现代化教学手段、现代化教学设备的操作技能、演示技能、多媒体课件的制作技能以及通过新途径获取历史信息的能力。否则就会落伍甚至被淘汰。目前国内许多地方中学历史教师继续教育的一项重要内容就是技能培训。

（七）探讨新经验

研究优秀历史教师的教学经验，是历史教师专业化学习与研究的重要内容。优秀历史教师丰富的教学经验是教学理论取之不尽、用之不竭的源泉，有很强的应用价值，对提高历史教师的素质、指导历史教学实践有重要意义。另外，及时关注阅读报刊上优秀教学经验的介绍文章以及参加观摩听课、座谈讨论、专家讲学等，都是对历史教师的教学经验进行考察、总结和探讨的好形式。

（八）研读史学名著

研读具有很高学术价值的史学名著（包括史学家论文），一则可以提高专业素养，体现专业学习的高层次性和学术性；二则可以了解史学研究动态，掌握学科前沿；三则通过阅读古代史籍，增强分析史料和分析历史问题的能力；四则研读史家名著和论文，还可以领略史家的研究态度，受到严谨的学术规范的熏陶，有利于研究型、学者型历史教师的健康成长。

总之，教师专业成长是一个终身学习的过程，是一个不断解决问题的过程，是一个教师的职业理想、职业道德、职业情感和社会责任感不断成熟、不断提升、不断创新的过程。一个理性而成熟的教师，不但有能力对自己的教学过程进行不断地反思，在教学过程中展示自己的价值，而且，还能进行团体的合作与协商以及有能力不断地进行自身专业化的学习与发展。

本 章 小 结

教育改革的核心是课程，课程改革的核心是课堂，课堂改革的核心是教师。新的历史课程环境，带来了新的教与学的方式，也为历史教师提出了新的素质与技能要求。教师掌握的相关教育知识与技能，不再像以前那样以知识形态来呈现，而是以行为的方式来呈现。教学的多样性和变动性，使教师在教学活动中始终处于一个决策者而非被动的执行者的地位，教师具有更多的创造机会和领域。这就要求教师必须通过专业化学习和研修，不断提高教学素养与水平，才能适应新的课改，发挥出自身的潜能。只有教师在新课改中不断地磨练成长，才能使自己变得更加自主、自尊、自信和自豪，教师职业也才能真正成为人们所羡慕的职业而闪烁出更加灿烂的阳光。

课 后 练 习

一、名词解释

历史教学理念　历史教学研究　教学行为　教学反思

二、判断改错

1. 对于历史教师来说，生活也是一门必修的学科。
2. 一个教师教学效果的好坏，完全取决于教科书的内容体系。
3. 反思能力的培养是确保教师不断再学习的最基本条件。
4. 新课程体系要求建立平等和谐的新型师生关系。
5. 在教学中注重学生的学习过程，就是按顺序讲解历史知识的过程。

三、教学试练

新课改要求历史教师"要大胆、合理地处理教科书"，请自选一段中学历史内容，说说你的处理意见，并做10分钟的模拟试讲。

四、实践探究

1. 针对某地区或某所实习中学的历史教师素质及进修情况开展一次调研活动。要求写出书面分析报告,并与同学们交流研讨。

2. 专题讨论:"新形势下历史教师角色转型问题的思考。"

阅 读 参 考

1. 刘捷:《专业化:挑战21世纪的教师》,教育科学出版社,2002.
2. 陈美玉:《教师专业学习与发展》,(台北)师大书苑,1999.
3. 朱煜:《历史课程与教学论》,东北师范大学出版社,2005.
4. 赵克礼:《历史教学论》,陕西师范大学出版社,2005.
5. 陈冠华:"英国历史教育改革理念之历史科的内容",载(台)《清华历史教学》,1999(10).
6. 刘德美:《美国历史科世界史国家课程标准——〈探索通往现在之路〉评介》,载(台)《历史教育》创刊号,1997.
7. 于友西:《中学历史教学法(第3版)》,高等教育出版社,2009.
8. 余伟民:《历史教育展望》,华东师范大学出版社,2002.
9. 王仲浮:《历史教育论集》,台湾商鼎文化出版社,1997.
10. 吴继开:《上海著名历史教师教学思想录》,百家出版社,2000.

课程篇

近代课程在不断寻求自身的变革,以期更好地适应学习者、社会、学科发展的实际。这是因为,任何一种课程都是那个时代所追求的"国民素养"的最集中、最具体的反映……因此,课程不是万古不变的,它总要随着时代、社会的发展而不断得到变易和改造。这种改造以往的课程组织、设计成新型的课程组织的作业,谓之课程改革或课程改造。

☞ **学习内容与目标要求**

本篇分别对历史课程在中学基础教育中的地位、功能、目标任务、课程标准、教学原则以及初、高中新课程结构特点等问题进行说明和阐述。目的是使学习者对新时期中学历史教育教学工作有一个较全面的认识,从中感受中学历史课程的重大意义,充分认识中学历史新课程的改革理念,正确掌握新的课程标准、目标要求和教学原则,以便更好地指导历史教学实践工作。

☞ **学习重点与难点**

重点:中学历史课程的目标要求、课程标准、教学原则。

难点:在实际教学中,准确把握课程标准,切实有效地贯彻立德树人,培养学生历史学科"核心素养"的教育目标。

第三章 历史课程的功能与目标要求

导 语

历史课程目标是对历史课程学习的总要求以及要达到的预期目的和效果,它反映了国家和社会对中学教育阶段历史课程的教育宗旨和要求。在当前基础教育课程改革中,研制和执行科学完善的历史教育目标,对发挥历史学科的社会教育功能、优化历史教学的过程,具有至关重要的现实意义和作用。

思考与探究

❖ 如何认识历史教育在基础教育中的地位及其社会功能?
❖ 我国近代以来中学历史教育目标的发展状况如何?
❖ 新时期我国制定历史教育目标的依据是什么?
❖ 中学历史教育"三维目标"的内容及它们之间的关系怎样?
❖ 2017新版高中历史课程标准为什么要在"三维目标"基础上提出学科"核心素养"的教育目标?
❖ 如何认识高中历史新课程目标下的"正确价值观念"、"必备品格"和"关键能力"?
❖ 如何认识历史学科诸素养间内在的联系?

第一节 历史课程的地位与功能

一、历史教育在中学基础教育中的地位

(一)历史教育的基本含义

历史教育,就是通过教授、传播历史知识,潜移默化地影响受教育者,使之增进文化素养、提高思想道德水平、发展智慧能力的一种教育实践活动。

历史教育有广义与狭义之分。

广义的历史教育有三个特点:其一,历史教育的对象广泛,它面对不同年龄和不同文化层次的社会成员,具有全员性的特点;其二,历史教育的过程全面,每个人从幼到老,终身都接受历史教育,具有全程性的特点;其三,历史教育的效用明显,社会各行业都要通过历史教育,传递本行业、本专业的历史沿革、科研成果和历史经验,以求得积累、提高和应用。大至管理国家,小到生活各领域,如服饰、烹饪乃至茶文化、酒文化的继承等等。

狭义的历史教育通常是指学校的历史教育,即根据当代和未来社会发展的需要和学

生心理的年龄特征,通过选择并运用史学研究成果,施教于受教育者,以培养有作为的社会公民的教育实践活动。

(二)历史教育与中学基础教育总目标的关系

中学历史课程的设置,是根据历史学科的特征、国家政治、经济与社会发展的需要所制定的学校培养目标来确定的。它作为中学基础教育的重要组成部分,其教育目标及教学行为都必然受基础教育总目标的制约和影响,也即中学历史教育的目标服务于中学基础教育的总目标。

1999年6月,中共中央国务院《关于深化教育改革全面推进素质教育的决定》指出,基础教育要"以提高国民素质为根本宗旨,以培养学生的创新精神和实践能力为重点,造就有理想、有道德、有文化、有纪律的德智体全面发展的社会主义事业建设者和接班人"。具体来说,就是培养学生具有爱国主义、集体主义精神,热爱社会主义,继承和发扬中华民族的优秀传统和革命传统;具有社会主义民主法制意识,遵守国家法律和社会公德;逐步形成正确的人生观、价值观;具有社会责任感,努力为人民服务;具有初步的创新精神、实践能力、科学和人文素养以及环境意识;具有适应终身学习的基础知识、基本技能和方法;具有健壮的体魄和良好的心理素质,养成健康的审美情趣和生活方式,成为一代"四有"新人。

历史学是一门研究人类社会发展演变的人文基础学科,其本身蕴含着丰富的人文教育资源,在培养学生的人文素养方面发挥着重要作用。美国在1994年颁布的《国家历史课程标准》提出:"历史知识是在政治方面具有明智才能的前提。没有历史,社会就不能分享如下的共同记忆:人们曾经在哪儿、人们的核心价值观是什么或历史上哪些决定至今还影响着我们的生活。没有历史,一个人无法明智地研究社会的政治问题、社会问题和道德问题,而且,没有历史知识以及它所支持的历史研究,一个人就无法成长为见多识广、独特的公民。"可见,"通过历史知识的学习,对学生进行人文素质的培养和人文精神的熏陶,这是历史教育所承担的最基本的功能"[1]。我国新的中学历史课程标准明确提出:培养学生正确的历史观,进而使学生学会辩证地观察、分析历史与现实问题,加深对祖国的热爱和对世界的了解,从历史中吸取智慧,养成现代公民应具备的人文素养,以应对新世纪的挑战。

可见,中学历史教学的实施,能使学生更好地了解中国国情,树立爱国主义、集体主义精神以及国际意识、环境意识,继承和发扬中华民族的优秀传统和革命传统,加深对人类历史发展进程的认识和理解,从而树立正确的人生观、价值观和世界观。所以,中学历史教育目标的实现,能够促进中学基础教育总目标的实现,在中学基础教育中具有不可替代的重要地位和功能作用。

二、历史教育的社会功能

历史教育在人文素质教育中所承担的社会功能主要表现在以下几个方面:

---

[1] 余伟民:《历史教育展望》,华东师范大学出版社,2001年版,第56页。

（一）公民教育功能

历史教育是国民教育的重要组成部分。公民教育通过传递一定社会的独特思想、责任以及公民道德，使社会成员获得符合社会的价值观、发展倾向以及技能，进而促进公民权利的发展。其中，社会价值观的生成与确立、公民权利的维护与发展，都必须借助历史认识以及由历史认识所提升的社会参与意识和技能来完成。历史教育的基本立场，不在过去，而在现实。一个合格的公民，一个有教养、有责任心、有个性、有信仰的国民，一定有着与其身份相适应的历史修养和历史认识。① 在中学历史教育中，教师要通过丰富的历史内容和开展形式多样的历史活动，培养学生参与社会的意识与能力，并将国家的意识与利益系于个人的权利和义务之中；培养学生的公民道德、信仰和价值观，以文化熏陶为轴心，着力于公民品质的开发；塑造学生正确的世界观、人生观和高尚的情操，作一名合格的公民。

（二）历史借鉴功能

历史是对过去发生的一切人和事的记载和解释，为人们提供了丰富的知识宝库，包括政治、经济、军事、科技、教育、文化等等。资治，历来是史学的重要功能，《新唐书·魏征传》中说："以铜为鉴，可正衣冠；以史为鉴，可知兴替；以人为鉴，可明得失。"北宋司马光在写《资治通鉴》时，更明确标明其目的是："鉴前人之兴衰考当今之得失。"毛泽东指出："从孔夫子到孙中山我们应该给以总结，继承这一份珍贵的遗产。这对于指导当前的伟大运动，是有重要帮助的。"这都充分说明了历史教育具有"鉴往知来"的教育功能。

历史教育的目的就在于通过对过去历史人物的得失成败和历史事件的系统研究和探索，从中得出经验和教训，并以各种教育形式传授给社会民众。这对个人与社会的发展进步具有借鉴和警示作用。中学历史教育决不只是让学生掌握一些具体的历史知识，而更重要的是要培养学生以历史的观点看待问题的能力，学会在历史的借鉴和感悟中认清现实，把握潮流，以更好的面向未来。

（三）了解国情功能

历史可以帮助人们系统地了解我国经济、政治、军事、外交以及社会、文化、人口、资源等方面的历史与现状，具体了解国家政治的演变、经济的发展、文化的形成、制度的确立等社会生活各方面的历史与现状，正确认为国情与乡情，了解我国现代化建设的目的、步骤和宏伟前景，这是历史教育不可缺少的重要内容。通过历史教育使学生从历史的角度，加深对本国国情的认识和了解，更好地审视今天的社会，有利于维护现行制度和政策，这是一个国家稳定和发展所必需的重要因素。同时使学生正确认识和理解当今的国情、乡情，明确自己的使命和责任，增强对社会的参与意识，为走向社会做好准备。

（四）爱国主义教育功能

列宁说，爱国主义"是千百年来固定下来的对自己祖国的一种最深厚的感情"。利用历史课进行爱国主义教育，是各国历史教学中进行思想教育的重要内容之一，是历史教育的主题。中国历史源远流长，有取之不尽的爱国主义教育素材。从贾谊的"国而忘家，公

---

① 赵亚夫："公民教育——新时期历史教育的重要功能"，载《中学历史教学参考》，2003(4)。

而忘私",到范仲淹的"先天下之忧而忧,后天下之乐而乐";从顾炎武的"天下兴亡,匹夫有责",到林则徐的"苟利国家生死以,岂因祸福避趋之";从孙中山提出"振兴中华",到邓小平的"我是中国人民的儿子,我深情地爱着我的祖国和人民"……逐渐形成的爱国主义传统,成为中华民族巨大的精神财富。

(五)弘扬传统文化功能

历史呈现给人们古今中外优秀灿烂的文化,使人们从中汲取智慧,增加知识。优秀的文化传统,对塑造青少年一代的心灵、形成鲜明的民族个性有着不可替代的作用。优秀文化传统凝聚一个国家文明的精华,是国家与民族赖以生存和凝聚的重要因素,具有强大的生命力。为保持民族的特征,各国力求以历史教学为途径,在历史的积淀之中,努力寻求适合当今社会发展需要的优秀传统文化,使学生从中了解本国民族的优秀文化遗产,接受熏陶,得到启迪。因此,各国都加大了文化史的比例,使学生在浓郁的历史氛围中继承和弘扬优秀的民族传统文化。

(六)增强国际意识功能

人类文化具有多样性和统一性,如中国古代的四大发明不仅对中国古代灿烂的文化做出巨大的贡献,也是欧洲摆脱中世纪束缚跨入近代社会的重要因素。世界三大宗教不仅仅属于印度、古代罗马和两河流域,同时还是世界人民普遍接受的宗教信仰。因此,认同这些人类共同财富,学习和继承这些遗产,有助于学生明了文化使命,形成兼收并蓄的胸怀,学习、吸收、弘扬人类文化成果,为人类的文明进步做出自己的贡献。当今世界呈现日益全球化的趋势,国家之间"你中有我,我中有你"。正确理解中国与世界的关系,使学生了解中国的发展离不开世界发展的大背景,中国将更加紧密地与世界联系,从而强化民族意识和国际意识。

(七)认识人与自然关系功能

人类社会与自然界密切相联,人类始终面临着"人与自然和谐共存"问题。历史教育的一个重要价值就是引导人们正确认识人类生存的自然环境。人类在征服自然界的过程中,经历了曲折的发展,积累了丰富的认识自然的经验,同时也对自然生态环境造成了破坏,威胁着人类的生存,影响了人类社会发展。历史上还有着较为丰富的天人相应论和因地制宜思想,正确认识历史上的人与自然关系及思想,为人们的实践活动提供了历史经验,使学生在接受历史教育的同时,增进对人与自然关系的了解,从而树立可持续发展的意识。

> **观点讨论**:长期以来,"读史无用论"盛行,作为一名历史教师,你认为该如何驳斥这种论调,并使学生认同你的观点?

第二节 历史课程目标的沿革与发展

教育目标具有明显的时代特点,不同性质的社会,不同历史发展阶段,有着不同的要求。我国中学历史教育目标自清朝末年创办近代化新学制以来,随着时代和社会的发展也经历了一个演变的过程。

一、近代的历史教育目标

(一)清末时期的历史教育目标

康梁"戊戌变法"失败以后,在八国联军的入侵下,清朝政府被迫推行"新政"。1904年1月,清廷批准《奏定中学堂章程》,建立起了我国第一个近代化的新学制,标志着近代学校教育的开始。新学制正式把历史纳入了各级学校的课程,历史作为现代学校的独立科目自此时开始。《奏定中学堂章程》中明确指出:"凡教历史者,注意在发明实事之关系,辨文化之由来,使得省悟强弱兴亡之故,以振发国民之志气。"①可见,清政府在其统治晚期开设历史课的良苦用心。其中介绍"东西洋各国史",目的就是让学生明白国家面临的危局。此时期历史教育的"经世致用"功用非常明确,在整个教育中的地位尤显突出。

(二)民国时期的历史教育目标

1912年,蔡元培主持修订新学制,提出了历史要以"知国体之大要,养成国民之志操"为目的,教学内容以"黄帝开国之功绩,历代伟人之言行,亚东文化之渊源,民国之建设,与近百年来中外之关系"为中心。可见,民国之初,学校的历史课程是以"共和观念"为其要旨。帝制推翻后,历史教育的当务之急也是运用社会进化论阐述政体沿革的必然、民国建立的根本。使学生从小养成国民志操,认识共和政治大要,世界变迁大势,这也是辛亥之前先进教育家早已规划好的历史教育蓝图。1922年,北洋政府颁布《学校系统改革案》,其后颁布的《初级中学历史课程纲要》、《高级中学公共必修的文化史学纲要》作为政府的教学条令实行。其中,涉及了培养学生的生存能力、情感态度、认识社会和研究历中的能力,体现了较新的历史教育价值观。最后还规定了"能知人类文化之演进状况"、"能知本国及重要各国政体变迁之概况"作为中学生最基本的历史素养要求。

(三)南京国民政府时期的历史教育目标

1927年7月,南京国民政府制定了《学校实施党化教育办法草案》,强调教学内容必须"适合党义、适合国情、适合时代性",以"三民主义为教科书的中心思想"。1929年制定的初、高中《历史课程标准》一律都写进了三民主义。抗战时期,南京政府将中学历史教育目标中的"激发学生民族复兴之思想"修改为"激发学生复兴民族之意志与决心","以启示学生复兴民族之途径,及其应有之努力"。政治化和党化教育为这一时期的历史教育目标打上了深刻的时代烙印。此时期,中学历史教育也提出了多方面的教育任务,如培养情操、服务人群、精进不息的精神,注意帝国主义侵略中国的经过、注意国际形势下的中国地位等。尤其要养成"无征不信"的态度,培养学生自由研究的习惯等。历史教育的目标较为全面。

---

① 《20世纪中国中小学课程标准·教学大纲汇编》(历史卷),人民教育出版社,2001年版,第6~7页。

二、新中国成立至2002年历史教育目标的演变

(一) 1949~1978年的历史教育目标

新中国成立后,教育部参照前苏联教育体制,自1950年陆续颁布了包括初、高中中国历史和世界历史五个教学大纲。1956年又颁布了建国后第一套完整的《中学历史教学大纲》,集中体现了这一时期历史教育目标的两大特点:第一,提出并强调对学生进行历史唯物主义思想教育是历史学科教育的核心目标。确立了唯物史观在历史教育中的地位,奠定了以后50年我国历史教育目标的基础。第二,把以阶级斗争为纲作为世界近现代史教学内容的主线,说明资本主义的腐朽和社会主义的伟大。历史教育目标基本上适应了国家在社会主义建设初期培养青少年一代的要求,体现出党和政府对历史教育的高度重视。但是,这套教学大纲过分强调学科的科学性、系统性、思想性。在实际教学中,要求过高、分量过重、内容过深,学生难学,教师难教。1963年,教育部对此进行了精简修改,教育目标与原大纲基本保持一致,体现了"文革"以前国家实施历史教育的基本目的。

"文革"期间,极"左"思潮泛滥,历史教学充斥了"以提高学生的阶级斗争、路线斗争和无产阶级专政下继续革命的觉悟"等以阶级斗争为纲的内容,历史教育进入了大动乱时期。

(二) 1978~1986年的历史教育目标

"文革"结束后,首要任务就是彻底纠正"文革"对历史教育造成的消极影响。1978年,重新制定了适合我国国情的历史教学大纲,恢复了历史唯物主义的核心地位,但仍留有极"左"残余的色彩。1980年,教育部做了较大修改,在强调政治思想教育的同时,也重视基础知识的掌握,开始把落实"双基"作为教育的重点。

1986年,《中华人民共和国义务教育法》颁布,同年,颁布了《全日制中学历史教学大纲》。《大纲》中历史教育目标的许多提法较前有了很大进步,呈现以下几个特点:一是,肃清了极"左"思潮,压缩了农民起义的篇幅,补充了国民党抗战和"中途岛海战"等内容,体现了实事求是的精神;二是,初步提出历史教育的三大任务,即知识传授、思想政治教育和能力培养及其辩证统一关系,开始重视历史能力的培养,特别强调培养"运用历史唯物主义基本观点观察问题和分析问题的能力";三是,第一次把精神文明建设的内容写进教育目标中,强调"历史课在社会主义精神文明建设中占有重要地位",这符合现实和长远两个文明建设的实际需要,极大丰富了历史课程和历史教育的内涵。

(三) 1986~2002年的历史教育目标

在20世纪80年代中期,当世界第三次课程改革先后在各国兴起时,我国开始了新的基础教育课程改革。

1986年,我国开始实施九年制义务教育,1988年颁布了《九年制义务教育全日制初级中学历史教学大纲》,1992年对初中历史课程进行全面改革。历史教育目标呈现出一些新理念,具体表现在两个方面:第一,开始强调历史教育对提高国民素质的作用。如提出历史教育"对提高全民族的素质,增强民族自尊心、自信心和自豪感起着积极作用"。第二,明确提出历史教育的三大任务,即传授知识、思想教育和能力培养。更加重视历史能力的培养和注重发挥历史学科思想教育的功能,开始注意到受教育者的不同层次和学习

心理等,反映了历史教育目标的转变。尤其在能力培养方面,提出了具有可操作性的具体要求,如要求学生初步掌握分析、综合、比较、概括等方法,以培养学生学习和表述历史的能力,初步运用历史唯物主义的基本观点观察分析问题的能力等。2000年,教育部对《大纲》又进行了重新修订。

1990～2002年,我国还陆续颁布多个高中历史教学大纲,与九年义务教育相衔接。其中,1996年大纲首次把中学历史学科定位于人文社会科学,拓展了中学历史教育的学科范围和功能,说明了历史教育的本质是人文教育。2000年的大纲首次提出了开展学生自主学习和探究性学习。

2000年的初、高中历史教学大纲标志着历史教育目标的转轨。具体体现在:第一,进一步明确而又清晰地提出了历史教育的三项任务,即传授知识、思想教育和能力培养。第二,突出历史教育在素质教育中的作用,教育目标对素质教育的阐述更加全面、丰富,希望学生能够"从历史中汲取智慧,从而提高学生的整体素质"。第三,全面阐述了历史是培养现代公民意识的教育课程。提出要培养学生正确的历史意识、国际意识,"形成真诚善良、积极进取的品格和健全的人格以及健康的审美意识和情操"。第四,在以往能力培养要求的基础上,进一步提出中学历史课程要培养学生"自主学习能力、创新能力、合作和参与社会实践活动的能力"。提出了在高中开展自主学习和研究性学习,并拟定了多个研究性课题,以培养学生的创新能力和实践能力,尤其强调创造性学习能力的培养。

综上所述,在20世纪,中学历史课程的教育目标经过了一个清晰的演变历程,这个历程反映出百年历史教育发展变化的轨迹。不同时期政治的要求,在历史教育的过程中表现得极其明显。清朝末期,以激发"国民志气"为要务,同时宣扬"忠君"、"尊孔"教育,这是封建历史教育在此时期的延续。民国初期,在推翻帝制后,为体现政治民主和社会进步,在历史教育中倡导了"共和观念"。南京国民政府时期,将"三民主义"作为根本教育宗旨,在历史教育中强化了党化教育;抗日战争爆发后,顺应时代要求又强调了民族气节教育。新中国成立后,以马克思主义的辩证唯物主义和历史唯物主义指导历史教育,贯彻"劳动人民是历史的创造者",强调了"阶级斗争观点和阶级分析方法"。20世纪80年代前期,落实"双基教育",后期转向"三大任务"。20世纪90年代后,在历史教育中开始提出了国情教育、公民教育、人文教育,强调以学生发展为本,培养学生树立民族自尊心、自信心,形成正确的国际意识,养成现代公民应具备的人文素养。同时,提倡学生开展自主学习和探究性学习,增强学生的整体素质,以应对新世纪的挑战。

第三节 新时期历史课程目标的发展与要求

中学历史课程目标是对历史课程学习的总要求,以及要达到的预期目的和效果,它反映了国家和社会对中学教育阶段历史课程的教育宗旨和要求。在当前基础教育课程改革中,研制和执行科学完善的历史课程的教育目标,对发挥历史学科的社会教育功能,优化历史教学的过程,具有至关重要的现实意义和作用。

一、制定历史课程目标的基本依据

新时期,制定历史课程目标主要考虑以下三个方面的需要:

(一)依据社会发展对人才的需要

教育目标具有明显的时代特点,它取决于社会发展的要求。历史学科是人文社会科学中的重要基础学科之一,所研究和探讨的就是人类社会发展的历程及其规律。中学历史教育目标的制定,必须遵循现实社会发展的轨迹,符合社会不断进步的需求,反映时代的特色。邓小平同志提出:"教育要面向现代化,面向世界,面向未来。"这是我国社会发展对教育的时代要求,也是我国教育事业改革和发展的方向。

(二)体现学科性质和特点的需要

历史是人类的陈迹,历史学科是关于人类社会以往的发展过程的学科,"一度性"是其显著特点,历史既不能重演,也不能改写,更无法体验,只能间接地凭借过去遗留下来的材料和现实生活的经验,对历史做出判断、理解和认识;历史又具有包罗万象的综合性,既包括政治、经济、文化、民族、战争、社会生活、风俗民情等等,还包括人与自然的密切联系;历史还具有具体性和统一的规律性,历史教学展示给学生的是不同国家、不同地区、不同民族的具体历史进程和不以人们意志为转移的客观存在。只有以这些特点为依据确定的教学目标和任务,才能符合历史学科的教学实际,也才能体现历史学科独特的教育功能。

(三)适应学生的特点和全面发展的需要

基础教育的对象是青少年,这个时期所受的教育,将直接影响他们的世界观、人生观、价值观的形成,影响他们健全人格的成长和未来的发展。中学阶段,学生大都已具有了一定的历史知识和阅读理解能力,他们的思维、情感及记忆等心理活动随着年龄的增长发生着变化,由偏重于形象思维逐步向抽象思维发展,理解记忆历史的能力也在不断加强。所以,中学历史课教学应在向学生传授必要的历史知识的同时,更重要的还要帮助学生掌握认识问题和分析问题的方法,增强是非观念,把感性认识提高到理性认识,建立比较稳定的心理状态,为形成科学的人生观奠定基础。马克思主义的一个重要命题,是关于人的全面发展的理论。中学教育是国家为提高国民素质的基础教育,而不是专门的专业素质教育,也不是对某些"精英"的教育,它强调以人为本,注重全体学生的全面发展。历史学科教学必须立足于学生的综合素质培养,以促进学生终身发展为目标。

总之,制定历史教育的目标任务,必须依据社会、学科、学生三方面的特点与要求,并且要考虑这三方面因素的内在联系和交互作用,缺一不可。

二、新时期历史课程目标的内容与要求

进入新世纪的中国基础教育,在课程目标上出现了两次大的变化:一是由"双基教学"目标向"三维目标"的转变;二是由"三维目标"向"学科核心素养"目标的转变。

(一)"三维目标"内容与要求

在本世纪初,我国新一轮基础教育课程改革为了适应新时期人才培养和国际竞争的需要,在对实施中的"教学大纲"进行修编的同时,在世纪之交正式启动了新一轮基础教育

课程改革。作为这次课改的一个重要成果——学科"课程标准"相继颁布,从此告别了"教学大纲"的时代,这一标志就是2001年和2003年分别颁布的《全日制义务教育历史课程标准(实验)》和《普通高中历史课程标准(实验)》。这一时期,历史新课程的教育目标在广泛吸收现代教育理论和心理学研究成果的基础上,有了新的变化与发展,在对以往中学历史教育目标的继承与创新中,提出了"知识与能力"、"过程与方法"、"情感、态度与价值观"三方面的教育目标和要求,这成为新时期历史教学的思想指针,是学生通过历史课程学习要求达到的总体目标,我们通常简称它为"三维目标"。"三维目标"代替了以往"双基教学"目标要求下的基本知识、基本能力和思想教育的"三大教学任务",它特别强调了历史学习的基本能力、方法及学习过程,更加突出了"以学生发展为本"的人文素养的教育理念。"三维目标"的提出,使素质教育在历史课堂的落实有了抓手,在优化中学历史教学过程中,起着重要的核心指导作用。

伴随着经济全球化和多元文化国际形势的到来,我国历史教育又面临了新的任务和要求。如何保持和发扬中华民族文化的传统,激发学生的爱国主义情感,培养他们具有社会主义核心价值观的公民,成为历史教育不可回避的问题。为此,2011年教育部组织专家在原初中历史课程标准实验版的基础上,又研制出了新的《义务教育历史课程标准(2011年版)》。新的课标对原课标的诸多方面都进行了新的厘定和完善。如首次对初中历史课程的性质进行了概述,指出义务教育阶段(7~9年级)的历史课程在基础教育中占有重要的地位,具有思想性、基础性、人文性和综合性四大特征;在课程理念上,更加强调"育人为本"的教育理念和培养学生历史素养的教育宗旨;在课程设计总思路上,强调"面向全体学生,从培养学生的历史素养和人文素养出发,遵循历史教育规律,充分发挥历史教育功能,使学生掌握中外历史基础知识,初步学会学习历史的方法,提高历史学习能力,逐步形成对历史的正确认识,并提高正确认识现实的能力,达到课程目标的要求。"新课标规定了初中历史课程的总目标:"通过义务教育阶段历史课程的教学,学生能够掌握中外历史的基本知识,初步掌握学习历史的基本方法和基本技能;对人类历史的延续与发展产生认知兴趣,感悟中华文明的历史价值和现实意义,养成爱国主义情感,开拓观察世界的视野,认识世界历史发展的总体趋势;初步形成正确的世界观、人生观和价值观,为成为拥有良好综合素质的合格公民奠定基础。"为达成这一总目标,课标要求从"知识与能力"、"过程与方法"、"情感、态度与价值观"三个方面进行具体教学目标的设计,并对"三维目标"内容和要求做出了更具体、清晰、明确和完整的表述,在实践中更易于把握。

拓展链接

《义务教育历史课程标准(2011年版)》关于初中历史课程性质的表述

历史课程是人文社会科学中的一门基础课程,对学生的全面发展和终身发展有着重要的意义。义务教育阶段(7~9年级)的历史课程在基础教育中占有重要的地位,主要具有以下特性:

思想性 坚持用唯物史观阐释历史的发展与变化,使学生认同中华民族的优秀文化传统,增强爱国主义情感,坚定社会主义信念,拓展国际视野,逐步树立正确的世界观和人生观。

基础性 根据学生的心理特征和认知水平,以普及历史常识为主,引领学生掌握基本的、重要的历史知识和技能,逐步形成正确的历史意识,为学生进一步的学习与发展打下基础。

人文性 以人类优秀的历史文化陶冶学生的心灵,帮助学生客观地认识历史,正确理解人与社会、人与自然的关系,提高人文素养,逐步形成正确的价值取向和积极向上的人生态度,适应社会发展的需要。

综合性 注重人类历史不同领域发展的关联性,注重历史与现实的联系,使学生逐步学会综合运用所学只是和方法对历史和社会进行全面的认识。

下面主要将2001年版与2011年版的初中历史课程标准和2003年版的高中历史课程标准中关于"三维目标"的内容要求做一简要介绍。

1. 知识与能力目标

知识与能力目标,强调知识与能力是不可分割的统一体,二者互为表里。一定的知识是一定能力形成和提高的前提,一定能力又是获取一定新知识的必要条件。与知识相比,能力更具有一般性特点,发展能力比掌握一定的知识有更广泛的迁移作用。因此,在关注学生掌握基本历史知识的同时,更为重视对学生进行历史学科能力的培养。

(1) 初中目标要求

根据初中生的心理特点和认知水平,初中历史课程标准规定了学生应掌握的基本知识与基本能力。从下列表格中可以看出,2001年实验稿在能力目标的表述中,有些地方较为含混,如将学习能力与学习方法合在一起论述,以及将表达能力界定在陈述历史问题等。而2011年新版课标则明确分为五个要点,其中第1、2点涉及知识目标,第3、4、5点涉及能力目标,包括阅读、观察、想象、理解、分析、表达等多方面的能力。

2001年实验版和2011年版"知识与能力"目标对照表

2001年版	2011年版
掌握基本的历史知识,包括重要的历史人物、历史事件和历史现象,以及重要的历史概念和历史发展的基本线索。 在掌握基本历史知识的过程中,逐步形成正确的历史时空概念,掌握正确计算历史年代、识别和使用历史图表等基本技能,初步具备阅读、理解和通过多种途径获取并处理历史信息的能力,形成用口头和书面语言,以及图表等形式陈述历史问题的表达能力。 形成丰富的历史想象力和知识迁移能力,逐步了解一定的归纳、分析和判断的逻辑方法,初步形成在独立思考的基础上得出结论的能力;初步了解人类社会是从低级向高级不断发展的、历史发展是有规律的等科学的历史观,学习客观地认识和评价历史人物、历史事件和历史现象。	1. 知道重要的历史事件、历史人物及历史现象,知道人类文明的主要成果,初步掌握历史发展的基本线索。 2. 了解历史的时序,初步学会在具体的时空条件下对历史事物进行考察,从历史发展的进程中认识历史事物和历史事件的地位和作用。 3. 了解多种历史呈现方式,包括文献材料、图片、图表、实物、遗址、遗迹、影像、口述以及历史文学作品等,提高历史的阅读能力和观察能力,形成符合当时历史条件的一定的历史情境想象。 4. 初步学会从多种渠道获取历史信息,了解以历史材料为依据来解释历史的重要性;初步形成重证据的历史意识和处理历史信息的能力,逐步提高对历史的理解能力,初步学会分析和解决历史问题。 5. 学会用口头、书面等方式陈述历史,提高表达与交流的能力。

(2) 高中目标要求

2003年高中历史课程标准规定高中历史课程知识目标：要求学生在初中知识学习的基础上，"进一步认识历史发展进程中的重大历史问题，主要包括反映人类社会政治、经济、文化和社会生活领域发展进程中的重要的历史人物、历史事件、历史现象和历史发展的基本脉络"。与初中历史课程相比，高中历史课程知识安排采取分类集中、古今中外贯通的形式，将政治领域、经济与社会领域和文化思想与科技领域的基本历史知识分别相应集中在一个专题里，目的使学生可以在某一历史领域的学习上做到古今中外贯通。

高中历史课程目标要求，在初中能力培养的基础上，强调在掌握基本的历史知识的过程中，进一步提高阅读和获取历史信息的能力；通过对历史事实的分析、综合、比较、归纳、概括等认知活动，培养历史思维能力和解决问题的能力。课标明确提出了历史思维能力目标，注重学生解决历史问题的能力培养。具体包括以下目标要求：能从一种或多种角度客观地评价历史人物、历史事件或历史现象；能整理零散的历史材料并按一定的逻辑关系组成一个完整的历史过程；能辩证地分析历史问题产生的原因、发展的过程以及各种历史问题之间的关系；能科学地比较不同历史人物、历史事件或历史现象并发现其异同；能运用基本的史学概念、范畴和方法，对某些历史结论做出相应的评价或说明。①

(3) 知识与能力目标要求的三个层次

历史课程标准在知识与能力目标方面，对学生学习具体的历史内容及学生的学习行为提出了三个层次的要求：

① 识记层次。即凡在具体历史内容的表述中使用了"列举"、"知道"、"了解"、"讲述"、"说出"、"简述"、"复述"等行为动词的内容。它对学生学习行为的要求是学生能正确写出或说出所学历史内容的基本史实。这是学习历史课程的最低要求。例如，初中课程标准中提出的"简述'七七事变'的史实，知道中国全民族抗战从此开始"、"说出《最后的晚餐》和《向日葵》两幅名画的作者和艺术风格"等；高中课程标准提出的"了解宗法制和分封制的基本内容，认识中国早期政治制度的特点"、"知道雅典民主政治的主要内容，认识民主政治对人类文明发展的重要意义"等。

② 理解层次。即凡在具体历史内容的表述中使用了"概述"、"理解"、"说明"、"归纳"、"阐明"等行为动词的内容，它要求学生在达到识记层次的基础上，能对所学历史内容进行归纳和整理，形成对历史问题的初步认识。例如，初中课程标准中提出的"概述郑和下西洋的史实"、"以人们衣、食、住、行、用等方面的变化为例，说明改革开放对人们生活方式所产生的影响"等；高中课程标准提出的"归纳北魏孝文帝改革的主要内容"、"概括科学与宗教在人类起源问题上产生分歧的根源"、"以网络技术为例，理解现代信息技术对人类社会的影响"等。

③ 运用层次。即凡在具体历史内容的表述中，使用了"分析"、"讨论"、"比较"、"评价"、"探讨"等行为动词的内容，它要求学生在达到识记、理解层次的基础上，能运用已有的知识和技能，初步分析历史问题的因果关系、利弊得失、作用影响等，并能做出自己的解释和判断。例如，初中课程标准中提出的"结合《辛丑条约》的主要内容，分析《辛丑条约》

---

① 朱煜：《走进高中新课改——历史教师必读》，南京师范大学出版社，2006年版，第21页。

对中国民族危机加深的影响"、"评价洋务运动在中国近代化进程中的地位和作用";高中课程标准提出的"分析资产阶级代议制在西方政治发展中的作用"、"探讨1861年俄国农奴制改革对俄国近代化进程的影响"等。

由以上看出,历史课程标准在知识与能力方面的要求具体明确,体现了课程改革的理念,降低了初中历史课程难度,减轻了学生的学习负担,注重了高中阶段对学生历史思维能力和解决问题能力的培养,有利于学生的发展。

2.过程与方法目标

过程与方法目标,首先强调在学习过程中把握历史。历史课程目标基于"以学生发展为本"的理念,要求不仅要关注学生的学习结果,更要关注学生的学习过程,注重培养学生的科学素养、科学方法和实践能力,以促进学生的全面发展。因此,在具体的历史学习中,要求教师必须重视学习过程的优化。过程与方法目标的实现过程,是学生经历和感受的过程,所以,在具体历史内容中,常使用"设计"、"参与"、"寻找"、"交流"、"分享"、"搜集"、"访问"、"考察"等动词来表述。其次,该目标倡导让学生学会学习。历史知识和学习方法的使用过程就是学习过程,学习过程必定贯穿知识和方法的运用。学生参与学习的过程并掌握学习方法,是历史教学的重要目标之一。

（1）初中目标要求

2011年版课标明确将初中过程与方法目标分为五个要点,其中前三点涉及过程目标,后两点涉及方法目标,尤其对方法目标的要求较为具体。2001年课标阐述则不甚清晰,较为笼统。

2001年实验版和2011年版"过程与方法"目标对照表

2001年版	2011年版
历史学习是一个从感知历史到积累历史知识、从积累历史知识到理解历史的过程。通过课堂学习和课后活动,逐步感知人类在文明演进中的艰辛历程和巨大成就,逐步积累客观、真实的历史知识;通过收集资料、构建论据和思考,能够对历史现象进行初步的归纳、比较和概括,产生对人类历史的认同感,加深对人类历史发展进程的理解,并做出自己的解释。 注重探究式学习,勇于从不同角度提出问题,学习解决历史问题的一些基本方法;乐于同他人合作,共同探讨问题,交流学习心得;积极参加各种社会实践活动,学习运用历史的眼光来分析历史与现实问题,培养对历史的理解力。	1.通过多种途径感知历史,学会从当时的历史条件理解历史上的人和事,并经过分析、综合、概括、比较等思维过程,形成历史概念,进而认识历史发展的时代特征和历史发展的基本趋势。 2.在学习历史的过程中,逐步学会利用时序与地域、原因与结果、动机与后果、延续与变迁、联系与综合等概念,对历史事实进行理解和判断。 3.在了解历史事实的基础上,逐步学会发现问题、提出问题,初步理解历史问题的价值和意义,并尝试体验探究历史问题的过程,通过搜集资料、掌握证据和独立思考,初步学会对历史事物进行分析和评价,并在探究历史的过程中尝试反思历史、汲取历史的经验教训。 4.逐步掌握学习历史的一些基本方法,包括计算历史年代的方法、阅读教科书及有关历史读物的方法、识别和运用历史地图和图表的方法、查找和收集历史信息的途径和方法、运用材料具体分析历史问题的方法等。 5.初步掌握揭示历史问题的方法,力求在表达自己的见解时能够言而有据,推论得当;学会与教师、同学共同对历史问题进行探究与讨论,能够积极汲取他人的正解,善于与他人合作,交流学习心得和经验。

(2) 高中目标要求

2003年高中历史课程目标中提出注重学生学习方式的转变,强调:"学习历史是一个从感知历史到不断积累历史知识,进而不断加深对历史和现实的理解过程;同时也是主动参与、学会学习的过程。"历史认识的主体是学生,因此,在教学中要做到以学生为中心,要充分考虑学生的需要,落实学生的主体地位。历史教学不仅要关注知识传递,而更要关注学生的学习兴趣、学习方式和学习效果。提倡教师通过创设情景(参观、访问等)、收集资料或开展课堂模拟等活动,积极引导学生参与教学过程。在学生主动参与、积极探求、体验历史的过程中,逐步培养学生搜集和处理历史信息的能力、获取新历史知识的能力、分析和解决问题的能力。在学习方法目标上提出了更高的要求:学习历史唯物主义的基本观点和方法,学会论从史出、史论结合;注重探究式学习,善于从不同角度发现问题,积极探索解决问题的方法;养成独立思考的学习习惯,能对所学内容进行较为全面的比较、概括和阐释;学会同他人尤其是具有不同见解的人合作学习和交流。为使历史教师更好地转变教学观念和教学行为,以引导学生从根本上改变以往不良的学习方法,历史课程标准中还设计了一些具体的教学活动建议。例如,"设计表格,列出秦始皇、汉武帝与唐太宗的历史功过"、"组织讨论会,分析希腊民主政治或罗马法的利弊得失"、"收集过去的一些购物票证,如布票、粮票、油票、副食本等,感受市场经济给人民生活带来的巨大变化"等。通过这些教学活动范例,给历史教师一种活动启示、一种设计思路,使每位教师都可根据各自的条件、能力,创造性地设计教学活动,来改变学生的学习行为,提高能力,以适应现实社会的发展。

"过程与方法"目标实现的过程,是学生体验学习并学会学习的过程,是学生思想和行为发生改变的过程。学生能够经常性地参与学习过程,就容易学会有效的学习方法;学生一旦掌握了学习方法,就会自主地完成学习过程,其创造性也有了发挥的机会。

3. 情感、态度与价值观目标

(1) 目标内涵及教育意义

情感,是指人们对客观事物是否符合自己的需要的态度的体验。主要包括道德感、理智感和美感。新课程目标中的"情感",不仅指学习热情、学习兴趣、学习动机,还包括爱、快乐、审美情趣等丰富的内心体验。它关注的是学生的心理健康和人格的健全。

态度,是指人们对客观事物所持有的一种评价与心理倾向。新课程目标中指的"态度",不仅包含学习态度、学习责任,还包括乐观的生活态度、求实的科学态度、宽容的人生态度,它覆盖了一个人方方面面的社会责任。

价值观,是指人们对某事物价值所持有的立场、观点和态度等基本看法。新课程目标中的"价值观",不仅包含个人价值,还强调个人价值与社会价值的统一、科学价值与人文价值的统一、人类价值与自然价值的统一。强调让学生从内心确立起对真、善、美的价值追求,树立人与自然和谐与可持续发展的理念。

情感、态度与价值观的关系极其密切,是构成人的整体意识中的三个方面,情感、态度属于社会心理领域,价值观属于更高层次的社会意识形态领域。丰富的情感、积极的态度、正确的价值观是学生学习和生存发展的基础。情感教育,有利于形成端正的态度、提高鉴赏能力、更新价值观念、培养高尚的道德情操;态度教育,有利于人的潜能释放、创奇迹、实现自我,对社会的稳定和发展有着深远影响;价值观,是社会文化的精神所在,是指导人们行动的指南,更是学生健康成长的核心要素。关注学生的情感、态度与价值观,是新课标"以人为本"理念的突出表现。其实质就是关注学生的身心感受、关注学生的内心世界,促进学生个性的良性发展。引导学生在获得知识与能力的同时,学会学习,学会做人,树立正确的价值观。这是学生全面发展的内在要求,也是人文素质教育的必然要求。

(2)初中目标要求

从2001年版课标中可以看出,在"情感、态度与价值观"目标中,提出了人文素养和科学精神的培养,并强调把历史教育的社会教育功能与人的发展教育功能结合起来。2011年版课标对这一目标又提出了更为具体、指向更为明确的要求。

2001年实验版和2011年版"情感、态度与价值观"目标对照表

2001年版	2011年版
了解中国国情,形成对祖国历史与文化的认同感,树立对国家、民族的历史责任感和历史使命感,培养爱国主义情感; 形成健全的人格和健康的审美情趣; 逐步形成崇尚科学精神的意识,确立求真、求实和创新的科学态度; 强化民主与法制意识; 逐步形成面向世界、面向未来的国际意识。	1. 从历史的角度认识中国的具体国情,认同中华民族的优秀文化传统,尊重和热爱祖国的历史和文化;认识在漫长的历史进程中,我国各族人民密切交往、相互依存、休戚与共,形成了中华民族多元一体的格局,共同推动了国家发展和社会进步,增强民族自信心和自豪感。 2. 感悟近现代中国人民为救亡图存和实现中华民族伟大复兴而进行的英勇奋斗和艰苦探索,认识中国共产党在中国革命、建设和改革事业中的决定作用,树立中国特色社会主义理想信念;继承和弘扬以爱国主义为核心的民族精神,认识到国家统一、民族团结和社会稳定是中国强盛的重要保证,初步形成对国家、民族的认同感,增强历史责任感。 3. 了解人类社会历史发展的基本趋势及人类文化的多样性,理解和尊重世界各国、各民族的文化传统,学习汲取人类创造的优秀文明成果;认识和平与发展是当今时代的主题,逐步形成面向世界的视野和意识。 4. 认识人类历史上物质文明、精神文明发展的重要性,理解历史上的革命与改革在不同程度上促进了社会的进步,认识从专制到民主、由人治到法治是历史发展的必然趋势,不断发展社会主义民主与加强社会主义法制意识。 5. 认识科学技术的发展对人类历史进步的推动作用,逐步形成尊重科学、崇尚科学的意识,树立求真、求实和创新的科学态度;从历史的演变中认识合理开发和利用资源、生态环境保护的重要性,初步形成可持续发展的观念。 6. 认识人民群众创造历史的作用以及杰出人物在历史上的重要贡献,吸取前人的经验和智慧,初步理解个人与群体、个人与社会的关系,提高对是与非、善与恶、美与丑的识别判断力,逐步确立积极进取的人生态度,形成健全的人格和健康的个性品质。

从上表可见,2011年新版课标对"情感、态度与价值观"这一目标又重点强调了以下几个方面:

① 在民族观的培养要求方面,特别强调要"认识统一的多民族国家和中华民族多元一体,认识在漫长的历史进程中,我国各族人民密切交往、相互依存、休戚与共,形成了中华民族多元一体的格局,共同推动了国家发展和社会进步"。

② 在认同感方面,明确提出要"认识中国共产党在中国革命、建设和改革事业中的决定作用,树立中国特色社会主义理想信念;继承和弘扬以爱国主义为核心的民族精神,认识到国家统一、民族团结和社会稳定是中国强盛的重要保证"。

③ 在国际视野方面,提出要"了解人类社会历史发展的基本趋势及人类文化的多样性,理解和尊重世界各国、各民族的文化传统,学习汲取人类创造的优秀文明成果;认识和平与发展是当今时代的主题,逐步形成面向世界的视野和意识"。

④ 在人生观方面,提出要"初步理解个人与群体、个人与社会的关系,提高对是与非、善与恶、美与丑的识别判断力,逐步确立积极进取的人生态度,形成健全的人格和健康的个性品质"。

(3) 高中目标要求

高中历史课程的情感、态度与价值观目标要求,则是在初中的基础上,主要从民族历史文化认同、人文主义、国际意识等方面对学生提出更高的标准:进一步了解中国国情,形成对祖国历史与文化的认同感、自豪感、民族使命感和爱国主义情感;加深对历史上以人为本、善待生命、关注人类命运的人文主义精神的理解;培养健康的审美情趣,确立积极进取的人生态度;进一步树立崇尚科学精神、坚定求真求实和创新的科学态度;认识人类社会发展的统一性和多样性,理解和尊重世界各国、各地区、各民族的文化传统,汲取人类创造的优秀文明成果,进一步形成开放的世界意识。目标特别强调学生对人文主义精神的理解,注重培养学生的人文主义情怀。

历史知识的综合性特点,决定了历史课程在"情感、态度与价值观"的教育方面具有多样性和复杂性;处于不同动态过程中的不同学生的"情感、态度与价值观"也具有多样性和复杂性。因此,在实现这一课程教育目标的过程中,教师要注意从大处着眼、小处着手,特别要注意避免生硬的说教和武断的灌输,恰当地运用历史知识,贯彻"随风潜入夜,润物细无声"的教育原则,切实有效地实现"情感、态度与价值观"的教育目标。

拓展链接

历史课程"三维目标"表述方式

【结果性目标】

1. 知识:了解——说出、背诵、辨认、列举、复述等

       理解——解释、说明、归纳、概述、推断、整理等

       应用——设计、辩护、撰写、检验、计划、推广等

2. 技能:模仿——模拟、再现、例证、临摹、扩(缩)写等

       独立操作——完成、制定、解决、绘制、尝试等

       迁移——联系、转换、灵活运用、举一反三等

【体验性目标】

1. 过程与方法

    经历(感受)——参与、寻找、交流、分享、访问、考察等

2. 情感、态度与价值观

    反映(认同)——遵守、接受、欣赏、关注、拒绝、摒弃等

领悟（内化）——形成、具有、树立、热爱、坚持、追求等

4."三维"目标之间的关系

在历史教学过程中，"三维目标"是一个不可分割、相互交融、相互渗透的连续过程和有机整体。"知识与能力"目标，强调历史学科的基本知识和基本技能，这是历史教育的基础要求；"过程与方法"目标，强调历史认知的过程与方法，要求教师在注重引导学生参与历史学习的过程中，帮助学生形成正确的学习方法，培养学生的科学素养和实践能力，这是历史教育的关键环节；"情感、态度与价值观"目标，更是凸显了历史新课标"以人为本"的教育观，它是促进学生健康成长和全面发展的灵魂与核心要求。掌握历史知识不是历史课程学习的唯一和最终目标，而是全面提高学生人文素养的基础和载体。新课程要求教师必须在引导学生掌握历史知识的过程中，既有能力的训练，也有对史学方法的了解和运用，更要有情感、态度与价值观的体验和培养。这是"三维"历史教育目标的全部内涵和要求。

5."三维目标"的局限性

随着社会发展及对人才需求的变化，"三维目标"在实施过程中也暴露了它的局限性。最主要的表现就是："三维目标"虽明确了便于评价的目标叙写方式，但它缺乏明确目标的实质内涵，导致了在具体的教学实践中，只关注目标的呈现方式，即只有"三维"叙写，而不清楚受教育后所习得的素养。正如余文森教授所说："相对于双基，三维目标的理论比较全面和深入，但三维目标依然有不足之处；其一是缺乏对教育内在性、人本性、整体性和终极性的关注；其二是缺乏对人的发展内涵特别是关键的素质要求进行清晰的描述和科学的界定。""虽然在总目标中提及类似学科核心素养的目标，但没有以学科核心素养为纲，没有将学科核心素养一以贯之地落实到课程标准的各个方面，特别是各个学段或年级或水平的表现标准。"显然，要促使学生全面发展的育人目标的达成，对"三维目标"进行重新提炼和整合就显得尤为重要了。

（二）"核心素养"教育目标内容与要求

1997年12月，国际组织提出了"核心素养"概念。近年来，基于核心素养的课程设计已成为国际教育改革的共识，许多国家与地区纷纷开展了基于核心素养的教育或课程标准的研制。受国际化趋势影响，也为了突破我国教育发展的瓶颈，2013年，我国教育部全面启动了普通高中新课标的修订工作，经过长达四年的研制，于2017年颁布了《普通高中历史课程标准》。新课标全面总结了本世纪以来普通高中历史课程改革的问题与经验，尤其是对"三维目标"在实践中暴露的问题进行了深入研究，吸取当前国际课程改革的优秀成果，构建了有中国特色的新时期普通高中历史课程体系，提出了以培养学生"核心素养"为历史课程的总目标。课标要求：使学生通过历史课程的学习，形成作为现代公民应具备的历史学科素养，促进全面发展、个性发展和持续发展。要求在课程结构的设计、课程内容的选择、课程的实施等方面，都要始终贯穿发展学生历史学科核心素养这一任务，最终完成从"教书"向"育人"的转变，落实"立德树人"的教育根本目标。

从"三维目标"走向"核心素养"，是历史学科教育高度、深度和内涵的提升，是学科教育对人的真正的回归。这将有力推动历史学科教育有效实现从学科本位、知识本位到育人本位、学生素养发展本位的根本转型。

历史学科核心素养,是历史学科育人价值的集中体现。是学生在学习历史过程中,逐步形成的具有历史学科特征的正确价值观念、必备品格和关键能力。三位一体,不可分割。

价值观念,就是基于人的一定思维感官之上而作出的认知、理解、判断或抉择。高中历史教育,必须服务于新时代中国特色社会主义建设事业,要培养社会主义事业的建设者和接班人,必须践行社会主义核心价值观。

必备品格,包含政治思想品质、道德人格和史学品格三方面。在政治思想上,必须认同伟大祖国、认同中华民族、认同中华文化、认同中国共产党的领导、认同中国特色社会主义;在道德人格上,必须让学生学会做人做事的道德准则,健全人格;在史学品格上,具有求真精神、贯通意识和批判思维。

关键能力,就是能运用科学的史学理论和方法来认识和解释历史的能力。包括:运用唯物史观的基本观点认识并说明历史事物的能力;掌握历史时序,将历史事物置于特定时空下进行分析的能力;收集、辨析并能运用史料的能力;解释历史的能力,即运用归纳、概括、比较等思维方法分析历史事物的能力,科学解释历史事物和认识事物本质的能力,全面、客观评价历史人物、历史事件以及历史现象的能力,发现和论证历史问题和独立提出观点的能力。

2017年版《高中历史课程标准》以马克思主义历史哲学为指导,把历史学科的核心素养凝练为"唯物史观"、"时空观念"、"史料实证"、"历史解释"、"家国情怀"等五个方面。在历史教学中,它们有其各自的地位和作用,构成一个有机的整体。通过五个核心素养的培养,最后形成正确价值观念、必备品格和关键能力,达到历史课程"立德树人"的根本要求。

1. 唯物史观及课标要求

唯物史观,是揭示人类社会历史客观基础及发展规律的科学历史观和方法论。唯物史观使历史学成为一门科学,只有运用唯物史观的立场、观点和方法,才能对历史有全面、客观的认识。

课标要求:历史课程要以唯物史观为指导,对人类历史发展进行科学的阐释,将正确的思想导向和价值判断融入对历史的叙述和评判中。通过历史课程的学习,学生能够了解唯物史观的基本观点和方法,理解唯物史观是科学的历史观;能够正确认识人类历史发展的总趋势;能够将唯物史观运用于历史的学习与探究中,并将唯物史观作为认识和解决现实问题的指导思想。

高中学生应了解唯物史观的基本理论和观点,包括:社会存在决定社会意识;生产力决定生产关系;经济基础决定上层建筑;正确运用阶级分析法;人民群众是历史的创造者;人类社会形态经历了从低级阶段向高级阶段的发展等。

2. 时空观念及课标要求

时空观念,是在特定的时间联系和空间联系中对事物进行观察、分析的意识和思维方式。任何历史事物都是在特定的、具体的时间和空间条件下发生的,只有特定的时空框架当中,才可能对史事有准确的理解。

课标要求:在时空观念的学习中,使学生知道特定的史事是与特定的时间和空间相联系的;能够知道划分历史时间与空间的多种方式,并能够运用这些方式叙述过去;能够按照时间顺序和空间要素，建构历史事件、历史人物、历史现象之间的相互关联；能够在不同的时空框架下对史事作出合理解释；在认识现实社会时，能够将认识的对象置于具体的时空条件下进行考察。

3. 史料实证及课标要求

史料实证，是指对获取的史料进行辨析，并运用可信的史料努力重现历史真实的态度与方法。历史过程是不可逆的，认识历史只能通过现存的史料。要形成对历史的正确、客观的认识，必须重视史料的搜集、整理和辨析，去伪存真，这是历史学的重要方法。

课标要求：史料实证需要学生首先知道史料是通向历史认识的桥梁，并了解史料的多种类型，掌握搜集史料的途径与方法；能够通过对史料的辨析和对史料作者意图的认知，判断史料的真伪和价值，并在此过程中体会实证精神；能够从史料中提取有效信息，作为历史叙述的可靠证据，并据此提出自己的历史认识；能够以实证精神对待历史与现实问题。

4. 历史解释及课标要求

历史解释，是指以史料为依据，以历史理解为基础，对历史事物进行理性分析和客观评判的态度、能力与方法。所有历史叙述在本质上都是对历史的解释，即便是对基本事实的陈述也包含了陈述者的主观认识。人们通过多种不同的方式描述和解释过去，通过对史料的搜集、整理和辨析，辩证、客观地理解历史事物，不仅要将其描述出来，还要揭示其表象背后的深层因果关系，通过对历史的解释，不断接近历史真实。

课标要求：历史解释需要学生准确区分历史叙述中的史实与解释，知道对同一历史事物会有不同解释，并能对各种历史解释加以评析和价值判断；能够客观论述历史事件、历史人物和历史现象，有理有据地表达自己的看法；能够认识历史解释的重要性，学会从历史表象中发现问题，对历史事物之间的因果关系作出解释；能够客观评判现实社会生活中的问题。

学会历史解释，是历史学习的一个较高要求，是检验学生有否具有历史学科核心素养的综合表现。历史核心素养五个素养中关于运用的要求，都可视为历史解释。

5. 家国情怀及课标要求

家国情怀，是学习和探究历史应具有的人文追求与社会责任。学习和探究历史应具有价值关怀，要充满人文情怀并关注现实问题，以服务于国家强盛、民族自强和人类社会的进步为使命。

课标要求：家国情怀要求学生从历史的角度认识中国的国情，形成对祖国的认同感和正确的国家观；能够认识中华民族多元一体的历史发展趋势，形成对中华民族的认同感和正确的民族观，具有民族自信心和自豪感；了解并认同中华优秀传统文化，认识中华文明的历史价值和现实意义；认同社会主义核心价值观，树立道路自信、理论自信、制度自信和文化自信；了解世界历史发展的多样性，理解和尊重世界各国、各民族的文化传统，形成广阔的国际视野；能够确立积极进取的人生态度，塑造健全的人格，树立正确的世界观、人生观和价值观。

与传统"三维目标"相比，历史学科核心素养以学科知识技能为基础，整合了情感、态度与价值观在内的、能够满足特定现实需求的综合性品质和相关能力。历史学科核心素养的五个方面是一个整体,有其各自的地位和作用。"唯物史观"是历史学科诸素养得以达成的理论保证;"时空观念"是诸素养中学科本质的体现,是历史学科有别于其他学科的重要特征;"史料实证"是诸素养得以达成的途径;"历史解释"是诸素养中对历史思维与表达能力的要求;"家国情怀"体现了诸素养中的价值目标。通过诸素养的培育,达致立德树人的根本要求。

本章小结

历史教育目标是实施历史新课程的指针,是历史教学活动的出发点和归宿,又是基础教育总目标的重要组成部分,制订和执行好历史学科教育目标,对促进基础教育总目标的实现具有重要的作用和影响。本章主要介绍了历史教育在基础教育中的重要地位及其社会功能,概述了我国近代以来中学历史教育目标的沿革与发展情况。在此基础上,探讨了历史课程目标制定的基本依据。进入新世纪后,基础教育历史课程目标出现了两次大转变:一是由"双基"教学向"三维目标"的转变;二是由"三维目标"向"学科核心素养"目标的转变,分别对它们具体的目标要求和相互间的关系进行了阐释。多维度、多层面、相互交融的"三维目标",使素质教育在历史课堂的落实有了抓手;具有历史学科特征的"五大"核心素养教育目标,更是对历史学科素质教育高度、深度和内涵的凝练与提升,是历史学科育人价值的集中体现,实施核心素养教育,更有利于"立德树人"教育根本目标的实现。

课后练习

一、名词解释

"三维目标" 历史学科核心素养 唯物史观 时空观念 史料实证 历史解释 家国情怀

二、判断改错

1. 中学历史教育的目标服务于中学基础教育的总目标。
2. 历史学是一门研究人类社会发展演变的人文基础学科,其本质就是"人学"。
3. 1992年颁布的《全日制中学历史教学大纲》中,初步提出历史教育的三大任务(基本知识、基本能力和思想教育),开始重视历史能力的培养。
4. 2002年颁布的教学大纲首次提出了开展学生自主学习和探究性学习。
5. 2013年颁布的初中历史课程标准对"三维目标"的表述更加清晰、完整。
6. 教育部2017年颁布的《普通高中历史课程标准》提出了以培养学生"核心素养"为历史课程的总目标。

三、教学试练

请选择中学历史一课内容,结合历史学科"五大核心素养"的教育目标,说说对本课教学目标的设计思路和方法,与同学们交流研讨。

四、实践探究

请到某高中学校开展一次调研活动,就教师和学生在历史新课程实施中存在的问题及其原因进行访谈或问卷调查。要求形成书面分析报告,并与同学们展开研讨。

阅 读 参 考

1. 钟启泉等:《基础教育课程改革纲要(试行)解读》,华东师范大学出版社,2001.
2. 教育部基础教育司:《走进新课程》,北京师范大学出版社,2002.
3. 教育部:《全日制义务教育历史课程标准(实验稿)》,人民教育出版社,2001.
4. 朱汉国、王斯德:《全日制义务教育历史课程标准(实验稿)解读》,北京师范大学出版社,2002.
5. 教育部:《普通高中历史课程标准(实验稿)》,人民教育出版社,2003.
6. 朱汉国、王斯德:《普通高中历史课程标准(实验稿)解读》,江苏教育出版社,2008.
7. 教育部:《义务教育历史课程标准(2011年版)》,北京师范大学出版社,2012.
8. 教育部:《普通高中历史课程标准(2017年版)》,人民教育出版社,2018.
9. 徐蓝、朱汉国:《普通高中历史课程标准(2017年版)解读》,高等教育出版社,2018.
10. 卢明、崔允漷:《教案的革命:基于课程标准的学历案》,华东师范大学出版社,2016.
11. 尤小平:《学历案与深度学习》,华东师范大学出版社,2017.
12. 余文森:《核心素养导向的课堂教学》,上海教育出版社,2017.
13. 严先云:《学科教学如何培育学生的核心素养》,东北师大出版社,2017.
14. 《学生发展核心素养三十人谈》,华东师大出版社,2017.
15. 祝曙光、黄阿明:《历史学科核心素养研究》,武汉大学出版社,2018.
16. 齐健、赵亚夫:《历史教育价值论》,高等教育出版社,2003.
17. 赵亚夫:"历史教学目标刍议",《历史教学》,2007(5)、(6)、(7).
18. 李颖:"中学历史教育与人文素质的培养",《历史教学问题》,2001(3).
19. 何成刚:"历史课程改革的人文取向分析",《中学历史教学参考》,2003(1)、(2).
20. (英)唐纳德·汤普森:《理解历史——程序与内容》(叶小兵译),《清华历史教学》,1996(7).

第四章 历史课程标准与教学原则

导 语

在新一轮课程改革中,教育部以"课程标准"取代了原有的"教学大纲",这不仅仅是一个简单的词语置换,而是隐含了深刻的教育理念。同时,也是适应我国新形势发展和人才培养的需要。那么"课程标准"取代"教学大纲"究竟意味着什么?二者又有什么异同?新课程标准下历史教师应遵循哪些教学原则?这些都是值得我们认真思考的问题。

思考与探究

❖ "课程标准"与"教学大纲"有什么异同?
❖ 中学历史课程标准有哪些新特点?
❖ 初、高中历史课程体系发生了哪些新变化?
❖ 在教学中如何贯彻使用历史课程标准?
❖ 中学历史教学要遵循的原则有哪些?

第一节 历史课程标准

新课程改革的重点是国家课程标准的研制,课程标准不仅直接体现了新课程的基本理念,而且为教材开发和教师教学提供了参考依据,为新课程的管理、实施和评价提供了指南。

一、"课程标准"与"教学大纲"

在本世纪初新一轮基础教育课程改革中,教育部以"课程标准"取代了原有的"教学大纲",这不仅仅是一个简单的词语置换,而是隐含了历史教育价值取向的变化,同时也是适应我国新形势发展和人才培养的需要。

(一)历史课程标准与教学大纲的演化历程

历史课程标准与教学大纲经历了一个长期的演化历程。

"课程标准"在我国并非新名词。20世纪初,清政府实行"新政",推行教育改革,在各级学堂章程中,就有《功课教法》或《学科程度及编制》,这是课程标准的雏形。1904年,清政府颁布《奏定中学堂章程》,在其"学科程度"中,对中学历史课程的教学内容、讲授顺序等做了大致的规定。该章程虽无明确的课程目标,但提出历史课要"明实事之关系"、"辨文化之由来","省悟强弱兴亡之故,以振发国民之志气"。此外,还具体谈到古今历史的比例,讲世界史,"说近事者十之九,说古事者十之一"。历史课程"学科程度"的叙述虽然比较简单,但在当时起到了课程标准的作用。民国初年,1912年,南京临时政府教育部公布了《普通教育暂行课程标准》,明确以"课程标准"作为教育的指导性文件。此后,"课程标准"一词沿用了40年。1929年,教育部颁布了初、高中《历史课程标准》,这是我国第一套正式的历史课程标准,其框架结构由目标、作业要领、时间及学分支配、教材大纲、教法要点、毕业最低限度等部分构成,为后来我国中学历史课程标准的规范化、体系化、科学化奠定了基础,其在教学上提出的许多要求和建议,至今仍有借鉴价值。此课程标准分别在1932年、1936年、1940年、1948年进行过四次修订,但基本框架一直没变。

新中国成立后,"课程标准"一律改称为"教学大纲"。教学大纲的结构基本上是由"教学目的和要求"、"处理教学内容的原则"、"教材的安排"、"教学中应注意的问题"、"教学内容"等部分组成,1996年以后的教学大纲增加了"考试与评估"部分。

1956年颁发的新中国成立后第一套完整的《中小学历史教学大纲》被学者们认为是20世纪50～90年代初"各套历史教学大纲中最为详备的一套大纲"①。如中学部分就分为初中中国历史、初中世界历史、高中中国历史、高中中国历史(近代部分)、高中世界近代现代史五个教学大纲,如此详细的教学大纲是历次编制大纲中绝无仅有的。大纲的特点呈现为:具有鲜明的马克思主义史学观;内容细密,初、高中层次性强;中外历史下限均叙述到当年,具有强烈的时代色彩。但这套大纲要求过高、分量过重、内容过深,因此,1957年教育部发出精简教科书内容的通知,调整了教学内容。

1963年,教育部制定了《全日制中学历史教学大纲(草案)》,对1956年制定的教学大纲内容又做了很大调整。

1978年颁布了《全日制十年制学校中学历史教学大纲(试行草案)》,1980年对此进行了修订。《大纲》强调了编写乡土史教材的问题,致使80年代掀起了一股"乡土热";《大纲》还关注教学方法的研究,主张"启发学生积极思考,反对注入式","适当结合历史教学内容进行参观、访问、调查等活动"。《大纲》对肃清历史教学中"左"的影响、恢复正常的历史教学秩序起到了指导作用。

1988年,为适应九年义务教育,国家教委制定《九年义务教育全日制初级中学历史教学大纲(初审稿)》,1992年修订后在全国正式施行。此《大纲》体现了义务教育的特点:第一,它明确指出初中历史课对"提高全民族的素质"具有重要意义;第二,概述了历史教学的三大任务(知识教学、思想教育、能力培养),且根据初中三个不同年级和教学内容,提出了三大任务的具体要求;第三,规定了地方乡土史或民族史课程的课时数,促使地方课程的教学落到实处;第四,它是新中国成立后首次允许编写不同版本教材的教学大纲,由此初步形成了"一纲多本"的局面。

1996年,国家教委制定了《全日制普通高级中学历史教学大纲(试用)》,2000年进行修订,2002年在全国推行。其特点:一是注意与初中大纲的衔接,体现出一定的层次性;二是力求贴近现实,吸收史学新成果,具有跨世纪的时代性;三是重视历史学科的研究性学习,大纲拟定了16个研究性课题,供师生开展研究活动时参考;四是大纲首次增加了

---

① 臧嵘:《历史教材纵横谈》,人民教育出版社,1999年版,第400页。

"考试与评估"部分,从而进一步体现了教学大纲对评价教学质量的权威性。

1999年,国务院召开第三次全国教育工作会议,并批转教育部《面向21世纪教育振兴行动计划》,提出了改革现行基础教育课程体系,研制和构建面向新世纪的基础教育课程教材体系的任务,新一轮基础教育课程改革开始启动。

从1949年至今,我国基础教育课程共经历了八次革新。前七次课程改革,虽均有成就,但课程教材体系不能适应全面推进素质教育的要求,依然存在教育观念滞后、课程内容偏难偏繁、德育缺乏针对性和实效性、课程结构单一、课程评价过于强调学业成绩和甄别选拔功能、课程管理强调统一和人文学科比重过低等问题。针对旧课程中一系列的问题,国家于2001年正式启动了第八次基础教育课程改革。

2001年,教育部颁布了《基础教育课程改革纲要(试行)》以及《全日制义务教育历史课程标准(实验)》,2003年4月又颁布了《普通高中历史课程标准(实验)》。分别确立了初、高中新的历史课程体系,提出了新的教育目标,构建了新的内容标准。至此,"课程标准"以崭新的理念和形式取代了"教学大纲",中国基础教育历史课程改革走进了一个新时期。之后,历史课程标准又经历了2011年《义务教育历史课程标准》和2017年《普通高中历史课程标准》的修订,使我国中学历史课程标准更趋于科学和完善。尤其是,高中历史新课程标准提出了以培养学生"核心素养"为教育的总目标,构建了具有中国特色的普通高中历史课程的体系,使之成为既具有国际先进水平,又符合我国实际情况的纲领性教学文件。

从历史课程标准与教学大纲的百年演化历程可以看出,我国的历史教育首先经历了由课程标准到教学大纲的演变。新中国成立后,教学大纲取代课程标准是时代的产物,这种变化与我国当时的政治形势、经济发展是相适应的。历史教学大纲作为我国历史教育的指令性文件,对我国历史教育的发展、人才的培养发挥着至关重要的作用。然而,教学大纲在四十多年的发展演变过程中,其自身建设虽渐趋完善,但仍有难以克服的缺陷。因此,在2001年开始的新一轮课程改革中,教育部以"课程标准"取代了原有的"教学大纲"。这样做不仅有着深刻的理论背景,同时,也是迈向新世纪之际、适应我国社会经济文化发展和人才发展的需要。

(二) 历史课程标准与教学大纲的区别

顾明远主编的《教育大辞典》(第一卷)对课程标准做了如下定义:课程标准是确定一定学段的课程水平及课程结构的纲领性文件,是一个国家对基础教育课程的基本规范和质量要求。教育部于2001年颁布的《基础教育课程改革纲要(试行)》也指出:国家课程标准是教材编写、教学评估和考试命题的依据,是国家管理和评价课程的基础。它体现了国家对不同阶段的学生在知识与技能、过程与方法、情感态度与价值观等方面的基本要求,规定各门课程的性质、目标、内容框架,提出教学建议和评价建议。

教学大纲,则是国家教育行政部门规定学科教学的目的任务、教材纲目和教学实施的指导性文件,它以纲要形式规定学科的知识、技能以及范围和结构,体现的是国家对学科教材与教学的硬性规范化要求。

"课程标准"与"教学大纲"都是规范学科教学、评价及管理的权威课程文件,它们所具有的功能在本质上基本一致,但它们之间又有一些较为明显的差异。主要表现为:

第一,课程标准是国家制定的某一学段共同的、统一的基本要求,或说是最低要求,而不是最高要求(如教学大纲)。

第二,课程标准主要是对学生学习结果的行为描述,而不是对教学内容的具体规定(如教学大纲)。

第三,课程标准关于学生学习行为结果的描述,尽可能是清晰的、可评估的,而不是模糊不清的(如教学大纲)。

课程标准的指导作用主要体现在它规定了教材、教学所要实现的课程目标以及课程内容,规定了评价的基本标准。对一些具体问题,如教材编写、教学顺序、课时分配、评价方法等则不做硬性规定,实施起来具有较大的弹性空间。不像教学大纲那样定的细、管的死,刚性有余,弹性不足。

(三)课程标准取代教学大纲的意义

"课程标准"代替"教学大纲",不仅仅是一个简单的词语置换,它还隐含着深刻的教育理念,意味着历史教育价值取向的新变化。这主要表现在以下四个方面:

第一,课程价值取向从精英教育转向大众教育,着眼于全体学生的发展。1996年,教育部组织对我国义务教育实施状况的调研表明:现行教学大纲要求过高,教学内容偏难、深、窄,90%的学生不能达到教学大纲规定的要求。与世界各国相比,我国同一学段教学大纲所规定的内容知识面窄,同一知识深度较深。同时,对教学内容和要求都做了统一的硬性规定,缺乏弹性和选择性,这种现状导致大多数学生负担过重,不利于学生的全面发展。历史课程标准则是国家制定的某一学段共同的、统一的基本要求,它是大多数学生都能达到的标准。因此,课程标准是一个"最低标准",而不是最高要求(教学大纲)。历史课程标准面向的是每一个学生,着眼于全体学生的发展。它隐含的教育理念是培养成功者的教育,凡达到基本标准的学生都是成功者。

> **观点讨论**:课程标准规范了课程教学的最低要求,你认为它体现了什么教育理念?为什么?

第二,课程标准关注学生素质的全面提高,着眼于未来社会对公民素质的要求。"教学大纲"关注的是学生在知识和技能方面的要求,而"课程标准"着眼于未来社会对国民素质的要求。基础教育的目标是培养未来的建设者,随着21世纪科学技术的迅猛发展、经济的全球化,未来社会对人的素质提出了新的要求。历史课程标准反映了这种要求,强调知识、技能、情感、态度、价值观等教育目标并重,关注的是作为一个完整个体发展的各个方面,而不仅仅是知识与技能。

第三,从只关注教师教学转向关注课程实施过程,特别是学生学习的过程。历史教学大纲,顾名思义是历史学科教学工作的纲领性文件。教学大纲主要包含了历史学科的教学目的、教学内容及要求、教学建议等。教师教学是历史教学大纲关注的焦点,而历史课程标准是以学生为学习行为主体,关注学生在课程学习中的变化,并关注学生整个课程实施过程。课程标准明确规定教师不是教科书的机械执行者,而是课程的开发者,即教师是"用教科书教,而不是教教科书",意在唤起教学活动的目标意识。

第四,历史课程管理从刚性转向弹性,给教师的教学、教材的编写等留下足够的空间。我国原有的历史教学大纲,对历史教学工作都做出了十分具体细致的规定,以便对教师的教学工作真正能够起到具体直接的指导作用。历史教学大纲便于教师学习和直接运用，但刚性太强，不利于教师创造性的发挥，没有给教学特色化和个性化发展留下足够的空间，不利于教材多样化的实现，无法适应全国不同地区学校发展不平衡的状况。与之相比，历史课程标准则是国家对学生在某一方面或领域应该具有的素质所提出的基本要求，是一个面向全体学生的标准。历史课程标准对教学目标、教学内容、教学实施、教学评价及教材编写等提出了一些指导性的建议，这种指导性的影响是间接的、具有弹性的，给教学与评价的选择余地和灵活空间都很大。

从下列初、高中《历史课程标准》与相对应的原教学大纲的对比表中，我们更能看出课程标准对原教学大纲有许多突破之处，从课程性质、课程目标、课程体系到课程评价等全方位都展现了全新的课程理念。

2001年初中《历史课程标准（实验稿）》与原历史教学大纲比较表①

	教学大纲	课程标准	突破
目标	知识目标： 　　了解重要历史事件、历史人物、历史现象及历史发展的基本线索，理解重要的历史概念，认识人类社会不同时期的主要特征及发展趋势。 能力目标： 　　培养历史思维能力；增强自主学习能力；培养创新意识；培养与他人合作和参与社会实践活动的能力。 思想教育目标： 　　形成正确的历史意识；树立民族自尊心和自信心；形成正确的国际意识；形成积极进取的品格和健全的人格，为树立正确的价值观和人生观打下基础。	知识与能力： 　　掌握基本的历史知识；初步具备阅读、理解和通过多种途径获取并处理历史信息的能力，形成用口头和书面语言等形式陈述历史问题的表达能力；形成丰富的历史想象力和知识迁移能力；初步形成在独立思考的基础上得出结论的能力等。 过程与方法： 　　认识到历史学习是一个感知历史到积累历史知识、从积累历史知识到理解历史的过程；能够对历史现象进行初步的归纳、比较和概括；注重探究式学习，勇于从不同角度提出问题；乐于同他人合作，共同探讨问题等。 情感态度与价值观： 　　逐步了解国情，形成对祖国历史和文化的认同感，初步树立对国家、民族的历史责任感和历史使命感；形成健全的人格和健康的审美情趣；逐步形成崇尚科学精神的意识，确立求真、求实和创新的科学态度；不断强化民主与法制意识；逐步形成面向世界、面向未来的国际意识等。	把学习的过程与方法作为课程目标提出来，注重学生学习方式的突破。 在思想教育目标中突破了以往单纯政治教育的层面，注重人文素养和科学精神的培养，把历史教育的社会教育功能与人的发展教育功能结合起来。 目标明确，比大纲更具操作性。

---

① 朱慕菊：《走进新课程——与课程实施者对话》，北京师范大学出版社，2002年版，第74页。

	教学大纲	课程标准	突破
内容体系	较完整的历史学科体系;古代中国的历史仍是王朝历史体系;课程内容仍显繁琐。	构建了板块主题式的课程体系,把课程内容分为中国古代史、中国近代史、中国现代史、世界古代史、世界近代史、世界现代史六个学习板块;每个学习板块又分为若干个学习主题。	兼顾历史发展的时序性与学习内容的内在联系,力求改变繁、难、偏、旧现象。
内容案例	中国古代史 一、原始时代 1. 我国最早的人类 2. 黄河流域和长江流域的文化遗存 3. 炎帝、黄帝和尧、舜、禹的传说 二、夏、商、西周 1. 我国第一个王朝——夏 2. 商朝的建立与繁荣 3. 西周的兴衰 三、春秋战国的纷争 1. "春秋五霸" 2. 战国七雄 3. 商鞅变法 4. 社会经济的发展	中国古代史 一、中华文明的起源 【内容标准】 1. 以元谋人、北京人等早期人类为例,了解中国境内原始人类的文化遗存 2. 简述河姆渡遗址、半坡遗址等原始农耕文化的特征 3. 知道炎帝、黄帝和尧、舜、禹的传说,了解传说和史实的区别 【教学活动建议】 1. 利用板报建立"历史学习园地" 2. 根据教学用图,想象原始人的一天是怎样度过的 二、国家的产生和社会变革 【内容标准】 1. 简述夏朝建立的史实,知道禅让制到王位世袭制的演变 2. 了解夏、商、西周三代的更替 3. 说出西周分封制的主要内容 4. 知道春秋争霸和战国七雄的史实 5. 通过商鞅变法等史实,认识战国时期的社会变革 【教学活动建议】 1. 认识春秋战国形势图,学习识读历史地图的基本技能 2. 以"商鞅变法的失败与成功"为题,组织讨论会	学习主题明确 学生不仅明白学习什么,而且明白要学会什么 具体内容标准的提出,有利于教学评价 关注学习方式的转变,提出了可操作的教学活动建议

2003年高中《历史课程标准(实验稿)》与原历史教学大纲比较表

	教学大纲	课程标准	突破
指导思想	主要以教师的教为中心,向教师明确教学要求,并提出了在教学过程中应注意的若干问题。	历史课程标准凸现了以学生为主体的教育理念,强调了学生学习方式的转变和学生的个性化学习全面发展。	课程标准克服了笼统泛化的弊端和不足,明确地指出:"普通高中历史课程,是用历史唯物主义观点解释人类历史发展进程和规律,进一步培养和提高学生的历史意识、文化素质和人文素养,促进学生全面发展的一门基础学科。"
文本内容	包括六个部分的内容:(一)教学目的;(二)课程、课时安排;(三)教学内容;(四)教学中应注意的几个问题;(五)考试与评估;(六)研究性学习参考题目。	课程标准内容共有四个部分:(一)前言部分,包含:课程性质、基本理念、设计思路;(二)课程目标部分,包含:知识与能力、过程与方法、情感态度与价值观;(三)内容标准部分,包含:必修课内容标准、选修课内容标准;(四)实施建议部分,包含:教科书编写建议、教学建议、评价建议、课程资源的开发和利用。	历史课程标准的指导功能更全面,不仅规定了学生的学习内容,而且指导学生如何学,学到什么程度。
课程目标	教学大纲中对"教学目的"的表述分为:知识学习、能力培养和思想教育三个方面的要求。	课程标准关于课程目标的表述更全面,包括三个部分:知识与能力、过程与方法、情感态度与价值观。强调了学生在学习历史知识的过程中,增强历史意识,汲取历史智慧,提高历史使命感和社会责任感。	课程标准关于历史课程价值功能的表述更全面、更科学。强调了学生在学习历史知识的过程中,要学会学习、学会做人。尤其以"情感态度与价值观"取代教学大纲之"思想教育",适当淡化了历史课程的政治功能,突出体现了历史课程的教育功能和社会功能。在教学过程中,更加凸显了以学生为主体的教育理念,强调了学生学习方式的转变和学习能力的提高。

	教学大纲	课程标准	突破
结构内容	教学大纲将历史课程的"教学内容"按通史体例分为三个部分：中国近现代史、世界近现代史和中国古代史。其中中国近现代史为必修课；世界近现代史和中国古代史为选修课。	高中历史课程标准以模块加专题的形式，构建新的课程体系。设置九个学习模块，采用专题式教学体系。"内容标准"分为必修课和选修课。 （一）必修课包括三个部分：历史Ⅰ侧重反应中外政治领域的内容；历史Ⅱ侧重反应中外经济领域的内容；历史Ⅲ侧重反应中外思想文化领域的内容。 （二）选修课包括六个部分：历史上重大改革回眸、近代社会的民主思想与实践、20世纪的战争与和平、中外历史人物评说、探索历史奥秘、世界文化遗产荟萃。	高中历史课程标准充分体现了高中教育的基础性、多样性和选择性。在强调提高学生人文素养的同时，关注学生的个性化学习。 "必修课内容标准"改变了长期使用的通史体例，将所要求的课程内容按古今贯通、中外关联的原则分成3个部分、25个学习专题。 "选修课内容标准"按照"旨在激发学生学习历史的兴趣，进一步培养学生的历史思维和应对未来的能力"意图，设计了6门选修课，从而为学生自主学习的实现真正提供了空间。
教学评价	教学大纲中"考试与评估"部分对评估目的、原则、对象以及评估形式和手段提出了粗略的要求："采取多种形式、多种手段、多种角度的评估方式。"	课程标准在"教学建议"中提出了具体的"评价建议"："灵活运用各种科学可行的评价手段"，并具体介绍了"建立历史学习档案"、"撰写历史习作"、"历史调查"、"考试"等评价方式。	课程标准在"评价建议"中阐明了评价的指导思想，介绍了一些评价方法，提出了更具有可操作性的评价建议，为其在教学中的实施提供了依据。 "教学评价"代替过分关注知识并以考试为唯一评价手段的"教学评估"，反映了历史教育发展的进步。

二、新时期历史课程标准的特点

历史课程标准是历史新课程改革的指导性文件，分析和把握历史课程标准的特点，是理解历史新课程改革精神的实质所在。目前初、高中最新版历史课程标准分别呈现出以下特点：

（一）2011年版初中历史课程标准的特点

2011年部颁初中历史课程标准首先强调以唯物主义为指导思想，坚持正确的思想导向和价值判断，力图科学、准确地展现中外历史发展的基本趋势，全面、客观地叙述重要的历史事件、历史现象及历史人物；坚持论从史出、史论结合的原则，对历史问题作出实事求是的评述。其次，将社会主义核心价值观和中华优秀传统文化等方面的教育理念落实在历史教材中，充分发掘和叙述历史教学内容中与这些方面密切关联的史事，从历史发展演进的角度，对学生进行教育，培养正确的世界观、人生观和价值观。标准呈现的基本特点是：

1. 课程标准首次对初中历史课程的性质进行了概述,明确指出义务教育阶段的历史课程在基础教育中占有着重要的地位,具有思想性、基础性、人文性和综合性的特点。

2. 依据义务教育阶段历史课程的基本性质和特点,充分发挥历史课程的育人功能,更为清晰明确完整的提出了"知识与能力"、"过程与方法"、"情感、态度与价值观"三个横向的课程目标,并与课程内容中规定的纵向目标结合的更为紧密。

3. 在课程的基本理念上,更突出义务教育的历史课程的"以人为本"、使全体学生都得到发展的教育理念和培养学生历史素养的教育宗旨;更加强调探究式学习和"教"与"学"的创新。

4. 更新了"课程设计思路",在具体内容的呈现方式上弱化学习主题,采用历史发展时序的"点——线"结合方式构建课程体系,凸显了历史发展的主线。将历史课程分为中国古代史、中国近代史、中国现代史、世界古代史、世界近代史、世界现代史六个学习板块,依照历史发展的时序,在每个板块内容设计上,均采用"点——线"结合的呈现方式。"点"是具体、生动的历史事实;"线"是历史发展的基本线索。通过"点"与"点"之间的联系来理解"线",使学生在掌握历史事实的基础上理解历史发展的过程。

5. 在学习内容的的编制上,从学生的认知水平出发,删除过难、过偏、过多的知识点,进一步减轻了学生的学习负担。精选了最基本的史实,展现人类社会在政治、经济和文化等方面发展的基本进程,使学习内容更贴近时代、贴近社会、贴近生活,有利于学生积极、主动的学习。此外,在突出义务教育阶段历史教学特点的基础上,注意与高中历史教学的衔接,为学生在高中阶段的历史学习打好基础。

6. 课程标准对每个学习板块规定了课程内容,并提出了清晰具体,切实可行,富有弹性的教学活动建议;讲一步明确了教师的主导作用和学生的主体作用。课程内容是学生必须掌握的历史基础知识及必须经历的历史思维训练过程;教学活动建议旨在倡导多样的教学方式,促进学生更积极、更主动地对历史进行感知、理解和探究,教师可在具体实施中酌情处理,因材施教。

7. 课程标准设计的课程内容留有余地,以增强历史课程的开放性和弹性,一方面为教材编写留下一定的空间,另一方面也为各地区进行乡土历史的教学提供便利,各地区可根据实际情况开发课程资源。

拓展链接

2011年版初中课程标准"中国古代史"内容与教学活动建议

课程内容	教学活动建议
1. 史前时期 ●知道北京人的特征,了解北京人发现的意义。知道化石是研究人类起源的主要证据。 ●了解半坡居民、河姆渡居民的生活和原始农业的产生。知道考古发现是了解史前社会历史的重要依据。 ●知道炎帝、黄帝的传说故事,了解传说与神话中的历史信息。	●有条件的地方,可以参观我国境内的古人类遗址。 ●根据教学用图,想象原始人的一天是怎样度过的。

课程内容	教学活动建议
2. 夏商周时期 ● 知道夏朝的建立标志着国家的产生，知道夏、商、周三代的更替，了解西周的分封制及其作用。 ● 了解青铜工艺的成就，知道甲骨文是已知最早的汉字。 ● 知道春秋战国时期诸侯国之间的战争，了解这一时期的社会变化。 ● 通过商鞅变法，认识改革使秦国逐渐强大起来。 ● 通过都江堰工程感受中国古代人民的智慧和创造力。 ● 知道老子和孔子，初步理解"百家争鸣"对后世的深远影响。	● 搜集青铜器的图片，说说我国古代青铜工艺的成就。 ● 收集《论语》中的一些名言，说一说其中的含义。
3. 秦汉时期 ● 知道秦始皇和秦统一中国，了解秦代的中央集权制度和统一措施对中国历史发展的影响。 ● 知道秦的暴政和陈胜、吴广起义，知道秦朝的灭亡和西汉的建立。 ● 了解"文景之治"，知道汉武帝巩固"大一统"王朝。 ● 通过"丝绸之路"的开通，了解丝绸之路在中外交流中的作用。 ● 了解东汉的建立，知道东汉外戚、宦官专权造成的社会动荡；知道佛教的传入和道教的产生。 ● 知道司马迁和《史记》；知道造纸术的发明参传播文化的作用；讲述张仲景和华佗的故事。	● 观察秦疆域图，建立时空概念。 ● 搜集秦陵兵马俑的图片，举办主题展览。 ● 观察丝绸之路的路线图、图片和绘画，诵读相关诗作，想象商旅的艰辛。 ● 了解中国古代纪年的主要方法，学习识读历史年表的基本技能。 ● 搜集具体整合，体会中医对我们日常生活的广泛影响。
4. 三国两晋南北朝时期 ● 知道赤壁之战和三国鼎立局面的形成。 ● 知道两晋南北朝的更替，初步了解人口的南迁和江南地区的开发。通过北魏孝文帝改革，初步理解民族交往、交流、交融对中华民族发展的意义。 ● 知道祖冲之的数学成就，初步认识书法艺术。了解北方农业技术的成就和农历。	● 阅读《三国演义》的片段，讲述史实与《三国演义》描述的区别。 ● 搜集南北朝时期民族交往、交流、交融的资料，编写一期板报。 ● 搜集古代名家书法，欣赏书法艺术。
5. 隋唐时期 ● 知道隋朝的统一，了解科举取士制度的创建和大运河的开通；知道隋朝灭亡的原因。 ● 知道唐太宗和"贞观之治"，知道唐玄宗和"开元盛世"，初步认识唐朝兴盛的原因。 ● 以文成公主入藏、鉴真东渡、玄奘西行等史实为例，说明唐代民族和睦与中外文化交流的发展。 ● 通过经济繁荣、开放的社会风气和唐诗的盛行，了解盛唐的社会气象。 ● 知道"安史之乱"导致唐朝由盛转衰；知道唐朝灭亡后五代十国的局面。	● 设计表格，列出秦始皇、汉武帝与唐太宗的历史功过。 ● 从文物图片和唐诗中感受唐朝的社会风尚。

课程内容	教学活动建议
6. 宋元时期 ● 知道北宋的建立，了解宋朝重文轻武的特点。 ● 知道辽、西夏与北宋的对峙局面；了解女真族的崛起，知道岳飞抗金的事迹和南宋偏安。 ● 知道宋代南方经济的发展，理解中国古代经济重心的南移。 ● 知道成吉思汗的崛起以及蒙古军灭亡夏、金和南宋；知道元朝的统一。 ● 通过宣政院管辖西藏，知道西藏在元代正式纳入中国版图。 ● 知道宋元时期商业贸易的繁荣；了解宋元时期的都市生活和宋词、元曲的流行。 ● 通过活字印刷术的发明以及指南针、火药的应用和外传，认识四大发明对世界文明发展的贡献。	● 举办故事会，讲述岳飞抗金、文天祥抗元等历史故事。 ● 阅读元朝疆域图，观察西藏在该图中的位置。 ● 欣赏《清明上河图》，说一说宋代城市生活中的衣、食、住、行和风俗习惯。 ● 分小组搜集中国古代四大发明的资料，出一期板报。
7. 明清时期（至鸦片战争前） ● 知道明朝的建立。通过皇权的强化和"八股取士"初步理解皇帝专权的弊端。 ● 了解郑和下西洋的航海壮举；知道戚继光的抗倭斗争。 ● 通过明长城和北京城的建筑，体会中国古代人民的智慧和创造力。 ● 知道《本草纲目》《天工开物》《农政全书》等名著，了解明代科技的成就及影响。 ● 了解李自成起义推翻明朝；知道满族入主中原。 ● 了解郑成功收复台湾和清朝在台湾的建制；知道册封达赖和班禅与设置驻藏大臣；知道西北边疆的巩固。认识台湾、西藏、新疆是中国不可分割的一部分。 ● 通过清朝经济发展和人口增长的史实，了解清朝前期的兴盛。 ● 通过军机处的设置与文化专制措施，认识君主专制在清代的极端强化。 ● 以《红楼梦》和京剧为例，了解清代文学艺术的成就与特色。 ● 通过清代中期以来的腐败现象和闭关锁国政策，了解中国开始落后于世界发展潮流。	 ● 绘制郑和下西洋的航行路线简图，讨论郑和下西洋的意义。 ● 通过填图，了解清代疆域的四至。搜集和编写康熙维护国家统一的事迹，用史实说明巩固统一多民族国家的重要意义。 ● 有条件的地方，欣赏戏剧、曲艺表演艺术。 ● 编制中国古代主要朝代顺序表。

(二) 2017年版高中历史课程标准的特点

2017年新版高中历史课程标准进一步明确了普通高中历史课程的定位和性质：它是在义务教育历史课程的基础上，进一步运用历史唯物主义观点，以社会形态从低级到高级发展为主线，展现历史演进的基本过程以及人类在历史上创造的文明成果，揭示人类历史发展的基本规律和大趋势，促进学生全面发展的一门基础课程。学生通过高中历史课程的学习，进一步拓宽历史视野，发展历史思维，提高历史学科核心素养，能够从历史发展的角度理解并认同社会主义核心价值观和中华优秀传统文化，认识并弘扬以爱国主义为核心的民族精神和以改革创新为核心的时代精神，具有广阔的国际视野，树立正确的世界观、人生观、价值观和历史观，为未来的学习、工作与生活打下基础。标准具体呈现了以下新的特点是：

1. 新理念。提出了以培养和提高学生的历史学科核心素养为核心的课程与教学的新理念，从而体现了党和国家对高中历史课程"立德树人"的新目标。

2. 新评价。为对学生在学习过程中养成的核心素养进行评价，新的课程标准根据历史学科核心素养的内涵及其评价所要求的层级关系，对各核心素养进行了水平划分，对学业质量也进行了水平划分，制定了新的评价体系和评价机制。

3. 新结构。在课程结构设计和内容编排上，既注意到与义务教育历史课程的衔接与贯通，又注意到两者的区别，显现出高中历史课程与义务教育历史课程的不同梯度，使学生在义务教育的基础上进一步掌握历史知识和技能，拓宽历史视野，强化历史思维，确立正确的历史观念。构建了"必修"、"选择性必修"、"选修课程"三类课程体系，课程内容和编排方式上，采用通史＋专题、专题。其中，必修课程采取通史方式，旨在让学生掌握中外历史发展大势；选择性必修课程和选修课程则采取专题史方式，旨在让学生从多角度进一步了解人类历史在政治、经济与社会生活以及文化等领域的发展。必修、选择性必修和选修三类课程具有关联性、层次性和渐进性。

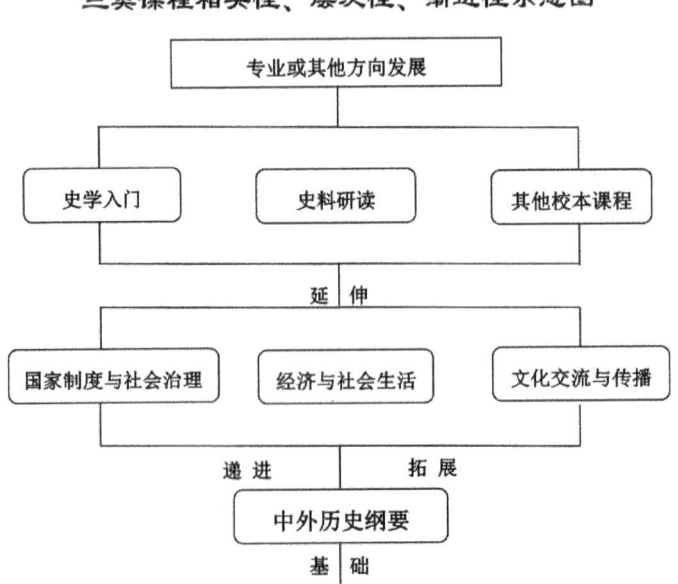

在三类课程中，必修课程是基础，学生通过学习掌握中国史和世界史的重要史事和发展脉络，基本形成对历史的整体认识；选择性必修课程是必修课程的递进拓展，从三个主要领域呈现更为丰富多彩的历史内容，提高学生的学习兴趣，引领学生多角度认识历史的发展与变迁；选修课程是在必修课程和选择性必修课程基础上的进一步延伸，通过专业理论和专业技能的学习，强化学生的史学专业基础。通过这三类历史课程的学习，学生的历史学科核心素养不断得到提高。

修订后的普通高中课程标准，文本通俗易懂，逻辑性更清晰，一致性更强，每一个模块由"内容标准"、"教学提示"、"学业要求"组成，增加教学、评价案例，同时通过学业质量标准，细化评价目标，凸显普通高中课程标准对教学和评价的指导性。

新旧高中历史课程结构对比示意表①

课程类型	2003年版《普通高中历史课程标准（实验）》	2017年版《普通高中历史课程标准》	
必修课	必修Ⅰ：政治领域的历史 必修Ⅱ：经济与社会生活的历史 必修Ⅲ：文化思想领域的历史	《中外历史纲要》	
选修课	历史上重大改革回眸 近代社会的民主思想与实践 20世纪的战争与和平 中外历史人物评说 探索历史的奥秘 世界文化遗产荟萃	选择性必修	国家制度与社会治理 经济与社会生活 文化交流与传播
		选修课	史学入门 史料研读

4. 新内容。在课程内容上，基于历史学科核心素养的培养在原有课程基础上更新了学习内容。在内容选择上，注重展现人类优秀文明成果和历史发展大势，精选最基本、最重要的知识，以利于学生获得更多的历史启示。在内容结构上，按历史时序，选择了中国历史和世界历史发展中最基本、最重要的知识。新课程标准指导下的高中历史内容的呈现方式要多样化，在叙述史事的基础上，提供多种适用的活动设计，引导学生在学习历史知识的过程中研习材料、思考问题、作出判断，使内容的呈现不仅是知识的叙述，同时体现出促进学生的知识形成过程与应用过程的统一，体现出知识掌握与方法运用、能力发展的关联性。活动设计为学生的探究学习创设更多情境、提供丰富素材、设置多级问题，使学生通过活动进行探究，在解决问题的过程中提高历史学科核心素养。

---

① 朱汉国："普通高中历史课程标准的修订及主要变化"，《历史教学》（上半月刊），2018(2)。

新旧高中历史必修课程内容对照表①

2003年版 《普通高中历史课程标准(实验)》	2017年版 《普通高中历史课程标准》
必修Ⅰ 1. 古代中国的政治制度 2. 列强侵略与中国人民的反抗斗争 3. 近代中国的民主革命 4. 现代中国的政治建设与祖国统一 5. 现代中国的对外关系 6. 古代希腊罗马的政治制度 7. 欧美资产阶级代议制的确立与发展 8. 从科学社会主义理论到社会主义制度的建立 9. 当今世界政治格局的多极化趋势 必修Ⅱ 1. 古代中国经济的基本结构与特点 2. 近代中国经济结构的变动与资本主义的曲折发展 3. 中国特色社会主义建设的道路 4. 中国近现代社会生活的变迁 5. 新航路的开辟、殖民扩张与资本主义世界市场的形成和发展 6. 罗斯福新政与资本主义运行机制的调节 7. 苏联社会主义建设的经验与教训 8. 当今世界经济的全球化趋势 必修Ⅲ 1. 中国传统文化主流思想的演变 2. 古代中国的科学技术与文化 3. 近代中国的思想解放潮流 4. 20世纪以来中国重大思想理论成果 5. 现代中国的科学技术与文化 6. 西方人文精神的起源及其发展 7. 近代以来世界科学技术的历史足迹 8. 19世纪以来的世界文学艺术	中外历史纲要 中国历史 1. 早期中华文明 2. 春秋战国的政治、社会及思想变动 3. 秦汉大一统国家的建立与巩固 4. 三国两晋南北朝的民族交融与隋唐大一统的发展 5. 辽宋夏金多民族政权并立与元朝的统一 6. 明至清中叶中国版图的奠定、封建专制的发展与社会变动 7. 晚清时期的内忧外患与救亡图存 8. 辛亥革命与中华民国的建立 9. 中国共产党成立与新民主主义革命的兴起 10. 中华民族的抗日战争 11. 人民解放战争 12. 中华人民共和国的成立及向社会主义过渡 13. 社会主义建设道路的探索 14. 改革开放新时期与中国特色社会主义进入新时代 世界历史 ……

5. 新要求。历史教学是培养和发展学生历史学科核心素养的基本途径。在教学实践中,教师要将教学目标、教学内容、教学过程及教学评价等聚焦于培养和发展学生的历史学科核心素养。

(1)全面理解历史学科核心素养,科学制定教学目标。教师应从发展学生历史学科核心素养的角度制定教学目标,将核心素养的培养作为教学的出发点和落脚点。在设计

---

① 朱汉国:"普通高中历史课程标准的修订及主要变化",《历史教学》(上半月刊),2018(2)。

教学目标时，教师应注意以下三点：一是要以问题解决的水平程度作为教学目标的核心内容，避免将五个核心素养机械地分离；二是所制定的教学目标要结合教学内容和学生的实际水平，使教学目标具有可操作性，通过教学能够达成；三是教学目标要有可检测性，能够衡量出学生通过学习所表现出来的进步程度。

（2）深入分析课程结构，合理整合教学内容。新高中历史必修课程的基本结构是按照历史发展的时序，以学习专题的方式依次呈现历史的进程，要求学生在掌握历史发展基本线索的基础上，对重要历史问题进行分析。因此，教师在进行教学设计时，需要整体梳理教学内容，把握每一学习专题所涉及的范围、重要史事和核心问题，并将这些核心问题的解决与学生历史学科核心素养的发展联系起来。

（3）树立指向学生历史学科核心素养的教学理念，有效设计教学过程。教师在设计教学过程时，需要重点考虑创设历史情境，以问题为引领教学，积极开展基于史料研习的教学活动，充分运用现代信息技术等。

三、历史课程标准的运用

课程标准是组织教学活动的依据，也是教学评价的标尺。研读、掌握课程标准的精神和内容，是进行教学活动的前提。运用好课程标准对实施历史教学具有重要的现实意义，具体要求把握好以下几点：

（一）全面把握课程标准的基本理念

历史课程标准是历史教学的指导性文本，它对于历史教学的许多方面都做了必要的说明和指示，包括历史课程的性质、功能、目标、任务、基本理念、设计思路和具体的内容标准；在教学方法、教学评价、教科书的编写、课程资源的开发和利用等方面都提出了明确的建议。中学历史教师在实施教学的过程中，必须认真钻研和领会课程标准的基本理念，以课程标准对历史教学各方面的规定为依据，以全面实现历史课程的育人功能为目的，科学有效地完成历史教学的任务。

（二）正确处理课程标准与教科书的关系

课程标准是教科书的编写指南和评价依据，历史教科书是依据历史课程标准的基本精神和内容体系编写出来的教学材料，是课程标准最主要的载体。教科书的编写思路、框架和内容都不能违背课程标准的基本精神。课程标准是教学之"本"，教师必须在课程标准的指导下，结合教科书的具体内容设计教学活动。在课堂教学中，要把落实课程标准的思路和理念放在首位。新课改形式下的历史教科书的使用，需要教师依据课程标准对历史教科书的整体结构、内容体系等进行设计，全面体现和落实课程标准提出的基本理念和课程目标，准确把握课程的内容标准，以唯物史观为指导思想，注重体现和弘扬中华民族的优秀传统文化，从促进学生历史学科核心素养发展的角度出发，遵循学生的心理特征和认知发展规律，线索清晰、层次分明、重点突出的开展教学活动。

（三）重点研读课程标准的本体部分

课程标准的本体部分，即"内容标准"部分的陈述，这是教师实施教学时确定重点的主要依据。教师在备课时，还要特别注意初、高中课程标准对具体教学内容不同的目标要求，准确定位初、高中历史知识的范围和重点，把握好初、高中历史知识的衔接。也即教师的教学既要体现初、高中不同阶段的知识特点和深浅度,又要避免不必要的重复现象。这就要求无论初、高中的历史教师,都应对初、高中的历史课程标准有一个较全面的整体把握,这样才能做到有的放矢。

(四)注意课程标准的弹性

历史课程标准是一份对历史教学的宏观指导性文件,它本身具有较大的弹性。例如,"内容标准"的叙述就比较概括,并不是一个个具体的知识点。正因此,就给教学留下了可发挥的自由空间。比如,许多内容标准在列举一些历史人物、历史事件的后面都用了一个"等"字;又如,课程标准中的"教学活动建议"的内容有很多,而实际上现有的课时不可能全部实施。其实,标准只是为教师提供更多的参考,而并非要求全部照搬,这就在实际使用中具有了较大的选择性。可见,历史教师使用课程标准,并不等于把它"教条化"或者作"本本主义"理解,而是需要"吃透它",在领会其精神实质的基础上,创造性地加以运用。

第二节 历史教学原则

历史教学原则是根据历史课程目标、学生的认知特点和历史教学的基本规律而制定的有效指导历史教学实践的一般性原理和行为准则。它贯穿于历史教学过程的各个方面和始终,对教学中的各项活动起着指导和制约的作用。为实现新课程改革目标、达到历史教学目的,在历史教学中必须遵循以下基本原则:

一、科学性与思想性相结合原则

科学性与思想性相结合原则是历史教学的基本要求。它是指教学要以马克思主义为指导,授予学生科学知识,并结合知识教学对学生进行辩证唯物主义和历史唯物主义思想教育、品德教育和心理健康教育。

科学性,是指教学内容、教学方法、教学组织形式都必须是正确的、科学的。历史教学的科学性,就是要按照马克思主义的历史科学进行教学,要教给学生合乎历史真实的历史知识。由于历史学科属于人文社会科学,随着其研究理论和方法的不断进步以及研究材料的新发现,历史学科知识的科学性又总是处于不断发展中。这就要求历史教师要随时注意学习和吸纳史学研究的新成果,以保持历史教学的科学性。思想性,是指合理地、灵活地结合教材内容对学生进行思想教育。历史教学的思想性渗透在具体、详实、准确无误的历史教学内容当中。在选择教学内容时,首先要保证材料准确、观点正确,还要保证其具体生动性,要注意联系时事和学生的生活实际与思想认识水平,真正起到晓之以理、动之以情,发挥历史教学的思想教育功能,切忌生搬教条、灌输说教。历史教学的科学性和思想性要求是统一的,历史教师的任务在于科学地阐明知识,同时正确地进行思想教育。

二、系统讲授与重点突出相结合原则

人类历史有其自身的发展规律,每一个历史事件和历史现象,都有其自身发生、发展直至结束的历史过程,各个历史事件和现象之间都存在着相互的联系,这一特点决定了历

史教学按照时序、系统阐释和探究历史发展过程的必要性。

历史教学的系统性并不排斥突出重点,二者是统一的、紧密结合的。历史知识内容丰富,如何在有限的时间内达到最好的教学效果,这就要求在教学中不能事无巨细面面俱到,而是根据历史发展过程的特点,分清主次、区别轻重、突出重点、抓住关键。课程标准要求学生掌握重要的历史人物、历史事件、历史现象、历史概念和历史发展的基本线索,这就是既要突出重点,又强调历史发展的系统性。在教学中,教师要引导学生处理好重点与一般的关系,以保证历史知识的连续性和完整性。

三、历史与现实相结合原则

历史与现实存在着不可分的内在本质联系。现实中的政治、经济、文化、社会生活等现象,客观上都存在着与历史的密切关系。历史与现实的这种联系决定了历史教学与现实的联系。"多识前古,贻鉴将来",学习历史正是为了在反思历史的基础上认识现实、展望未来,这也是历史教学的价值所在。如果历史教学脱离了现实生活的需要,就不能反映历史学科的真实,更不能调动起学生学习历史的积极性。所以,在历史教学中,教师要防止出现古今分离、颂古非今、以今诽古和以今变古的不良倾向,要注重与学生生活的实际相结合,引领学生进行历史求知与现实生活的直接对话。一要有意识地选择贴近现实生活的有关材料,以沟通历史与现实的关系,缩小历史与现实的差距,赋予历史以时代的气息;二要指导和帮助学生学会用所学历史知识去观察和分析社会中的现实问题。另外,教师还要引导学生多接触现实生活,尽快熟悉现实社会,因为对现实的理解,可以更好地审识历史。总之,注重历史教学与现实的结合,能激发历史教学的活力,激发学生学习历史课的兴趣,充分发挥历史教学的育人功能。

四、直观性教学原则

直观性教学原则,是教师在教学中运用生动直观的教学手段,采用多种方式把抽象的历史情境再现出来,使学生形成清晰的历史表象,从而实现历史教育教学和提高学生智能发展目的的教学原则。直观教学所依靠的是人的感性认识的能力,它充分利用人的各种感觉器官,奠定教学中的认识过程的基础。历史学科具有过去性、具体性和复杂性的特点,这在很大程度上,要求历史教师必须借助多种直观的教学手段再现历史情景,反映历史过程的脉络与特点,揭示历史的本质和规律,并使学生受到思想教育。形象生动的直观教学,也符合青少年学生思维发展的规律。中学生学习知识是从感性认识开始的,因此,教师要根据教材的内容需要,运用形象的语言和演示直观的材料,让学生获得视听感知,作为形成科学概念和掌握理论的基础。由于历史知识的特点和学生认识的规律,决定了历史教学必须贯彻直观性原则,否则历史教学的任务就难以完成。

五、开放式教学原则

开放式教学原则,是指在教师的精心设计和引导下,充分张扬学生的个性,提倡学生主动学习,培养学生创新精神和实践能力的教学原则。实施开放式教学原则,主要强调以下几点:

(一) 要求历史课程的教学资源是多渠道的

新课程理念下的教师是历史课程教材的研究者、开发者,教师可以突破教科书的限制,从促进学生发展的角度来研究教材、开发教材。例如,教师除讲授中国通史、世界通史外,还可以根据需要补充讲授乡土史、民族史、文化史、社会生活史等,从广泛的历史材料中选择引用必要的素材,使教学内容更加充实和富有灵活性,以保证培养目标的实现。再则,历史教学的过程充满着不确定性,在师生互动交流和教学实践活动中,往往有可能创生出新的教育契机和教学话题,这些都需要教师打破"紧扣教科书"或"以教案为本"的封闭观念,努力挖掘多种教学资源,掌握丰富的知识信息,不失时机地灵活施教,以满足学生个性化的需求。

(二) 要求教学形式、手段和方法是多样的

当前的基础教育课程改革对历史教学方式的变革提出了新的要求,历史教学必须改变旧的教学模式,不能单纯依赖课堂教学形式和传统教学方法,要切实树立以学生发展为本的理念,努力发掘和充分利用各种课程资源,多方位、多形式地组织教学,真正使素质教育渗透到历史教学之中。

(三) 要求教学评价的内容和形式是多元的

《基础教育课程改革纲要》中明确表述:"建立促进学生全面发展的评价体系。评价不仅要关注学生的学业成绩,而且要发现和发展学生多方面的潜能,了解学生发展中的需求,帮助学生认识自我,建立自信。"这就要求灵活运用各种科学有效的评价形式,避免将历史知识的掌握程度作为唯一的评价内容。要把形成性评价、诊断性评价和终结性评价糅合统一,以动态的眼光关注学生的发展,既注重共性与结果,又重视个性与过程;完善评价方式,要将学习的结果与学习活动的过程结合起来,既评价学生的现有学习水平,又要评价学生进一步学习的潜力,不但评价学生的智力,还要评价学生的性格和个性。

开放式教学原则是与新课改相适应的、符合现代教育教学规律的新的历史课堂教学原则。实施开放式教学必须强调:它是在教师指导下的学生自主学习的过程,而不是无原则的"开放"和"自主"。

> **观点讨论**:有人说,"开放式教学原则就是以学生发展为本的原则,突出了学生的主体地位。所以,这一原则就是要求历史课堂教学的开放程度越大越好,教师完全可以放手让学生自主学习"。你认为这种说法对吗?为什么?

本 章 小 结

历史课程标准,是国家设置学校课程的纲领性文件,是国家对基础教育课程的基本规范和质量要求。它是教材编写、教学评估和考试命题的依据,是国家管理和评价历史课程的基础。历史课程标准直接体现了新课程的基本理念,分析研究历史新课程标准的内容特点,是理解历史新课程改革精神的实质所在。历史教学原则,是历史教师为更好贯彻历史课程标准,在历史教学过程中有效实施教学工作的行为准则。历史教学原则贯穿于历史教学活动的整个过程,对教学中的各项活动起着指导和制约的作用。历史教学中要贯

彻的主要原则有:科学性与思想性相结合原则、系统讲授与重点突出相结合原则、历史与现实相结合原则、直观性教学原则和开放式教学原则。

课后练习

一、名词解释

课程标准　教学大纲　历史意识　选择性必修课程　直观性教学原则　开放式教学原则

二、判断改错

1. 新中国成立后第一套完整的中小学历史教学大纲是在1956年颁发的。
2. 课程标准与教学大纲都是规范学科教学、评价及管理的权威课程文件,它们所具有的功能在本质上基本一致。
3. "教学大纲"是教学的基本要求,具有弹性;"课程标准"则是教学的最高要求,刚性有余,弹性不足。
4. 课程标准关注的是学生的全面发展,而不仅仅是知识与技能。
5. 初中历史新课程被创造性地划分为"必修课"、"选择性必修课"与"选修课",充分体现了初中历史课程的关联性、层次性和渐进性。

三、教学试练

结合文中所述历史教学原则,准备一段高中历史内容,进行10分钟模拟试讲,并与同学们交流研讨。

四、实践探究

请以3~5人分组到中学听一节高中历史课,分析教师是如何处理课程标准与教科书的关系的,并与同学们交流研讨。

阅读参考

1. 聂幼犁:《历史课程与教学论》,浙江教育出版社,2003.
2. 宋乃庆等:《中国基础教育新课程的理念与创新》,中国人事出版社,2002.
3. 赵亚夫:《国外历史课程标准评介》,人民教育出版社,2007.
4. 朱煜:《历史课程与教学论》,东北师范大学出版社,2005.
5. 叶小兵、姬秉新、李稚勇:《历史教育学》,高等教育出版社,2004.
6. 钟启泉:《国外课程改革透视》,陕西人民教育出版社,1993.
7. 钟启泉、张华:《世界课程变革趋势研究》,北京师范大学出版社2001.

教材篇

新课程强调：转变传统狭隘的"教材观"，树立新的"大教材观"，即要转变教科书是"唯一课程资源"而为"重要课程资源"的观念；转变以往"教教科书"而为"用教科书教"的观念。同时，还要充分认识教师不仅是课程资源的鉴别者、开发者和利用者，更是课程资源的重要载体。

☞ 学习内容与目标要求

本篇立足于"大教材观",对中学历史课程资源的开发利用和新课程历史教科书的结构体系、功能及应用进行阐述。目的是要求学习者树立正确的教材观,充分认识课程资源的多样性,重视并掌握历史课程资源开发利用的途径与方法;全面把握新课程历史教科书的结构与特点,并通过实践练习逐步掌握教科书的使用技巧,以便更加科学有效地开展历史课堂教学。

☞ 学习重点与难点

重点:常用中学历史课程资源的开发与利用、乡土史教学、新课程历史教科书的结构体系。

难点:转变以往"教教科书"而为"用教科书教"的观念,在教学实践中,做到科学有效地使用历史教科书。

第五章 历史课程资源

导　语

　　人们通常所说的"教材",长期被简单地指向为"教科书"及其配套材料,视"教科书"为唯一的课程资源,而忽略课程资源的多样性。新一轮的历史课程改革中,首次提出了历史课程资源的开发利用问题,并在实践中得以重视和贯彻。近年来,博物馆、历史遗迹、历史影音资料以及大量的历史文献等已作为历史课程的重要资源而被开发和应用,并取得了良好的育人效果。历史课程资源的开发利用,已成为历史新课程改革中的一项重要内容,是保证课程实施、目标实现的基本条件。

思考与探究

❖ 传统教材观与现代教材观有什么不同？
❖ 历史课程资源的基本概念是什么？其种类有哪些？
❖ 开发利用历史课程资源有什么重大意义？
❖ 如何开发利用乡土历史资源？
❖ 重视教师、学生等人力资源开发利用的意义是什么？

第一节　历史课程资源的概念与种类

一、历史课程资源的基本概念

　　课程资源,又称教学资源,即课程与教学信息的来源,或指一切对课程和教学有用的物质和人力。课程资源的概念有广义与狭义之分,广义是指有利于实现课程和教学目标的各种因素;狭义的则仅指形成课程与教学的直接因素来源。① 这里我们说的是相对广义的概念,也就是形成课程的因素来源和必要而直接的实施条件,既包括教科书、参考书、教学设备、教学场所、教学环境等物质资源,也包括专家、教师、学生、家长等人力资源。

　　历史课程资源,就是指有利于历史课程与教学目标实现的各种因素的总和。我国是一个拥有数千年历史的文明古国,有着丰富的历史文化资源,如果能将这些资源很好地加以开发和利用,不仅对历史教学和整个民族的人文素养的提高大有裨益,也是对传承我国历史文化的重大贡献。

---

① 张廷凯、丰力:《校本课程资源开发指南》,人民教育出版社,2004年版,第1页。

二、开发利用历史课程资源的意义

在新课程改革以前,我国的历史课程资源从来源渠道上看,长期简单地指向为教科书和配套教参,即人们通常所说的"教材"。人们一提到开发和利用课程资源,就会单纯地想到编订教科书,视教科书为唯一的课程资源,而忽略课程资源的多样性,内容上偏重于结构单一而严肃的历史学科知识资源,忽视各学科知识间的渗透与融合,尤其忽略乡土和社区资源,从而远离学生的生活经验,不利于学生的发展。从课程资源的开发主体来看,主要是依靠少数的学科专家,并没有将广大的一线教师调动起来。从课程资源实施的空间来看,也仅仅将教学局限于班级课堂,使课堂成为利用课程资源最重要的载体。在我国的学校教育中,普遍缺少学科专门教室、实验室、资料室及参观考察场所等。这对培养学生的研究性学习、社会实践以及劳动与科学技术等综合能力十分不利。在这种条件下,中学历史教师唯一能做的,也就是按照专家们设计好的教科书体例、内容去授课。教师备"书"、讲"书",学生听"书"、读"书"、划"书"、背"书"、练"书"、考"书"。教科书成了教师"教"、学生"学"的"圣书",成了对整个历史教学极具控制性和规范性的名副其实的课程之本——"课本",是学生必须完全接受的对象和学习任务的内容。相比之下,国外发达国家则十分重视课程资源的开发利用,表现出课程资源多元化、面向生活、面向社会、充满个性化设计等特点。美国在20世纪90年代颁布的《历史科国家课程标准》提出,历史教学要注意引用包括档案、口述资料、历史文物、艺术文物、音乐、照片、历史遗址和电影等在内的多种类型的课程资源。英国历史教学也强调要引导学生运用各种信息资源,包括档案、印刷品、绘画、照片、电影、音乐、歌谣、建筑物及遗址等。德国历史教学除了大量运用图片、图表、地图外,还有两个鲜明的特点:一是重视引用原始资料;二是重视参观、访问。德国的历史教师经常让学生参观当地的博物馆、教堂,进行实地调查,启发学生独立思考。如在学习关于"僧侣的生活方式"时,就让学生调查家乡附近的修道院,了解僧侣在开垦荒地、排水灌溉、种植水果、教学和艺术方面的贡献。① 国外这种开放式的教学方式和充分利用多种教学资源的做法,很值得我们去学习和借鉴。

我国新课改的目标之一就是要把课程的自主权交还给教师,也就是说,教师可以在课标的指导下自由地挖掘图书馆、博物馆、互联网等课程资源,补充材料、重新整合、选择教法、科学评价。不能再以教科书作为全部授课的内容,而要从学生的生活经验、生活体验、思想现状出发,为学生的学习提供一个新的情景和新的学习氛围。对教学内容进行有机再创造、再开发,而非刻板地"照本宣科"。近年来,随着教育改革的不断深入,我国的历史教学逐渐改变了"就书论史"的现象。博物馆、历史遗迹、历史影音资料以及大量的历史文献已作为历史课程的重要资源而被运用在历史教学中,并取得了良好的效果。重视历史课程资源的开发与利用,已成为全面实现历史课程标准的重要保障。

开发利用历史课程资源的意义,归纳起来主要表现在以下几方面:

(一)有利于激发学生的学习兴趣

历史本身是丰富多彩的,但在单调狭隘课程资源观的支配下,历史课反而成了"死背"

---

① 余伟民:《历史教育展望》,华东师范大学出版社,2002年版,第187页。

而无趣的科目。历史新课程认为历史教科书仅是一种主要的课程资源,历史教学还应该运用大量教科书之外的课程资源,包括文字资料、影视资料、历史文物、历史遗存等。这些课程资源,以其形象具体、生动活泼等特点,给予学生多方面的信息刺激,加之许多内容贴近学生、贴近生活、贴近社会,丰富了历史课的内容和情趣,使学生能够在轻松新鲜的学习活动中掌握知识。这是传统单一的课程资源所无法相比的。

(二)有利于促使学生参与教学过程

现代教学理论认为,学习过程是学生在教师指导下获得经验或体验的过程。历史教学的最终目标是要发展学生的历史意识。历史知识广而博的特性决定了历史教学要引导学生不要囿于教科书的知识结构和结论,还应广泛搜集和利用其他生活中的课程资源。在新教科书中,为突出培养学生的创新精神和实践能力,安排有"活动与探究"、"自由阅读"、"文献资料"专栏、"动脑筋"栏目等。这些教学安排旨在"拓宽学生的历史学习视野,提高其历史思维能力,并有目的地训练学生的动手实践与团结协作的精神"。这无论从发挥学生主体性的角度,还是从开发课程资源的角度,都需要学生积极参与进来,使他们逐步学会主动利用一切可用的课程资源,为自身的历史学习和探究服务。

(三)有利于学生形成"探究式"的学习方式

"探究式"学习是学生在教师指导下,自主地发现问题、探究问题以获得结论的学习方式。教学实践表明,学生只有通过运用多种课程资源的经验,才能真正掌握探究历史知识的方式与方法。当代课程改革强调将课程资源的开发利用与培养学生的"探究式"学习相结合,重视给学生提供足够的问题解决、课题研究和社会调查的机会。尽管学生搜集和处理课程资源的能力还比较有限,学生课题研究和问题解决的水平与真正的史学研究也有相当的距离,但是它却能够使学生体验发现学习的过程和获得主动探索的"经历",并有助于逐步养成独立思考和探究学习的习惯。

三、历史课程资源的种类

历史教学可以开发利用的资源多种多样,既有来自自然界的,如森林、河流、山川等,也有来自社会的,如社区、农村、部队、工厂、机关等;既有显性的,如教材、历史遗迹等,也有隐性的,如献身精神、奉献精神等;既有校内的,如图书馆、实验室、教室等,也有校外的,如展览馆、科技馆、科研院、博物馆、社区图书馆等;既有人力的,如教师、学生、家长等,也有物力的,如实验仪器、图书、教科书等;既有文字的和实物的,如书籍、资料等,也有活动的、信息化的,如网络、音像、影视作品等等。在历史教学中,较为常用的历史课程资源主要包括以下几种:

(一)中学历史教科书

中学历史教科书,即中学历史课程的教学用书。它是编写者根据国家政府颁布的历史课程标准,依据学生年龄和文化素质的特点,选取基础的和较为系统的中外历史知识,经过加工编制而成的。它集中反映了国家的意识形态和教育理念,融知识性、科学性、思想性和教育性为一体,既是教师进行历史课堂教学的基本凭借——"教本",又是学生从事历史学习活动的主要工具——"学本"。历史教科书是学校历史教学中最主要、最基本和最常用的一种历史教材(但不是唯一的历史教材),是中学历史课程教材体系中的核心部分,是最重要的历史教学资源,其地位突出,作用重大。任何其他辅助类型的历史教材,都不可能取代历史教科书的地位和作用。但我们还要认识到,受编写者业务水平和工作状态的限制,教科书并非"圣经",它被允许质疑和批评,并在实际教学的运用中,根据需要必须进行其他教学资源的增补和必要的调整。

(二)中学历史教学参考书、练习册、地图册和填图册

中学历史教学参考书、练习册、地图册和填图册是教科书的辅助材料,它们围绕教科书的重点、难点而展开,是配合课堂教学而编写的用于教与学的基本素材,与教科书构成了教材体系,直接为课堂教学服务。

中学历史教学参考书,是指为中学历史教师备课、教学需要而编写的教学用书,主要包括教师教学用书、中学历史教学手册、中学历史教学辞典、中学历史教学参考资料、中学历史教科书插图说明和中学历史课堂教学教案选等。

中学历史练习册,主要是为帮助学生巩固、复习已学过的历史知识而编写的,不仅有适量的练习题,还有复习要求、重点内容解析、学习方法指导等。

历史地图、填图册,则是帮助学生形成具体的历史空间表象和空间概念,是教师教学和学生学习的良好的辅助手段。

(三)历史补充读物

历史补充读物,是指可以扩大历史知识面、激发学生学习历史兴趣的某些历史书籍。主要包括有三种:一是历史文献资料及当代历史著述、历史论文等。我国的历史文献资料极为丰富,是研究历史的重要依据,是历史教学内容的主要来源。二是通俗历史读物。这类读物包括一些通俗易懂的历史名著、易于普及的历史丛书、历史故事以及历史连环画等。三是历史文学作品。涉及历史题材的小说、诗歌、剧本及其他体裁的文学作品。这些读物作为历史教学的补充,从某个侧面帮助学生了解人类社会生活的历史面貌。

(四)乡土、社区与家庭历史资源

乡土和社区历史资源,是以区域为范围记述当地历史的教学资源,包括历史沿革、文化传统、风土民俗、名胜古迹、革命遗址、历史人物和事件等。社区中丰富的历史人力资源,如历史学专家、历史教育专家、阅历丰富的长者、历史见证人等;家庭中的历史资源,如家谱、不同时代的照片、实物以及长辈对往事的回忆与记录等。利用乡土、社区与家族史资源进行历史教学,既是对教科书的补充和具体化,也是贯彻"由近及远"教学要求的实际措施,更是加强对学生进行热爱家乡、热爱祖国情感教育的有效途径。

(五)历史音像资料、教学挂图和其他直观教具

历史音像资料,主要指以现代视听技术手段为承载形式的历史教学材料,如影视、录像、录音、幻灯片等。教学挂图是指供课堂教学使用的历史地图、历史人物画像、历史图片、图表等。另外,还有历史实物及模型等直观教具。这些教具是为形象展示历史情境,进行直观化教学的主要用具。可以是出版物,也可以网络下载,或教师自制,或在教师指导下学生参与搜集和绘制。

(六)历史遗迹、遗址和各类博物馆、纪念馆

历史遗迹、遗址是历史遗存的实物材料,博物馆和纪念馆是陈展历史文物或纪念某一

历史事件或历史人物的场所。它们本身都蕴含着丰富的历史内容,是历史教学重要的辅助资源。它们对历史教学活动的支持,在于将教学活动的场地移到校外,将历史的文字碎片与实物链接起来,给学生以直观形象、生动具体的历史感受。

(七) 期刊资源

以中国大陆和台湾地区的期刊来说,刊登有关历史教学研究或者历史教学参考文章的刊物很多,主要有:《历史教学》、《历史教学问题》、《中学历史教学参考》、《课程·教材·教法》、《清华历史教学》、《历史教育》以及其他历史学术期刊等。

(八) 互联网资源

关于互联网资源,可以将其分为"历史教学"和"历史资料"两类,以便检索使用。目前在历史课程中经常使用的网站或网页有:

1. **历史教学类**

   中国基础教育网　www.cbe21.com
   K12 中国中小学教育教学网　www.k12.com.cn
   人民教育出版社网　www.pep.com.cn
   中国基础教育 21 世纪　www.cfe21.com
   清华历史教学　www.d60.hist.nthu.edu.tw
   中学历史教学园地网　www.zxls.com
   中学历史教学资源网　www.jxal.com
   中学历史课程网　www.hist.cersp.com
   中学历史在线　www.ls11.com
   中国园丁网　www.teacher.net.cn
   中国教育先锋网　www.ep-china.net
   教学素材网　www.zm.ruiwen.com
   中国教育信息网　www.chinaedu.edu.cn
   洪恩在线　www.news.hongen.com

2. **历史资料类**

   史学研究网　www.3hresearch.com/index2.asp
   中国史学网　www.chinahis.com
   中国历史网　www.cnhistory.cn
   中国读史网　www.cndsw.cn
   史学评论网　www.historicalreview.jianwangzhan.com
   历史风云网　www.lsfyw.net
   历史资源网　www.fed.cuhk.edu.hk/history
   历史文化遗产保护网　www.wenbao.net
   中国历史博物馆　www.nmch.gov.cn
   故宫博物院　newweb.dpm.org.cn
   (台)国立历史博物馆　www.nmh.gov.tw
   (台)国立故宫博物院　www.npm.gov.tw

近代中国网　www.china1840～1949.com

史学连线　www.saturn.ihp.sinica.edu.tw

随着现代信息技术的发展,各种与历史教学有关的多媒体课件、远程教育中的历史课程等逐步被引入历史课堂。特别是互联网提供的历史教育网站、历史资料数据库和图书馆、博物馆网站等,为教师和学生提供了丰富而快捷的历史课程资源。

（九）教师、学生、学习风气

教师不仅是课程资源的鉴别者、开发者和利用者,更是课程资源的重要载体。教师的专业素养和主体觉醒意识对学生有着重要影响。所谓专业素养,既指教师具有的历史学科的本体涵养（包括广博的历史知识、深刻的历史认识和分析、追求历史真实的科学精神等）,也指教学层面的专业成长（将学科知识合理有效地转换为教学知识的能力、人文素质与教学反思等）。所谓主体觉醒意识,最主要的是指教师要认识到自己在教学中的地位和作用,并能动地加以充分发挥,而不是做消极的贩运者或督战者。① 教师是一本最直接生动的教材,其学识、人品都潜移默化地深深影响、教育着学生。

在以学生为主体的师生、生生交流互动的课堂教学中,学生是最活跃的分子,从他们身上每时每刻都在不断地产生出学习信息,其中很大一部分都是可资教师使用的有价值的教学资源,这要求教师必须独具慧眼、善于捕捉并巧妙运用于教学之中。例如,学生的质疑、反驳、争论,包括学生在课堂上的非语言信息,动作、眼神、表情等,都是教师调整教学的可用资源。可以说,在以学生为主体的理念下,来自学生的信息资源起着核心的导向作用,决定着教师对其他教学资源的选择和利用。

学习风气,是支持历史教学活动有效开展的一种特殊资源。学史风气受多方面因素的影响,如社会上大的学史氛围、学校对历史课的重视程度、家长对孩子历史学习的支持态度、班主任对班级历史学习的导向、历史课堂上教师的历史意识与教育艺术等等,都直接影响着学生对历史学习的情感态度与价值观的形成。师生及其学风作为配套历史教学活动,既可被视为静态的客观事物,更可被视为动态的主观存在,这是保证历史教学顺利和高效进行的重要环境媒介,是我们无可置疑的重要的历史教学资源。

同传统教科书相比,课程资源无疑是丰富的、大量的、具有开放性的。它以其具体形象、生动活泼和学生能够亲自参与体验等特点,给学生以多方面的信息刺激,激发着学生的学史兴趣。同时,这些资源来自社会的各个方面,所以,开发利用好历史课程资源,还对社会上树立良好的学史风气大有助益,由此促进"社会—家庭—学校—学生—社会"大环境的良性循环。

第二节　历史课程资源的开发与利用

课程资源的开发与利用是科学而全面的,我们要尽力挖掘有用的教学因素,使它们都能很好地为教学服务,这样才能推动学生的全面发展,促进教学目标的完美实现。

---

① 朱汉国、郑林:《新编历史教学论》,华东师范大学出版社,2008年版,第211页。

一、乡土历史资源的开发利用

乡土历史,即指家乡或故乡的历史。其范围,大而言之,指本市、本省以至邻省的地区(如东北、华北、西南)历史;小而言之,指本街道、社区、村(屯)、乡(镇)、县(区)的历史。乡土历史是一个国家历史的有机组成部分。

在日常教学中,一般采用的乡土史资源包括有:历史遗迹与古代建筑(如古村落、古城邑、古战场、古墓、宫殿、园林、寺院、古塔、石碑等);历史文物(如甲骨、青铜器、陶器、铁器、木器、漆器、玉器以及纺织物、古钱币等);历史文献(主要是指地方史志、档案、报刊、族谱、金石碑刻,私人修史的著述,如笔记、游记、日记、诗文、信件、传记、影集、回忆录、家谱之类);民间故事、民谣谚语、历史传说和见证人口述等等。这些存在于学生身边的物化资源和人力资源,能够在不同的层次,多角度地为学生提供历史素材和历史见解。

开发利用乡土史教学的形式主要是:

一是配合教科书的内容,穿插讲授乡土历史。这能使教师的讲解更加形象和有说服力。但注意不要牵强附会,不要随意夸大地方史地位或把国史讲成了"地方史"。补充资料还要注意选择典型和有教育意义的材料。

二是开设乡土史专业课,系统讲解乡土历史。有条件的地区或学校,可在学年安排适当的教学时间开设乡土史课,也可作为选修课程开设。

三是开展第二课堂,进行乡土史教学活动。如专题讲座、报告会,也可以配合重大纪念活动来进行。此外,举办有关乡土历史的展览,组织学生参观考察、社会调研、人物专访、资料搜集和查阅,创办板报专栏或网上交流、乡土文献共享等。

案例赏析

例如,教师在讲"'贵姓何来'中国诸姓来历"时,让学生自愿结合成学习小组,围绕探究主题,广泛地利用家庭、社会提供的资源。有的学生采访父母、祖父母和亲戚朋友,找来家谱细细研读,探寻本家姓氏的由来;有的学生利用业余时间到图书馆查阅资料,上网搜索相关信息,了解同姓祖先的事变及中华诸姓的知识。

在讲"了解身边的'历史'"时,学生们收集了家庭、个人以及生活的城市、居住的社区等不同时期的照片,通过新老照片的对比深深感受到了时代的变迁和社会的进步。

在讲"文化大革命"时,学生们采访了阅历丰富的长者,倾听长辈对往事的回忆,收集了带有明显时代特征的物品,如服装、毛主席像章、毛主席语录、学跳"忠字舞"等。

总之,在中学历史教学中,乡土历史课程资源是学生学习历史的向导,是进行爱国主义教育最丰厚、最真切的教学资源和学习题材。历史教学中利用乡土历史课程资源,可加强学科知识的实践性,丰富历史教学内涵,更可以扩展历史教学的外延,增强学生探究知识的兴趣,激发其热爱乡土的情怀,最终达到传承社会文明,凸显乡土文化特征,真正实现历史科学的教育价值的课程目标。

二、图书馆资源的开发利用

图书馆,是历史课程资源的一个重要组成部分。图书馆丰富的文史资料是历史教学最重要的辅助资源。这些资料包括：历史文献、通俗的历史读物、中学生历史刊物、艺术史、科技史、文化史、文物考古、旅游等方面的读物。教师在指导学生利用图书馆资源时，要适当向学生介绍一些文献检索的基本知识，如怎样利用二次文献（包括目录、索引、文摘）和三次文献（包括年鉴、综述）等。对图书馆资源的开发和利用一般是通过小型研究课题的形式。教师可针对教学内容设计论题，向学生推荐一些图书馆资料，并提出具体的搜集和阅读要求。

案例赏析

研究课题：十一届三中全会前后中国的变化

目标：学习制作图表的方法，认识改革开放的意义

活动过程：

步骤一：查找1979年前后的经济数据，如全国或本地的工业或农业生产产值、国民生产总值、人均收入等数据。

步骤二：了解不同图表的绘制方法，选择合适的方法进行绘制。

步骤三：展示和讲解自己绘制的各种图表，回答同学的问题。

资料来源：史料、史书、期刊报纸、档案资料。

——对教师布置的小课题，学生学习利用图书馆资源，不仅使他们获得了很多历史知识，而且逐步培养了多方面的能力，如独立思考能力、研究问题能力、论文写作能力等等。这对历史教学而言是非常重要的。

历史学科是一门综合性很强的人文学科，涉及的知识比较广泛，历史教学要多层次、多方位的联系，并通过每个学习主题设计的"教学活动"等形式，培养学生广泛搜集资料、构建论据和独立思考的习惯。这就要求学校要注意调整学校图书馆或资料室的藏书结构，合理配置相关方面的书籍，以丰富学生的历史知识，加深他们对课程内容的理解。另外，还应充分利用社会公共图书馆的文献资源，以补充校内图书资源的不足。

三、博物馆资源的开发利用

近年来，大多数国家和地区把收藏、研究和教育列为博物馆的三大基本功能，在世界各地已有不少博物馆发展成为学生喜爱的"第二课堂"。历史博物馆教育是以"物"为传授历史知识的媒介，以对"物"的内涵、外延的认识和接触，来诱发学生对历史的感想和思考，进一步刺激他们的求知欲望，达到历史教育的目的。开发博物馆的历史教学资源的途径有：结合博物馆藏品进行文物知识的普及教育；结合博物馆藏品有选择地组织一些历史专题教学活动，例如学校所在地的地方史教学、想象某历史时期的衣食住行等；与博物馆共同组织征文比赛、历史小报制作比赛等与博物馆资源相关的研究性学习活动；与博物馆共同组织历史方面的学术报告会；抓住博物馆举办学术会议或文物展览等活动的机会，组织学生参与其中，以扩大学生历史学习的视野。开发利用博物馆资源，要求教师必须熟悉当地博物馆藏品及其他一些文字资料，还要具有必要的文物知识和一定的鉴赏能力，以便结合教学内容或课程目标，进行博物馆资源的选择和使用。同时，也能够给予学生更科学详细的介绍。

四、历史遗迹、纪念馆和爱国主义教育基地资源的开发利用

悠久的历史给我们留下了丰富的历史遗迹、遗物、遗址以及蕴涵丰富历史内容的人文景观和自然景观。这些都是我们必须开发和利用的历史课程资源,是历史教学重要的辅助资源。学生在对这些资源进行考察、开发和利用的过程中,可以直观地感知历史,从而使历史教育摆脱从间接经验到间接经验的局限,进入与学生的生活和发展相关联的世界。历史的教学,由于年代的局限性,往往过于抽象,对于十几岁的青少年来说,书本上的文字远没有实际中的具体实物印象深刻。因此,我们应该在经济条件允许的情况下,多带学生到历史遗迹、纪念馆以及历史悠久的人文景点参观学习,将课堂教育的范围扩大化。

五、网络资源的开发利用

历史网络资源包括的种类很多,除了人们已经普遍熟悉的专业网站(包括与历史学科有关的网站和各个博物馆、图书馆、历史景点的专门网站)以外,大量非专业网站中丰富的历史主页、相关资料等,都可以成为历史课程资源。网络资源的利用与开发,在于突破传统教学的狭隘性,在相当大的程度上突破了时空的局限,为历史学习提供了更方便、更快捷和更丰富的信息来源。有条件的地方和学校,可以利用信息技术和网络技术,搜集网上资源、制作多媒体教学软件、展示历史资料、开发历史网页和进行远程教育等,使学生更直接、更全面、更迅速地了解历史,在更大的范围内共享高质量的课程资源。当然,我们要认识到,网络技术只是我们教学的一种辅助手段,它从根本上是不能取代教师地位的。在实际教学中,我们应该根据实际条件和自身特点有选择地开发利用,万不可喧宾夺主,更不能一味追求课件的美观、新奇而忽视其实用性。

六、历史音像资料的开发利用

历史音像资料,是一种现代化的课程资源形式,既包括真实的历史录像录音,也包括历史题材的影视作品。这两者在实际使用上情况不同,前者的内容科学可信,真实地展现了某一段历史事件、历史人物,对学生理解和掌握历史有不可替代的作用;后者是现代人对历史事件、历史人物的再加工、再创作,虽然它们或多或少地能够提供某一特定历史时期的社会生活风貌,具有一定可信度,有利于培养学生学习历史的兴趣和历史理解能力,但使用要慎重,尤其是娱乐性的历史题材影视作品,往往带有戏说性质,不能作为历史课程资源。

除以上历史课程资源外,学校领导、教师、学生、家长等人力资源也不容忽视。就历史教学来讲,教师不仅要开发若干有价值的课程资源运用于教学之中,更关键的是,教师还要注重自身资源的开发和利用。教师的意识和素质状况决定了课程资源开发的范围、利用的程度和发挥的水平。教学实践证明,许多教师在自身以外课程资源缺乏的情况下,往往能够"化腐朽为神奇",实现课程资源价值的"超水平"发挥。学生的发展依靠训练有素的专业教

> **观点讨论**:历史课程资源的开发与利用需要以经济做后盾。你认为在经济基础薄弱、课程资源相对缺乏的地区和学校怎样进行课程资源的开发与利用?

师,即使信息技术、网络技术再发达,历史书籍资料再丰富,也不能取代历史教师绝对首要的地位。另外,提高广大历史教师的科研水平和教学水平,也是开发校本历史课程的基本保证,是学校开办特色教育的重要途径,必须予以重视。因此,新课程改革要求在课程资源建设的过程中,要始终把教师队伍的建设放在首位,通过对教师这一重要课程资源的开发,带动其他课程资源的优化发展。

本章小结

课程资源的开发与利用,是我国基础教育课程改革中的一项重要举措。课程资源是形成课程的要素来源以及实施课程的必要条件,既包括教科书、参考书、教学设备、教学场所、教学环境等物质资源,也包括专家、教师、学生、家长等人力资源。这些要素和条件在很大程度上决定着课程的实施范围和水平。作为学校教育基础学科之一的历史课程,有着丰富的课程资源,因地制宜、因材施教,充分开发与利用多种课程资源,对改革历史教学理念、提高历史教学效率、保证新课程标准的实施将产生极其重大的影响。因而,必须引起全国历史学科专家和历史教师的重视。

课后练习

一、名词解释

历史课程资源　历史教科书　乡土历史

二、判断选择

1. 下面关于"课程资源"的表述不正确的是:(　　)

　　A. "课程资源"就是教科书、参考书等

　　B. 学科专家、教师、学生等人力资源也是课程资源

　　C. "课程资源"包括人力的资源和物化的资源

　　D. 狭义的课程资源仅仅指形成课程的直接来源

2. 下面关于"网络技术"的表述不正确的是:(　　)

　　A. 网络技术可以使学生更直接、更全面、更迅速地了解历史

　　B. 网络技术只是我们教学的一种辅助手段

　　C. 网络技术不能取代教师地位

　　D. 多媒体教学只是应付上面教育部门检查的摆设

三、教学试练

请你自选一段中学历史内容,尝试运用乡土史资料,做10分钟的教学模拟试讲,然后与同学们分享你的感受。

四、实践探究

1. 以某地区为对象,进行"地方民俗与历史古迹在中学历史教学中的利用与开发现状调查"。要求形成书面报告,并与同学们交流研讨。

2. 请你浏览互联网上可以利用的历史课程资源网址,总结出各网页内容的特点,与

同学们交流共享。

阅读参考

1. 教育部基础教育司、师范教育司:《课程资源的开发与利用》,高等教育出版社,2004.
2. 臧嵘:《历史教材纵横谈》,人民教育出版社,1999.
3. 张廷凯、丰力:《校本课程资源开发指南》,人民教育出版社,2004.
4. 朱汉国、郑林:《新编历史教学论》,华东师范大学出版社,2008.
5. 赵亚夫:"关于新世纪历史课程与教材的若干思考",载《中学历史教学参考》,2003(3).
6. 常云平、杨弢:"大教材观与新课程资源观下中学历史教育面临的挑战与对策",载《课程·教材·教法》,2006(8).
7. 段兆兵:"课程资源的内涵与有效开发",载《课程·教材·教法》,2003(3).
8. 吴刚平:"普通高中开发和利用课程资源的基本思路",载《当代教育科学》,2003(20).
9. 严志梁:《世界历史教材的改革与探索》,人民教育出版社,2001.

第六章　历史教科书

导　语

历史教科书，是开展中学历史教学活动的主要依据，是中学历史教育资源的核心部分。它既是教师组织历史教学活动的"教本"，又是学生获得系统历史知识的"学本"。那么，如何在教学中开发和使用好历史教科书呢？本章我们将从历史到现实、从理论到实践，对历史教科书的沿革发展以及新历史教科书的特点、结构、功能及应用等做较全面系统的探讨和研究。

思考与探究

❖ 我国新学制建立以来中学历史教科书有哪些发展变化？
❖ 新课程历史教科书的基本特点和结构体系是什么？
❖ 历史教科书在历史教学中的功能作用体现在哪里？
❖ 如何正确使用历史教科书？

第一节　历史教科书的历史沿革

我国历史悠久，历史教科书的编制与使用源远流长、历经变革而不断发展。近代意义上的中学历史教科书，是从清朝末年戊戌变法以后开始编写的。此后的100年中，编撰出版的历史教科书有百余套。新课程历史教科书在继承以往的基础上，其编制理念、体例结构和内容选择等方面都发生了深刻的变化。

一、古代的历史教科书

在古代，我国中小学的教学任务基本上是由民间私塾承担。唐朝以前，主要以识字为主，夹杂某些历史内容，兼顾品德教育。唐朝以后，历代陆续编出一大批专供蒙学使用的历史教材。编纂形式大体有三种："典故类"、"通识类"和"专门类"。唐李瀚的《蒙求》是"典故类"的创始，其后有《幼学琼林》、《龙文鞭影》等，书中介绍了大量历史典故和历史人物的嘉言懿行，以期达到借鉴之目的。宋元以后出现了"通识类"和"专门类"历史教材。"通识类"以求"通"为编写目标，按时间顺序讲述历史上重要的人物、事件，并有因果分析和人物评价。宋代的《三字经》就是其中流传最广、影响最大的童蒙书。"专门类"则起自宋代黄继善的《史学提要》、胡寅的《叙古千文》等书，元代的《历代蒙求》，明清的《五言鉴》、《历代国号总括歌》等，都是颇为流传的代表作，在体裁上有通史、断代史，形式上有歌诀、散文等。

古代私塾历史教材的特点：一是，讲述历史人物和事件不追求全面，而是能够突出其特质，有时还将历史人物和流行风俗结合起来，以增加儿童阅读的兴趣。二是，把历史教学与识字教学、伦理道德教育紧密而巧妙地糅合，避免了历史知识教学目标的单一化。三是，在编写形式上，充分考虑儿童学习喜欢大声朗读的习惯，多采用对偶押韵句式，读来顺口，听来悦耳，既易于记诵，又能提高儿童兴趣，还能增强其作诗、对仗、押韵的语文能力，一举多得。①

二、清末中学历史教科书

我国近代意义的学校历史课程是在20世纪初出现的。1901年，清政府实行新学制，历史正式列为学校的一门课程。早期作为历史课程的教科书多由传教士翻译西方书籍而来，较有名的如金楷理（Carl Traugott Kreyer）等翻译的《西国近事汇编》、傅兰雅（John Fryer）翻译的《俄国新志》和《法国新志》、林乐知（Young John Allen）翻译的《四裔编年表》等。尤其是李提摩太（Timothy Richard）翻译的《泰西新史揽要》最富盛名，被梁启超誉为"西史中最佳之书"，叙述了19世纪欧美各国资本主义发展的历史，对帮助中国知识分子了解西方各国发展起到了启蒙作用。

我国自编的新式历史教科书，最早的是1903年丁宝书的《蒙学中国历史教科书》，观点倾向维新改良，声称历史教育的目的是要"识古并今之由，以起近今丧亡之痛，长学识，雪国耻"。早期历史教科书中，最有名气的是夏曾佑的《最新中学中国历史教科书》。在1904～1906年间分三册由上海商务印书馆承印，内容自上古写至隋末。1933年重版时改名为《中国古代史》，该书有三大特点②：一是内容上，初步打破了旧史学的体系，对历代王朝的治乱兴衰及宗教、风俗、思想、各族征战与交流等均有较为详尽叙述，全书贯穿进化思想，重视中外历史的比较。二是体裁上，采用西方的章节体，按时代发展特色将中国历史分为上古、中古、近世三大时期。三是编写手法上，用精炼生动的语言，呈现纷繁复杂的历史；书前有"序言"、"凡例"，书后有"书目"、"附录"，文中偶有图表，初步建构了课文系统和课文辅助系统。该书既重视社会道德教化，也强调学科知识和发展学生理性批判思考能力的重要性。这些都对以后的历史研究、历史教育以及历史教科书的编写产生了深远影响。其不足是章节比例粗略不均、有的内容拉杂而重点不明等。

三、民国时期中学历史教科书

辛亥革命后，历史教科书的观点和体例较前变化不大。20年代前后，新文化运动兴起，出现了一批白话文历史课本，首部为1920年吕思勉的《自修适用白话文本国史》。20年代，顾颉刚提出"层累造史说"，改变了过去以神话传说为古代历史教材开头的编写方法。当时注重以学术研究提升教材的品质，许多著名史学家都参与了历史教科书的编写。1923年，商务印书馆出版了傅运森编写的《新学制历史教科书》，体裁为中外历史合编的

---

① 朱煜：《历史课程与教学论》，东北师范大学出版社，2005年版，第69页。
② 朱煜：《历史课程与教学论》，东北师范大学出版社，2005年版，第70页。

专题史,其编辑大意自云:"本书打破朝代和国界的旧习,专从人类文化上演述变迁的情形。"该书曾风行一时。同年,顾颉刚、王仲麒合著的《现代初中本国史》出版,首创大小字体相间编排之先河。按顾颉刚的说法,大字为"主文",即课文,供一般中学生之用;小字为"附文",即参考文,供教员及高才学生共同参考。附文有传记、原文、论议、考证、注释等。① 书中有插图资料,配有文字说明,还有历史图表、历史地图、思考题等。全书条理清楚,文笔流畅,接近口语,提高了儿童阅读的兴趣,历史教科书的工具性逐步显现。此书自1923年初版,到1927年便出版到55版,可见广受欢迎之程度。在国民党统治时期,不同版本的中学历史教科书不下数十种,编写体例渐趋完备,有的附有大事年表,有的还设有多种题型的总复习。

四、新中国中学历史教科书

(一)"文革"前中学历史教科书

新中国成立后,中学历史教科书基本上由人民教育出版社历史编辑室具体负责编写。1952年,人教社开始出版自编的中国历史教科书,首先编写了《初中中国历史》三册,只讲中国古代史。1953年在丁晓先的《初中本国近代史课本》基础上,编写了《中国近代简史》,作为初中中国近现代史课本,还参考苏联课本编了《初中世界古代史》三册。同年,又编写出《高中中国近代史》(全一册)。1952年,由王芝九、李纯武参考前苏联教材编写的《高中世界近代史》两册。1953年参考前苏联书编写了《苏联现代史》,作为高中世界现代史的代用课本。1955年和1956年,人教社分别依据新中国第一套初、高中历史教学大纲,出版了由邱汉生等人编写的初、高中中外历史教科书,成为新中国成立后第一套比较完备的中学历史教科书。1960年出版了北京师范大学编写的九年一贯制试用课本《历史》三册,其社会发展史的味道较浓,内容较为空泛,仅在少数学校使用。1964~1965年,历史课程被大肆删减,只有初三一年开课,人教社只好将中外历史合编为一本,共60课时,但未及出版,"文革"就开始了。

(二)"文革"后中学历史教科书

"文革"结束后,教育界开始拨乱反正,大力加强教材建设。1978年颁布了《全日制十年制学校中学历史教学大纲(试行草案)》,据此开始编写出初中课本《中国历史》(试用本)四册和高中课本《世界历史》上下册,1981年修订为正式本。根据邓小平同志提出教育要"三个面向"的指示,1986年《全日制中学历史教学大纲》规定初中增开世界史课程,中国历史减少一学期,原中国历史四册教材相应精简修改为三册,第三册增加了"社会主义社会"一编。1987年,依据上述大纲编写了初中《世界历史》课本全一册。

20世纪80年代末90年代初,原国家教委针对我国长期以来实行高度集中统一的课程管理体制,造成课程统的过死、缺乏弹性的弊端,提出了"一纲多本"的教材多样化政策,开始逐渐下放课程管理权限,建立国家、地方和学校三级管理模式。在教材编写上,压缩国家课程的比重,增加选修课的比重,为地方和学校因地制宜、灵活地安排教学提供空间,同时,创造条件鼓励教师开发校本课程。新的教材改革,在体制上从统编制转变为审定

---

① 顾颉刚:"中学校本国史教科书编纂法的商榷",载《教育杂志》第14卷第4号,1922(3)。

制,从而结束了 30 年来全国一套统编教材的局面,出现了多套教材并行的形势。

(三) 20 世纪 90 年代中学历史教科书

1. 初中历史教科书

20 世纪 90 年代以后,国家教材建设进入新时期。1992 年全面实施九年义务教育课程方案时,由人民教育出版社、北京师范大学以及上海、四川、广东等地有关单位编写出版的 6 套历史教科书,先后通过国家教委的审定,开始在全国各地正式使用。有学者认为,它们是我国新一代历史教科书,体现的主要特征是:教科书从历史著作中脱离出来,有了自己独特的结构和功能。①

从体裁上看,表现出较大的灵活性。这主要是指"人教版"一改原有章节体做法,而采用了"课题体",并首次改为 16 开本,版面活泼,图文并茂。课题体以课为单位,一课一个专题,去繁就简,减少层次,增强课文的可读性,克服传统历史教科书"教师难教,学生难学"的弊端。

从内容上看,全面而浅显。以往的历史教科书过于强调历史知识的系统性,以政治斗争为线索,知识面窄,内容深奥。新版历史教科书力求内容全面而丰富多彩,如各版教科书都着眼于提高学生的素质,增加了经济史、文化史以及社会生活的内容,同时删去较深难、不适合初中生的传统内容,吸收史学界研究的新成果,注重能力培养和思想教育。知识面宽了,内容更新了,而学生的负担却大大减轻了。

从结构上看,增加了课文的辅助部分,形成了课文系统和课文辅助系统。人教版、上海版等历史教科书都增设了绪论性课文,即在书的开头叙述历史学科研究的对象、学习历史的意义和研究历史的方法等内容部分。在人教版教科书中,还首先出现了史料性课文。各版历史教科书除开拓了新的课文类型外,还增加了不少课文辅助部分。以往历史教科书的辅助部分,一般只有插图和课文后的习题两种形式,而新版历史教科书则加入了课前提要、文献资料、课文中习题等多种辅助内容。

2. 高中历史教科书

从 1996 年起,人教社依据国家教委的《全日制普通高级中学历史教学大纲(供试验用)》,从提高学生素质出发,首先编写了高中必修课的《中国近现代史》上下册,供高一年级使用。全书从鸦片战争叙述到 1997 年中国共产党十五大的召开,共和国史的内容增加较多;对史实发生的背景条件和影响作用分析得比较多,条理性比较强;增加了社会生活变化的内容;课文中引用和单独插入的文献资料较多;插图较多,且多用照片;课后练习分甲乙两组,甲组是必须完成的,乙组是供较高水平学生选做的,每节最后安排了"阅读与思考",也供较高水平学生选用。这套教科书明显加大初、高中的区分,注重不同学术观点的介绍,以培养学生创造性思维;同时,由于教材弹性的加大,更有利于因材施教和发展学生个性。依据同一大纲,还编写了限定选修课程的历史教科书:一是《世界近代现代史》上下册,供高二文科班学生使用,书后增加了"历史大事图表",以便于学生复习;二是《中国古代史》,供高三学生使用,将元、明、清划在一章里,改变了传统的宋元与明清分两章的写

---

① 白月桥:"新一代教科书的结构与功能",载《面向 21 世纪历史教材与历史教学》,人民教育出版社,1997 年版,第 77~78 页。

法,另增加了社会生活变化的内容。

总之,在新中国成立后的半个多世纪,中学历史教科书通过不断改革,从无到有,从少到多,从单一体制单一版本到多元体制多种版本,从单纯的知识教学到注重思想教育、兼顾能力培养和个性发展,从较严肃到生动活泼等变化,越来越受到广大师生的欢迎,越来越有利于素质型人才的培养。在印刷、装帧上,也日益与世界先进国家的历史教科书接近。但是,仍然存在一些问题,如吸收史学研究新成果不足、培养观察和思考历史问题的能力不够、呈现方式主要还是有利于教师讲授式的教学等等。因此,在新世纪到来之际,我国又开始了更大规模的新一轮课程改革,编制了新的课程标准及其要求下的新版历史教科书。

第二节 新课程历史教科书的特点

进入21世纪,教育部在《基础教育课程改革纲要(试行)》中提出:"改变课程实施过于强调接受学习、死记硬背、机械训练的现状,倡导学生主动参与,乐于探究,勤于动手,培养学生搜集和处理信息的能力、获取新知识的能力、分析和解决问题的能力以及交流与合作的能力。"作为课程改革的一部分,新世纪中学历史教科书的编写充分体现了新课程的这一基本理念。在本世纪初基础教育课程改革中,首先由人民教育、北京师范大学、华东师范大学、四川教育等多家出版社,依据教育部2001年制定的《全日制义务教育历史课程标准》,相继推出了不同版本的初中历史教科书。继而,又由人民教育、人民、大象(后变更为北京师范大学)和岳麓四家教育部审定的出版社,依据教育部2003年《普通高中历史课程标准》,分别编写了全新的高中历史教科书。初、高中历史教科书与过去的相比,在基本理念、内容选择、体系结构等方面都有很大的改动,呈现出崭新的特点。2011年教育部为落实新时期党的教育方针,出版了《义务教育历史课程标准(2011年版)》,根据此标准要求,教育部统一编写了初中历史教科书,于2017年9月作为全国初中通用教材开始使用;高中阶段则自2013年开始研制新课标,于2017年颁布了具有新时代特色的《普通高中历史课程标准(2017年版)》,依据此标准要求下的教育部统编高中历史教科书目前正在编修中,预计2019年秋季出版使用。进入新世纪的课程改革在不同时期所呈现的教科书,都是在对以往的继承和创新中求发展,并在推动新时期教材改革中发挥了重要的作用。

一、新课程历史教科书的特点

新一轮历史课程改革之初,2001年和2003年的初、高中历史课程标准指导下的历史教科书主要呈现了以下基本特点:

(一)编排体系——变学科体系为教学体系

我国传统的历史教科书以"学科为中心",侧重学科体系的完整性,忽视学生的心理特点和认知规律。在编排上,初、高中均采用"通史"体例,高中只做适当加宽加深,这一做法被概括为"双循环",长期以来已经形成一个定势。本世纪在历史课程的变革中,中学历史教科书分别以义务教育和普通高中的课程标准为导向，打破原有强调学科体系的范式，建构了体现学科特点的教学体系。

初中历史教科书，充分考虑到历史学科特点和学生的学习需求，在体裁上采用了"主题加单元"的编排体系，即根据历史发展的基本线索，自古至今讲述历史，同时选出表现每一历史时段特征的主题，采取时序与主题相结合的体系叙述历史。每一册确定若干学习主题，每一学习主题为一单元，每一学习单元下设若干课。这种使用学习主题来呈现历史内容的方式，有利于改变传统教材"繁、难、偏、旧"的弊端，促进学生学习方式的转变；同时，又能兼顾历史发展的时序性与学习内容的内在联系，充分反映历史学科的特点。

现行高中历史教科书，根据2003年《高中历史课程标准》的设计，采取专题史体例和中外合编的方式，建立了模块相对独立、总体整合的"模块加专题"的编排体系。采用单元、课、目三级标题的结构，呈现出分层性、模块型和组合化特征。在要求上仍是必修加选修，变化体现在：一是内容呈现方式由中外分开的断代史变为古今贯通、中外关联的9个模块，其中，必修课为3个模块，共25个专题，选修课为6个模块，各自成1个专题；二是选修的方式发生变化，学生可以根据兴趣任选若干模块，只要求文科学生不低于3个模块，更好地体现了选修课的选择性。

中外合编体例的设计是本次高中历史教科书改革的突出特点，它对学生深入了解某一历史专题，尤其是把中外历史有机地联系起来进行考察，具有很大的帮助。它能够使学生通过对比联系，更加深刻地理解世界历史中的中国、中国历史与世界历史的联系和相互影响，拓展了学生的视野，开阔了学生的胸襟。特别是三门必修课的设置，旨在使学生学会从不同的层面和视角观察人类历史，并学会在发展的彼此联系中了解宏观和整体的历史，初步掌握历史唯物主义和辩证唯物主义的观点和方法。

（二）课文内容——贴近学生实际，贴近社会生活

新课程历史教科书充分体现了课程改革的新理念，避免专业化、成人化倾向，克服重知识、轻能力的弊端。在课文内容的选择上，大量增加了经济史、文化史、科技史、社会史的内容，注意吸收史学界的最新研究成果以及乡土史内容。使教科书更具时代性和科学性，更能正确反映社会发展的方向，同时，使学生在历史认知过程中获得的认识更加趋向于客观和真实。

初中历史教科书减少了艰深的历史理论和概念，使历史更加符合学生的心理特征和认知水平，有助于教师教学方式、学生学习方式的转变，为学生终身学习打下基础。

高中历史教科书努力体现高中历史课程的基础性、开放性和选择性。必修的3个模块，着眼于历史的主干知识——分别反映人类社会政治、经济、思想文化与科学技术等领域的重要历史内容，是全体高中学生必须学习的基本内容，体现了基础性。在内容取舍上，厚今薄古、详中略外，继承了历史学科内容选择的一般原则；内容选择上，注意与当今现实生活和社会发展以及与学生自我发展的联系。通过历史必修课，使学生学会从不同角度认识历史发展中全局与局部的关系，辩证地认识历史与现实、中国与世界的内在联系；培养从不同视角发现、分析和解决问题的能力；培养健康的情感和高尚的情操，弘扬民族精神，进一步提高人文素养，形成正确的世界观、人生观和价值观。选修模块的内容是供学生选择的学习内容，旨在进一步激发兴趣、获得启示、拓展视野，促进学生个性化发

展。

(三)版式结构——呈现多样化趋势,促进探究性学习

教科书"以学生发展为本",内容充实有趣,文字生动流畅,叙述具体形象,头绪相对集中。课文内容为必学的大字与选学的小字编排相间,小字内容生动,可读性强,紧密配合大字内容。教科书尤其由原来以文字为主变为图文并茂,每课一般有10幅图左右,有文物图、创作想象图、资料图表等。通过视觉审美激发学生的学习兴趣,还可以结合图表培养学生的观察分析与探究历史问题的能力。

新历史教科书在版式结构上呈现出多样化趋势,主要体现在:一是课文类型增多,除了传统的基本课文外,还有活动与探究性课文,有的增加了专题研习课文等类型,以培养具有探究创新型的人才。二是基本课文的主要构成部分,在继承原有教科书优良传统的基础上也有很大创新,新设了许多栏目,如"活动与探究"、"自由阅读卡"、"每课一得"、"材料阅读"、"自我测评"、"活动建议"、"史海拾贝"、"史海指南"等。这些多样化的训练形式、资料的拓展补充和具体的学习指导等栏目的设置,为培养学生的活动实践与探究能力、分析史料与解决问题的能力以及学习方式的转变都创造了有利的条件。此外,新教科书在课前提要、图片设计等方面也有很多创新之处。

历史教科书的结构,是组成历史教科书的基本框架。新课程历史教科书的基本结构主要包括:封面、前言、目录、单元、课文、附录、后记、封底等组成部分,其中,单元主题与课文正文是教科书的主体部分,着眼于呈现教学内容,主要是确定历史知识的广度和深度。如下面所示的"人教版"初中《历史》八年级(上册)教科书结构中,从"第一单元"到"第七单元"之间的内容;"人教版"高中《历史》必修(Ⅰ)结构中,从"第一单元"到"第八单元"之间的内容。其余为教科书的辅助部分。辅助部分侧重呈现教学方法的引导,主要提示历史学习的目标、途径、要求和资源。新课程历史教科书,在吸取以往统编教材成果的基础上,尤其提升了课文辅助部分的功能,进一步完善了教科书的结构体系,有利于教材资源性和工具性作用的发挥。

拓展链接

人教版初中《历史》八年级(上册)教科书结构

封面
说明
目录
第一单元　侵略与反抗
　　第1课　鸦片战争
　　第2课　第二次鸦片战争期间列强侵华罪行
　　第3课　收复新疆
　　第4课　甲午中日战争
　　第5课　八国联军侵华战争
　　活动课一　模拟时事报道——侵略与反抗

第二单元　近代化的探索
　　第6课　洋务运动
　　第7课　戊戌变法
　　第8课　辛亥革命
　　第9课　新文化运动
　　活动课二　历史小论坛——近代化的探索
第三单元　新民主主义革命的兴起
　　第10课　"五四"爱国运动和中国共产党的成立
　　第11课　北伐战争
　　第12课　星星之火，可以燎原
　　第13课　红军不怕远征难
　　活动课三　模拟导游——重走长征路
第四单元　中华民族的抗日战争
　　第14课　难忘"九一八"
　　第15课　"宁为战死鬼，不做亡国奴"
　　第16课　血肉筑长城
　　活动课四　写给日本中学生的一封信——南京大屠杀不能忘记！
第五单元　人民解放战争的胜利
　　第17课　内战烽火
　　第18课　战略大决战
第六单元　经济和社会生活
　　第19课　中国近代民族工业的发展
　　第20课　社会生活的变化
　　活动课五　历史小报——近代社会生活
第七单元　科学技术与思想文化
　　第21课　科学技术与思想文化（一）
　　第22课　科学技术与思想文化（二）
中国历史大事年表（近代部分）
附录
　　好书推荐
　　历史学习网站推荐
后记
封底

人教版高中《历史》必修（Ⅰ）教科书结构

封面
前言

目录

第一单元　古代中国的政治制度
　第1课　夏、商、西周的政治制度
　第2课　秦朝中央集权制度的形成
　第3课　从汉至元政治制度的演变
　第4课　明清君主专制的加强

第二单元　古代希腊罗马的政治制度
　第5课　古代希腊民主政治
　第6课　罗马法的起源与发展
　探究活动课　"黑暗"的西欧中世纪
　　　　　　——历史素材阅读与研讨

第三单元　近代西方资本主义政治制度的确立与发展
　第7课　英国君主立宪制的建立
　第8课　美国联邦政府的建立
　第9课　资本主义政治制度在欧洲大陆的扩展

第四单元　近代中国反侵略、求民主的潮流
　第10课　鸦片战争
　第11课　太平天国运动
　第12课　甲午中日战争和八国联军侵华
　第13课　辛亥革命
　第14课　新民主主义革命的崛起
　第15课　国共的十年对峙
　第16课　抗日战争
　第17课　解放战争

第五单元　从科学社会主义理论到社会主义制度的建立
　第18课　马克思主义的诞生
　第19课　俄国十月革命的胜利

第六单元　现代中国的政治建设与祖国统一
　第20课　新中国的民主政治建设
　第21课　民主政治建设的曲折发展
　第22课　祖国统一大业

第七单元　现代中国的对外关系
　第23课　新中国初期的外交
　第24课　开创外交新局面

第八单元　当今世界政治格局的多极化趋势
　第25课　两极世界的形成
　第26课　世界多极化趋势的出现
　第27课　世纪之交的世界格局

附录一　中外历史大事年表
附录二　重要词汇中英文对照表
附录三　历史学习推荐网站
后记
封底

从下列《高中四种版本历史教科书结构体系比较表》中,我们能清晰看到四种版本各自的整体框架、单元结构和课文结构及其不同的表述风格。

高中四种版本历史教科书结构体系比较表①

	整体结构	单元(专题)结构	课文结构	
			教学课文	活动课文
人教版	编者的话 目录 单元 附录: (一)中外历史大事年表;(二)历史读物与网站推荐;(三)重要词汇中英文对照表;(四)后记	单元引导: 内容概要 学习要点 学习建议 课文 单元学习小结: 重要概念简释、归纳与总结、历史感悟(学史心得、学史存疑)	文前:引入语、图片 文中:子目标题、正文、图表、学思之窗(1～3条)、历史纵横(1～3条)、资料回放(1～2条) 文后(探究学习总结):本课测评(2～3道简答题)、学习延伸(探究活动1道、阅读与思考1道)	名称: 探究活动课 1～3册数量 3+2+2
人民版	前言 目录 专题 附录: (一)部分词汇中英文对照;(二)课外读物推荐书目;(三)历史学习推荐网站	专题引导: 导语 学习建议 课文 专题学习档案: 学习重点归纳、收获与存疑、学习评价、学习活动记录	文前:引入语 文中:子目标题、正文、图表、读一读(史料)、想一想(对课文内容提问)、议一议(提出与课文内容有关的观点议论)、学习质疑、谈一谈、说一说、历史探源、学习思考 文后:自我测评(1～2道简答题)、材料阅读与思考(1道)、知识链接(1条名词解释)	学习与探究 3+2+2

---

① 姚锦祥:"高中历史试验教科书不同版本的结构体系与表述方法",载《中学历史教学参考》,2005(4)。

	整体结构	单元(专题)结构	课文结构	
			教学课文	活动课文
大象版	开篇绪语 目录 单元 附录： (一)部分词汇中英文对照表；(二)推荐书目和网站	单元引导： 探究提示(4~10条历史线索或概念) 课文	文前：引入语 文中：子目标题、正文、知识阅读(1~2条名词解释)、链接阅读(1~3条)资料浏览1条、学术窗口1条、书眉图每页2幅； 文后：要点回顾(2~5条知识线索)、探究与思考(2~3条问题，其中有1条活动题)	探究活动课 2+2+2
岳麓版	写在高中历史课程的前面 导读 目录 单元 附录：中外历史大事年表	单元引导 内容概要 课文	文前：引入语 文中：子目标题、正文、阅读文、图表、页边问题、文中阅读框 文后：知识链接1条、阅读与思考1道、解析与探究1道、自我测评2~3道简答题、活动建议1~2条	综合探究 6+2+3

(四)使用功能——变"教本"为"学本"

这是新历史教科书在编辑思路上的最大变化。1990年以前的历史教科书，主要功能是供教师上课之用，没有引导学习的考虑的设计，只是在每课后有一两道习题。新课程各版本的历史教科书，都有一套"导学系统"：一是设有与课文和图表相配合的"活动与探究"、"想一想"、"议一议"、"读一读"、"做一做"、"课后阅读"等学习栏目，引导学生学习、思考。这些大多不需要教师指导，学生自己就可以做。二是对一些重要内容或有争论的问题设有讨论活动，形势活泼，引导学生参与探究。三是每单元后还设计有活动课，引导学生自主学习、合作学习，培养学生的创新能力和实践能力。

(五)辅助材料——呈现系列化、立体化和多样化

为了克服"教科书中心论"的倾向，新课程历史教科书强调辅助材料的配套作用，显现出了以下特色：一是系列化。教师教学用书有教师备课手册、历史教学挂图、历史地图册、课堂教学设计与案例、试教通讯等；学生学习用书有新教材、新学案、历史填充图册、历史读本等。二是立体化。充分运用现代媒体来表现教科书内容，如电子音像配套产品(VCD、CD、录像带、幻灯片、投影片等)、课堂实录、各类课件、备课资源库等；网络教材，包括有电子版本的教科书和教师教学用书。三是多样化。从我国经济文化发展不平衡的现实出发，为适应不同经济水平和文化水平地区的各自需求，特推出黑白和彩色两种版本。

二、现行人教版初中历史教科书的特点

1. 教材编写的指导原则

一是,以唯物史观指导思想,坚持正确的思想导向和价值判断,力图科学、准确地展现中外历史发展的基本趋势,全面客观地叙述重要的历史事件、历史现象及历史人物;坚持论从史出、史论结合的原则,对历史问题作出实事求是的评述。

二是,贯彻党的十八大以来提出的一系列重要精神,将社会主义核心价值观和中华优秀传统文化等方面的教育理念落实在历史教材中,充分发掘和叙述历史教学内容中与这些方面有密切关联的史实,从历史发展演进的角度对学生进行教育,培养正确的世界观、人生观和价值观。

三是,体现基础教育课程教材改革的总体思路和理念,贯彻"德育为先、全面发展、能力为重、以人为本、与时俱进"的基本原则,按照《义务教育历史课程标准(2011年版)》中对历史课程的设计思路和规定的教学内容范围,设计历史教材的体例、结构及具体内容。

四是,体现教材的时代性,既要落实党和国家提出的一系列指导思想,又要反映历史学科的发展趋势,并要体现当代社会的进步以及适应当前中国社会发展对人才培养的需求,适应学生发展过程中应提升的历史学科核心素养需求。

2. 教科书呈现的特点

部编初中历史教科书主要强调了以下三个方面:一是,以唯物史观为指导,将正确的价值判断融入了历史叙述与阐释中,做到了思想性和科学性的统一。二是,对中国共产党在民主革命时期、社会主义建设和改革开放时期的领导作用叙述比较全面系统,深刻揭示了没有共产党就没有新中国的历史必然性。三是,注重引导学生更好地理解中华民族多元一体的发展格局,加强了爱国主义教育和民族团结教育。

具体表现为以下四个特点:

(1) **内容编排:全面贯彻国家意志**。教材体现国家意志,是实现国家主流意识形态的重要载体。教科书按照历史发展线索,将社会主义核心价值观的有关内容分时期、分阶段地逐步展现出来,并加以贯通;重点选择与社会主义核心价值观有密切联系的史实,直接和间接渗透社会主义核心价值观的知识点占全套书的88%,做到了全面体现社会主义核心价值观。教科书将中华优秀传统文化作为重要内容加强叙述,主要体现在中国古代史部分,向学生展现出我国古代辉煌的文明成果和优秀的传统文化,使学生具体了解我国优秀传统文化的丰富内涵。教科书突出革命传统教育,对中国共产党建立和不断发展的历史进行充分介绍,使学生认识到只有共产党能够就中国,没有共产党就没有新中国,只有共产党才能实现民族独立和国家复兴。教科书紧密结合历史学科特点,选择与法制教育相关的史实,从人类社会法治进程的角度,使学生认识到法制建设对一个国家强盛的意义,理解法治国家的实现需要全体公民的共同努力,并了解中外不同国家法治建设的异同,充分认识我国社会主义法制建设取得的巨大成就和社会主义法律的优越性。教科书在国家主权意识教育方面,讲述了台湾以及钓鱼岛、南海诸岛等作为祖国领土不可分割一部分的历史渊源,强调了国家主权和领土神圣不可侵犯,国家统一是祖国强盛的重要保证。

(2) **目标导向:全面加强历史学科素养的培养**。一是,坚持以唯物史观介绍历史现

象,分析历史事件,培养学生养成正确的世界观和方法论。二是,以通史体系介绍历史发展线索,淡化主题,强化历史的时序性。在具体历史事件的描述中突出历史空间感,加强学生的历史时空观念,从而达到具体问题具体分析的效果,同时,也让学生感觉到丰富饱满的历史。三是,通过培养材料研读能力,让学生学会解释历史。教科书包含了丰富的史料和图片,学生通过研读这些材料、分析历史事件,养成研讨材料、质疑历史的习惯,培养历史思辨、解释历史、自主学习的能力。四是,通过内容的选择和安排,最终培养学生的家国情怀。

(3) 框架体例:保证教材内容的科学性,合理吸收历史学的新成果。一是,历史教科书采用"点——线"结合的方式编写。"点"是指重要的历史事实,"线"是指历史发展的基本线索。以"线"穿"点",以"点"连"线",犹如"红线穿珠",使教材内容依据人类历史发展的阶段和顺序,循序渐进地展开。具体呈现方式,是在单元框架下设课,每一单元前面有单元导语,概述本单元内容。课文是教材的主体部分,其功能主要是呈现一节课教学的基本内容,涵盖了课标所要求的主干知识,并有一些相应的必要内容。初中教材一般一课就是一个历史事件或历史现象,在每课中设子目,一般是根据课题分为相关的三个子目,分别叙述基本史实;课文文字简明,字数在 1000 字左右,全以大字形式呈现,以使课文更为通畅;文字叙述具体、生动,可读性强,学生可以很容易掌握该历史事件或历史现象的主要特征。二是,生动活泼的课文辅助设计。每课除正文外,设计了形式多样的栏目,具有激发兴趣、拓展知识、提供材料、促进思考、展开活动、巩固提高等多方面功能。如课文前设有导言,结合本课内容要点,以问题设置为主,以激发学生兴趣,引导学生参与教学;课文旁设有:"相关史实"(多选取与教材主题相关的历史事件,具体、生动地叙述有关史事,作为知识的补充,如名词解释、事件说明、现象描述、历史小故事、文物赏析等)、"人物扫描"(着重介绍重要历史人物的言行事迹,使学生进一步了解所学的历史人物)、"材料研读"(选取原始史料,通过典型具体的史料,提出有启发性的问题,以提高学生的阅读理解和分析能力)、"问题思考"(结合课文内容提出问题,引导学生思考讨论);课文后设"课后活动"(以形式灵活的题型,使学生复习巩固,提升学生对历史的认识)、"知识拓展"(介绍与课文内容相关的知识,是正文内容的延伸与拓展,引起学生进一步学习的兴趣,使学生了解更多的历史知识)。这些课文辅助部分的栏目设计,是本套教科书作为"教本"与"学本"相结合的体现,加强了教科书的可读性、可学性和可操作性。此外,本套教科书还设有大量的插图,达到了图文并茂。平均每页就有两三幅图,类别多样,有历史地图、文物图、遗址遗迹图、历史绘画、历史想象画,还有知识性的图表、流程图、示意图等,成为教学内容的有机组成部分。

(4) 使用功能:符合初中学生实际,有利于促进历史教学。一是,教科书内容"突出主干,减少枝权",较以往教科书的难度有所下降,知识总量有所降低。如中国古代史上下两册,总共 41 课,比原先的教材减少了四、五课。二是,教材注重初中生的实践探究能力的培养,在每一册书中均设置一节活动课,学生通过实践活动,对有关历史问题或历史内容进行自主探究,以提高学生的实践能力和创新精神。三是,变革了教科书的版式,改变传统的中规中矩的教科书版式设计,根据版面的实际情况和教科书内容的需要,适时调整配图的大小、位置,使得教科书面貌一新,深受初中学生的喜爱。

3. 课程标准对教科书的实施建议

(1) 坚持正确的思想导向和价值判断；

(2) 充分激发学生的历史学习兴趣；

(3) 注重对基本史实进行必要的讲述；

(4) 引导学生学会学习、学会思考；

(5) 注意历史知识多领域、多层次的联系；

(6) 提倡教学方式、方法和手段的多样化；

(7) 注重培养学生的创新意识和实践能力。

拓展链接

部编初中《历史》八年级(上册)教科书结构

封面

说明

目录

第一单元　中国开始沦为半殖民地半封建社会

第1课　鸦片战争

第2课　第二次鸦片战争

第3课　太平天国运动

第二单元　近代化的早期探索与民族危机的加剧

第4课　洋务运动

第5课　中日甲午战争与"瓜分"中国狂潮

第6课　戊戌变法

第7课　抗击八国联军

第三单元　资产阶级民主革命与中化民国的建立

第8课　革命先行者孙中山

第9课　辛亥革命

第10课　中华民国的创建

第11课　北洋政府的黑暗统治

第四单元　新时代的曙光

第12课　新文化运动

第13课　五四运动

第五单元　从国共合作到国共对峙

第15课　北伐战争

第16课　毛泽东开辟井冈山道路

第17课　中国工农红军长征

第六单元　中华民族的抗日战争

第18课　九一八事变与西安事变
第19课　七七事变与全民族抗战
第20课　正面战争的抗战
第21课　敌后战场的抗战
第22课　抗日战争的胜利
第七单元　解放战争
第23课　内战爆发
第24课　人民解放战争的胜利
第八单元　近代经济、社会生活与教育文化事业的发展
第25课　经济和社会生活的变化
第26课　教育文化事业的发展
第27课　活动课：考察近代历史遗迹
中国近现代史大事年表（上）
后记
封底

《普通高中历史课程标准（2017年版）》教材编写建议

历史教材包括历史教科书、教师教学用书、历史地图册等，其中历史教科书是学校历史教学中最主要、最基本的教材。高中历史教科书的编写要以高中历史课程标准为依据，切实落实高中历史课程的基本理念，有效体现历史课程总目标的要求，适应高中历史教学的规律与特点，为培养和提高学生的历史学科核心素养，使学生达到学业质量要求提供优质的教学用书。

1. 历史教科书编写指导原则

（1）历史教科书的编写理念和设计思路要符合高中历史课程标准的要求，依据课程标准对历史教科书的整体结构、内容体系等进行设计，全面体现和落实课程标准提出的基本理念和课程目标，准确把握课程内容要求。

（2）历史教科书的编写要以唯物史观为指导思想，在史事叙述和观点阐释上符合历史学科的要求，有机融入社会主义核心价值观的教育要求，坚持正确的思想导向，力图科学、全面地对历史进行解释和评述，做到论从史出，史论结合。

（3）历史教科书的内容要注重体现和弘扬中华优秀传统文化，使学生通过学习，认识中国历史与文化的发展，树立传承中华优秀传统文化的信念。同时，历史教科书要注意借鉴外国文化的优秀成分，体现出世界历史发展中的文化多源性和多样性，具有世界意识和国际视野。

（4）历史教科书的编写要从促进学生历史学科核心素养发展的角度出发，在内容的设计与编排上，重点围绕历史学科核心素养的培养目标，力图使教科书的学习内容叙述、辅助栏目设置等与历史学科核心素养的培养建立起有机的、内在的联系。

（5）应遵循高中学生的心理特征和认知发展规律，从学生学习历史和认识历史的角

度出发,使历史教科书所呈现的内容线索清晰、层次分明、重点突出,具体性与概括性有机结合,使历史教科书的内容既具有科学性和系统性,又具有可读性和适用性。

2. 历史教科书的内容选择

(1) 历史教科书的内容选择,既要注意所选知识的科学性和思想性,又要精选具有基础性、关键性、典型性的史事,使教科书呈现的历史知识既有认识价值,又有助于学生在学习过程中重点理解、以点带面、举一反三,有助于学生的深度学习和拓展学习。

(2) 历史教科书的编写要体现出整体性,突出重点内容、核心概念和关键问题;要注重教科书中专题之间、课题之间的逻辑关系,注重内容之间的关联,使学生能够整体把握学习内容;要根据普通高中课程方案规定的课时数,使历史教科书的课题划分、内容编排等符合高中教学计划的安排,适于教学实际的使用。

(3) 历史教科书呈现出的内容须有史实根据,要真实地、实事求是地论述历史;应尽可能体现时代性,适当引入史学研究的新成果,以开阔学生的视野,激发学生的学习兴趣,培养学生的探究意识;要注重我国版图的专业表达。

(4) 历史教科书的编写,要力求避免过难、过繁、过偏的内容,避免使用过于抽象的概念,避免说教式和灌输式的表述方式。教科书的内容选择与编排,应有一定的弹性和递进性,使不同水平的学生都能够利用教科书进行学习。

(5) 高中历史教科书的内容要注意与初中历史教科书的衔接,既要避免内容上的不必要重复,又要避免初中、高中教科书之间的脱节;高中历史教科书应在初中历史教科书的基础上,使相关知识进一步拓展和深化,使学生能够从更新、更多的角度学习历史和认识历史。高中历史教科书在广度、深度和难度上,也要注意与大学专业历史教科书的区别。

3. 历史教科书的内容编排形式

(1) 历史教科书内容的呈现方式要多样化,在叙述史事的基础上,应提供多种适用的活动设计,引导学生在学习历史知识的过程中研习材料、思考问题、作出判断,使内容的呈现不仅是知识的叙述,同时体现出促进学生的知识形成过程与应用过程的统一,体现出知识掌握与方法运用、能力发展的关联性。尤其要使教科书的活动设计能够为学生的探究学习创设情境、提供素材、设置问题,使学生通过活动进行探究,在解决问题的过程中提高历史学科核心素养。

(2) 历史教科书的内容编排要有利于教师的教学,有助于教师依据课程标准进行教学设计,便于教师科学、合理地设计教学过程和教学情境,有效地组织教学;教科书的内容编排要为教师整合教学内容提供一定的条件,为教师自主选择、增补教学内容预留空间,便于发挥教师在教学上的主动性和创造性。

(3) 历史教科书的内容编排要有利于学生的学习,引导学生积极思考、主动探究,促进学生自主地形成对历史的认识。教科书还应提供学习方法的指导,引导学生学会学习。

(4) 在历史教科书的编排形式上,要注意正文部分与辅助部分的有机结合。辅助部分的设计应多样化,具有教学上的实用性。例如,学习专题或学习单元的导语,要具有概括性和引领性;每课的前言,既要提示学习要点,又能够激发学生的学习兴趣;与学习内容配套的相关栏目,要有明确的功能定位;课后习题的数量、容量、难度要适中,并具有开放性;活动建议要具有可操作性。

(5)历史教科书的内容编排应有一定的弹性和开放性,既要面向全体学生,又要考虑到学生发展的差异,应适当安排一些自学或拓展学习的内容,以适应不同学生的学习需要,为学生的个性发展和专业取向提供机会和空间;还要为教师创造性的教学和学生主动性的学习创造条件,为学校和教师拓展、开发课程资源提供可能性。

(6)历史教科书的版面设计要美观大方,文字排版要疏密得当,字体、字号要符合学生用眼健康的要求,选用的图片要清晰,能够与文字叙述相配合;教科书的开本要恰当,装订要牢固,便于学生使用。

4.历史教科书与现代信息技术应用

历史教科书的编写要重视现代信息技术的应用,使教师和学生能够利用现代信息技术获得必要的课程资源。

5.历史教科书的辅助材料

(1)历史教科书的辅助教学资源,主要有教师教学用书、历史地图册以及学生课外自主学习材料等。其中,教师教学用书的编写要依据课程标准和教科书,为教师钻研课程标准和教科书提供支持。教师教学用书应对教科书的内容进行具体的解释,提出需要重点理解的问题,提供相应的教学资源,提出以学生为主体的活动建议,并提供有示范性的教学活动案例。

(2)历史教科书的编写要为辅助教学材料的建设提供指导和引领,确保教科书辅助材料的质量。

第三节 历史教科书的功能与应用

一、中学历史教科书的功能

在各类历史教学资源中,历史教科书是一种最普遍、最经济、最便捷的教学资源。它在历史课堂教学中的特殊地位是其他任何历史教学资源都无法替代的。

在新的课程改革中,历史教科书的性质包括两个方面:一是学生的学习资源,它展现了历史学科的知识精华,有助于学生知识的丰富、能力的发展和道德的提高;二是学生的学习工具,它起到了帮助或指导学生有效地获取知识的作用。历史教科书的资源性和工具性决定了历史教科书的两个基本功能:一是给师生们提供优质而丰富的教学资源;二是给师生们提供学习历史的方法。教科书是教材体系的核心,是学校教育中最重要的教材,是衡量一个国家或地区基础教育水准的重要标志。

一套高质量的历史教科书,在历史教学中所产生的功能作用主要体现在以下几点:一是,历史认识的中介和客体的功能,即学生可以通过历史教科书的内容来认识历史的客体;二是,提供知识范围和数量的功能,即历史教科书通过选择具体的教学材料,落实课程标准中规定的知识范围和数量要求,规范历史教学的基本内容;三是,思想情感和价值观教育的功能,即历史教科书在叙述历史现象、历史事件和历史人物时,传递着一定的思想、观点,对学生核心素养的培养有着教育作用;四是,发展思维能力的功能,即历史教科书为展开学生的思维操作提供了最基本的思维材料,教科书中的材料、问题、练习的设计,应该能够促进学生的思维发展;五是,主体自学的功能,即历史教科书要符合自学的规律,具有自学的特点,便于学生的自学;六是,主体自我检测的功能,即历史教科书的编写和设计要能使学生及时了解自己掌握、理解和运用知识的程度;七是,复习巩固的功能,即教科书的设计要考虑到学生学习的效果,有利于学生对历史知识的复习和巩固。

历史教师要全方位地把握和认识历史教科书的功能与作用,在教学中恰当运用好教科书,使教科书的功能得以充分的发挥。

二、正确使用历史教科书

(一)坚持以历史课程标准为指针

传统历史教学,在很大程度上坚持的是"教科书中心论",而新课改则提倡我们转变观念,树立"历史课程中心论",即要求历史教师在历史教学中,以历史课程标准为教学的依据和指南。课程标准规范性地确定了学科的教学目标、内容范围,强调历史教学要转变学习方式,倡导自主合作与探究的学习方式,强调教学要为学生的全面发展服务。这就要求教师要深刻领会和理解课标的思想和精神,结合教学的实际情况,创造性地组织和开展教学活动。例如,要从课程标准的角度分析评价不同版本历史教科书的特色,在使用一种历史教科书的时候,要注意吸纳另外几种教材的优点,用以优化教学内容,但切不可将不同的内容叠加在一起,增加学生的学习负担。

(二)整体把握教科书的框架、脉络

教师要具备对教材的整合能力,第一,要求教师要对照课程标准,对教科书的编写指导思想、编写原则、内容体系以及课文结构做全面深入的研究,整体把握教科书的框架和脉络,以便全面设计和安排教学内容;第二,要全面理解教科书的基本内容、基本概念、基本观点,对教科书的每一个单元、每一课要有深入具体的分析,把握每课在全书中的地位,并对课与课之间的连接融会贯通;第三,要对课文内容的纵横联系,进行爬梳剔抉的细致工作,将每一历史时期的政治、经济、社会、民族、外交、科技、文化等各个领域的基本情况联系起来,同时要对各个领域自身的纵向发展的阶段性和总趋势有全面的了解;第四,教师还要把握初中与高中的衔接问题,历史学科教学内容的衔接带有重叠性和反复性,特别是高中历史教科书采用通史+专题编写的方式,要求教师要很好地把握初中历史教学内容,在高中历史教学中,要善于利用学生的初中历史知识储备,作为学生已有的知识经验,在教学中巧妙地进行联系,把它们作为讨论、探究等教学方式的切入口,以便更好地培养学生的能力,避免教学的单调重复。

(三)把握教科书的重点、难点

教师要能够对全书和每一个单元、每一课的重点、难点进行具体分析,进而考虑如何设计教学活动,采用哪些教学方法和手段,补充什么样的辅助材料,以便解决教学的重点和克服教学的难点,使之化为学生可以接受和掌握的知识信息。特别要指出的是,新课程历史教科书,不再追求完整的学科体系,而在于从学生出发,力图构建一种新的学习体系。这就要求教师能够有效地组织学生,围绕知识的重点、难点,开展自主学习、合作学习和探

究学习,有力地促进学生素质的全面培养和发展。

(四) 重新建构整合教学内容

新课程历史教科书在体例结构、内容旨趣、图文结合、自我检测以及拓宽学生视野等方面都有独到之处,切实体现了新课程的理念,但从教学实践的情况来看,教科书的内容还有不够完善的地方,需要补充加工和重构。这也正体现了"用教科书教"而不是"教教科书"的理念。

重构教学内容,就是打破教科书的知识局限,为使教学内容更加贴近学生实际、贴近社会生活,而对教科书进行适当调整、重新组织、加工和改写,使之形成更易于课堂教学表达的知识结构体系。这是一个对教材进行再创作的过程。根据学生实际水平和需要,增加或补充新的文献资料或删除某些学生已掌握的内容,使教学更具科学性和先进性,以解决教科书知识往往滞后的矛盾。现行高中历史教科书以模块为架构,以专题为基本单元,以中外合编为知识体系,在知识处理上,较为灵活,知识的选择性较为明显。但这种体系有较多的跳跃、缺失和重复,对知识储备不足的学生而言,要理解掌握知识有较大的困难。要解决这些问题,就必须根据教学实际情况,对教科书内容做整体的思考。

重新建构和整合教学体系有三大好处:一是避免重复的操作,节省有限的教学时间;二是可将相互联系的历史问题集中处理,能更好地体现历史学科的思维特质;三是在一定程度上改变了知识内容和总体结构上的松散、零碎状况。

案例赏析

以现行人教版历史必修(Ⅰ)为例,可以以问题为核心进行整合。例如,通过对历史必修(Ⅰ)中的第一、三、四、八单元中相关内容的整合,侧重探讨中国政治发展简史;另外,也可进行以对比为目的的局部整合。如对比中西古代政治制度的不同特点,将必修(Ⅰ)中的第一、六、七单元结合起来进行探讨。此外,在更大的范围内,我们可以对这些分属不同模块的知识内容进行统一的考虑,如必修(Ⅰ)中的第四单元《现代中国的政治建设与祖国统一》与必修(Ⅱ)中的第三单元《中国特色社会主义建设的道路》、必修(Ⅰ)的第九单元《当今世界政治格局的多极化趋势》与必修(Ⅱ)的第八单元《当今世界经济的全球化趋势》、必修(Ⅰ)第三单元《近代中国的民主革命》与必修(Ⅲ)中第三单元《近代中国的思想解放潮流》。

当教材资源不能够为学生所接受、与学生的距离较远时,教师应对教材内容进行改编,使其更具有效性。例如,必修(Ⅱ)第八单元第3课"世界经济的全球化进程",教材中以雀巢公司的产品为例,在中国一些偏远地区,学生可能很少有使用过雀巢产品,教师可以代之以学生熟知的可口可乐、Adidas 和 Nike 等名牌运动产品为例,学生可能会更有感受。

教师重组教学内容时,要善于使教科书内容经过加工、处理重组后,以新的形式呈现出来。如比较性的内容可变化成图表、图解、图示的形式;规律性内容可总结成口诀;深奥、抽象的内容可通过直观教具、投影等形象地反映出来;枯燥的内容可以通过恰当的举例、巧妙的比喻、幽默的语言描述出来等等。总之,优化各种教学方法与手段,实现高质优效的课堂教学效果。

（五）立足教科书，提高学习效率

阅读是"学习之母"、"智慧之源"。课堂上，教师可以结合教学重点和难点，布置学生阅读有关内容，设计出若干问题，让学生带着问题阅读教科书内容，然后学生共同讨论，其间，辅之以教师的点拨、归纳和总结。对教科书中的关键词句要仔细推敲，这样，学生阅读课文、思考问题、参加讨论、划出要点，多种感官协同活动，用圈点表示关键性的字词、重要地点，做记号表示比较重要的内容。从而锻炼学生概括、归纳、分类、比较、整理等提取信息的能力，达到准确认识历史本质、培养能力、提高素质的目的。课后还可以引导学生依据教科书内容做练习或推荐阅读有关课外读物，以拓宽知识。

（六）充分发挥教科书辅助资源作用

教师应对教科书中的辅助材料，如课前引文、课中栏目、历史图片、问题设计、课后练习等进行深入研究，以健全对教科书的整体认识。这些辅助性内容，是教科书的重要组成部分，它们与正文相辅相成，构成完整的教科书内容体系。教师不仅自己要"吃透"，还要指导学生阅读、理解和掌握，从中培养多种素养和能力。

（七）充分认识两点

要科学地使用教科书，把教科书的优势转化为教学活动的优势，还应该充分认识以下两点：

第一，抓住教科书特点，遵循新课程理念。新教科书注重引导学生在获得基础知识和基本技能的过程中，学会学习和形成正确的价值观，加强教学内容与学生生活及现代社会和科技发展的联系，精选学生终身学习必备的基础知识和基本技能；倡导新的学习方式和教学方式，引导学生主动参与、乐于探究、勤于动手，培养学生搜集和处理信息、分析和解决问题的能力。历史教师只有掌握教科书的这些特点和课程理念，才能在实践中有依据、有目的地进行教学。

第二，用教科书教，而不是教教科书。在新课标提出以前，教科书几乎是课程实施的唯一资源，教科书处于教学的中心地位，要求学生背书、记书，教师"教书"。在新课标中，提倡"用教科书"，就是要创造性地理解和使用教科书，并充分开发各种课程资源，实现新课程"以人为本"的教育理念，使教科书更好地服务于教师和学生。教师在教学中，不仅要关注客观的、系统的学科知识，而且要注意那些主观的、情境化的个人知识、生活经验，着眼于现实生活、学生的生活经验，以教师自己的学识和经验来分析处理教科书、挖掘教科书、超越教科书、发展教科书。

总之，新课程改革赋予教师处理教科书的自由度很大，况且，新课程历史教科书的内容体系尚有许多不完善之处。因此，历史教学的过程也就是历史教科书不断改造、创新和完善的过程。正是这样，才推动着历史课程改革不断的进步与发展。

> **观点讨论**：在历史课堂教学中有两种现象：一种是本本主义，严守教科书，教学"不敢越雷池一步"，另一种是将教科书边缘化，教学远离教科书。试就这两种现象谈谈你的看法。

本章小结

我国历史教科书的编制与使用源远流长,历经变革而不断发展。新世纪到来以后,新课程历史教科书在继承的基础上,其编制理念、体例结构和内容选择都发生了深刻的变化。呈现出崭新的特点:建构了体现学科特点的教学体系;课文内容更加贴近学生、贴近社会;版式结构更有助于学生探究性学习的开展;在使用功能上由传统的"教本"向"学本"转变等等。历史教科书的新变化,要求教师在实际运用中,必须坚持"用教科书教",而非"教教科书"的原则,以历史课程标准为指针,整体把握教科书的框架、脉络和特点,根据学生实情,善于重构教科书内容,努力把教科书的优势转化为教学活动的优势,以全面提高学生学习历史的效率,培养学生的历史文化素养。

课后练习

一、名词解释

夏曾佑　中外合编体例　"用教科书教"　"教教科书"

二、判断选择

1. 1920年出版了《自修适用白话文本国史》,成为中国第一部白话文历史教科书。它的作者是:(　　)

A. 吕思勉　　B. 丁晓先　　C. 叶蠖生　　D. 梁启超

2. 目前,由教育部审定的高中历史教科书有四个版本,它们分别是:(　　)

A. 大象版、岳麓版、人民版、四川版

B. 人教版、岳麓版、人民版、上海版

C. 人教版、北师大版、人民版、岳麓版

D. 人教版、大象版、人民版、北师大版

三、教学试练

请自选高中历史教科书中某单元或某主题内容,进行知识重构和整合设计,并准备15分钟试讲练习,之后与同学们分享你对教科书使用的感受。

四、实践探究

1. 建议组织一次与中学历史教师的座谈会或专题讲座,研讨历史教科书在实际教学中的运用问题。

2. 以"教教科书"和"用教科书教"为辩题,组织一场辩论赛。

阅读参考

1. 朱煜:《历史教材学概论》,江苏人民出版社,1999.
2. 王宏志:《历史教材的改革与实践》,人民教育出版社,2000.
3. 于友西:《历史学科教育学》,首都师范大学出版社,2001.
4. 严志梁:《世界历史教材的改革与探索》,人民教育出版社,2001.

5. 白月桥:"新一代教科书的结构与功能",载《面向21世纪历史教材与历史教学》,人民教育出版社,1997.

6. 黄牧航:"论中学历史教材的逻辑结构",载《历史教学》,2003(6).

7. 曹大为:"关于《普通高中历史课程标准(实验)》教材建设的对策与思考",载《历史教学》,2004(8).

8. 中国教育学会历史教学研究会:《面向21世纪历史教材和历史教学》,人民教育出版社,1997.

9. 苏寿桐:《中学历史教材三十年》,《史编拾遗》,人民教育出版社,1995.

10. 林丙义、郭景扬:《中学历史课程教材改革评价》,高等教育出版社,2001.

"教学"的真谛在于"教会学生学习","未来的文盲不再是不识字的人,而是没有学会学习的人"。重能力、重个性的发展已成为历史学科教育改革的中心。这要求历史教育工作者必须关注学生学习历史方式方法的研究。

学 习 篇

👉 学习内容与目标要求

本篇集中探讨历史学习的理论与实践。首先,通过对历史学习基本概念与现代学习理论的分析,使学习者进一步理解学习概念,熟知影响学习的因素,掌握新课程要求下的学习理论与学习方式,明确树立"以学生为主体"、"以学论教"、"以学促教"的现代教育教学思想。其次,主要通过介绍历史学习的指导内容与方法,为学习者能够在历史教学实践中更加科学有效地指导学生进行历史学习提供技能支持。

👉 学习重点与难点

重点:影响历史学习的内外因素;现代学习理论;现代学习方式;历史学习方法的指导。

难点:运用现代学习理论进行科学的历史学习指导。

第七章 历史学习的基本概念和理论

导　语

"授之予鱼,不如授之予渔"是我国历代教学的经验结晶,从现代教学论来认识,"教学"的真正含义应是教会学生学习,这是新课程最核心的教育理念,也是教育工作者义不容辞的责任。现代教育理论强调学生是认知的主体,学习的过程就是学生在教师的引导下,自主建构知识体系的过程。然而,学习的过程又是极为复杂的,有众多因素影响着学生对历史学习的态度与效果。那么,教师如何在教学过程中,对学生历史学习进行科学有效的指导呢? 这要求我们必须从学生学习的角度去进行理论分析与研讨。

思考与探究

❖ 什么是学习和历史学习?
❖ 中学生历史学习的特点及现状如何?
❖ 影响学生学习的内外因素有哪些?
❖ 新课程要求下的学习方式是什么?
❖ 布鲁纳学习理论及其对历史教学有哪些指导作用?
❖ 加涅信息加工模式的特点和理论意义是什么?
❖ 建构主义课堂与传统课堂有什么不同?
❖ 建构主义理论对当代教育教学带来了哪些冲击和影响?
❖ 罗杰斯人本主义学习理论的贡献与不足体现在哪里?

第一节　历史学习的基本概念

学习,是人类最基本的社会实践活动,人类正是随着学习实践活动的深入开展和学习领域的不断扩大而逐步向前发展的。因此,探讨什么是学习、如何搞好学习具有重要的现实意义。

一、学习

(一) 学习的含义

在我国,最早出现"学习"一词的是《吕氏春秋》中的"鹰乃学习",意为效仿和反复练习。长期以来,我国古代教育思想对学习的解释是:"学"就是闻、见与模仿,即获得信息和技能,主要是指接受感官信息(图像、声音及触觉味觉等)与书本知识,有时还包括思想的含义。"学"是自学或有人教你学,"习"是巩固知识和技能的行为,一般有三种含义:温习、实习、练习。"学"偏重于思想意识的理论领域,"习"偏重于行动实习的实践方面。学习就是获得知识,形成技能,获得适应环境、改变环境能力的过程。实质上就是学、思、习、行的总称。关于对学习概念的解释,一直以来,理论界众说纷纭。目前较统一的看法是:"学习是个体经验的获得及行为变化的过程。"但我们认为这样的表述也不十分全面,因为学习不仅仅是获得知识的过程,也不单是由获得知识引起行为变化的过程,还应该包括学习主体将这些理论知识外化为行为之后又重新内化的一个过程。也就是说,学习是学习者经验的获得(认识)、外化(实践)、内化(再认识)、应用(再实践)的逻辑变化的过程,是通过这一过程,掌握事物的客观规律,并使身心获得发展的一种社会活动。学习的本质是人类个体和人类整体的自我意识与自我超越。

(二)学习的特点

学习活动具有五个明显的特点:第一,主体性。学习者是学习的主体,学习应该是主动的、积极的,是"我要学",而不应该是"要我学"。第二,目的性。学习是人生的一种需要,是生存的需要,也是发展的需要,学习是为了使人自由地、自觉地和全面地发展。第三,过程性。任何人的学习,总有一个循序渐进的过程,不可能一天之内成为天才。学习有一个由浅到深、由少到多、由被动到主动的过程。第四,历史性。学习的内容、形式和手段,总是跟一定社会的生产力发展水平和社会发展的状况联系起来,它不可能脱离一定的社会历史条件。第五,互动性。学习是一个互动的过程。孔子说:"三人行必有我师",就是这个道理。事实上,人们在现实生活中总是互相学习、互相借鉴的。

学生的学习,是学生在教师指导下,有目的、有组织、有计划、有系统地获得知识,形成技能技巧,发展心智和品德的过程。学生学习的特点是:以系统学习人类的间接知识经验为主,在教师指导下进行,在交往中学习,学习内容的规定性等。学生学习的意义是:学习是个体生存的必要手段,学习可以促进人的成熟,学习可以提高人的素质,学习是文明延续和发展的桥梁与纽带。教师对学生学习意义的理解越深入就越能有效地进行必要的引导,把学习引向更高的境界。

二、历 史 学 习

(一)历史学习的含义

从广义上来说,包括社会、学校和家庭的历史学习,主要通过自行阅读历史书籍、文献,或者由影视媒体等其他途径了解历史知识,培养历史思维能力的活动。狭义的历史学习通常指在学校的环境中,按照历史教学教育目标要求,学生在教师的组织指导下,获得历史知识,掌握历史学科技能,并促使自身知识经验与能力持续发展变化的过程。中学历史教育是基础教育的组成部分,与其他课程一起为学生的全面发展和终身学习奠定基础。历史课是着重培养学生增进人文素质和人文精神的课程,历史课的基本任务是使学生初步了解人类社会发展的基本进程及其客观规律,逐步养成积极的情感、良好的意志品质、正确的态度和价值观念,逐步提高认识社会、适应社会和改造社会的能力。

(二)中学生学习历史的特点与现状

进入中学阶段的学生,由于知识经验的增加,想象力更加丰富,抽象的思维逻辑逐渐占主要地位。他们已不再满足于通过形象思维形成历史概念，而较热衷于探索历史现象的奥秘，诸如历史事件中的纵横联系、相互制约的关系、寻找其统一的一面和矛盾的一面等；喜欢从不同角度看问题，对教师的评议则试图从各方面去分析，发表自己的见解。中学生这种对过去的探究（喜欢追根溯源）以及对未来的追求，都为学习历史提供了极好的条件。然而，由于他们在各方面尚未成熟，常常呈现出不稳定性，在学习历史时会出现某些认识上的矛盾，教师对此要特别注意给予正确引导和帮助。这主要表现在以下几点：

第一，一般认识中的由近及远（包括由易到难和由浅入深）与学习历史知识时的从古到今的矛盾。

第二，学生的知识基础和社会经验的有限性与历史知识的多样性的矛盾。

第三，历史教育的重要性与中学生对此认识不足、重视不够的矛盾。

第四，中学生对学习历史的兴趣与历史教学不得法（包括考试）的矛盾。

这些问题的存在，有历史知识本身特点的原因，也有历史教育指导思想、课程设置、教学方法等方面脱离学生认知水平、心理特征的倾向，有待于从整体上深化历史课程改革来加以解决。前几年，北京、上海、浙江、甘肃、福建和四川等地教育部门，对中学生学习历史的状况做过大量的调查，大部分学生反映他们"喜欢历史，但不喜欢历史课"。如北京教科院基教研究中心专家曾对北京市2000多名学生的15门中学课程学习状况进行调查，结果反映：对每门课程喜欢的程度由低到高的排序中，历史课列居第2位，被学生视为枯燥、没意思的课。

拓展链接

中学生缘何不喜欢历史课？[①]

南京师范大学历史系刘军教授在一项调查中，得出高中生不喜欢历史课的主要原因是：89%的学生认为历史本身就枯燥无味；有87.9%的学生认为历史太抽象复杂了，很多内容难以弄清楚；有75%的学生认为除了应付考试，学不学历史对以后没有多大用处；有50%的学生表示不喜欢历史教师讲的课；有46.2%的学生不喜欢现用的历史教科书；有41.7%的学生认为历史课程要记忆的东西太多；有36.4%的学生不喜欢历史课的考试方法。对上述原因中关于教师的教学方面，多数学生持不满意的态度：有64.9%的学生认为教师在教学内容的处理上"很一般，谈不上趣味性，也说不上特别枯燥"；值得注意的是有15.7%的学生反映教师的教学"照本宣科，比较枯燥"。对于教师组织课堂教学的方式，有75.7%的学生反映其方式是"以讲授为主，有课堂提问，但没有讨论课"。

历史学科作为一门重要的人文学科，在中学生现实学习中的地位却日趋下降。究其主要原因：一是历史学科长期被视为一门识记性学科，教师长于使用题海战术和说教的教学方式，学生被当做被动接受知识的"容器"，因此在学习中会感到枯燥乏味；二是在社会上，"读史无用论"的影响也颇为深刻，加之课程与教材的相对滞后等问题，历史学科在中学生学习中的地位日趋下降。这个问题不得不引起教育界的关注。新一轮基础教育课程改革强调，教育要关注生命的鲜活性、体验性、主体性、独立性和完整性，这就为学生的全

[①] 刘军："高中生历史课程认知状况调查问卷分析"，载《历史教学》，2002(12)。

面发展提供了一个广阔、自由的空间,也为历史学科的改革与创新提供了思路,即要想提高历史学科在学生学习中的地位,就必须从学生的角度出发,了解影响学生学习历史的各种因素,研究指导学生学习的理论与方法。

三、影响中学生历史学习的因素

在历史学习的过程中,影响学生学习效果的因素有很多,主要包括内因和外因两方面。它们各自发挥着不同的作用,并且相互影响着。

(一)内部因素

内因,即学习者自身因素,主要包括学习动机、学习兴趣、前认知形态、历史思维能力、意志力、自我意识和情感因素等。

1. 学习动机

学习动机是影响学习活动最主要、最直接的因素,它通过影响学生对信息的选择和接受,进一步影响学习的效果。学习者的内部学习动机是依据他们对学习的需要、兴趣、愿望、好奇心、求知欲、理想、信念、人生观、价值观及自尊心、自信心、责任感、义务感、成就感和荣誉感等内在因素转化来的;外部学习动机则是由外在诱因,诸如社会的要求、考试的压力、父母的奖励、教师的赞许、伙伴的认可、获得优秀生、荣誉称号和奖学金、报考理想的学校、求得理想的职业、追求令人向往和称羡的社会地位等激发起来的,表现为心理上的压力和吸引力。学生的内部学习动机具有很大的积极性、自觉性和主动性,对学习活动有着更大、更为持久的影响,而外部动机则集中反映在成就动机上。一般情况下,成就动机强的学生求知欲望强烈,自制力较强,在学习中不怕困难挫折,学习的效果也比成就动机差的好。因此,教师要根据学生的这些心理特点展开教学。

在进行历史教学和学习引导时,通过采用适当的教学手段,诸如历史图片、影视资料、课堂争论等方式,引起学生对历史学习的求知欲望。同时,还要适时给予表扬或肯定,使他们产生学习的成就感,让学生感受到在学习历史过程中的自我提高,更愿意学习,最终达到正面影响学习效果的目的。当然,教师还应从正面引导学生树立正确的历史学习观与价值观,使他们通过历史学习能认识到自身对于社会、国家、民族振兴与发展所担负的责任,使他们有一种使命感和荣誉感,这对学生产生积极的学习动机具有很重要的促进作用,也会给历史学习带来持久的动力。

2. 学习兴趣

孔子曰:"知之者不如好之者,好之者不如乐之者。"现代教育家陶行知先生也认为,"学生有了兴趣,就肯用全副精神做事,学与乐不可分"。兴趣是动机的触发器,是学习者自觉主动的一种意识行为。从心理学角度看,兴趣与需要总是同步的。对于中学生来说,"有用"的知识,才容易引起他们的兴趣。如课堂上教师所提问的某个问题,在这一时间是"有用"的,学生就可以在短时间内记住答案;而一些对学习者个人前途有推动作用的信息,则会激起学生长时间的关注。此外,中学生已处于心理上的转化时期,他们对于生动形象的东西仍十分感兴趣,教师可以利用这一特点展开教学。历史知识本身具有包罗万象、丰富多彩的特点,容易引起学生的兴趣,但是历史知识的过去性,则增加了历史学习的难度。同时,相对枯燥的人名、地名、时间等也容易使学生感到乏味。这就需要教师不仅要教会学生学习历史、记忆历史的方法,而且,还要在学生积累一定历史知识之后,引导他们理性看待历史学习,从而建立学习的长远兴趣。

3. 前认知形态

前认知形态,即学习前的知识储备和认知储备情况。前认知形态对于历史教学的影响要比其他学科更为深刻,这是由历史学科的特点来决定的。美国著名历史哲学家海登·怀特曾经说过:历史学不仅是一种学科,也是一种生命方式、思维方式。人们依靠自己的人生经历理解历史,对历史进行有选择的吸收。目前,社会物质条件的进步和科学技术的发展,使得信息流通的速度越来越快,学生在学习历史课程之前,并非对历史知识一无所知,他们通过网络、电视、报刊杂志等途径,已经了解了许多历史知识,还建立了一定的历史意识和观念,对一些历史信息也有或深或浅,或对或错的认识。因此,在进行历史学习时不可避免地要受到之前知识储备与认知状况的影响。在教学过程中,一方面,要求教师要从客观的角度来讲述和评价历史;另一方面,还要根据学生的前认知形态,灵活设计教学过程,有针对的正确引导学生,完成历史教学的任务。

4. 历史思维能力

历史思维能力,是指人们认识过去、考察现在、预示未来的智力活动。历史思维能力是历史教学着重培养的能力目标之一。历史思维能力的强弱影响着学生学习历史的效果。一般而言,初中生的历史思维能力比较薄弱,并且,往往是枝节性的而不是整体性的,甚至容易出现与时空不相符的偏离性想象和联想;而高中生的历史思维能力则开始逐步加强,在看待历史问题时能够自觉地用历史思维进行分析,思维的独立性、批判性和创造性有显著的发展,与初中生相比更加理性。但是,他们也容易出现思维的片面性和表面性。针对中学生的这些思维特点,教师可以采用现代化的教学手段,通过创设情境、使用"布白"教学艺术、故意设计错误环节、构建思维桥梁以及鼓励学生自主探究等方式来培养和训练学生的历史思维能力。

5. 意志力

意志力,是人们为了达到一定目的,在行为中自觉克服内部和外部障碍的心理过程,是人的主观能动性的突出表现。意志行为的心理过程一般分为三个阶段:决心、信心和恒心。这三方面能力的强弱直接影响学生学习历史知识的效果。目标明确、信心充足并且能够持之以恒的学生,其学习效果要比与之相反的学生好。需要注意的是,在历史学习中,虽然有的学生自信心比较高,但这种自信却是建立在一种对历史学习的错误认识的基础之上的,例如认为历史就是一门记忆的课程,只需要在考前下功夫背一背便可取得好成绩,对此现象,需要教师注意纠正类似的"盲目"自信,端正他们的学习态度。

6. 自我意识

自我意识,就是一个人对自己的总的认识与态度,它包括自我观察、自我评价、自我监督、自我控制、自我实现等形式,体现为自尊、自信、义务感、友谊感、责任感等内容。中学生的自我意识正处于形成和趋向定型的阶段,是学生自我意识发展的重要转折期,经历着人生道路的又一次"断乳期",处于这一阶段的学生的自我意识呈现出复杂性、多面性的特点:独立意识日趋强烈,有很强的自尊心,渴望得到尊重、赞赏和理解;"自我评价"能力有较大发展,但"仍不成熟";"表现欲望"强烈,争强好胜,对周围的新事物好奇;有较强的探究意识,喜欢批判旧事物,崇尚新事物,爱标新立异;道德意识日益加强等等。这就需要教师在教学活动中,尊重学生的独立意识,给他们充分展示自己的平台,并适时给予鼓励和正确引导,促使他们的个性健康成长。

7. 情感因素

在历史学习的过程中,情感状态也是影响学生学习效果的因素之一。学生有了对学习的强烈情感,其学习的主动性就会增强,学习效率也会提高。如何在中学历史教学中培养学生的情感,这既是目前关于情感教育的一个突出的理论问题,也是一个很现实的实践问题。从理论上说,教师要有两点认识:一是要认识到情感教育是历史教育的基本功能之一,每位历史教师都应有情感培养意识;二是要认识到历史课发展和培养学生的情感,最有效的方法是"寓情于理",即将情感培养寓于历史知识的传授之中。从实践上说,教师要做到:一是以真挚的情感感染学生;二是努力创设历史情境;三要重视言传身教的影响。

(二) 外部因素

影响中学生历史学习的外部因素主要有:教师、家庭、社会价值观的导向以及社会物质条件的正反面影响等。

1. 教师

教师是学生在学校学习接触最多的人,也是对学生学习影响最大的外部因素。西方教育界流行一句话:"有什么样的教师,就有什么样的教育。"由此可见教师对学生的学习有很大的影响。历史本身是一门思想性、教育性很强的文化基础课,教师不仅担负着传授历史知识的任务,也承担着对中学生进行人格塑造的使命。教师业务水平即教师对教学内容的处理、教学方法和教学手段的运用以及对专业知识的掌握、教师的个性品质等,都对学生的学习兴趣和学习效果产生着直接的影响。所以,在学生学习历史的过程中,教师因素占据着重要位置。

2. 家庭

父母是孩子的第一任老师,长辈对子女的学习常常起到潜移默化的影响,这种作用主要表现在影响学生的学习动机上。父母对子女学习成绩的关注程度以及父母的受教育程度和兴趣爱好等,都会影响到子女的学习效果和学习兴趣。如果父母认为"历史"属于"副科",不必在这一学科上浪费过多的时间,应该把精力集中在语、数、外等主要科目上,那么,这一认识态度也必然会影响到孩子学习历史学科的动机和兴趣。父母要树立新的教育观和人才观,正确看待历史教育对孩子人生成长的重要作用,积极影响孩子学好历史,加强人文素养;同时,也要引导他们规避社会不良风气所带来的负面影响。

3. 教育价值观的导向作用

教育价值观,是反映对教育价值与教育价值关系的根本看法,是人类价值观在教育方面的具体化,是指导、支配以及评价教育行为和功能的核心观念。

教育价值观不同,所生成的教育体制以及对教学活动的评价标准就不同,学生在不同评价标准下的学习动机也就不同。对学生而言,如果评价标准倾向于学生综合素质的提高,那么,个人综合素质较好的学生就会得到认可,学习积极性也会较好。相反,如果评价标准倾向于知识的掌握,则记忆力较好、擅长考试的学生就比较受欢迎,其成就动机也会提高。基于这种情况,作为教师,应该用比较全面的评价标准看待学生的历史学习,持多种标准对学生的历史学习进行评价,这样,才有利于提高大部分学生学习历史的积极性,有利于学生的全面发展。

4. 社会物质条件的进步

社会物质条件的进步,是影响学生学习的一把"双刃剑"。在人类进入信息化时代后,信息传播的途径越来越多,对历史学习来说,开展便捷的网络历史学习平台进行交流互动,可以扩大学生的知识面,开拓学习思路。但是,网上歪曲历史事实的资料也有可能会给学生先入为主的印象,从而对学习产生负面影响。对此,需要教师给予正确的引导。

四、历史学习方式

历史学习方式,是学生在完成历史学习任务时基本的行为和认知的取向。它不仅包括相对的历史学习方法、学习策略、学习手段等方法、技术层面的外在表现,而且还包括历史学习态度、学习状态、学习品质等智慧、性格层面的内在品质。

(一)传统学习方式的特点

1. 被动性

传统学习方式的被动性主要表现为"要我学"。"要我学"不同于"我要学",我要学是基于学生对学习的一种内在需要,而要我学则是基于外在的诱因和强制。在这种状况下,教师往往把学生看做知识的被动接受者,是知识接收的"容器",因而多采取讲述法、直陈法等"灌输—接受"式的教学方法,学生不仅感受不到学习的乐趣,反而会觉得学习枯燥乏味。同时,以被动性为特征的传统学习方式将学生看做是学习的客体,忽视了他们的主体性、积极性和创造性,单纯追求知识的有效传递,强调知识体系的记忆和掌握,忽视了学生其他素质的培养,与素质教育相悖而行。

> **观点讨论**:在一次教育报告会上,陶行知先生别开生面地把一只公鸡抱上讲台,周围撒些米,强按着公鸡的头让它吃米,可鸡怎么也不吃,但当人放手走开后,公鸡便自动而贪婪地啄起米来。你认为陶行知先生想通过这种现象说明什么教育道理?谈谈你的看法。

2. 依赖性

在传统的学习方式中,学习者更多地重视老师和长辈的知识,这种观念的产生和延续也存在一定的合理性。在以往的社会中,知识分子以占有、生产和传播知识为主要职业和特征,因而在社会中往往有比较特殊的地位,为人们所敬仰。由此人们形成一种认识:学习是自上而下的单向传递形式。在家里,家长有责任教育孩子;在学校,教师的职责就是向学生传递知识。于是,依赖性的学习方式也就很自然被延续使用下来。然而,随着信息化和高科技的发展,知识的接受阶层也发生了很大的改变。学生可以通过多种渠道获取知识,不再单纯依赖学校教育,加之每个学生都有一种潜在的和显在的独立学习能力和学习欲望,当这种欲望增强时,就会对传统的依赖性学习方式发出质疑。

3. 接受性

接受性学习方式的主要特征为教师讲授、学生接受,这种学习方式的存在是很有必要的,尤其对于特定类型的知识和技能,教师采用接受式的教学方法能够更有效地促进学生对知识的理解和掌握。但是,这一学习方式要应用恰当,否则将适得其反。传统的历史教育广泛使用接受式学习方式,课堂上教师滔滔不绝,学生奋笔疾书;考试时,学生以笔记为主,死记硬背,考试结束扔掉笔记。整个历史学习的过程很少有学生活跃的身影,久而久之,学生就会失去主动探究历史的兴趣,历史课堂培养的也只能是缺乏创造力、长于记忆的"人才"。

4. 封闭性

在我国传统的教育思想中,"精英主义"的教育倾向非常严重。学生在学习的过程中搞个人奋斗,孤身奋战,缺乏合作与交流。在历史教育中,学习活动又主要依赖于书本和师生面对面的传授,把历史学习活动局限在狭小的教室里,很容易造成学生封闭式的学习。诚然,传统学习方式的封闭性有助于学生独立完成课外作业,但正如一位学者说过,"一个苹果跟一个苹果交换,得到的是一个;一个思想跟一个思想交换,得到的是两个,甚至更多"。在历史学习中还应该注重与他人的合作交流,通过讨论争鸣才能取得更大进步。

(二) 新课程学习方式的特点

《基础教育课程改革纲要》明确提出,要"改变课程实施过于强调接受学习、死记硬背、机械训练的现状,倡导学生主动参与、乐于探究、勤于动手,培养学生搜集和处理信息的能力、获取新知识的能力、分析和解决问题的能力以及交流与合作的能力"。这就从本质上确立了现代意义上的学习方式,不是特指某一具体的方式或几种方式的总和,"新课程学习方式是以弘扬人的主体性为宗旨,以促进人的可持续性发展为目的,由许多具体方式构成的多维度、具有不同层次结构的开放系统"①。在这一理念的引导下,新课程要求的历史学习方式具有主动性、独立性、独特性、意义性、交往性、体验性、问题性、创新性等特征,它们之间相互联系、相互包含,成为一个有机的整体。

1. 主动性

主动性是现代学习方式的首要特征,它对应于传统学习方式的被动性,二者在学生的具体学习活动中表现为:"我要学"和"要我学"。学生学习的内在需要一方面表现为学习兴趣,另一方面表现为学习责任。

2. 独立性

独立性是现代学习方式的核心特征,它对应于传统学习方式的依赖性。如果说主动性表现为"我要学",那么独立性则表现为"我能学"。新课程改革要求我们教师充分尊重学生的独立性,积极鼓励学生独立学习,并创造各种机会让学生独立学习,从而让学生发挥自己的独立性,培养独立学习的能力。

3. 独特性

每个学生都有自己独特的内心世界、精神世界和内在感受,有着不同于他人的观察、思考和解决问题的方式。也就是说,学生有着独特的个性,每个学生的学习方式本质上都是其独特个性的体现。独特性同时也意味着差异性,学生的学习客观上存在着个体差异。

---

① 余文森:"论新课程学习方式的基本特性",载《教育理论与实践》,2006(11)。

教师要注意学生的个性化教育。

4. 体验性

体验性是现代学习方式的突出特征。在实际的学习活动中表现为：一是强调身体性参与。学习是一种脑、眼、耳、口、手并用的综合体验性活动。美国华盛顿大学有这样一个条幅："我听见了，就忘记了；我看见了，就领会了；我做过了，就理解了。"这充分说明了让学生亲自实践的重要作用。二是重视直接经验。从课程上讲，就是要把学生的个人知识、直接经验、生活世界看成重要的课程资源；尊重"儿童文化"，发掘"童心"、"童趣"的课程价值。

5. 问题性

问题是科学研究的出发点，是开启任何一门科学的钥匙。所以现代学习方式特别强调问题在学习活动中的重要性。一方面，强调通过问题来进行学习，把问题看做是学习的动力、起点和贯穿学习过程中的主线；另一方面，通过学习来生成问题，把学习过程看成是发现问题、提出问题、分析问题和解决问题的过程。这里需要特别强调的是问题意识的形成和培养。问题意识是指问题成为学生感知和思维的对象，从而在学生心里造成一种悬而未决但又必须解决的求知状态。

（三）新课程倡导的学习方式

基于以上特征，新课程历史教学着力倡导的学习方式是自主学习、合作学习和探究学习。

1. 自主学习

自主学习通常是指"主动、自觉、独立的学习，它与被动、机械、接受式的学习相对"[①]。它要求学生不仅要把学习内容作为认识的客体，而且要将自己作为认识的客体，适时做出客观正确的自我评价，从而对自己的行为进行自我激励、自我控制和自我调节。因此，自主学习一方面要求学校、教师以及家长为学生提供良好的学习氛围和物质条件，把学习的主动权交给学生；另一方面需要教师对学生的自主学习进行指导，帮助他们明确学习目标，并给予学习方法的指导，提高他们的认知水平。

2. 合作学习

合作学习是指学生在小组或者团队中为了完成共同的任务，有明确责任分工的互助性学习。在合作学习中，每一个学生都要积极承担完成共同任务中个人的责任，相互沟通，积极配合，建立并维护小组成员之间的相互信任，有效解决组内冲突，对于个人完成的任务进行小组加工，对于共同进行的成效进行评估，并积极寻求提高其有效性的途径。合作学习可以通过共同工作来培养学生的领导意识与合作精神、团队意识和集体观念、社会技能和民主价值观，同时，也能使同学之间形成互帮互助的学风，促进共同进步。

3. 探究学习

探究学习是指从学科领域或现实社会生活中选择和确定研究主题，在教学中创设一种类似于学术或科学研究的情境，通过学生自主独立的发现问题、实验、操作、调查、信息搜集与处理、表达与交流等探索活动，获得知识、技能，发展情感与态度，特别是探索精神

---

① 庞维国：《自主学习——学与教的原理和策略》，华东师范大学出版社，2003年版，第1页。

和创新能力的学习方式和学习过程。探究学习方式开始于学生发现问题,而问题的发现又多源于观察,这就在无形中调动了学生的学习积极性,同时也对其积极性进行了肯定。发现问题之后,学生在教师的帮助下对问题进行探究,并搜集、整理各种信息和资料。在这一过程中,学生不断寻求解决问题的方法,锻炼了他们的思维能力。这一模式培养了时代所需的人的品质和素质,培养了学生的观察能力、实验能力和思维能力,成为新课程多元化学习方式转变的着力点之一。传统教学的最大弊端就是使学生消极地接受知识,这种被动的学习方式摧残了学生的学习兴趣和热情,探究学习针对传统学习的这一弊病,倡导学生的创造力和动手能力,致力于终身学习的教育目标。

案例赏析

在讲授"1929～1933年经济危机"时,教师通过投影放映两幅照片:一是华尔街股市崩溃时人们绝望的神情;一是危机爆发时银行门前人们排着长队的景象。然后,教师让学生就预习时研究的问题进行交流:① 看到什么?② 为什么股市对于人们的生活如此重要?③ 人们为什么急于到银行提款?④ 你认为经济危机发生的原因是什么?⑤ 你认为该如何对付经济危机?学生经过课前认真预习,通过各种途径(图书馆、网络等)查阅资料,有的学生还就有关股票问题请教了专业人士,甚至亲自跑到证券交易所做调查研究。学生在课堂上把自己搜集到的信息和得出的看法与大家交流、共享,同学们充分感受到课程的情景、乐趣和意义。

自主学习、合作学习、探究学习是新课程学习方式转变的三个着力点。有了自主学习才谈得上合作学习与探究学习,合作中有探究,探究中有合作。在新课程学习方式下,历史教师由传统意义上知识的传授者和学生的管理者,转变为学生全面发展、寻求知识的帮助者和促进者,由教学活动的主角转变为学生学习的指导者和配合者。

(四)对学习方式的认识

上述无论传统与现代的学习方式都是客观存在的,并各自有其存在的合理性。我们必须清醒地认识到:新课程倡导"自主、合作、探究"的学习方式,并不意味着只有自主学习、探究学习或合作学习才是有效的学习。其实,在历史教学中,有许多年代、地点、人物及史实性的知识,运用接受学习的方式更为有效。我们不能简单地肯定一种学习而否定另一种学习,学生的学习应因时、因地、因人制宜,并不存在固定不变的唯一有效的学习方式。学习方式的转变也绝不是意味着用一种方式代替另一种方式、用自主学习代替指导学习、用合作学习代替个体学习、用探究学习代替接受学习,而是强调由单一性转向多样性、由片面学习转向全面学习、由狭义学习转向广义学习,让学生在读中学、玩中学、做中学、游中学、听中学、思中学、合作中学……让学生了解和掌握更多的学习方式,让身体更多的器官参与学习,从而获得学习中的乐趣与全面和谐的发展。所以,科学有效的学习过程,谋求的是不同学习方式之间的平衡,寻求的是不同学习方式之间的一种最佳协和状态,以求更好地促进学生的发展。

第二节 现代学习理论及其教学意义

学习理论,是教育学和教育心理学的一门分支学科,它以学习的性质、过程、动机以及方式、方法和策略等为研究重点,试图解释学习是如何发生的、内在规律如何、具体过程怎样、如何进行有效的学习等等。古今中外,众多教育家从不同的角度进行了长期的探索与总结,形成了多样化的学习理论流派,为我们建构有效的教学行为提供了宽广的视角和可供借鉴的路径。本节从学习者自主理念出发,着重介绍对当今新课程改革产生重大影响的认知主义学习理论、建构主义学习理论和人本主义学习理论。

一、认知主义学习理论

认知主义学习理论源于 20 世纪初德国格式塔心理学的"顿悟说"。60 年代以后发展为现代认知主义学习理论。让·皮亚杰是认知发展理论的建构者,他从生物的角度研究认识的发生发展,彻底改变了过去人们仅从哲学的角度研究认识的旧观念。他的认知发展理论成为 20 世纪心理学上最重要的权威理论。后来,杰罗姆·布鲁纳对这一理论进行了发展,认为使学生了解学科结构更能促进学生的学习;罗伯特·加涅则将认知主义与现代信息论相结合,提出了信息加工模式理论。

认知主义学习理论的核心观点是学习要通过主体的主观作用来实现。在课堂教学中,认知主义学习理论强调教师要根据学生已有的心理结构,设置恰当的问题情境,引起学生的认知不平衡,激发学生的认知需要,促使学生开展积极主动的同化和顺应活动,在解决问题的过程中,掌握一般原理,并将新知识纳入自己的认知结构,从而使认知结构获得发展。

(一)布鲁纳认知结构理论

杰罗姆·布鲁纳(Jerome Seymour Bruner,1915~)是美国当代认知心理学派和结构主义教育思想的代表人物之一。第二次世界大战后,苏联发射了第一颗人造卫星,使美国大为震惊,引发了美国对自身人才培养模式的反思,掀起了二战后第一次教育改革浪潮,布鲁纳的"学科结构"教学理论,就是在此时兴起并壮大的。

1. 关于教学目的

布鲁纳在《论认知》(*On Knowing*,1964 年)主张教育的最一般的目标就是"帮助每一个学生获得最好的智力发展"。为此,他提出了发展儿童智力的三大任务:第一,激发学生的学习动机,使学生建立起用思维解答问题的信心;第二,鼓励学生进行假设,并帮助他们认识实验和假设的意义,从而培养学生观察和想象客观事物的能力以及完成象征式操作的各种技能;第三,充分发挥学生的主动作用,允许学生自己运用问题研究的方式,来解决以往通过教师讲授而进行掌握的教学内容,使学生养成"自我推进"的能力,从而促进学生认识的发展。

2. 关于教学原则

布鲁纳提出了四条教学原则:第一,动机原则,即重视并强调充分调动学生的学习积极性和主动性。他认为学生天生就具有对未知事物的好奇心和求知欲,教师在教学活动中就是要充分利用学生这一特点,调动其积极性,并对其进行促进和调节。第二,结构原则,是指教师在教学过程中应注意使学生掌握学科知识的结构,从而实现知识的转化与迁移。第三,程序原则,就是要求教学必须提供学习内容的最有效的顺序:一方面,要求教材的呈现顺序要与学生的认知发展相适应;另一方面,要求以经济有效的方式安排教学程序。第四,反馈原则,即通过了解学生对知识的掌握与运用状况,来评价教学活动的成败,这有利于不断矫正学习中的不正确行为,以进行下一步的学习。

3. 关于教学内容

在教学内容方面,布鲁纳强调让学生掌握学科的基本结构,他认为这能使人才适应现代社会知识与信息大量涌现的状况,简化信息,产生新的命题,促进知识的迁移。他在《教育过程》(*The Process of Education*,1960年)一书中提出:"无论我们选择什么学科,务必使学生理解该学科的基本结构。这是在运用知识方面的最基本要求,这样才有助于学生解决在课堂外所遇到的问题和事件或者而后在课堂训练中遇到的问题。"力求使学生通过掌握学科的基本结构,缩小本学科内高深知识与简单知识的距离。

4. 关于教学方法

在教学方法上,布鲁纳倡导"发现教学法",强调学习是学生主动发现的过程,而非被动地接受知识。他反对传统分科课程论只教给学生现成的客观事实本身和知识结论的观点,提倡通过引导学生,让其自主寻求知识体系的原理。他认为学校教育的目的不是为了让学生成为各种知识的"容器",而是要学生主动参与到获得知识的过程中。因此,在教学过程中,教师是处于帮助学生进行信息加工和知识构建的教学工具的位置,而非传统意义上的信息的传递者。教师要通过示范、引导,让学生在自主、合作与探究的学习方式中,发现问题、提出问题、研讨问题。

布鲁纳的学习理论以现代认知心理学为基础,将学习的外部行为活动与内部的高级心理活动的研究结合起来,这是对旧的认知论的改造。他提出的"知识结构"、"发现学习"、"学习反馈"等概念与原理,对现代教学理论的发展产生了深刻的影响。但布鲁纳的教学思想是为了适应美国当时教育发展形势的迫切要求而提出来的,有些观点是基于理论上的假设,并非从课堂教学长期追踪研究中总结出来的,其教学思想有一定的局限性。如他对人的完善发展的理解偏重于智力发展,对人的认识过分强调亲自"发现","发现学习"的设计难度大,对教师水平要求高,并非一般教师都能胜任。

(二) 加涅的"信息加工"学习理论

罗伯特·加涅(R.M. Gagne,1916~2002年),是美国当代著名心理学家,并在学习论、教学论、教学设计乃至教育技术学等多个研究领域被公认为大师级人物。在20世纪70年代,加涅将认知主义与现代信息论的观点和方法相结合,从而成为认知学习理论流派中强调信息加工模式的代表人物。

加涅认为,人的学习过程类似于计算机的操作,所以,他以计算机模拟系统探究人类的学习过程,由此提出了学习的信息加工理论。加涅把学习看成是一个不断复杂、不断抽象的模式体系,在这个体系中,基础的、大量的是原有知识经验的联结。在学习新知识时,新的信息输入进来,和原有的经验相联系,并对其进行强有力的条件化(信号化而形成条件的联结),由此就形成一个在意义上、态度上、动机上和技能上相互联系的新的、高一级的模式体系。这个不断形成高一层次模式体系的过程就是学习的过程。加涅指出,新输入的信息(新知识)和原有认知结构(旧知识)之间要联系得好,两者差距要适当,要从学习者的认知发展水平出发,才能收到良好的学习效果。他还认为,学生的学习,要按照规定的程序来进行,才容易收到效果。

加涅信息加工理论的特点和意义体现在以下几点:

第一,加涅的信息加工理论关注学习者内部的学习活动过程。认为学习是个体与外部环境进行信息交换的过程,学习者有选择地接收和加工信息。所以,教学内容应组织成有意义的序列,符合学生的认知加工过程,使他们进行一定意义的内部知识建构。教师在呈现教学内容时则要注意信息的可辨别性,便于学生选择;还要建立新旧知识的联系,以图表、层次鲜明的结构图等突出新知识的组织结构,这就为学生进行选择性感知提供了外部支持。

第二,加涅积几十年研究与实践的经验提出了"九大教学事件",这是将学习的内部过程同外部的教学活动相适配的成功尝试。"九大教学事件"可以概为:① 唤起注意(保持警觉);② 告知学习目标(建立预期);③ 回忆相关旧知(提取记忆);④ 呈现教学内容(选择性知觉);⑤ 提供学习指导(信息编码);⑥ 引发行为表现(反应);⑦ 给予信息反馈(强化);⑧ 评估行为表现(再强化);⑨ 强化保持与迁移(提示提取)。其中,第八项实际上是第六项和第七项的循环重复。现代心理学研究表明,一个新知识的初步理解需要有三次的尝试练习。加涅的九大教学事件理论虽有争议,但仍是迄今为止最为人们所广泛接受的教学步骤。

第三,加涅的信息加工理论关注学生如何选择模型和处理信息,偏重信息的选择、记忆和具体操作过程。因此,他主张教学应给予学生充分的指导,使学生在教师设定的程序下循序渐进地学习。教师的教学就是向学生呈现和传递信息,学生则是信息的接受者和记忆者。所以,他提倡传统的阅读和讲授的教学方法。加涅很少关注社会情感因素对认知技能形成的影响。

综上所述,认知主义学习理论对现代教育和教学产生了很大的影响,特别是它重视意识活动在学习过程中的积极作用,能够发挥学习者的主观能动性,注重学习者的独立思考、积极探究、自我发现的活动,非常符合以学生为主体的现代教学理念。当然,认知主义学习理论也有不足之处,主要是强调了认知中的智力因素的作用,而忽视了非智力因素的作用。

二、建构主义学习理论

建构主义(constructivism),也译作结构主义,是认知心理学派中的一支。瑞士心理学家让·皮亚杰(Jean Piaget,1896~1980年)是其主要代表。皮亚杰的理论产生于20世纪20年代,50年代风行全世界。其独特的理论体系对世界范围内的教育改革产生了深远影响。建构主义者倡导在教师指导下学生主动建构知识的学习方式,强调教师是意义建构的帮助者、促进者,而不是知识的传授者与灌输者;学生是信息加工的主体、是意义的主动建构者,而不是外部刺激的被动接受者和被灌输的对象。建构主义的理论主要体现在以下几个方面：

（一）建构主义的知识观

建构主义者认为，知识是人们对于客观世界的一种解释和假设，并不是对现实的纯粹客观的反映，"任何一种传载知识的符号系统也不是绝对真实的表征"，它会随着人们认识程度的深入而不断发生变化。建构主义更加强调从相对意义上去理解各种知识，具体问题具体分析，不以一成不变的眼光看待知识和问题。建构主义者还认为，知识不可能以实体之外的形式存在于个体之外，尽管通过语言赋予了一定的外在形式，并且获得了较为普遍的认同。也就是说，任何关于客观世界的解释和假设都依赖于一定的客体而存在，即使这种解释得到了普遍认同，也不能保证足以使学习者完全信服。相反，不同个体对于知识的理解一定是建立在自身经验背景基础之上的。这种观点能使学习者树立独立意识，不盲目迷信知识和权威，鼓励其提出自己关于问题的看法，从而促进创新精神在教育过程中的实施。

（二）建构主义的学习观

建构主义认为，学习是学生在一定的情境下，借助于帮助，自己构建知识的过程，而非传统意义上教师对学生知识的传授。在学习过程中，学习者将根据自己已有的经验和知识积累，对外部信息进行选择、加工和处理，主动地建构自己的意义。外部信息本身没有什么意义，意义是学习者通过新旧知识经验间的反复的、双向的相互作用过程而建构成的。学习是学习者与学习环境之间互动的过程。在建构主义认为的学习活动中，教师只起到帮助的作用，是学生学习活动的帮扶者，学生才是学习活动的主体。

（三）建构主义的学生观

建构主义认为，学生在进行学习活动时，头脑中已经存储了相关的知识经验，对所要学习的问题也有自己的看法。因此，教师在开展教学活动时应该考虑学生原有的知识基础，并以学生的原有知识作为新知识的生长点，通过引导使学生产生新的知识。教学过程也不单纯是知识的传递，而是知识的处理和转换过程。在建构主义的学习观下，学生不再是一张白纸，可以让教师任意填充知识，而成为教学活动的主体，教师应该依据学生状况调整教学内容，因材施教。

（四）建构主义的教师观

通过上述对建构主义学生观的了解，就会发现，建构主义的教师观是把教师放在帮助学生主动构建知识的帮助者、引导者和促进者的位置，而非传统意义上的知识的传授者和灌输者。因此，在教学活动中，教师应为学生提供复杂真实的问题，创设良好的学习环境，引导学生通过实验、独立探究、合作学习等方式帮助学生进行意义建构。这样，教师就成为学生学习的高级伙伴和合作者，是学生构建知识的忠实有力的支持者。这种教师观突出了学生的主体性地位，有利于调动学生的主动性和积极性。

依据以上观点，建构主义者创立了许多新的教学模式和教学方法。比如：情境教学、问题探究法教学、抛锚式教学、随即通达教学、支架式教学等，从而培养学生从各种资料中发现问题、解决问题的能力以及在社会文化背景下和具体认知情境中的探究与学习能力，使课堂真正成为以学生为主体的教学活动。如果我们将传统课堂与建构主义课堂进行对比,就能更清楚地感受到建构主义理论给教学活动带来的影响。

传统课堂与建构主义课堂之比较①

传统课堂	建构主义课堂
课程内容的传递是从部分到整体的,而且强调基本技能的掌握	课程内容的呈现是从整体到部分的,而且强调核心概念的掌握
强调教师严格坚持课程内容的程序性	大力鼓励教师回答学生的问题
课程教学活动必须依靠教材和练习册进行	课程教学活动的展开依靠原始的资料和可操作的材料进行
学生被看成一块白板,教师是在这块白板上蚀刻信息的人	学生被看成是一个有思想的人,他们有关于周围世界的看法
教师基本上被看成是一个向学生传授信息的说教者	教师基本上被看成是一个为学生创造良好学习环境的互动者
教师通常是通过寻找正确答案来促进学生有效的学习	为了理解学生已经掌握的概念对今后学习的作用,教师通常是积极探询学生的问题
通过与教学活动分离的测验来评价学生的学习	评价是伴随着教学进行的,评价的方法不仅有观察,而且还有学生的才能展示和学习档案袋
学生的学习通常是个人的事	学生的学习通常是通过小组进行的

建构主义的理论体系对当代教育教学带来的冲击和影响是毋庸质疑的。目前,对建构主义学习理论虽有许多争论,但建构主义者提出了许多富有创见性的教学思想,特别是在师生观方面,要求教师成为学生建构知识的积极帮助者和引导者,这对我国当前基础教育课程改革中提出的"教师为主导,学生为主体"的新型师生关系来说,很大程度上是借鉴了建构主义的理论。

三、人本主义学习理论

卡尔·罗杰斯(Carl. Rogers 1902~1987年)是美国著名的人本主义心理学家,他在人本主义心理学的基础上提出的人本主义教学理论,是20世纪60年代以来流行于西方国家的一种重要社会思潮。这种教育理念主要体现在培养"完美人格"的教育目标、非指导性教育模式、建立和谐师生关系和突出学生在教学中的主体性地位等教育观上。

(一)关于教学原则

在教学原则上,罗杰斯提出了"学习者中心理论",把学生作为教学活动的主体。罗杰斯认为人的本质是"社会化的、向上向善的和切合实际的",人都有改善自身的需求,在一种完全自主、没有胁迫的环境中,如果能给予条件客观的认识事物,每个人都可以做出正确的、有积极意义的抉择。在这个理论的指导下,罗杰斯认为,在教学中教师应该为学生提供一个良好的学习氛围,并且建立良好的师生关系,尊重学生的独立性,保护他们的自尊心,重视他们的认知、情感、兴趣等内心活动,让学生利用内在的推动力——"自我实现"的需要,来激发自身的独立性、自主性和能动性。

---

① 陈晓端:《当代教学理论与实践问题的研究》,中国社会科学出版社,2007年版,第72页。

（二）关于教学目标

在教学目标上，提出教育要培养具有"完美人格"的人，强调发展学生的个性和人格。罗杰斯认为，教学的目的就是要弘扬和发展学生的独立自主性和能动性，让学生学会学习，着眼于学生长远发展的需要，反对传统教学中为了知识而学习的价值目标。他曾说："只有学会如何学习和学会如何适应变化的人，只有意识到没有任何可靠的知识唯有寻求知识的过程才可靠的人，才是有教养的人。"罗杰斯还重视教育过程中的情感教育，提倡教师要对学生真诚，做到表里如一、言行一致，用教育者的真情、爱心和同情心来感染受教育者，完善受教育者的人格。因此，在教学过程中，教师应该有意识地选取有助于学生达到自我实现目标的知识和内容，激发学生的学习动机和潜能，将知识的掌握与能力和情感态度的发展统一起来。

（三）关于教学模式

在教学模式上，针对传统以教师的指示和灌输为主的教学方式，主张采用非指导性教育模式，注重学生的"自我实现"。教师不采取命令或强制的手段要求学生掌握学习内容，而是依靠学生的自我发现和自我选择进行，教师要站在学生的立场上，重视他们的经验、情感和意见，设身处地地从学生的角度去理解学习过程和学习内容，帮助他们了解学习的意义，让学生自始至终成为学习活动的主体。在这种教学模式下，教师为学生创造了一个良好的学习氛围，成为学生学习过程中的咨询者和顾问，教学活动则是一个学习帮助的活动。这样就形成了以学生为主、教师为辅的教学模式。

罗杰斯的人本主义学习理论，无疑对当前的教学改革具有积极的促进作用。但是，人本主义学习理论片面强调学生的天赋潜能作用，忽视了环境与教育的作用；过分强调学生的中心地位，影响了教育与教学效能；过于突出学生个人的兴趣与爱好，低估了社会与教育的力量；强调教师"非指导者"地位，弱化了教师的主导作用等等。另外，人本主义学习理论的整个体系是建立在存在主义、现象学、性善论基础之上的，因而具有唯心主义的色彩。一些学者认为，在一定程度上人本主义学习理论还只是一种假设、推理和猜想，缺乏严格的科学实证。不过，尽管如此，作为一种教学思潮，人本主义学习理论为当前我国的快乐学习、情感教育、学校教育与教学管理心理、班级体社会心理等问题的研究与实践，提供了一些新的思路和途径。

本 章 小 结

本章首先介绍了学习与历史学习的基本概念，分析了影响学生历史学习的内、外因素，对比传统学习方式阐述了新课程要求下的历史学习方式及特点；其次分别介绍了认知主义、建构主义和人本主义三大学习理论及其教学意义。这些学习理论尽管带有时代缺陷和不足，但它们都各自提出了许多有创见性的教育思想。布鲁纳提出了"知识结构"、"发现学习"、"学习反馈"等概念与原理；加涅主要揭示了教师如何处理干预学习的过程，以促进学生学习；以皮亚杰为代表的建构主义者，提倡在教师指导下学习者主动构建知识的学习过程；罗杰斯则站在"以人为本"的角度，主张建立和谐的师生关系，培养具有"完美人格"的人才。这些教育家、心理学家从不同角度构思"教"、"学"论的内涵，其最终目的都是要促进学习——这一人类最基本的实践活动的开展。因而,它们是现阶段我们改革历史学习方式的重要理论依据。

课 后 练 习

一、名词解释

历史学习　前认知形态　自主学习　合作学习　探究学习　布鲁纳　加涅　建构主义理论　人本主义理论

二、判断选择

1. 传统学习方式的特点不包括(　　)

A. 被动性　　B. 依赖性　　C. 封闭性　　D. 自主性

2. 影响历史学习的内因不包括(　　)

A. 教师因素　B. 学习动机　C. 学习兴趣　D. "前认知形态"

3. 提出"发现教学法"理论的是:(　　)

A. 皮亚杰　　B. 布鲁纳　　C. 罗杰斯　　D. 加涅

4. 提出"九大教学事件"理论的是:(　　)

A. 皮亚杰　　B. 布鲁纳　　C. 罗杰斯　　D. 加涅

三、教学试练

请结合自主合作与探究的学习方式,自选一段中学历史教材,准备10~15分钟的课堂模拟教学,并与同学们交流研讨。

四、实践探究

以"新课改下,要不要废除接受学习方式?"为题,组织一次课堂辩论。

阅 读 参 考

1. 联合国教科文组织国际教育发展委员会:《学会生存——教育世界的今天和明天》,上海译文出版社,1979.

2. 钟启泉:《现代课程论》,上海教育出版社,1989.

3. 于云才:《学习学导论》,山东人民出版社,2004.

4. 林明榕:《学习学通论》,学苑出版社,1990.

5. 陈晓端:《当代教学理论与实践问题研究》,中国社会科学出版社,2007.

6. 赵克礼:《历史教学论》,陕西师范大学出版社,2005.

第八章 历史学习的指导

导　　语

法国17世纪杰出的哲学家和科学方法论者笛卡尔说:"最有价值的知识是关于方法的知识。"新课程理念下的学习观,就是要学生自主学习、学会学习。这就必须在传授知识的同时,有意识地渗透学习方法的指导,以调动学生学习历史的积极性,形成较强的学习动力和学习能力。

思考与探究

❖ 教师指导学生历史学习的意义和内容是什么?
❖ 教师在历史教学中如何培养学生的元认知能力?
❖ 如何指导学生预习和听课?
❖ 如何指导学生记笔记和阅读历史材料?
❖ 如何指导学生阅读教科书?
❖ 有效复习与记忆历史知识的原则和常用方法有哪些?

第一节　历史学习指导的意义和内容

一、历史学习指导的意义

历史学习指导,是指教师在教学活动中,通过各种渠道向学生传授有关历史学习的知识,指导历史学习方法,调动学习历史的积极性,使学生形成正确的学习观点、较强的学习动力和学习能力。简言之,就是要使学生懂学习、爱学习、会学习。即变"苦学"为"乐学",变"厌学"为"愿学",变"要我学"为"我要学",变"被动学"为"主动学",变"不会学"为"会学"。

(一) 学习指导是信息社会与终身学习的需要

当今信息社会的特点之一是信息急速增长,信息量大,而人的生命和精力是有限的,这就要善于选择信息,信息的筛选检索能力是信息社会要求的重要能力之一。信息社会的特点之二是信息更新快,这就要求我们只有不断地学习,才能应对知识的变更。1972年,联合国教科文组织在《学会生存——教育世界的今天和明天》一书中就指出:"我们再也不能刻苦地一劳永逸地获取知识了,而需要终身学习如何去建立一个不断演进的知识体系——学会生存。"人的生存"是一个无止境的完善过程和学习过程","人是一个未完成的动物,并且只有通过经常的学习,才能完善他自己"。

(二)学习指导是历史教学的重要任务

1. 学习指导体现了教育的本质和主体教育思想

叶圣陶先生1941年在《如果我当教师》一文中说:我如果当教师,绝不将我的行业叫做"教书",而回答是"帮助学生得到做人做事的经验"。可见,教育本质上是帮助学生学习的,"教是为了不需要教"。教是外因,学是内因。陶行知先生主张怎样"学"就怎样"教",教的法子应根据学的法子,学的法子要根据做的法子。"以学论教",把学生作为教育的主体,对学生进行学习指导,这是教育本质和主体教育思想的体现。

2. 学习指导是发展智能的前提

在历史教学中,掌握知识发展能力是基本的教学任务。而从知识到能力的重要条件之一是学习方法。通过具体学习方法的使用和熟练,就能够转化为一般的学习能力。比如运用历史思维的方法去思考问题,当达到熟练的程度后,就能够改进思维品质,促进历史思维能力的提高。如果说知识是黄金、是财富,那么学习方法就是"点金术"。教师要在历史知识的教学中,时刻注重渗透学习方法的指导,让学生学会"点金术",这是他们终身受益的法宝。

二、历史学习指导的内容

(一)历史学习观的指导

历史学习观是人们对历史学习的基本问题的看法。比如,人为什么要学习历史?学习历史有什么作用?怎样才能获得学习历史的正确方法?在新课程理念下,教师要引导学生形成以下历史学习观:

1. 终身学习观

学习是人与环境相适应的一种手段,是获得新经验的活动。当今世界,知识挑战的严峻程度有目共睹,每门学科都是学无止境的。有人说:历史是凝固了的现实,而现实是流动着的历史。因此,历史学习更要树立终身学习的观念,只有了解了过去,才能更好地适应现代社会环境,才能跟得上时代发展的步伐。历史是人类永恒的话题,历史学习是伴随我们人生旅途的必修课程。

2. 学习价值观

能够认识学习历史具有多方面价值。历史不仅关注的是过去发生的事,它也包括对人文与生命的关注。在古希腊,"历史"最初的含义就是"调查"、"了解",用今天的话说就是要追寻人们的行踪,拷问人们的灵魂,汲取人类的智慧。这对于个人的成长有很大的促进作用。对学生来说,可以提高各方面的素质,为以后的学习打好基础,并能帮助自己找到比较理想的职业。

3. 学习成败观

首先,教师要在教学活动中渗透历史学习成败的归因指导,潜移默化地影响学生树立正确的学习成败观。学生是学习的主体,其学习态度、努力、能力、情绪、性格等是影响学习行为及结果的根本原因。教师尤其要引导学生把学习的成败归因于自己的努力,以激发学生的成就动机,提高学习积极性,增强自信心和坚持性,而不要轻易归因于能力,否则易导致厌学现象的发生。其次,教师要扭转学生对"历史课就是记诵课"的错误认识。学以致用是历史学习的目的,也是衡量历史学习成败的根本标志。史学之"用"主要表现在"温故知新、应答现实和启迪未来",史学如不能"致用",就会导向"历史无用论",进而影响学生对历史学习的积极性和科学性,最终走向历史学习的"死"胡同。

4. 学习方法观

学习是有规律的,只有遵循规律的方法才是科学的方法。在中学学习中,数理化等学科有其定理和公式,便于逻辑性的推理和掌握;而历史学科同样有其自身的逻辑和规律可循,不能因为历史讲的都是故人往事,就认为其学习任务只是记忆。记忆仅是达到学习目的的一种手段,真正需要培养锻炼的是记忆基础上的分析、归纳和比较能力。在历史基础知识和概念的教学中,教师要通过引导学生对历史原理、规律进行归纳和概括,从中总结出历史的分析方法和"公式",用于指导学生的历史学习。例如,对历史背景的分析一般都要遵从以下公式:

历史背景=(国内+国际)(经济+政治+文化+……)
(1) 经济背景=生产力+生产关系+经济结构+经济格局+……
(2) 政治背景=政局+制度+体制+政策+阶级+民族+外交+军事+……
(3) 文化背景=思想、宗教+科技+教育+……

可见,在历史教学中,教师一定要培养学生树立正确的历史学习方法观,要遵循历史学习的规律进行学习。

(二) 元认知能力的指导

元认知能力,是学习者使用一些策略去评估自己的理解、预计学习时间、选择有效的计划来学习解决问题的能力。"元认知"(Met cognition)概念,是美国斯坦福大学心理学家弗拉维尔(J.H.Flavell)在1976年提出来的。其含义是指学习者对自己学习中感知、记忆、思维、想象等认知活动的再认识、再思考及进行积极的监控。元认知能力与学生的学习能力、学业成绩有着密切的联系。一般元认知能力强的学生学习能力强,学习效率高,学业成绩就好;反之,一些过多依赖教师和家长的要求与监督的学生,缺乏自我反思和调控能力,往往学习不佳。因此,元认知研究的重要意义在于解决学生"学会学习"。教师在历史教学中,要通过各种形式培养学生的元认知能力,这可通过以下方法来培养:一是,教师要在教学中有意识地帮助学生分析他们在个性上、学习上的特点,以使学生逐渐积累起关于元认知的知识;二是,培养学生做事具有计划性,提高学生自我监控能力;三是,就某一学习任务或课题(如课前预习),提出一系列问题,以帮助自己思考和寻求解题方法;四是,要求学生养成课后做学习札记的习惯,回顾学习的过程和方法,反思学习情况,总结学习成败,逐渐积累关于自己学习的自我认识与评价;五是,要求学生设错题集,并将学习中易范错误进行归类分析,找出原因,提高反思能力和元认知水平;六是,引导学生对学习结果进行预测,培养学生的自我监控能力。

(三) 历史学习动力的指导

1. 讲明学习目的,调动学习积极性

在培养学生正确的学习目的方面,中学历史教学有特殊的优势。人类历史本身就是人类不断学习以提高自身素质的历史。学而明事理,长才干,成事兴邦;不学无术,害己损民,误国挨打。进行历史学习的目的教育,一般是通过学年、学期之始,特别是新开设历史课时对学生进行导言课的讲授,阐明学习历史的重要意义。当学生真正了解到历史学科的价值作用后,就会产生强烈的责任感和求知欲。教师还应在每一节课的教学中结合具体内容,不断进行历史学习重要性的教育,以达到潜移默化的效果。

2. 培养学生浓厚的学习兴趣

引起学生学习历史的兴趣,要求教师努力做到:授课内容要注意趣味性与科学性的统一;适当补充生动具体的史料;善于创设故事和问题情境;教学语言生动、形象、活泼,富有启发性;教学方法新颖多样,注重学生的主动参与;重视使用直观教具和多媒体教学手段;开展丰富多彩的历史课外活动等等。

3. 提供适当的动机诱因

诱因作为外部动机的主要因素常用于教学中。常用的提供诱因的方法有:一是及时反馈学生的学习行为。反馈是充分利用外在动机力量调动学生课堂学习积极性和自觉性的有效手段,通过反馈让学生了解自己掌握历史知识的情况,以便调节和激励学生对历史的学习。二是适当开展历史学习竞赛活动。竞赛通常是用来鼓励进取,反对懈怠的手段之一。它利用学生好胜心理,唤起学生获取成就和要求承认的内驱力,从而激起奋发努力的动机。

(四) 历史学习方法的指导

学习方法是历史学习指导的核心内容。具体详见本章第二节。

第二节 历史学习方法的指导

学习的重要意义之一是学会学习,而学会学习的主要体现是掌握和运用学习方法。英国教育家哈里·麦多克斯在其《学习方略》中说:"学习的成功不仅要靠能力和勤奋,而且也要靠有效的学习方法。"学习方法的涵义,广义是指学习活动中所采用的策略、途径、方式、措施、原则等;狭义则是指学习者在学习过程中所运用的具体办法。历史学习方法,就是指在历史学习过程中如何对历史信息进行有效接收、加工及运用,涉及对历史知识的掌握、历史学习技能的运用,也是历史学科能力的体现。在历史教学中,学习方法是多种多样的,下面介绍一些基本的方法:

一、预习的方法

预习,就是学生上课前的预备性自主学习,是学生学习活动中的一个重要环节。预习的效果会直接影响到课堂学习的有效性。学生通过课前预习,可对旧知识进行复习,这有利于对新知识的理解和掌握。通过预习,学生对新课的重点、难点可做到心中有数,从而增强听课的积极性、主动性,也较容易集中精力,而且使课堂笔记也更有针对性。历史预习的主要任务是:阅读教科书全文,扫除文字理解障碍;抓住主干概念,勾划知识要点;分析事件因果,把握知识联系;联系旧知,整合历史认知。历史预习的方法及要求如下:

（一）预习要与复习相结合

复习既是旧知的巩固，又是走向新知的桥梁。学习中复习和预习是紧密相联的两个环节，预习是在复习基础之上的预习。因此，在预习新知识前，一定要复习上节课或以往讲的与新知识有关的内容，从新旧知识的内在联系出发，温故知新。

（二）善于发现和提出问题

善于发现问题、提出问题，是提高预习质量的关键所在。这是要求学生在预习的基础上，针对教师所提出的预习目标以及自己对本课所将要学习的内容不理解或是希望进一步探究的地方提出问题，在课堂上通过师生、生生合作来学习如何分析历史事实，探究历史问题，共同解决问题。问题预习的方式能更大程度地激发学生的学习兴趣，培养学生质疑能力以及分析解决问题的能力，改善学生的学习方法，变被动学习为主动学习，并加深对历史知识的正确认识和把握，从而提高历史学习的有效性。

案例赏析

在讲《鸦片战争》时，教师精心设计了以下预习目标让学生思考：

1. 一位英国军官曾说："China has been conquered by a woman."这究竟是怎么一回事？
2. 中国在战前实行闭关锁国政策，我们在对外贸易上为什么还是"出超"？
3. 《南京条约》带给我们哪些耻辱？你认为它对中国社会产生了什么影响？
4. 本课中的哪些人物给你留下了深刻印象？为什么？

——这样的预习，立足于学生而不是拘泥于教科书结构，不求大而全，学生易接受，主观能动性得到了很好的发挥，激发了学生的学习潜能。

（三）查找阅读相关资料

预习主要是预习教科书，而教科书受篇幅所限，内容不可能做到详细解释。在预习时，如果遇到难解问题或字、词，可记下来，以待听课时解决；或者运用工具书或查阅有关资料。也就是说，学生在预习中，要尽可能多地自己解决疑难问题。一是可以锻炼提高自学能力；二是可以减轻课堂学习压力，将听课精力更多地用于对问题的思考，提高课堂学习效率；三是可以超前学习，以增强学习的自信心和学习历史的兴趣，从而优化课堂教学的气氛和质量。

历史学习常常要搜集和运用历史材料，并将适当的材料作为证据，进行历史的推论。能够搜集和使用材料，是学生学会历史学习的重要表现之一。材料搜集主要有三种渠道：一是利用图书馆，这就要掌握图书目录检索方法；二是利用网络，即要学会在网上搜索信息；三是通过社会调查（如问卷、访谈等）获取材料。搜集材料，同时也要对材料进行筛选、整理、分类，以便使用。选材时，一要遵循"孤证不立"的原则，选用来源不同的相关材料；二要选用典型的、有说服力的材料；三要全面认识和理解所选材料，不能断章取义，主观臆断，随意阐释；四要用证据支撑论点或结论。

（四）适当做预习笔记和练习

为了提高预习的质量，可适当做点预习笔记，如记下要听的重点、难点，自己对某问题的认识和理解,与新知识有关的历史资料及重要历史名词解释等。也可在教科书上做记号,以作为听课时特别关注的重点。历史教科书课文中或课文后都有一些思考练习题,这些题目是根据新授知识的重点、难点拟定的,在预习时可试着做一做,以便检验自己预习的效果,进一步明确听课的重点目标。

二、听课的方法

听课,是学生学习掌握历史基础知识、接受历史教育的主要形式和途径。教师指导学生掌握科学有效的听课方法,能使自己的教学事半功倍,也可以成为学生历史学习的一把钥匙。具体来说,有效性的听课要做到听、观、记、问、思。

(一)听——善于听讲

即要求学生在听课时,要抱着认真的学习态度,集中注意力,及时和准确地吸收老师所讲的内容,尤其要把握以下关键之处:

1. 注意开头和结尾

老师开头讲的往往是新课的导语,提示了新授知识的重点难点,说明了新旧知识的内在联系,有承上启下之意;结尾则是老师对新授内容的高度概括和总结,有画龙点睛、引出下一个新知之用。

2. 注意重点、难点和疑点

注意预习时记下的重点、难点和疑问之处,要善于主动地从老师语言中捕捉知识和解惑释疑。

3. 抓住关键词和线索词

善于抓住老师讲解时所用的关键词和线索词语。关键词、线索词往往能点明历史现象之间的联系、实质或分析史实得出的观点。

4. 考虑学习的需要

听讲不能全凭兴趣,要考虑学习的需要,对抽象的理论知识也要认真听,而且要紧跟老师讲课的思路,听懂了就会产生兴趣。

(二)观——注意观察

由于历史知识过去性的特点,绝大部分历史知识无法通过观察直接感知,这就需要教师通过一些媒介和手段让学生间接地感知历史。例如,通过历史照片、历史图画、历史地图、历史图表、历史实物或模型、历史遗址、历史建筑以及教师板书等形象化的学习材料,使学生从中获得有价值的历史信息,增强学生感受历史的情境和氛围。在教学中,教师要有选择的借用这些直观材料,引导学生认真、细致地观察,既要把握其整体的面貌、情况,又要关注有关的细节,尤其是细微的特点。要在观察的同时,结合书本上的文字材料和教师的讲述,充分展开想象,形成准确具体的历史表象,以有助于对历史知识的感知、理解和升华。

(三)记——做好笔记

做笔记是在听讲、读书的同时,为了帮助理解和记忆而采用的一种辅助方法,它是把主要的内容提炼并记录下来,以便复习记忆时参考。做笔记的意义在于:一是能为课后复习提供基本材料;二是有助于学生积累知识资料;三是手脑并用,便于思考,帮助记忆。记笔记的一般要求是"三记三不记",即重点、难点、书上没有的记;次要、易懂、书上有的不记。具体来说,要记下老师讲课的提纲、重点、难点、基本概念、重要观点、补充的内容、与旧知识的联系、自己的疑问以及听课时产生的联想和体会等。有的可直接记在书上,可划线、做符号、写简单的注解和批语等。为提高笔记速度,不至于影响听讲,可学习一些速记的技巧。若听讲、思考与记笔记发生矛盾,要以听讲为主,记下标题或做出标志,课后再补充完整。常用的记笔记方式有以下几种:

1. 提纲式笔记

即在听课时,记下老师课堂板书的纲要,以便从整体把握本节课所学的内容,便于学生分层次、有重点地掌握知识点。

2. 问题式笔记

这类笔记既有一定的知识结构,也记录了值得思考、探究的问题。这不仅能反映听讲的情况,还能反映思考、探究历史问题的过程,说明这类学生在历史课堂上听课很积极、思维很活跃,初步具备了探究学习的习惯。

案例赏析

人教版选修三,第五单元第7课《二十世纪的战争与和平》

1. 海湾战争原因:导火线——伊拉克入侵科威特(原因分析 p.135)
2. 战争过程:(1)沙漠风暴——空袭 (2)沙漠军刀——地面进攻
3. 战争特点:高科技(美国导弹"爱国者"拦截伊拉克"飞毛腿")
4. 战争影响:中东及世界格局的改变(详见 p.139)

思考:(1)美国为何率先做出强制反应——"沙漠盾牌"计划?
      (2)其他国家为什么愿意承担战争费用或直接出兵?
      (3)为什么美国出兵占多国部队的"大头"?
      (4)为什么伊拉克要向以色列发射"飞毛腿"导弹?
      (5)美国是如何安抚伊拉克的?

3. 批注式笔记

批注式笔记多适用于在书本上做笔记,包括在书本上标注出内容的层次要点;也可用箭头、划线、三角形、圆圈等对重点内容进行标注。这种笔记可以省去重复抄写的时间,也便于学生在看书时重点复习记忆。

4. 卡片式笔记

卡片笔记用于大量文字性或图表、结构图的补充,补充的多为总结性或归纳性的内容。如某课的知识结构图、某问题的分析思路等。由于书本空间有限,所以多采用书本大小的纸张或卡片粘贴到书中,以便翻看。使用卡片笔记方式,可以将分散的历史知识点串起来,方便学生从点到面把握历史知识。

(四)问——主动问答

问,就是请教老师。美国著名学者布鲁巴克认为:"最精湛的教学艺术遵循的最高准则就是让学生自己提出问题。"前苏联的列·符·赞科夫也提出:"只要学生能提问题,就有利于形成学生对学习的内部诱因。"发问是一个人从已知伸向未知的心理触角,是创新意识的体现。教师在教学中,不仅要善于在疑处发问、在无疑处生疑、促发学生的兴趣和思考,还要鼓励学生去质疑和发问。一方面让学生感到自己有能力、有机会提出问题,从中树立学习主体的意识;另一方面在参与问题的探讨中,使学生学会从不同角度分析、评价、定位历史事件和历史人物,从而养成良好的思维习惯。

案例赏析

在讲到丝绸之路时,教师可向学生设计这样一个问题:假如你是汉代的一个商人,从长安出发,经丝绸之路到大秦经商,沿途会遇到什么景象?让学生发挥自由想象,学生可能会提出不同的问题:西域人民的生活怎样?他们的信仰是什么?西域的地理环境怎样等。这样一来,就锻炼了学生的质疑能力。

(五) 思——积极思维

思,即在听课时要主动进行思考。一是要对听到的语音、语义等进行辨识,对所传达的信息及时做出反应;二是要对信息加以筛选,以吸收有价值的信息;三是要思考自己是否听懂了,还有没有疑问等。思维在学习活动中起着核心的作用,它使学生能够把握历史知识的本质规律。孔子说,"学而不思则罔",就是强调思考对于知识理解巩固的重要性。王夫之对学与思相互促进的关系有深刻的论述:"致知之途有二:曰学曰思。学非有碍于思,而学愈博则思愈远;思正有功于学,而思之困则学必勤。"

1. 思维的基本方式

(1) 分析与综合。分析是把历史概念分解开来,对其各个要素、各个部分进行研究,找出它们的特点和联系;综合是把分析得到的认识联系起来,形成对历史概念的总认识。分析是综合的基础,综合是分析的目的。

(2) 归纳与演绎。归纳就是从许多同类的历史知识中找出它们的共同点,总结出一般的原理;演绎就是用已知的历史规律去考察某一特定的历史对象,并得出相关结论。

(3) 抽象与概括。抽象是把事物的共同特征抽取出来,舍弃非本质的特征;概括是把抽象出来的共同特征连接和综合起来的过程。抽象是概括的基础,概括是抽象的发展。

(4) 比较与分类。比较是把两个或两个以上的历史概念加以对照,发现它们的异同点的方法;分类是按照一定标准,把相同性质的历史概念归为一类,反之,则归为不同类别的方法,通过分类可以把历史知识系统地组织起来。

2. 思维的组织策略

所谓历史思维的组织策略,是把零散的历史知识按照一定逻辑、类别、结构组织起来,形成一个完整的历史知识系统的方法,它在形成历史知识结构的过程中有独特的作用,有助于对历史知识的深度理解和记忆。它是把书由厚读薄的方法。优秀的历史学习者往往比普通学习者更善于使用组织策略。历史组织策略有以下几种:

(1) 画脑图。脑图又叫思维导图,形成有层次的直观的知识树。

案例赏析

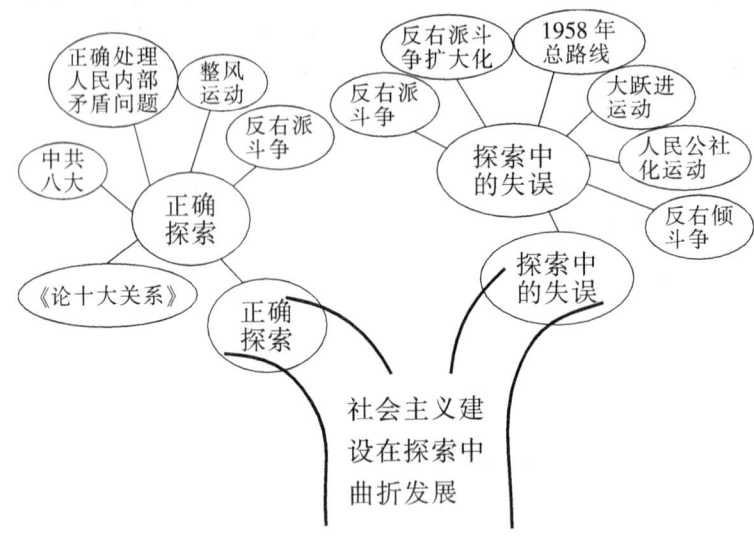

（2）列提纲。根据历史知识的层次逻辑关系，利用提取出来的关键词、概念，通过数字序号列出来。

（3）图示法。用各种图形表示知识之间的关系和结构。

实践证明，中学生思维活跃，有较强的表现欲望，在课堂上教师若能抓住时机、正确引导、适时点拨，学生的思维能力会得到很好的训练。学生会思维就是找到了获取知识的"金钥匙"，不仅能提高听课质量，也会使自学能力大大增强。

三、阅读的方法

苏霍姆林斯基说："学生的智能发展，则取决于良好的阅读能力。"有的学者称阅读为"学习之母"、"智慧之源"。对于中学生而言，阅读是从事学习的最基本活动，是获取历史信息，提高观察、分析、思维能力的基础，也是自主学习的主要手段。指导学生学会阅读是培养学生自学能力的最基本、最主要的途径。

从阅读的范围来说，中学生的历史阅读一般分为两部分：课内阅读和课外阅读。课内阅读主要是围绕历史教科书的阅读，课外阅读是在课外时间阅读的书籍报刊及电子资料。中学生以课内阅读为主，课外阅读为辅。课内阅读为学习基础知识，课外阅读是为了拓宽知识面和加深历史知识的学习。

（一）阅读的基本方法

"读书"的方法有很多，常用的有以下几种：

1. **精读和泛读**

精读和泛读，是根据阅读理解的程度和深度来划分的。精读是求深入理解的阅读，目的是达到完全掌握。中学生对教科书中基础性的历史知识、经典著作、价值度高的历史资料都应该采用精读的方式。精读不能图快，要"字求其训，句索其旨"，"熟读而精思"。需要参阅资料，帮助理解；需要在书上做一些提示性的圈圈点点、写批注等，以突出重点；还要反复阅读,"读书百遍,其意自现"。泛读是广泛而粗略了解的阅读。目的是为了扩充历史知识面,搜集检索相关历史信息,为深入探究做准备。泛读速度要快,不需要系统、反复的读,甚至只需翻翻目录、提要、标题即可,可供泛读的历史资料很多,注意有选择的阅读。

2. **朗读和默读**

朗读和默读,是根据阅读时是否发出声音而划分的。朗读是出声的读,眼口耳多种器官并用;默读是无声的阅读。在课堂上,教师可根据不同的历史教学内容和教学目的选择使用。一般来讲,历史教科书中富有情节的过程性内容和补充的材料,适宜个人朗读,可以是教师,也可让语言素质好的学生朗读,目的是感染情绪和理解内容之用;名言警句、结论性句段等适宜学生集体朗读,目的是烘托气氛,达到共鸣的效果。而对于分析理解、理论性较强的内容则宜采用静静默读,以便于学生深入思考。

3. **认读和解读**

认读和解读,是根据阅读目标的深浅层次来划分的。认读是搞清阅读材料的文字含义,包括字词的形、音、义和句段的外延、内涵,如"五四运动标志着中国新民主主义革命的开端"、"遵义会议成为我党历史上生死攸关的转折点"等。解读就是在认读的基础上,进一步对阅读材料的内容进行辨析、归纳,并进而形成历史概念,把握对历史的认识。历史阅读中的解读很重要,只有"学习理解书面材料中的潜在的意义,然后把理解到的潜在意义同认知结构联系起来",才算是有效的阅读。

(二)阅读的一般程序

从阅读的一般程序来讲,目前国外流行一种"五步读书法",即"SQ3R(Survey Question Read Recite Review)读书法",备受人们重视和普遍采用。五步是:第一步"浏览",即看书的前言、内容提要、目录、书中大小标题、图表、作业练习、注释、参考文献等内容,对全书有一个大概的了解。第二步"提问",即通过看大小标题和一些关键词,并根据自己的需要和兴趣提出一些问题,以便后面的阅读更有针对性。第三步"阅读",带着问题深入阅读,写批语,做笔记,抓住关键和重点。第四步"复述",进行回忆性的复述,即合上书本,就所提的问题进行解答并回忆所看的主要内容,以此对阅读效果进行自我检查。第五步"复习",即有重点的复习,熟记主要内容,巩固阅读成果。

国外一些教育家和心理学家认为,这种"五步读书法"符合人们读书中的一般思维规律,有助于理解书本内容和增强个人的记忆力,是一种有技巧性的学习方法。

(三)阅读的主要内容

历史学习的阅读指导应该包括与历史学习有关的所有材料,如历史教科书、历史资料、历史读物等在内的阅读。

1. **阅读历史教科书**

主要包括指导学生阅读教科书的前言、目录,了解全书梗概,把握教科书编写体例、结构及特点;阅读单元导语、课文提示,抓住主题与每课中心;阅读课、目标题,掌握关键词的寓意;阅读课文的大、小字部分,了解基本内容,找准重点难点,掌握历史概念;阅读插图、表解等,透析其中的历史信息;阅读脚注、图注,培养自学能力;阅读思考、练习题,提高知识运用能力,全面落实学习目的;阅读大事年表,增强历史知识的系统性;阅读重要词汇中英文对照表,准确掌握和表述历史。

2. 阅读历史资料

教师要根据教学内容指导学生学会如何查找、搜集、阅读史料的方法,也可为学生印发一些文献资料让学生阅读。引导学生重视史料的来源和作者,认识史料的性质;学会认读和解读史料,把史料与学习内容结合起来,从史料中提取有效的学习信息。国外学者很重视指导学生阅读史料,以"培养学生更加深入地、辩证地运用资料作为证据"的能力。

3. 阅读相关书籍、报刊

培养学生的阅读能力,不能仅仅依靠教科书,阅读一些相关的书籍、报刊很有必要。苏霍姆林斯基说过,"如果学生一步也不越出教科书的框框,这就无从谈起他对知识有稳定的兴趣"。所以,教师要引导学生把课内阅读向课外阅读延伸,使课外阅读成为课内阅读的补充和扩展。这可根据教学内容为学生推荐阅读资料,并指导学生写读书笔记或读后感。

4. 阅读网络电子读物

网络电子读物内容丰富、查询便利、信息量大,尤其是它将抽象的文字扩展为图像、声音、三维动画等多种媒体,使阅读变成了能看、能听、能欣赏的多种感官共同参与的活动。阅读与感受、体验相结合,有助于提高学生的阅读兴趣,加深对历史知识的理解。

四、复习与记忆的方法

历史本身就是一种人类的记忆,学习历史知识也是在记忆历史。由于历史知识的特点,复习对掌握和运用历史知识是必不可少的。通过复习,对历史知识重新整理,以达到查漏补缺、充实知识、回忆重现、巩固知识、融会贯通、系统知识、深化理解、运用知识等目的。

> **观点讨论**:有人说复习和记忆是学生自己的事情,与教师无关。你对此有何看法?

(一) 有效复习与记忆的原则

1. 及时复习与记忆

德国著名心理学家艾宾浩斯根据记忆试验,提出了著名的遗忘曲线(如下图)。

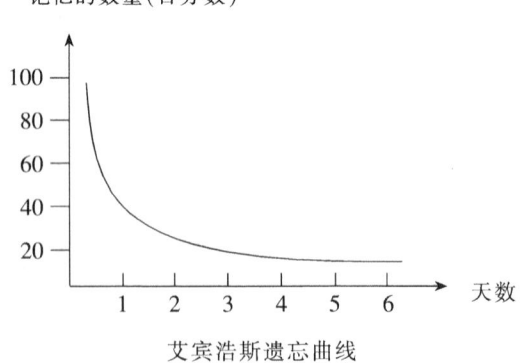

艾宾浩斯遗忘曲线

这条曲线告诉我们在学习中的遗忘是有规律的,遗忘的进程不是均衡的,在记忆的最初阶段遗忘的速度很快,后来就逐渐减慢,到了相当长的时间后,几乎就不再遗忘了,这就是遗忘的发展规律,即"先快后慢"、"先多后少"的原则。观察这条遗忘曲线,你会发现,学得的知识在一天后,如不抓紧复习,就只剩下原来的25%。随着时间的推移,遗忘的速度减慢,遗忘的数量也就减少。有很多人在学习历史的过程中,只注重了当时学习的记忆效果,而忽视了后期的保持和再认,同样是达不到良好的效果的。所以,讲完新知识的集中练习是引导学生及时巩固强化记忆、提高分析能力必不可少的一环。

2. **阅读与尝试回忆相结合**

有些学生在复习时,常常来回反复阅读,有时像和尚念经,有口无心,结果还是背不下来。这种靠反复阅读的记忆效果较差。研究表明,如果把阅读和尝试回忆结合起来,边看边背,记忆效果要好得多。

3. **理解记忆**

我们学习的历史知识有两种:一种是本身有内在的知识逻辑性,可以根据某种逻辑进行联想和推理,比如历史事件的背景原因、经过历程、意义影响等;另一种本身没有内在的逻辑性,如时间年代、人名地名等,对这些只能死记硬背。研究发现,理解记忆记得要快要牢。所以,对于有意义的材料,我们要加强理解,运用已有的知识以及知识的内在逻辑去联想和记忆。

4. **多种渠道并用**

研究表明,在学习和记忆时,眼耳口手多种渠道并用,比使用单一渠道记忆效果要好。不同的学习渠道学习记忆效果不同,前苏联心理学家沙尔达科夫认为:只听不看的记忆能力是60%,只看不听的记忆能力是70%,既看又听的记忆能力是86%。学生在听老师讲课时,应边听边看边积极思维,以听懂为第一,总结出所接收的语言信息的内容要点,并在老师语言停顿的空隙,扼要地记上几个字或几句话。

5. **集中记忆与分散记忆相结合**

一般来说,把一个材料分几次复习,比集中一次复习的效果要好。内容较多较难的材料,宜采用分散复习;而对于内容较少和简单的材料,则可集中复习。分散复习一般在开始阶段间隔时间可短些,次数可多些,以后间隔时间可长些,次数可少些。

6. **系统化、结构化**

系统化、结构化是指在复习记忆时,应该通过加工整理,把握知识的结构和系统,比如列提纲、画知识树、画结构图等。学生跟从教师的强化训练,学会以重大线索整体把握历史知识,并能自行归纳总结历史事物的纵横联系,达到纵横有序、左右逢源。那么,学生自行学习的能力就会有所提高。结构化系统的知识反映了知识的内在逻辑联系,容易理解,便于记忆。

(二) 复习与记忆的一般方法

在教学中,教师要有意识、有步骤地引导学生复习,形成知识的多次重复,来加强对知识的记忆。一般来说,复习的类型有随堂复习、课下复习、阶段复习、期末复习、高考复习等,每一种类型的复习目的、复习范围、复习要求是不同的,这需要在进行具体的复习时加以了解和适应。复习的方法也是多样化的,基本的方法有整理学习笔记、编写复习提纲、重点阅读、比较相关的知识、对知识进行分类与归纳、构建知识体系等,并与练习相结合。这样,经过多遍有计划、有层次的复习,不仅教会了学生复习的方法,还有助于知识的理解和巩固。指导学生记忆历史的方法常用的有以下10种：

1. 提纲记忆法

提纲记忆法，是把要记忆的材料列出提纲，再根据提纲进行联想和扩展的方法。如记忆一个历史事件，我们可以列出事件发生的背景、发展的过程、事件的结果、对事件的评价这样一个提纲。提纲具有较强的概括性、条理性、直观性的特点，能化繁为简，转多为少，井然有序，层次分明，一经过目，印象深刻。并且编写提纲的过程，也是对材料分析、综合、概括、理解和记忆的过程。

2. 图表记忆法

图表记忆法，就是把知识整理成图或表的形式进行记忆的方法。图表结构简洁，重点突出，形象直观，一目了然，便于记忆。在课堂上，教师可以采用设计多样化的图示法板书，既能生动形象地揭示复杂历史现象之间的关系，启发学生积极思维，又能帮助学生记忆知识。教师还要引导学生对历史知识进行整理，自己编制图表，在制作过程中加深理解和记忆。

3. 比较记忆法

比较，就是对性质相同或相似的历史事件进行对比，找出异同。比较的内容非常丰富，如对《南京条约》、《马关条约》、《辛丑条约》内容做比较，认识到中国社会是如何一步步地沦为半殖民地半封建社会的；对英、美、法三国资产阶级革命的背景和过程做比较；对日本明治维新和中国戊戌变法进行比较等等。如果将年代做比较，还可以达到记一忆多的效果。

案例赏析

例如，中国奴隶社会结束（公元前476年）和西欧奴隶社会结束（公元476年），相隔近千年。日本明治维新（1868年）和中国戊戌变法（1898年）相隔整30年。世界近代历史开始（1640年）和中国近代历史开始（1840年）相隔200年。公元前594年，雅典梭伦实行改革扩大了奴隶制统治的基础；同年，中国春秋时期的鲁国实行"初税亩"，标志着我国奴隶社会土地国有制的瓦解。

4. 归类记忆法

归类记忆法，是把相同或相近的内容归为一类进行记忆。整理、归类历史知识，可使知识条理化、系统化，不仅便于学生巩固知识，而且还能培养学生的归纳能力。

案例赏析

例如，中国古代史讲完之后，可把教材内容按中央集权制度、社会经济发展、赋税制度的演变、土地制度的发展、科技文化的发展、民族关系、对外关系、农民起义和农民战争等进行归类。其中，科技文化史内容，又可按天文学、医药学、农学、文学、科技著作、绘画作品等线索归类。

5. "浓缩"记忆法

"浓缩"记忆法，就是把一些繁杂的内容进行概括、浓缩，提炼成几个要点，使学生能提纲挈领地掌握其重点，而若将要点扩展，又能呈现出历史内容的原貌。

案例赏析

例如，美国独立战争的发展线索，可以浓缩为六个要点"十二个字"：① 爆发（来克星顿枪声）；② 建军（第二届"大陆会议"成立大陆军）；③ 建国（《独立宣言》发表）；④ 转折（萨拉托加大捷）；⑤ 胜利（约克镇英军投降）；⑥ 和约（英美签订和约）。

6. 数字概括法

数字概括法，就是把某一历史知识通过一个或几个数字概括出来，形成要点。

案例赏析

例如，隋代大运河可记为：一条南北大动脉，2000公里长，三点四段五河（三点：北涿郡、中洛阳、南余杭；四段：永、通、汉、江；五河：海河、黄河、淮河、长江、钱塘江）。

7. 联想记忆法

联想记忆法，就是对难记或易混的历史事件、历史年代、历史概念，可采取联想的方法，加以区别和记忆。

案例赏析

例如，阿拉伯帝国在我国史书上称大食。三个哈里发国家分别称为黑衣大食、绿衣大食、白衣大食。同学们死记硬背，常常弄错。一位教师在讲这段历史时这样叙述：巴格达哈里发国家地处沙漠附近，沙漠地区气候炎热，人们被太阳晒得墨黑，因此称为黑衣大食；开罗哈里发国家地处尼罗河下游的三角洲，土地肥沃，庄稼葱绿，所以称之为绿衣大食；而科尔多瓦哈里发国家地处大西洋东岸，远眺大海，无边无际、白茫茫一片，故称白衣大食。这样，三个国家的地理环境和国家名称一联系，学生很容易地就记牢了。

8. 趣味记忆法

趣味记忆法，就是寓记忆于趣味之中。趣味记忆法很多，有时甚至很荒诞，但只要有利于记忆，都无大碍。

案例赏析

例如，《南京条约》开放的五个通商口岸，可以谐音记忆为"光（广州）下（厦门）不（福州）能（宁波）上（上海）"。

南京不在南京，在天津（南京被开放为通商口岸，在《天津条约》）

天津不在天津，在北京（天津被开放为通商口岸，在《北京条约》）

北京不在北京，在天津（允许外国公使进驻北京，在《天津条约》）

9. 串字头记忆法

串字头记忆法，就是把一句话压缩成一个字（一般是开头的字），再把这一个个字串起来成为一句话或几句话。这种方法是把许多个记忆组成块，压缩成一个组块，大大减轻了记忆的负担。

案例赏析

例如，战国说的"四君"是齐国的孟尝君、赵国的平原君、魏国的信陵君、楚国的春申君,我们可以编成"齐孟赵平,魏信楚春"八个字。

又如,646年日本大化改新的内容,可记为"分田土改",即分配土地给农民、田地不得买卖、土地属国家、改革行政制度。

10. 歌诀记忆法

歌诀记忆法,就是把识记材料编成"顺口溜"或合辙押韵的句子来记忆的方法。

案例赏析

例如,对俄国十月革命的经过,可用四句话概况:"二月革命推沙皇,《四月提纲》指方向,七月流血抛幻想,十月革命现曙光。"在掌握了革命的基本史实后,可以得出结论:二月革命是反帝反封建的资产阶级民主革命,十月革命是无产阶级推翻资产阶级的社会主义革命。

五、练习的方法

历史学习中的练习对于知识的巩固、技能的运用等十分重要,有效的练习实际是一种新情境下的继续学习。日本内山光哉在其《学习与教学心理学》中说:"练习与信息加工水平有密切关系,可以说,联系得越密切,信息向长时记忆迁移的可能性也越大。"教师指导学生练习时,要注意以下几点:一是通过练习加深对已学知识的理解;二是学会对知识的实际运用;三是将知识系统化和条理化;四是及时发现学习上的问题,查漏补缺。在练习的方法上,要学会审题,特别是明确题干的含义及要求;要熟悉各种题型的特点和规则,按照要求进行解题;要把握答题的准确性和完整性。

六、评价历史的方法

学习历史和认识历史都要对历史事物(如历史事件、历史现象、历史人物)等进行评说。对历史问题的评价,实际上是对历史的解释。要全面、正确、客观、辩证地解释历史,必须运用科学理论和方法,这就需要学习辩证唯物主义和历史唯物主义的基本理论、观点和方法,并逐步学会运用这些来进行历史评价,形成对历史正确的认识。马克思主义关于生产力与生产关系、经济基础与上层建筑、社会存在与社会意识、阶级与阶级斗争、个人与群众在历史上的作用、历史发展的辩证法等,是我们正确评述历史的基础理论。评价历史要把历史放在特定的具体情境中加以考察,要做出客观的实事求是的分析,要史论结合,论从史出。

七、探究问题的方法

历史学习的根本目的在于对历史的认识,这就不仅要搞清楚历史事物"是什么"的问题,而且要探讨"为什么"的问题。形成对历史的正确认识,需要对具体的历史问题进行探究。在进行历史探究的过程中,要特别关注两种关系:一是因果关系,历史的因果关系是具体而复杂的,有一因一果、一因多果、多因一果、多因多果等多种情况,具体的原因与结果也有近期的与长远的、直接的与间接的、必然的与偶然的、主观的与客观的等等,需要进行全面而具体的分析;二是内在关系,如政治、经济、文化等方面之间的关系,同类历史事物发展的纵向关联,国际形势与国内形势的联系等等,需要具体问题具体分析。

本 章 小 结

　　随着新课程改革的步伐,历史学习指导日益显得重要。学会学习正成为信息时代下人才优秀内核素质之一。方法比知识更重要,这应该是新型教师的教学观。本章首先分析了历史学习指导的意义和内容;其次结合中学历史教师的教学实践和学生的学习实际,重点介绍了几种常用的历史学习方法:预习方法、听课方法、阅读方法、复习与记忆方法、练习方法、评价历史方法、探究问题方法。当然,我们不可能涵盖所有的历史学习方法,重要的是,在教学中,教师和学生要摸索行之有效的方法,创造性地运用各种方法,尤其是通过自己的实践,逐步形成有个性的学习方法,并养成良好的学习习惯,树立优良的学习作风。当前,历史教学改革提倡学生的自主学习、合作学习、探究学习、体验学习、综合学习等方式,这就为历史学习方法的开拓与创新提供了广阔的舞台,有利于学生充分发挥在教学中的主体地位,实现学习方式的转变。

课 后 练 习

一、名词解释

历史学习指导　元认知　历史学习方法　预习　问题式笔记　SQ3R 读书法

二、判断改错

1. 一般元认知能力强的学生学习能力强,学习效率高,学业成绩就好;反之,往往学习不佳。

2. 学生的课堂笔记就是记下教师的板书。

3. 在教学中,无论学生提出什么样的问题,教师都要给予肯定,让学生感到自己有能力、有机会提出问题,并在参与问题的探讨中,树立学习主体的意识。

4. 泛读是求深入理解的阅读,目的是达到完全的掌握。

三、教学试练

请自选一段中学历史教材,准备10分钟的课堂模拟试讲,注意对学生进行阅读和记忆方法的指导,然后与大家交流研讨。

四、实践探究

1. 邀请中学历史教师进行一次关于历史学习方法指导的专题讲座。

2. 建议举办一次"巧记历史知识"的技能展示活动。

阅 读 参 考

1. 赵亚夫:《历史学习方略》,高等教育出版社,2003.

2. 高慎英、刘良华:《有效教学论》,广东教育出版社,2004.

3. 肖锋:《学会教学——课堂教学技能的理论与实践》,浙江大学出版社,2004.

4. 龚正行:《中学生学习方法指导》,华夏出版社,2005.

5. 钟祖荣:《学习指导的理论与实践》,教育科学出版社,2001.

6. 张静:"问题探究式历史学习的研究",《教育科学研究》,2001(2).

7. 曹向红:"论促进学生历史自主性学习能力提高的系统培养",载《中学历史教学研究》,2008(4).

历史教学，不是对历史教科书的简单复述。它是教师融进自己的思想、修养和学问，倾注真实的情感，与学生一起进行的富有个性化和艺术化的生命活动。

教 学 篇

☞ 学习内容与目标要求

本篇主要围绕中学历史课堂教学,对课程内容和课堂环节讲授艺术、直观教具和多媒体运用艺术、教学板书和教师语言设计艺术等分别进行介绍。要求学习者通过本篇的理论学习和实践训练,努力探索历史教学规律,掌握基本教学技能和技巧,不唯模式,超越模式,"以无招胜有招",挖掘自身长处,逐渐摸索具有自己鲜明特色的教学风格。本篇较集中地安排了课堂教学观摩及模拟试练活动,试练内容由易到难、循序渐进,引导学习者充分体验和深入探究历史教学过程,在自由设想与相互评议中,获得能力的锻炼和提高。

☞ 学习重点与难点

重点:课程内容、课堂环节、直观教具、教学板书和教师语言的教学与设计艺术。

难点:历史概念的教学,教师语言的艺术表现。

第九章　历史教学内容的讲授艺术

导　语

学校历史教育,就是以教科书为依据,以实现课程标准的教学目标为目的,把史实的传授和科学历史思维的教育完美地结合起来,从而发掘历史文明,创造时代精神。然而,把具有深刻理论内涵和丰富史学内容的教科书和课程标准真正变为学生的思想武器和实践指导并非易事,这要求历史教师必须加强对课程内容讲授艺术的研究。

思考与探究

❖ 在教学中如何讲清基本史实?
❖ 历史概念的讲授技巧有哪些?
❖ 如何确定和讲授重点、难点?
❖ 形成时、空概念有哪些讲授艺术?
❖ 如何讲授与评价历史人物?

第一节　基本史实的讲授艺术

一、基本史实及其教学意义

(一) 什么是基本史实?

所谓基本史实,是指重要的历史人物、术语(如重要的著作)、时间与地域以及与之相关的历史事件和历史现象的发生、发展过程。[①] 历史事件,是指那些有比较严格的时间、地点、人物的特定性,有较完整的过程,有因有果,有头有尾的历史事实,比如"萨拉热窝事件"、"卢沟桥事变"等。历史现象,一般指那些在比较宽泛的时间和地域内发生的历史行为,它没有十分确切的时间、地点、人物的限制,往往是带有普遍性的历史事实,如"民族融合"、"经济发展"、"文艺复兴"等。

(二) 基本史实教学的意义

基本史实教学是历史教学中的首要基石。历史教学的过程是以学生对基本史实的掌握为基础的,只有大量占有史料,去伪存真,弄清史实,才有可能发现历史过程的本质和规律。历史教学中知识目标的实现是完成其他教学目标的前提和基础。没有对基本史实的

---

① 戴家平:"要重视基本史实的教学",载《历史教学》,2005(12)。

清晰认识和牢固掌握，其他一切教育教学目标都无从谈起。史实又是多样的，不同的史实，如政治、经济、文化、军事、科技、民族关系等因各具特质，而对教师的教学方法和手段的选择与运用也各有不同。所以，历史教师只有"因材施教"，将人类社会各方面的发展历史讲解透彻，才能帮助学生全面了解人类的历史，进而把握社会发展的一般规律。

二、讲授基本史实的要求

对基本史实的教学要做到以下"五性"要求：

（一）科学性

中学生的辨别能力不强，又有很强的向师性，所以，教师在课堂上讲述的内容都必须是有文足证、有史可考、真实可信的。切忌用文学和戏曲中虚构的、传说的故事或未经详实考证甚至道听途说的材料在课堂上泛讲，更忌信口开河。比如，把金与南宋的战争说成是金南下侵略"中国"；把岳飞说成是"民族英雄"；把"俄国"十月社会主义革命说成是"苏联"社会主义革命等等，这些都严重违背了历史的事实。教师对概念、定义所做的论证及引述的史实等都要做到正确无误、科学规范。

（二）具体性

历史事件或历史现象无论多么纷繁复杂，都必然是由一定的人（个人或群体）在一定的时间（或时代）、地点（或地域）所进行的一定的活动或创造一定的业绩。因此，时间、地点、人物、事迹是构成史实的四个基本要素。其中，人物是主体，事迹是核心，时间、地点是依托。四者有机结合，舍一不可，教师必须讲解具体准确。

（三）直观性

教师讲解基本史实，要借助生动直观的语言和教具展示，以充分再现历史，才能产生如临其境、如见其人、如闻其声的效果，才能激发学生的想象力，形成清晰准确的历史表象，才能透过表象探本质，进一步揭示历史的规律。

（四）典型性

教学中应围绕重点和难点，选择一些典型的、富有说服力和教育意义的史料进行适当补充，对典型情节做细微刻画，以突出重点、解释难点及增强教书育人的良好教学效果。

（五）系统性

历史规律寓于历史知识体系中，没有系统的历史知识，就难于理解事件之间的内在联系，更难认识历史规律；不掌握历史知识的内在联系，就难有完整的历史知识。而完整系统的讲授历史知识，也有助于培养学生的综合、概括和归纳的能力。

三、基本史实的讲授技巧

在中学历史教学中，对基本史实的教学方法一般有：

（一）要充分利用好教科书所提供的基本史实

新课标明确指出："历史教科书是开展历史教学活动的主要依据，是历史教育资源的核心部分。"所以，在历史教学中要充分利用教科书中所提供的史实内容。这种基本史实，不仅体现在文字材料中，也体现在各类图片与数据表格中。历史教科书的正文包括两种语言,即叙述性语言和结论性语言。叙述性语言是对某一历史事件或历史过程进行的描述,而结论性语言是对某一历史事件、历史过程、历史人物的总结评价等。教师要引导学生对这两种语言进行有效区分,然后通过对结论性语言的阅读和探究,挖掘出其依据。例如"战后初期的国际关系和两极格局的形成"一节引用了《联合国宪章》的原始文献资料,在学生阅读教科书正文关于联合国的建立时,就要有机地引导学生阅读文献内容,从中提取关于联合国宗旨的有关信息,从而做到史由证来,证史一致。充分利用教科书,绝非是对教科书所提供的每一段史实都平均使用时间与精力,更不是指刻意追求学科知识体系的完整性和知识点的面面俱到,而是指根据教学的实际需要,选择其中的相关史实做重点处理。

(二) 适当补充史实材料,丰富教学内容

历史教科书所反映的历史内容是十分有限的,这就需要在教学中适当补充史实材料,既可以还原历史生动形象、趣味的特点,还可以史论结合,提高学生分析和解决问题的能力。

案例赏析

【事件】1945年8月底,毛泽东赴重庆谈判。围绕毛泽东该不该去重庆引导学生思考。

【补充史料】

1. 抗战一结束,蒋介石就三次电邀毛泽东去重庆谈判,有其险恶用心。
2. 西安事变后,蒋介石对张学良、杨虎城采取的狠毒手段,人们记忆犹新。
3. 范文澜夫妇赶到机场劝毛泽东不要去重庆。
4. 党中央决定派毛与蒋谈判。
5. 为了争取国内和平的一切可能的时机,为了争取和教育人民。
6. 毛泽东到重庆机场时,重庆女工打出了"人民的救星"标语;当年参加第一次国共合作的国民党元老们见到毛泽东激动得热泪横流……

【教学效果】

1. 学生深为毛泽东大无畏的革命气概所感动,加深了对中国共产党的热爱。
2. 为自己的领袖在谈判中所赢得的胜利而感到无比振奋和自豪。
3. 为自己的领袖安全返归而感到由衷的喜悦。

教师要避免出现两种状况:一种是补充材料缺乏针对性,从而冲淡了主题,导致重点不突出、难点未突破、任务未完成;另一种是在史实的评论上教师个人的主观色彩太浓,使学生对基本史实的理解不够准确甚至发生重大偏差。教师要根据教学需要有选择性地采用,并注意引导学生参与分析,达到真正的理解。

(三) 历史故事化,变抽象为形象

历史本身就是由一个个有血有肉、形象具体的故事构成的。英文"历史"(history)一词本意就是"男人的故事(his-story)"。中文"历史"与"故事"两词本意大致相同,"历史"指过去发生的事,"故事"指已经故去的事。历史教师在课堂上讲授抽象的概念、名词时,加上一些有生动情节和曲折过程的故事,可以提高学生学习历史的兴趣,加深对历史人

物、历史事件的认识,增强历史课对学生教育的说服力和感染力。当然,故事首先以忠于史实为前提;其次,要善于取舍,围绕重点。历史的趣味是一种有深度的趣味,能让学生体会故事的意义或者启发学生思索,切忌把历史课当成故事会,而要在需要时适当引用,还原历史的精彩,起到提高教学效果的作用。

案例赏析

例如,人教版历史必修Ⅲ"西方人文主义思想的起源",内容只有智者学派和苏格拉底观点的罗列,琐碎而枯燥,如果照本宣科,学生对人文主义的内涵和意义就难以理解,而这又是课标要求学生重点掌握的。于是,有位教师设计了《古希腊的神话故事》、《普罗泰格拉轶事》和《苏格拉底之死难》三则故事,尤其是其中的一则《宙斯与赫拉的故事》,使学生了解到古希腊的神有着人的生活:婚姻、争吵;有着人性的优点:宽容、责任、忠贞;有着人性的缺点:男人爱风流、女人爱嫉妒。由此引导出人文主义的概念和西方人文主义的起源。为了加强历史知识内在的联系,教师依据教科书,对整堂课内容设计了三大块:人文主义的概念、古希腊人文主义内涵的解读和西方人文主义思想的起源探微。这样的设计既有整体感,又能深入浅出、循序渐进,很好地帮助了学生通俗解读古希腊人文主义思想的内涵。

(四)采用情景化教学,再现历史上的人和事

在基本史实教学中,教师结合学生的心理特点,采用情景化方式再现历史上的人和事,可以增强课堂感染力,容易引起学生的共鸣,从而达到培养能力、建构认识的目的。教学情境的应用原则是目的明确、内容真实、激活思想、趣味盎然。教学情境的设置可以分为以下几种类型:

1. **真实情景和虚拟情境**

真实情景是指历史上确有其人、其事,教师通过语言、文字、图片、音像、表演等形式,将其再现出来。

虚拟情境则是指历史上没有其人、其事,但被虚构出来的人所经历的事情在历史上有可能发生,或者它所信奉的思想在历史上是真实的。教师之所以虚构是为了将矛盾集中在较短的时间和较少的人物上,以便教学。

案例赏析

深圳宝安中学唐云波老师在讲《鸦片战争后的社会经济》时,考虑到高一学生多是90后,对网络很敏感,于是从网络上选取了一个非常流行的动漫——"小破孩",并将之命名为"二毛",创设了"二毛"这个虚构的人物,并以《二毛回忆录》的方式作为课堂教学的线索,将鸦片战争以后中国经济权益的丧失、自然经济的韧性、外国资本主义经济的冲击、民族资本主义的困境等主干内容一网打尽;而且,在这个过程中,采用角色扮演方式,让学生或扮演"经济权益损失调查委员会"的委员或扮演"市场调查员",甚至扮演"二毛"本人。这样,让学生与"二毛"同呼吸共命运,不知不觉就神入历史,学习效果奇佳。

> **观点讨论**:你认为虚拟情境能体现历史的真实性吗?

2. 体验情境、问题情境和应用情景

体验情境，就是通过创设情境再现历史，使学生产生强烈的情感体验。如使用丰富的史料、照片、视频、图表等手段，力争再现鲜活的历史，使学生感受到浓烈的历史氛围。

问题情境，就是教师提出一个探究性的问题，以引起学生的内心冲突，唤醒学生的思维冲动，激发学生的自觉探究。例如，一位教师在讲到南京大屠杀时，问："是什么力量让人变成了魔鬼？"以此引发学生思考与探究。

应用情景，就是创设情境在于检测学生对所学知识是否能够灵活运用。

案例赏析

一位教师在讲《罗马法的起源与发展》一课中，创设情景：古罗马大将凯撒进兵埃及，与美丽的埃及女王克丽奥佩特拉一见钟情，两人生有一子，取名托勒密·凯撒。当凯撒归国执政后，克丽奥佩特拉携儿子赴罗马与凯撒相会，并向罗马法庭为自己和儿子申请罗马籍。请问法官会让她的愿望实现吗？——随着罗马法的不断扩张，公民法的局限日益暴露。这个情境的设置，主要是想考查学生对公民法的内涵和适应范围的理解。

> **观点讨论**：问题情境和应用情景中都有问题设置，二者有什么区别？

3. 历史情境和生活情境

历史情境中的素材取材于历史，主要是为了再现历史。而生活情境则是指教师巧妙地在现实生活中创设情境，帮助学生更好地理解历史，且在这一过程中，学生并不知道教师在创设情境，以为这就是现实生活。学生在不知情中，获得了真实的心灵体验。

案例赏析

一位美国历史老师在上课伊始宣布考试分数，发现一些学生垂头丧气。他说，如果想要加分，请给我10美元，但是只能是白种人的学生。学生们都愤怒喊叫，拼命踩脚，把课本、书包扔向教师表示抗议。教师用早已准备好的"盾牌"来抵挡，并用水枪向学生扫射。稍后，教师严肃地说：刚才就是当年黑人领袖马丁·路德·金反对种族歧视、组织示威游行的情景，他倒在了统治者的真枪实弹下，但给我们留下了《我有一个梦想》这篇文章。今天我们来学习。

> **观点讨论**：你认为教师在历史课堂上设置现实生活情景是否合适？需要注意些什么？

4. 整体情境和局部情境

整体情境是在整节课中，引导学生在一个大的教学情境中进行体验、探究和开展历史学习，如《二毛回忆录》案例。局部情境就是教师围绕教学重、难点创设情境，以帮助学生理解历史。

（五）充分利用现代化教学设备和手段

教师要善于利用现代化多媒体设备作为教学辅助手段，它能更加生动直观地再现历史，有利于基本史实的教学。

搞好基本史实教学，除以上几点外，教师还要更多关注史学界新的研究动态，昨日之

是很可能成今日之非,一定要注意将新的研究成果运用到教学中来。

第二节 历史概念的讲授艺术

一、历史概念及其分类

(一)历史概念及其教学意义

历史概念是人们对历史事物本质属性的反映。具体而言,就是人们在一定思想指导下,对史实进行分析、综合、概括所得出的本质的认识。完整的历史概念包括历史事物的本质属性(原因、性质、意义、影响)及体现其本质属性的基本史实的核心内容(时、地、人、事)。如"五四运动"的历史概念:

1919年5月4日(时间),北京(地点)学生(人物)为反对北洋军阀政府在巴黎和会上的外交失败(原因)而举行罢课、游行示威,要求"外争国权,内惩国贼"。"6.3"以后规模扩大到全国,无产阶级登上了历史舞台,斗争取得了胜利(事迹)。"五四运动"是一次彻底的不妥协的反帝反封的爱国运动(性质),揭开了中国新民主主义革命的序幕(影响)。

正因为历史概念反映了历史事物的本质,这就决定了在历史教学的过程中搞好历史概念的教学有着极其重要的意义。历史概念教学,就是学生在教师指导下,运用科学的方法对历史事件和历史现象进行分析、综合、概括,从而认清其本质,形成历史概念的过程。它是在讲清基本史实、学生形成历史表象的基础上概括出来的。其本质特征是使学生对历史事件和历史现象在感知的基础上形成历史表象,再经过分析、综合、概括为逻辑思维,形成历史概念,从而揭示历史事件和历史现象的本质及它们之间的内在联系,最终认识人类社会的发展规律。因此,在历史教学中,历史概念的形成是学生认识历史知识的中心环节,是掌握历史知识的关键,是形成历史核心素养的重要保证。

历史概念的形成,绝不是高度的抽象和概括的结果,它是从基本史实中抽出的那些最能体现其本质的历史知识。也就是说,历史概念既有史实又有论点,它更深刻、更正确、更完整地反映了史实。教学中教师要引导学生对史实进行分析、综合、比较、概括,从中自然得出对史实的本质的认识,切忌让学生死记硬背现成的名词解释。

(二)历史概念的分类

历史概念通常可以分为史实概念与史论概念。

1. **史实概念**

史实概念,是对具体的历史事件或历史现象的概括与评价。史实概念依其所反映的内容又可分为历史事件、历史人物、历史文献、历史典章制度与历史物品、遗迹等概念。从教学实践出发,一般事件概念与人物概念是互相包容的,有时表现为"事中有人",有时表现为"人中有事",不同之处在于侧重点不同,前者侧重论事,后者侧重论人。

2. **史论概念**

史论概念,即历史理论概念,是对众多事件概念,主要是同类事件概念共同特征的进一步理论概括,如"专制主义中央集权制度"、"新民主主义革命"、"社会主义初级阶段"等。

史论概念也可以按照所涉及的学科性质,分为政治学概念(如革命、国家、民族、国际关系等)、经济学概念(如贸易、关税、生产力、技术等)、文化概念(艺术、文学创作、艺术流派等)、哲学概念(内因与外因、矛盾、必然性、量变与质变等)以及历史哲学概念(历史中的时间与空间、史料、史论)等。

史实概念与史论概念的关系是后者包容前者,它们的内容构成都是有史有论,前者以史为主,后者以论为主。[①] 无论史实概念还是史论概念,在历史教学中都占有极其重要的地位。如果说对史实概念的掌握是学生学好历史的第一基石的话,对史论概念的掌握就是学生跨越第一基石,走向更高层次的必由之路。因为只有掌握了史论概念,才算把握了历史现象的本质,才能在此基础上总结和掌握基本历史规律,从而在整体上把握历史学科的基本结构。

二、讲授历史概念的要求

(一) 讲授史实概念的基本要求

一是,教师要准确完整地讲清史实概念的基本要素。史实概念不论哪一种类型,都有一些共同的内部结构和各自的特殊要素。史实概念结构中的共同要素包括:时间、地点、人物、背景(政治、经济、社会、文化思想等方面的背景因素)、目的原因(直接与间接、表面与根本、主观与客观等)、条件(必要性与可能性、主观与客观等)、后果作用(直接或间接、进步性或阻碍性等)、影响(深远或暂时、积极与消极等)、地位、价值及实质(或性质、本质)等等。史实概念结构中的特殊要素可按不同的类型区分:历史事件体现为"过程"要素;人物概念体现为"经历"要素;典籍、思想、制度等概念体现为"内容"要素;历史现象概念体现为"状况"要素。每一个特殊要素都可以再细分为若干要素。

二是,在学生对史实概念要素有所掌握后,加强训练,让学生多进行史实概念的概括和总结。

三是,教师要对史实概念进行理论分析,使学生能够真正理解史实概念要素之间内在的必然联系,使学生能够更加深入地理解史实概念。

(二) 讲授史论概念的基本要求

一是,教师要教会学生提取历史理论概念的要素,帮助学生更好地掌握概念的内涵。如讲授"自然经济"概念时,引导学生提取"小农经济和家庭手工业相结合"和"自给自足"两个要素,要比直接把总结好的结论告诉学生效果好。

二是,历史理论概念相对较抽象,深奥难懂。教师要引导学生把容易混淆的概念要素提取出来,然后进行比较分析,明确异同。

案例赏析

2002年,上海高考历史卷中有一道题:学术界一般认为,日本"明治维新"是一次资产阶级性质的改革。但是,在最近一次国际学术研讨会上,有些学者主张:"明治维新"应理解为一次"明治革命";而另一些学者则提出"明治中兴"的解释。问题:(1)你认为其中

---

① 岳林:"中学历史学科概念教学之管见",载《课程·教材·教法》,1999(7)。

哪一种观点更合理？为什么？(2)请说明另外两种观点的可以理解之处。

——"革命"和"改革"是中学历史教科书中经常出现的两个概念，考生如果对这两个概念没有清晰的认识，就无从解答上述试题。因此，教师要在教学中对二者进行准确定义和辨析。学生也只有辨清了"革命"、"改革"这两个概念的联系和区别，解答该题才能有明确的思路。

三是，历史理论概念是在史实概念基础上的深化和升华，是在若干同类史实概念的基础上抛开时空限制、抽出一般的本质特征而形成的。这一过程是一个极其复杂的思维过程，需要教师在教学中引导学生对若干同类史实概念进行对比、分析、综合，帮助学生自然形成历史理论概念。

三、历史概念的讲授方法

对学生而言，形成历史概念，是一个复杂的思维过程；对教师而言，则是教学的重点和难点。要加强历史概念的教学，主要从以下几方面入手：

（一）生动直观，揭示逻辑关系

有些历史概念本身包含有一定的逻辑关系，教师在讲授过程中，如果能够运用精炼的语言或图示等手段，追本溯源，清晰展现其中的逻辑关系，将会节约教学时间，增强教学效果，起到事半功倍的作用。

案例赏析

如在讲美国对华"门户开放"政策时，教师可通过板书图示展现以下逻辑关系，有助于学生对"门户开放政策"形成完整、清晰的概念认识：

根本原因——成为世界工业强国，需要进入中国市场
直接原因——瓜分狂潮时期忙于美西战争，又无力与列强抗衡
政策提出——1899年9月
政策内容——承认列强在华既得利益，并要求在列强"势力范围"内"利益均沾"
政策实质——取得了和其他列强相同的侵华权益，形成了列强共同宰割中国的局面
成功原因——承认列强在华的既得利益，有利于列强在华进一步扩张

（二）分析综合，把握概念本质

分析综合是形成历史概念的基本方法。分析，就是把事物的整体或过程分解为各个要素分别加以研究的一种思维方法和思维过程。当一个学生能够按照历史概念中的结构要素进行分析的时候，他对这个概念的理解历程才算真正开始。在此基础上，他掌握的是历史知识的结构，而不是死记硬背的要点。例如，对历史背景要素的分析，这实际上是研究历史事物产生的种种因果关系。以"五四运动"为例，其历史背景可从以下三个角度进行分析：角度一，从政治、经济、思想与国际形势等方面分析；角度二，从原因方面分析，可以分为根本原因和直接原因；角度三，从"五四运动"之所以取得初步胜利的条件分析，可以分析有利的国际环境与国内环境、阶级条件与思想条件，也可以分析其不利条件。这样，学生掌握了不同角度背景分析的方法，就可以进一步深入和更全面地理解历史事物产

生的背景了。综合,就是在思维中把分解开来的各个要素结合起来,组成一个整体的思维方法和思考过程。在综合时,要注意抓住各要素、各部分、各阶段之间的内在联系,要在分析的基础上,从整体的角度去区分粗和精,去抓住主要的和重点的方面,把握整体事物的本质和规律。具体到历史概念的讲授方面,就是教师在对历史事件的现象进行条理化的分析之后,随即自然地加以归纳,归纳出哪些是构成历史事件的主要条件,哪些是次要因素,哪些是必然性的,哪些是偶然性的。因此,分析之后的归纳,就是综合。有了综合,才能得出结论,才能从历史现象进入到历史本质的概括。

(三) 比较对比,加深概念理解

比较和对比就是对历史事件或历史现象进行比较和对照,并分析其异同和缘由,从而认识其本质和发展规律的思维过程和方法。这种方法在当代欧美史学界备受重视,已经发展成为专门的学科,即比较史学。在中学历史教学中,运用比较和对比法讲授历史概念,要求必须具备一定的条件:一是,学生对所比较的历史事物有清楚的了解;二是,所比较的历史事物必须具有可比性;三是,必须坚持历史唯物主义观点和方法。

作为确定历史概念异同的思维过程和方法,比较和对比就形式而言可以分为共时性比较(横向比较)和历时性比较(纵向比较),在思维特点方面,又可以分为求同思维和求异思维。[①]

案例赏析

例1:对比戊戌变法和明治维新不同结局的原因可用横向比较法。教师可引导学生设置若干"视角",如两国资产阶级的特点、维新变法所依靠的力量、变法内容是否彻底以及各自所处的国际国内环境,进行求异思维,通过比较其差异,就不难认清二者成败的原因了,从而能够更加深刻地理解这两个历史概念。

例2:对秦朝和隋朝这两个史实概念,可以从纵向分析比较其相似之处,进行求同思维:① 两者都是短命王朝;② 都结束了长期的分裂局面,实现了大一统;③ 都在政治、经济、文化等方面进行了革新,加强了统一;④ 都兴修了对后世影响深远的重大工程;⑤ 都实行暴政并因暴政而亡;⑥ 其统治都引起了大规模的农民起义,并因之而亡;⑦ 在中国古代史上都起到了承前启后的作用等。通过比较,从中可以发现一些规律性的东西。

(四) 补充资料,完成历史概念

教师在讲授历史概念时,适当补充一些必要的历史资料,有助于化解难点,加深理解,可以帮助学生形成完整明确的历史概念。

案例赏析

中学历史教科书中国古代史秦汉部分,有多处涉及"关中"这一重要的历史地理概念,但学生对其名称的由来及其重要性,难以深入了解。为帮助学生解开"关中"的奥秘,教师可以补充以下相关资料:

之一:"关中",即四关之中,因其东有潼关、西有大散关、南有武关、北有萧关而得名。

---

① 汪茂林:"挖深与拓宽历史概念教学浅谈",载《中学历史教学参考》,1998(12)。

又名"关内"、"秦川"等,处陕西渭河流域一带。

之二:其富饶与险要,有史料为证:

"田于何所?池阳谷口,郑国在前,白渠在后,举插为云,决渠为雨,泾水一石,其泥数斗,且溉且粪,长我禾黍,衣食京师,亿万之口。"(《汉书·恤志》)

"地方数千里,带甲数十万,兵强士勇,雄视八方,有利则出攻,无利则入守,此所谓用武之国。"(《唐书·郭子仪传》)

其富饶、险要如此,故而成为刘邦打败项羽的重要条件之一;至于地处秦川中部的西安之所以成为"十二朝古都",也就不难理解了。

(五)及时训练,巩固掌握概念

尤其是历史理论概念较为抽象,这就要求教师应在学生已经形成一定的历史理论概念的基础上,有意识、及时地设计一些与历史理论概念有关的问题强化训练,以帮助学生及时消化和巩固概念。例如,在讲孙中山"新三民主义"时,教师可以提问旧三民主义的内容,通过谈话引导学生回忆比较,使学生认识到新三民主义"新"在哪里,从而加深学生对孙中山晚年思想进步性的理解和掌握。

历史概念的形成是学生思维的过程,因此,历史概念讲授的关键是调动学生思维的主动性、积极性以及广阔性和深刻性。教师在实际教学中,应根据历史概念的特点和学生特点,采用灵活适用的教学方法。

第三节 重点、难点的讲授艺术

重点和难点,是教师教学中始终要考虑的重要问题,它贯穿于备课、授课、课后小结等每个教学环节。

一、重点的选定和讲授技巧

什么是教学重点呢?"从理论上讲,教学重点是体现教学目标要求的最本质的部分,是集中反映教学内容中心思想的部分。从实际操作上讲,一节课的重点,是该课教学内容中最基本、最重要的部分"[①]。

(一)教学重点的选定

对于中学历史教师来说,上好课的一个重要前提就是要选好重点。关于教学重点的确定,现行中学历史课程标准和教科书都没有明确说明,教学重点的确定完全由授课教师根据自身对教育教学理论和实际的理解来确定。一般应从以下几个方面来考虑:

1. 根据历史事件和历史现象在历史发展进程中的地位和作用来确定

一般在历史发展中具有基础地位、对其他史实或对后来历史发展有重大影响的史实都可作为教学重点。例如,有的版本教科书在叙述三国鼎立的内容时,主要涉及了两次战

---

① 叶小兵:"重点的选定",载《历史教学》,2005(9)。

役:官渡之战和赤壁之战。这两个战役都是历史上以少胜多的著名战例,要选择哪一个是重点,就要看其对历史发展的全局性的影响如何。由于官渡之战后曹操统一了北方,而赤壁之战后逐渐形成了三国鼎立的局面,两者相比较,赤壁之战对历史局势发展的决定意义更大,因而对官渡之战和赤壁之战的处理,就可以侧重于后者。

2. 根据所授历史知识在整个教科书体系中的地位和作用来确定

如果一项知识对教科书的某一学习主题具有决定性的意义,如果一项知识对教科书中其他知识的教学有着重要作用,那么,就可以将其确定为教学重点。例如,在春秋战国文化部分的讲授中,孔子作为儒家学派的创始人,不仅在历史上而且从教材体系上讲,都占有非常重要的地位。讲好孔子及其思想,不仅有利于讲好下面的百家争鸣,而且也有利于以后教学中所涉及的一些内容,诸如秦始皇焚书坑儒、汉武帝独尊儒术、科举考试以至近代的新文化运动等,故而应当将孔子作为教学重点。

3. 根据所授内容在学生认识发展上的作用来确定

选定教学重点,还要从学生认知水平发展的角度上来考虑,即教学重点的确定要有利于学生的学习。有些教学内容,虽然在历史上和教科书中都有着重要的地位,但学生已经比较了解了,这就要斟酌是否还要重点讲授。历史教学中的重点可以是知识性的,也可以是认识性的。一般而言,对于初中历史教学来说,知识性的重点相对较多,如重要的历史事件、历史人物、历史现象、历史制度等;对于高中历史教学而言,认识性的教学重点比例相对较大,如重要的思想或观念、重要的阐释和理解,也包括重要的问题。有时判断是否重点,还可以看它在教科书中叙述文字的长短,以及它是否是经常考试的内容等。一般每节课的重点最多选择一至两个即可,否则多重点就变成无重点了。

(二) 重点的讲授技巧

教学重点确定之后,接下来的问题是怎样在教学过程中突出重点。教师在设计整个教学过程时,要注意以下几点:

1. 保证充足的教学时间

一节课的时间只有短短的几十分钟,要在有限的时间内,既要完成全部教学任务,又要突出教学重点,就不能平均分配教学时间。对教学重点要讲清讲透,要保证有足够的时间;对非重点就要少讲甚至不讲(可以简单带过,也可由学生阅读或讲述),要注重节约用时。

2. 保证完整高效的教学步骤

要将主要的教学环节和教学活动围绕着重点来进行。(1)自然切入重点。教师要突出教学重点,上课伊始就要自然而然切入重点。(2)快速激活重点。通过设置情境、提问等方式,尽快打开重点,引起学生关注,激活其对重点的注意和思考。(3)适度丰富重点。适当充实教材内容,具体讲授重点。(4)开展认识活动。重点组织相关的学习和认识活动,如讨论、辩论等活动,对重点进行探究。(5)及时巩固重点。重点讲授完毕,及时开展强化练习、概括总结等活动。

3. 需要杜绝和避免的问题

在进行重点教学时,教师要注意杜绝和避免出现以下偏差:(1)教学重点的设计太多。(2)对重点的处理出现偏离现象。如讲鸦片战争,背景是重点,但不能详细地讲述鸦片传入中国的路线,而应侧重鸦片泛滥对中国造成的危害,这有利于引出禁烟运动。(3)重点未能具体形象的展现,而只是从概念到概念泛泛而论,使重点学习不深入。

二、难点的确定和处理技巧

教学的难点,是指为完成教学目标所必须克服的障碍和困难,具体到中学历史课,就是指课程标准和教科书中出现的学生不易理解的历史知识。

(一)教学难点的确定

确定难点,离不开教师的主观理解,但却不能完全以教师的主观感觉为依据,更不能把因自身知识不足而造成的教学困难视为难点,应该以课程标准为依据,以权威史学著作为底本,结合教学内容和教学对象,从教育教学规律出发,根据循序渐进和可接受性的教学原则,形成自己的教学主见,在此基础上确立难点。

1. 超越学生现有认知水平的知识和内容就是教学难点

在中学历史教学中,经常会涉及一些超越学生认知水平的知识。例如,世界历史教学中经常涉及到的股票与经济危机、国体与政体、议会与政府、入阁与组阁、南北对话和南南合作的关系问题。对于中学生,尤其是初中阶段的学生是很难理解的,如何解释这些名词术语,进而揭示出它们内在的联系,扫除理解上的障碍,将直接影响着学生学习历史的兴趣和课堂效率的提高。对于这些学生感到费解的概念,理应作为重点突破的教学难点。

2. 属于自然科学和社会科学的专门知识而出现在教科书中的内容

历史学有着丰富的内涵,它包含了人类有史以来的方方面面的发展与成就,无论是中国史还是世界史,都必然包括了自然科学和社会科学的优秀文化成果,那么,属于相关学科专业知识的内容就是教学难点。

3. 较高深的史学理论和历史概念

比较高深的史学理论和历史概念是历史教学中的"大难点"。例如,中国古代史上的专制主义中央集权的强化,民族融合的途径和历史意义,资本主义的萌芽和缓慢发展;中国近现代史上的半殖民地的形成,民族资产阶级的两面性和无产阶级的特点,只有社会主义才能救中国和才能发展中国,没有共产党就没有新中国;世界近现代史上的民族解放运动,国际共产主义运动等等,这些都是历史教学中的重大任务和不容易解决的问题。如果讲好了这些,就可以顺利地完成教学任务,否则,只会给学生一些概念和结论,成为生硬的说教。教师在备课时应通盘考虑,力求以点穿线、以线连面,形成知识网络,从而化繁为简,突破难题。

(二)难点的突破技巧

1. 由于知识抽象造成的难点,要化难为易、化繁为简

由于历史事件自身的复杂性、史学理论的深刻性以及教材的篇幅限制,有些问题难免抽象难懂。教师难教,学生难学。对于这些内容,教师在处理教材时要化难为易、化繁为简,抓住实质内涵,将之概括为生动形象、通俗易懂的语言内容表达出来,使学生闻之易懂,听之顺畅,理之明晰,记之牢固。如教师在解释"自然经济"这一概念时,引用学生熟悉的牛郎织女的传说,通俗地反映封建社会的经济基础:牛郎从事农业劳动,使用牛耕;织女在家织布,即家庭手工业。这种男耕女织就是封建社会自给自足的自然经济。

2. 由于缺乏基础知识造成的难点,要以"由旧引新,以旧带新"的方法加以突破

学生新知识的获得,必须是由浅入深、由近及远、由已知到未知,循序渐进。历史知识的学习更是如此,如果学生缺乏对背景知识的了解,就谈不上新知识的学习。教师在教学中难免会遇到学生对先前学过的知识遗忘或不会运用的情况。此时教师应引导学生先回忆旧知识,然后再导入新知识。

3. 由于对新知识过于生疏造成的难点,要以新的思维方式去突破

有的知识在学到一定的阶段,运用过去思维逻辑很难理解,需要在认识上有个新飞跃,需要用新的思维方式来理解它。教师要鼓励学生敢于"下水",要创设一个合理的情境,让学生在解决问题的过程中去探索,使难点得以解决。

4. 由于难点多、难度大造成的难点,要采用化整为零、各个击破、分散难点的方法来突破

对难点较多、难度较大的难点,可设计若干个台阶,分而化之,让学生一个一个台阶爬上去,最后使困难得到解决。这就是化整为零、各个击破的一种分散难点的方法。

5. 由于问题错综复杂造成的难点,要综合分析,化复杂为简单加以突破

在分析一些复杂的社会历史现象时,必然涉及大量理论知识,牵扯到很多历史问题,需要同时综合地运用多种理论知识去分析解决。对此类问题,教师先要细致地层层分析问题的复杂因素,然后再联系学生熟悉的知识,逐步将复杂的问题转化为几个简单而又基本的问题,这样,学生就易于接受。

6. 由于内容相近或相似易混淆造成的难点,要通过反复对比加以突破

有些内容相近或相似,容易使人混淆、使人误解,这类问题学生往往按自己的主观想象来理解,结果造成差错。解决的办法是新旧知识联系,反复对比,从分析比较中辨别正误。

总之,教学中的难点是多种多样的,对待各种类型的难点,要具体分析,区别对待,切不可千篇一律地用同一种方法解决各种难点。教师在教学过程中要逐渐摸索,进一步探讨,寻找出更适合自己的方法。

第四节 时间、空间的讲授艺术

时间和空间是构成历史事件的两大基本要素,历史知识的讲授必须形成学生的时空概念。

一、时间概念及讲授技巧

(一) 时间概念

时间,是指物质运动过程的持续性和顺序性。任何客观存在的物质都会持续一定的过程,这个过程的持续性就是物质的时间属性。同长度一样,时间也是客观存在的一种量。历史教科书上的时间,是历史事件和历史现象顺序的度量。时间作为历史事件的一个基本要素,要求教师必须帮助学生形成历史时间概念。

(二) 讲授技巧

形成历史时间概念常用的方法主要有以下几种：

1. 弄清时间术语的含义

为了认识和记忆历史，人们创造了公元、世纪、年代、时期、干支等若干纪年法，把历史整理得井然有序，使我们能从中探究历史因果、认识历史内在规律。教师讲时间必须首先要学生弄清这些时间术语的含义，特别要注意容易出差错的计时和换算方法。例如，公元前年代数值越大越早，数值越小越晚；公元后则正好相反。如公元前221年秦统一，是公元前3世纪晚期；而公元220年三国开始，则为公元后3世纪早期。

2. 形成时间序线概识

所谓时间序线概识，就是从宏观上把人类历史发展的主要进程用时间术语概括的顺序标识出来，这种标识不必精确，可以概括地以约数表示。有了这个序线概识，可以培养学生推算许多重要历史事件、历史人物活动的大致时期、历史背景及从宏观上把握历史特点的能力。如对中国封建社会时序的总体把握，可用世纪术语概括表示：公元前约五个世纪，战国与秦、西汉各占一半；自公元8年王莽称帝，东汉约为公元1~2世纪；三国两晋约相当于公元3~4世纪；南北朝、隋约为公元5~6世纪；唐朝约为7~9世纪……

3. 揭示时间标示的重要历史内涵及其本质

这是形成时间概念的重要环节。如公元前594年标示的历史内涵有：(1) 在这之前中国土地制度是奴隶制土地国有制；(2) 公元前594年鲁国实行"初税亩"，规定不论公田、私田都要由国家按田亩实数收税，其本质是，表示着鲁国的生产关系由奴隶制剥削方式过渡到封建制剥削方式；(3) 此后，其他诸国也逐步实现了这一生产关系的过渡。如此，公元前594年这个时间概念就正确形成了。

4. 恰当使用历史年表

这是帮助学生形成历史概念、掌握记忆历史年代的重要工具。在中学历史教学中，根据不同的需求，常用的年表有以下几种：历史大事年表（中学各版本历史教科书后均有所附）；朝代顺序年表（以朝代更替为线索）；历史分期年表（以某一段历史为线索）；专题年表（对某重大历史事件或重要历史人物的生平制作的年表）；综合年表（一定时期内，各个领域发展情况线索表）；对照年表（同一时间里，各国、各地、各类重大历史现象或历史事件对照年表）；年代尺（或称时间带，即在尺子或带子形状的长方图形里，按一定距离比例，分成每百年或十年为一段，把各段内发生的历史大事标记上去，清晰展示历史事件之间的时间距离、各自延续的时间长短和前后因果关系）等。

5. 教会学生掌握历史记忆的方法与技巧

教师指导学生掌握一些记忆历史时间的方法与技巧，有助于提高学生学习历史的兴趣和牢固掌握历史知识。

(1) 联系法。就是利用历史年代之间的联系进行教学，以利于学生掌握历史线索的记忆方法。联系法又可以分为纵向联系法和横向联系法。

① 纵向联系法，就是按照时间先后顺序把某个国家或某个阶段的历史事件，编成纵向的大事年表或线索图示进行教学的方法。目的是帮助学生理清历史发展脉络和加强记忆。

案例赏析

中国近代史大事线索图

1839(虎门销烟)——→1840～1842(第一次鸦片战争)——→1856～1860(第二次鸦片战争)——→1883～1885(中法战争)——→1894～1895(甲午中日战争)……

② 横向联系法,就是把同一历史时期发生的历史事件编排在一起,以方便学生比较学习和记忆。这种联系可以是同一地域或国家内,也可打破地域与国家的限制。

案例赏析

1919年中外重大革命事件表

时间＼国别	德国	印度	土耳其	匈牙利	国际	中国
1919年	一月柏林起义	非暴力不合作运动	凯末尔资产阶级革命	成立苏维埃共和国	第三国际成立	五四运动

教师可以经常指导学生制作大事年表,有助于学生对历史事件的记忆和掌握,也有助于培养学生的历史感。

(2) 归类法。就是对历史时间进行总结归类。如用等年法记历史事件。

案例赏析

相距百年:

1689年——彼得一世开始掌握俄国统治实权,推行改革;中俄《尼布楚条约》签订;英国议会通过《权利法案》。

1789年——法国资产阶级革命爆发,7月14日攻陷巴士底狱,成为法国国庆日;美国联邦政府建立。

1889年——日本颁布宪法,形式上确立立宪君主政体;第二国际成立。

1989年——美军入侵巴拿马;在澳大利亚倡议下,成立了亚太经合组织;因特网出现,网络通讯革命开始;东欧剧变。

相距十年:

1851年——金田起义,太平天国运动爆发。

1861年——辛酉政变;总理衙门建立;美国内乱爆发;俄国废除农奴制度改革。

1871年——巴黎公社;德意志帝国建立,统一完成。

1881年——《中俄改定条约》。

(3) 顺口溜或歌谣法。这种方法以"核心字词"为基础,通过反复挑选排列,使之成为形式对仗、合辙押韵的顺口溜。

案例赏析

如秦王扫六合时间可编成歌谣:前30到21(公元前230～前221年),秦灭六国显威仪,咸阳诞生始皇帝,无尚皇权终确立。

再如中共早期三次代表大会:1921年7月,一大;1922年7月,二大;1923年6月,三大;同期国民党有1924年1月,一大。可将它们编为"一大21、7,二大22、7,三大23、6,国民党一大24、1"。

二、空间概念及讲授技巧

(一) 空间概念

这里所说的空间是指历史事件的发生地,属于历史地理的范畴。历史教学中的空间教学艺术从某种程度上说,主要是历史地图的运用技巧。"左图右史"、"索象于图、索理于书"是古今学者治史的重要方法。因为历史地图准确地标明了历史活动所处的地理位置,客观地反映了历史活动的地理环境、社会环境及其空间联系,还显示了历史发展过程中某些空间变迁的情形。它能巧妙地、科学地包容以上诸方面于一图,做到综合、直观。故充分运用各种历史地图进行教学,有助于学生形成明确的历史空间概念,更好地掌握历史知识,有效地减轻记忆负担,较好地提高学生识图、用图的能力。

(二) 讲授技巧

教师进行空间概念教学,应主要做到以下几点:

1. 加强对学生进行历史地图知识学习的指导

历史事件的发生总是离不开一定的历史空间的,这就要求教师在讲授历史知识的过程中,时刻都要注重对学生历史空间概念的教学,加强对学生历史地图知识学习的指导,培养学生形成图文结合、时空结合,全方位掌握历史知识的学习方法。

2. 利用历史地图辅助重点、难点教学

教科书中有相当一部分涉及到空间概念的重点、难点内容。这些内容,离开历史地图仅仅靠教师口述,不会给学生留下深刻的印象,而且往往重点难以突出,难点不易讲清,而运用地图配合教学,则大有裨益。以岳麓版高中历史必修(Ⅰ)第一课"封邦建国"一目为例,教师在讲授中,要紧密结合"西周分封形势图",使学生明确西周初期主要封国的空间位置、受封者。这样既可以使学生形成历史空间概念,又能辅助教科书正文内容的学习,有利于学生全方位掌握分封制的相关知识,从而加深学生对分封制的认识。

3. 运用历史地图,培养学生能力

历史地图的巧妙使用,有助于学生记忆、比较、归纳、概括图文知识、分析问题能力和创新能力的培养。教师在教学中要充分挖掘历史地图中隐含的动态知识,培养学生能力。仍以"封邦建国"一课为例,教师在结合"西周分封形势图"的讲授中,可以设计以下问题引导学生读图归纳回答:(1)西周主要封国有哪些?(2)这些受封的诸侯国国君包括哪些人?从中你发现了什么现象?(3)你怎样认识和评价周初分封制?学生通过看图分析就不难回答这些问题。

4. 使用比较法加强空间概念

教师在进行知识复习时,可以运用中外同一时期不同方面或不同时期相同方面的地图,通过比较分析,加深对历史知识体系的理解。例如,教师在复习鸦片战争一课时,可以通过对比两次鸦片战争形势图以及通商口岸位置图,帮助学生理解和掌握两次鸦片战争对中国所造成的深度危害。

在空间概念的教学中,教师除了用巧用活历史地图外,还要牢记讲清同一地点在不同历史时期的变化及作用。如古今地名的变化、河道的变迁、疆界区域的改变等都要引起学生注意区别,特别是对有些变化在政治、经济、文化、贸易等方面所产生的历史影响更要揭示清楚。教师要善于通过把同一地区、同一地点、同一地域跨度所发生的历史变迁列举出来,运用迁移规律,培养学生的空间概念和联想能力。

第五节 历史人物的讲授与评价

在中学历史教学中,人物教学是整个教学的重要组成部分。如何在课堂教学中运用正确的观点,采用恰当的方法,通过人物教学培养学生的思维能力,提高学生的思想品德素质,是历史课堂教学研究的重要课题之一。

一、历史人物的分类

在人类数千年的历史长河中,名人辈出,在不同区域、不同民族、不同国家以及在政治、经济、军事、外交、文化、科技、教育等各领域,有许多重要的历史人物。对这些历史人物如何分类是一个比较复杂的问题,采取不同的划分标准就会有不同的分类结果。

依据历史人物在历史上的作用划分,可以分为三种:一是对历史发展起重要促进作用的杰出历史人物;二是对历史发展起阻碍作用的反面人物;三是在历史发展上既有促进的重大作为,也有阻碍历史发展的重大行为的历史人物。

按照人物在历史舞台上主要从事的领域和贡献划分,可以分为政治家、军事家、外交家、思想家、文学家、艺术家、科学家、教育家、航海家、旅行家、探险家等,这是比较常见的划分方式。例如,在高中历史选修课程中,把《中外历史人物评说》作为一个教学模块单独列出,选择了各领域具有代表性和典型性的历史人物共计22位,其中中国历史人物占45%,外国历史人物占55%。分设了6个人物专题:(1)古代中国的政治家;(2)东西方的先哲;(3)欧美资产阶级革命时代的杰出人物;(4)"亚洲觉醒"的先驱;(5)无产阶级革命家;(6)杰出的科学家。

此外,还可以采用阶级划分的标准对历史人物进行分类,如不同阶级的政治家和革命家就可以分为:帝王将相、农民领袖、资产阶级政治家和革命家、无产阶级革命家等。站在国家和民族主义立场上划分,历史人物又可以分为民族英雄、爱国人士、卖国贼、殖民主义者等等。

二、历史人物的讲授

(一)讲授原则

1. 科学性

历史人物形形色色、错综复杂,往往存在两面性。在教学中,应实事求是地全面叙述和分析评价,不能着眼于一点,以偏概全;也不能以阶级出身划线,公式化和简单化;更不能以教师个人情感好恶来褒贬是非历史人物。总之,要做到不虚美、不掩恶,还历史人物的本来面目。

2. **思想性**

优秀历史人物的高风亮节,嘉言懿行,在塑造青少年思想品德、形成正确人生观的过程中,往往起着"润物细无声"的作用。所以,在人物教学中,教师应从"育人"角度出发,尽量挖掘历史人物的"闪光点"。通过对杰出历史人物的言行、品德、情操、修养、气节、理想等内容的渲染,晓之以理,动之以情,使学生在潜移默化之中,心灵受到净化,思想得到升华,进而形成正确对待人生和对待社会的信念,使"教书育人"真正落到实处。

3. **生动性**

教师在讲授具体历史人物时,要尽力还原历史情景,突出生动形象的历史情节,注意语言表述的活泼流畅,渲染气氛,激发兴趣,烘托主题,唤起学生丰富的想象,形成相应的历史感。这就要求教师要有广博的历史知识面和丰富的历史情感,以引人入胜的情节和感人肺腑的语言,娓娓道来,丝丝入扣,栩栩如生地再现历史人物的内心世界和雄姿风采,从而活跃课堂气氛,加深学生对历史人物的感知和把握,提高人物教学的效果。

4. **直观性**

历史学科的过去性决定了历史知识的遥远性和陌生性。为了让学生能够准确具体地感知历史人物,在教学中,教师应坚持直观性原则,让学生更形象具体地去感知各具性格特征、仪态万千的历史人物。教师在教学中要根据现有教学条件,结合教学内容,尽可能采用人物图片、实物模型、影视资料等直观教具进行教学,以加深学生印象。

(二) 讲授技巧

在坚持以上原则的前提下,教师在进行历史人物教学时,应主要掌握以下几点:

1. **充分挖掘历史人物的美**

历史教科书精选了许多古今中外极具代表性的名人名家,这些人物身上处处洋溢着美的气息,堪称人类之楷模。所以,历史教师要通过正确的方法、合适的语言,充分挖掘历史人物之美,树立人生榜样,引导学生感悟。要把历史上的"真人"化为生动、形象、具体、感性的美的表象,抓住人物的引人入胜之处,以最简洁的线条,拉动最丰富的信息;以最轻松的方式,让学生得到最有分量的收获,触动其心灵,影响其行动,就会为学生的终身发展奠定基础。

2. **充分利用教科书**

历史教科书中的人物信息,主要集中表现为教科书的正文、历史图画和引文资料等。这些信息汇集起来,本身就是一部活生生的人物画集,教师要充分发掘教科书中的图文素材,利用图画的形象直观性和文字的生动具体性等特点,去描述人物的神态、特征及其活动,使学生充分感知教材,经过一定的心理活动,让历史人物在学生头脑中形成接近于历史的基本面貌。

3. **正确指导学生准确评价历史人物**

历史人物教学的核心应该是教会学生正确分析和评价历史人物。教师在进行人物教学时,要培养学生坚持客观公正的态度,坚持以是否有利于历史发展和社会进步为标准,坚持以历史背景、时代特征为突破口,以历史人物的主要行为表现为依据,对历史人物的功与过分别进行具体分析,做出实事求是的评论。在人物教学过程中,教师要避免说教,诱导而不强迫学生,启发而不完全讲解,创建一个能激发学生思维的、自然和谐的教学氛围。

4. **以现代教育技术辅助教学,加强人物教学的直观化、形象化和具体化**

在历史人物教学中,教师要在条件允许的范围内尽可能发挥现代教育工具和手段的优势,充分利用人物图画、影视资料、讲话录音等多种资源,使学生能够通过现代教育技术对历史人物的感知更加形象具体。

5. **开展研究性学习活动,促进学生对历史人物的认识**

进行人物教学仅仅依靠历史课堂是不够的,还必须针对学生身心特点,有序地设计和开展课外活动,以丰富学生的历史人物知识,拓展学生的视野,补充课堂教学的不足。教师可以选择典型历史人物,让学生编写历史人物小传,举办历史人物图片展,召开历史人物主题班会等,从中培养学生的表达能力、写作历史小论文的能力,把所学知识内化在心灵的深处,做到"润物细无声"。

三、历史人物的评价

对历史人物进行客观公正的评价是历史人物教学的基本要求,评价历史人物应主要做到以下两点:

(一)历史性

在评价历史人物时,要坚持严格的历史性,把历史人物放在特定的历史条件下,结合其历史活动进行具体分析。

1. **要确定历史人物所处的时代背景**

在评价任何一个历史人物时,都要把他放到一定的历史范围内进行考察,即寻找该历史人物个人活动与当时社会历史条件之间的关系,这是唯物史观的绝对要求。因为,任何历史人物的活动,都需要有一定的时间和空间舞台,个人的思想和活动受众多条件的制约,只有考察历史人物个人背后的社会历史条件,发现历史规律,才能了解历史人物活动的实质。

2. **要确定历史人物的阶级属性**

在评价历史人物时,历史唯物主义的基本要求是不应停留在个人动机上面的,而是要深入揭示其代表的阶级利益以及特定的民族关系的环境。这实质上是寻找个人活动与本阶级的关系。如评价商鞅,就需运用阶级分析的方法,对他的主要活动,特别是变法措施逐条剖析,从而看到其主要目的在于削弱和限制奴隶主贵族势力,体现新兴地主阶级发展经济和掌握政权的愿望,最后得出"商鞅是新兴地主阶级代表"的正确结论。

3. **要正确处理历史人物与人民群众的关系**

要明确以下四点:(1)人民群众是历史的创造者;(2)是"时势造英雄",不是"英雄造时势";(3)要分析历史人物的历史作用与当时人民群众的生产斗争、阶级斗争之间的联系;(4)要确定历史人物在多大程度上反映了人民的意愿。

4. **要判断历史人物的历史作用**

根本的判断依据是,看他是否顺应了历史发展的潮流,是否推动或阻碍了社会生产力的发展及人类社会的进步。总之,对历史人物的历史作用要恰当评价、褒贬适度。

(二)全面性

要全面评价历史人物,必须坚持"两分法",即按照历史人物的"事迹分类"为线索的分类法和按照历史人物的"时间分类"为线索的分期法。

1. 分类法

分类法就是把历史人物一生的重大事迹按照一定的标准进行分类、归纳评价的方法。这种方法尤其适用于对政治人物的评价。

案例赏析

评价汉武帝

事迹分类线索提要——(1)政治上:颁布推恩令,解决王国问题;削弱相权,加强君权;"罢黜百家,独尊儒术",加强思想统一和政治统一。(2)经济上:继续推行休养生息政策,开凿六辅渠、白渠,治理黄河;经济发展,国家富裕。(3)民族关系上:派卫青、霍去病北击匈奴;派张骞出使西域;派人在西南设郡县。(4)文化上:在中央设太学;郡国设学校。

——通过以上分类,可以更加直观地对汉武帝进行总体评价,得出结论:伟大的古代帝王。

2. 分期法

分期法就是以时间顺序为纲,结合历史人物所处的时代,把人物的活动纳入各个历史时期加以叙述评价的方法。这种方法特别适合于前后变化较大的历史人物的评价,能有效防止对历史人物的评价过于简单化。这样得出的结论才较为科学和符合实际。

案例赏析

评价孙中山

时间分期线索提要——(1)辛亥革命前:创建革命团体兴中会;建立第一个资产阶级革命政党同盟会;制定革命纲领"三民主义";领导镇南关起义和黄花岗起义,冲击封建统治。(2)辛亥革命中:1912年元旦,就任中华民国临时大总统,建立中华民国临时政府;发布《告各友邦书》,承认不平等条约,不敢反帝;颁布《临时约法》,确立资产阶级共和政体;妥协退让,辞去临时大总统职位,使袁世凯窃取革命果实。(3)辛亥革命后:坚持民主共和,反对专制复辟。但由于资产阶级的局限性,没有广泛发动群众,而只依靠一派军阀打另一派军阀,屡次革命大多以失败告终。(4)第一次国共合作时期:在中共和苏联的帮助下,改组国民党,召开国民党"一大",重新解释"三民主义",实现国共第一次合作;建立黄埔军校。

——通过以上分期,可依据孙中山的主要活动事迹对他进行总体评价,得出结论:民主革命的先驱、资产阶级革命家。

无论采用分类法还是分期法评价历史人物,最后都要确定对历史人物的评价性结论,亦即对历史人物做出定性判断。在具体评定时要注意两点:一是要根据历史人物在历史舞台上的最主要的作为,实事求是进行评价,如根据汉武帝对我国统一的多民族中央集权国家形成的贡献,可以定性为伟大的古代帝王。二是对政治家进行评价时,一定要确定其阶级属性,如根据孙中山的主要事迹,确定对其总体评价为民主革命的先驱、资产阶级革命家。

本章小结

本章对课程内容的教学进行了较为系统的论述。概而言之,课程内容教学的基本衡量指标是:历史时空交待具体,基本史实讲清,历史概念讲透,重点突出,难点突破,历史地、全面地讲授和评价历史人物。教无定法,贵在得法。只要有助于学生学习课程内容的方法就是好方法;教无止境,贵在坚持。对课程内容教学艺术的探索,需要在长期的教育教学实践中不断地总结和提高。

课后练习

一、名词解释

基本史实 历史事件 历史现象 历史概念 史实概念 史论概念 教学重点 教学难点 时间概念 空间概念

二、判断改错

1. 历史教学的科学性和准确性原则的要求,不利于教师教学的生动性和趣味性的发挥。
2. 历史理论概念的抽象性决定了仅靠教师课堂上的解释,学生是难以完全掌握的,必须通过学生的实际运用深化理解。
3. 超越学生现有认知水平的知识和内容,未必就是教学难点。
4. 衡量教学重点是否突出的一个重要指标,就是看重点知识所用教学时间的长短。
5. 对历史人物进行客观公正的评价是历史人物教学的基本要求。

三、教学试练

1. 做10分钟试讲练习:

(1) 请你运用基本史实和历史概念的讲授技巧与要求,设计一个历史事件的讲授方案,并进行模拟试讲。

(2) 请你在高中课程标准《古今历史人物评说》模块中,任选一个历史人物设计一个讲授方案,并进行模拟试讲。

2. 做5分钟说课练习:

(1) 请任选高中历史教科书中的一课,说说你对其重点、难点的选定与处理的教学思路。

(2) 请任选一段高中历史教科书内容,说说你对其时、空概念的教学设计。

四、实践探究

以3~5人为小组到中学分别听一节初中和高中相应内容或同年级相同内容(不同教师)的历史课,注意观察课堂上授课教师对教学内容的处理各有什么不同?为什么?并分别与授课教师进行交流研讨。

阅 读 参 考

1. 赵恒烈:《历史教育选集》,人民教育出版社,2005.
2. 朱汉国:《历史教学研究与案例》,高等教育出版社,2007.
3. 何成刚:《历史课堂教学技能训练》,华东师范大学出版社,2008.
4. 白月桥:《历史教学问题探讨》,教育科学出版社,2001.
5. 朱尔澄:《从情理交融到历史思维》,北京教育出版社,1998.
6. 杜芳:《新概念历史教学论》,北京大学出版社,2009.
7. 陈玉荣:"论史实材料在历史教学中的作用",载《历史教学》,2005(2).
8. 叶小兵:"中学历史课堂教学改革的进展及需要解决的问题",载《历史教学》,2002(10).
9. 梁励:"略论中学历史人物教学的基本原则",载《江苏教育学院》(社科版),1998(4).
10. (英)蒂姆·洛马斯:"论史料教学",叶小兵译,载《历史教学》,1998(2).

第十章 历史教学环节的处理艺术

导　语

教学不仅是科学,而且还是一种创造性很强的艺术。一堂优秀的历史课,是内容与形式的完美结合,教师要通过自己的教学使学生激起求知的欲望、点燃思维的火花、得到艺术的享受,除了能熟练把握不同历史内容的讲授技巧以外,还需要学会艺术地处理课堂教学的各个基本环节。

思考与探究

❖ 导课的意义是什么?有哪些基本要求?
❖ 常用的课堂提问技巧有哪些?
❖ 如何组织有效的课堂讨论?
❖ 教师如何通过课堂小结提升课堂教学质量?
❖ 新课程下如何优化课堂作业设计?
❖ 如何认识课堂教学各环节之间的关系?

第一节　导入新课的艺术

导入新课,就是教师在一个新的教学内容或教学活动开始时,引导学生从非学习状态进入学习状态,或从彼知识学习状态进入此知识学习状态的一种教学行为方式。导入新课作为课堂教学中传授新知识的第一步,具有非常重要的作用。"良好的开端是成功的一半",导入得当,将对整个学习过程产生重要影响。

一、导入新课的意义

(一) 可以激发学生的学习兴趣

导入的主要目的在于激发学生的学习兴趣,引导学生大脑思维由松弛状态逐步趋于紧张、由分散趋于集中,使中枢神经经过休息以后再次活跃起来,达到集中学生注意力,调动学生思维的积极性,使其明确学习目的,以一种渴望的心理投身到新的学习活动中,为接受新知识做好准备。因此,导入新课在教学过程中具有承上启下、承前启后的作用。

(二) 可以帮助学生回忆已有知识体系和内容

学习历史的基本方法,就是在理解的基础上记忆,在记忆的基础上进一步理解和分析。为达到记忆的目的,必须调动包括视觉、听觉在内的各种感官感知历史事实,综合利用各种手段强化知识的掌握。导入新课的一个重要作用就在于可以通过对学生感官神经的刺激,唤醒学生对已有知识的记忆,在比较短的时间内完成对学生已有知识的检查与复习,从而达到加深记忆的目的。

(三) 可以突出旧知识的重点与难点

重点与难点在一节课的教学内容中并不多见,这就为在新课内进行复习巩固提供了可能。导入新课正好为接纳原知识结构中的重点和难点提供了必要机会,在较短的时间内为重点和难点的再次重复和使用留下了位置。导入就是为新、旧知识的自然过渡牵线搭桥,使知识连接成一个有机的整体。

二、导入新课的技巧

导入新课包括新课开始时的课前导入和讲课中的过渡性导入两种。

(一) 课前导入

课前导入技巧很多,依据不同的标准可以分为以下两大类:

1. 依据不同手段划分的导课技巧

(1) 音乐歌曲导入法。这种方法能够渲染气氛,达到"课伊始,意即生"的艺术境界,歌声能够引起学生的好奇心理和美的享受,自然而然地激起学习兴趣。如讲授人民版高中历史《国际工人运动的艰辛历程》时,可由播放《国际歌》导入新课,效果非常好。

(2) 影视资料导入法。现在历史题材的影视资料有很多,如政论片《大国崛起》、《复兴之路》;电影《开国大典》、《大决战》、《伦敦上空的鹰》;电视剧《康熙大帝》、《雍正王朝》等。教师选择适当的影视资料导入新课,能够再现历史背景,形象性、艺术性强,更容易吸引学生的注意力。

(3) 图片导入法。这是一种常用的导入方法。如讲《文艺复兴》时,通过达芬奇《蒙娜丽莎》、《最后的晚餐》等名画来导入,可以使学生在不知不觉中进入特定的历史情境之中,从而很快进入学习状态。

(4) 史料阅读导入法。教师通过引入史料,引导学生阅读并从中获取相应的信息,这样,就能在一定程度上再现历史,加深学生对历史的理解,从而有助于顺利导入新课。

(5) 故事导入法。就是教师用历史故事来吸引学生,激发学生的学习动机和求知欲望,进而达到教学目的的一种导课方法。这种方法尤其适合语言表达能力强的教师使用。

(6) 谜语导入法。上课伊始出一两个谜语,利用学生跃跃欲试的心情,抓住时机引导学生思考。如教师讲《文艺复兴》时,让学生猜谜语:"此曲只应天上有,人间哪得几回闻?"由谜底《神曲》引入但丁,从而导入新课。

除上述导入方法外,还有板书导入、乡土材料导入、时事材料导入、理论导入、节日导入、成语导入、诗词导入、格言警句导入等等。教师可依据自身特长、所在学校教学条件、学生状况和教学内容等因素,采取灵活适用的导入方法。

2. 根据不同的处理知识方式划分的导课技巧

(1) 以旧带新法。这是最常用的导入方法,就是有意识地抓住新旧知识的联系进行沟通,利用学生的已知,把他们的注意力和思路引导到追求未知上来,达到"温故知新"的目的。这种方法可以使学生对历史的认知像链条一样,一环扣一环,螺旋上升,稳步前进。

其关键在于找准新旧知识的联结点。

(2) 联系现实法。就是把新知识与现实联系起来,使学生感受到历史与现实的密切联系,为了更好地认识现实,而渴望了解历史,从而增强学习新课的目的性和积极性。这种方法的特点是引导学生从现实出发,由近及远地认识历史,去追溯历史渊源,学生往往会表现出浓厚的兴趣。

(3) 解题释意法。历史教科书每一课的标题往往是反映此课中心内容的题眼。解题释意,就是抓住课文标题中的关键词语加以解释,帮助学生从一开始就对此课内容形成大致的了解。通过解题释意,引起学生对新课内容的注意和好奇,带着浓厚的兴趣去学习新的材料。这种导入的关键在于教师要能够找准"题眼"。

案例赏析

在讲《新航路的开辟》一课时,教师可先指导学生看地图册《14世纪前后欧亚主要商路图》,让学生找出14世纪前后人类主要在哪些大洲活动,他们联系的通道有哪些。然后,教师指出:在14世纪前后,人类历史主要发生在亚、非、欧三洲,那时的人类基本上不知道地球上还有其他大洲,直到15~16世纪人类开辟新航路之后才认识到。为什么要在"航路"前加一个"新"字?什么是新航路呢?教师通过释题导入,进入新课学习。

(4) 布疑设悬法。就是有意设置矛盾,创设问题情境,给学生造成一种跃跃欲试和急于求成的心理悬念,以勾起学生释疑解惑的强烈欲望和渴求。这种导入设计有一种很强的冲击力,能够击中学生的兴奋点,促使学生很快集中注意力,带着好奇和紧迫的心情去学习新的内容。这种方法取得成功的关键,在于教师对问题的设计和把握。

案例赏析

在学习《西方人文主义精神的起源与发展》专题时,教师可以这样设计导入:"人文精神是指人的思想意识、思维习惯和心理活动中的人文主义倾向,它的核心内涵是人文主义。目前,保障人权已成为全人类的共识。然而,人文主义却产生在人奴役人的社会中。那么,人文主义是怎样起源的?又是怎样复兴的?是怎样走向成熟的?怎样成为人类共识的呢?这就是我们这个专题要回答的问题。"

(5) 概括提示法。这种方法就是在讲授新课时,就本节课的主要内容,概括提出一些学生熟悉的问题,使他们既消除了对新知识的陌生感,而且对新知识有了一个总括印象,从而增强了求知的欲望。

案例赏析

讲授高中历史必修二《交通与通讯工具的进步》时,教师可以这样导入新课:"交通和通讯工具都是我们现实生活中的必需品,汽车、火车、轮船、飞机、电话、手机和网络都是我们熟悉的交通和通讯工具,然而这些新型工具出现最早的也不过二百年左右的时间。那么,人类是怎样从原始的马车时代和书信时代进入现代交通和通讯时代的呢?今天我们就来学习这些问题。"

课前导入的方法有很多种,以上介绍的是几种常用的方法。事实上,在教学实践中依据不同的手段划分的导课技巧,与根据对所教知识的处理方式不同而划分的导课技巧,在运用上并无严格的区别和界限,它们往往可以同时采用,具体用法要由教师根据实际情况来确定。

(二) 课中导入

1. 要求

讲授新知识中的导入和课前导入实质上并无区别,两者目的都是为了吸引学生注意力和调动学生思维定势。因此,课前导入技巧也同样适合于课中导入。不过,二者又各有不同。课中导入特别要求两点:一是导入要关注知识间的内在联系;二是导入要尽量节省时间。

2. 方法

(1) 自然过渡法。即利用知识本身的结构和思维逻辑关系实现教学内容自然"承转"的一种过渡方法。有利于保持知识结构的完整性,有利于学生思维的连续。

(2) 联系旧知法。即引导学生利用已学过的旧知识来实现所授知识起承转合的一种过渡方法。既可巩固旧知,又可使学生找到新旧知识的关联之处。

(3) 设疑过渡法。即教师利用问题来有效地引导并促进学生对教学内容做进一步深入思考的一种过渡方法。激起学生认识冲突,诱发学生解疑的动因和兴趣,培养学生的探究精神。

(4) 激趣过渡法。即利用历史故事等有趣的材料来实现过渡的方法。这往往能激发学生兴趣,吸引学生注意力,激活学生思维,进而过渡到所学新知识。

(5) 小结过渡法。即教师在上一个教学环节结束后,采用简明扼要的语言,对前面所学知识进行归纳总结,进而引出下面要讲授内容的一种方法。通常用于教学环节之间或课堂教学环节之末,其好处是能再现教学的重点,加深学生印象,巩固教学效果。

教师在课堂讲授新知识过程中的导入,具体采用哪种方法,要求教师根据课堂实际灵活处置,只要是过渡自然和有效,一切以方便学生掌握新知识为出发点和最终目的。

三、实践中注意的问题

(一) 针对性

导语只是引语,必须紧扣教学目标、教学内容、课堂类型和学生实际等要素,围绕教学重点、难点来设疑。否则,纵使多么精彩、别致,也不能产生好的效果。

(二) 启发性

不管是布疑设悬,还是设置情境、展示情境,导语的设计都要给学生留出思考的余地,能引起学生有意注意和思索。

(三) 趣味性

导语要精心设计,追求知识性和趣味性兼备,生动灵活,巧妙有趣,达到引人入胜的效果,但绝不能故弄玄虚、哗众取宠。

(四) 严密性

导入的语言和形式都应恰当精准,科学严密,以便学生思维顺势进入新课的正确轨道。不能含糊其词,模糊不清,免生歧意和误解。

(五)简洁性

导入只是一节课或某一知识学习的一个起始环节,所以,方法设计要简洁,以尽快达到"入题"的目的。

第二节 课堂提问的艺术

课堂提问,是教学过程中师生之间常用的一种相互交流的教学形式,是教师教学艺术的重要组成部分,是每个教师必备的技能之一。

一、课堂提问的意义

(一)激发学生学习兴趣

课堂提问作为谈话法、讨论法等教学方法的基础,为学生学习历史提供了参与教学活动的有利条件,充分体现了学生是学习的主体,变授为学,大大缩短了师生之间的心理距离,使学生在亲身参与教学活动中唤起情感体验,激发他们主动探究历史奥秘的兴趣,形成对历史知识内容知之、好知、乐知的心理变化过程,达到激趣乐学的效果。

(二)启发学生积极思维

中学历史课堂教学中,培养和发展学生的历史思维能力的方式方法有很多,但应该说,中学历史课堂教学中的提问不失为一个启发学生思辨的基本范式,它可以为学生创设思维的情境,疏通思考的渠道,提供思索的空间。通过教师的设悬置疑,激发思考,启迪学生去认识矛盾,使其思维处于积极主动的探究之中。

案例赏析

秦始皇陵兵马俑是许多学生熟知的一处名胜古迹。在学习秦朝历史时,一教师如此设疑:"秦始皇陵园东侧发现的秦兵马俑,本属于随葬品,但它对研究秦的历史有很大的价值,请你试从史学研究的角度,谈谈兵马俑出土的价值。"此问题的提出,开阔了学生的视野,启发学生从多角度、多侧面去思考认识秦始皇陵兵马俑——再现了秦时的军容,体现了高超的雕塑艺术,反映了当时手工业的成就,说明秦时雄厚的物资基础等。这使学生突破了惯有思维定势,拓展了学生思维的空间。如此设问,对发展学生的历史思维能力无疑是大有益处的。

(三)反馈学生学情信息

课堂提问具有信息反馈的功能,它同课堂教学中其他的信息反馈手段相比,具有更及时、更具体、更准确的功效。首先,它能使教师及时了解学生当堂的学习情况,根据学生回答所反映的教学问题,及时调控教学过程,更好地完成教学任务。其次,教师还可根据教学中的问与答,随时了解学生对所学历史知识掌握的情况,分析学生对所学历史内容掌握的差异程度,有针对性地实施教育,使整个教学活动更加有的放矢。

此外,课堂提问还可以起到温故知新、调控课堂节奏和纪律等方面的作用。

二、课堂提问的技巧

关于提问的技巧问题,学界论述颇多。如有的将课堂提问分为低级认知提问(包括回忆性提问和理解性提问)和高级认知提问(即要求学生在历史唯物论的指导下,运用分析、综合、比较、概括、归纳、演绎等逻辑思维的方法来诠释历史、评价历史的提问)。在实际教学中,这两类提问应该是相互交叉使用的,而且界限也不十分明确。[①] 有的则按照教师提问的方法不同,把课堂提问分为:直问和曲问、趣问和妙问、窄问和宽问、单问和重问、正问和反问等。[②] 当然,还有其他一些分类方法和提问技巧。但无论采用哪种分类方法,教师在进行课堂提问时都应该做到以下几点:

(一)上课之初应尽量提问一些回忆性的问题,以便集中学生注意力,促使学生的思维从平稳向活跃的状态发展,唤醒、激发学生的学习兴趣和积极性。

(二)课堂提问要从简到繁,由易到难,层层递进;由浅入深,由表及里,步步深入;层层发问,理清脉络,达到从现象到本质昭然揭示的目的。这样提问,把前因后果、表象本质一层层理清,有助于学生对重点、难点问题的掌握。如:"面对民族危机,张学良、杨虎城将军采取了什么行动?他们为什么这样做?后来又是如何处理的?对中国的时局有什么影响?"

(三)对同一性质或同类问题的提问,适宜采用综合归纳法,以达到纺织经纬、表现全貌的目的。这种方法在专题训练和综合复习时比较常用。

(四)对于相似或相近、容易混淆的历史概念或事物,适宜采用比较法提问。这种方法的关键是选好对比项。例如,戊戌变法与明治维新有哪些异同?

(五)无论采用哪种方法,组织课堂提问的关键是抓住学生疑难之处、难解之点,精心设问,步步引导,使学生思维一直处于活跃状态,进而积极配合,共同实现教学目标。

(六)课堂提问应灵活运用,根据学生学习状态及时调整。当学生思维处于高度兴奋活跃的状态时,教师就要多提一些说明性、分析性和评价性的问题,以便进一步强化学生的学习兴趣,使学生保持积极的思维状态;当学生的思维由高潮转入低潮时,教师应多提一些强调性、巩固性和非教学性的问题,以重新激发学生的学习兴趣和积极性,防止学生非教学行为的出现。

三、实践中注意的问题

(一)针对性

教师在提问时,应该在熟悉每个学生的学习程度、心理状态的情况下,根据教学目标、课程内容要求精心设计每一个问题。无论问题的难易程度如何,都要有明确的目标和针对性,做到有的放矢。

---

① 于友西主编:《中学历史教学法》,高等教育出版社,2003年版,第254~255页。
② 杜芳:《中学历史课堂提问艺术探微》,载《高等函授学报(哲学社会科学版)》,1997(5)。

观点讨论:李老师是一所普通高中的年轻历史教师,由于种种原因,该校生源质量相对较差,李老师最初还进行课堂提问,可是后来他发现课堂提问效果不好,学生回答问题很不顺利,结果不仅没有达到预期效果,反倒耽误了教学时间,完不成教学任务。于是,他就几乎不再进行课堂提问了。你认为李老师的做法对吗?为什么?

(二)启发性

课堂提问,重要的是善于提出促使学生积极思考并能深入探究所研究现象本质的各种问题。教师的设问要基于学生的现有水平,又要略高于他们的现有水平,这样,学生关于怎样解决问题的各种思路,才有可能真正被诱发,思维的积极性才能真正被调动起来,学生也才能在教师的逐步引导下,积极探究、多方思索,摘下思维的甜果。

案例赏析

《古罗马的政体演变》的问题设计与反思①

在讲高中历史必修一《古罗马的政体演变》过程中,提到了元首制。我提醒大家注意创始人屋大维的图片,结果有的学生小声笑着说他的衣服是什么材料的啊,褶皱那么多。这时我突然想到在备课时看到这样一则材料:屋大维的上任领导凯撒在公元前73年的一天穿了一件丝绸制作的衣服进入元老院,结果引起了轰动。我把这个故事讲完了,学生都显得很好奇,我便顺水推舟问了几个问题:(1)凯撒和屋大维生活的时代正好是中国的哪个朝代?(2)凯撒身上穿的衣服有可能是通过什么途径买到的?(3)古罗马在中国的古称是什么?通过对这些问题的回答,让学生回忆起西汉、汉武帝、丝绸之路、张骞凿空、大秦等历史名词,从而加强中西方历史的比较。

——本来很枯燥的世界古代史内容,通过与中国古代史的有机结合,使学生加强了历史纵横联系,提高了学习世界历史的兴趣。

我的心得是:

1.在课堂上遇到突发问题的时候,不要一味打断、扑灭学生的参与热情,否则没人再举手,没人再想说。思想形成的过程本身就是师生交流、思维碰撞的过程。解决学生突发问题的办法贵在教师的引导,改变教师满堂灌的方式,加强对相似概念的分析、比较、鉴别,并通过提供材料和途径的方式让学生参与其中,体会自我搜集材料、认识历史人物和事件的乐趣,从而提高学生在历史课上的积极性。

2.教师一定要在课下做好充分的准备工作,备课的时候不但要备教材、备学生,还要从学生的角度想一想,哪些问题有可能给学生

观点讨论:在传统教学中,提问几乎成了教师的专利,而学生只需回答,很少有提问的机会。久而久之,学生好问的本能就被慢慢扼杀掉了。结合上面案例,你认为课堂教学中教师如何应对学生的提问?教师又该怎样培养学生的问题意识呢?

---

① http://hi.baidu.com/asyou88/blog/item/3eafc73145c5d51eeac4af61

带来困扰,哪些问题有更大的空间进行发挥。在学生对某一问题有疑问或者偏见的时候,适当的补充相关知识并提出延伸性问题引发深入思考。

(三)效益性

教师在设计提问时,一定要从教学的实际需要入手,针对教与学中的关键问题,设计出能起到事半功倍作用的课堂提问,努力克服课堂教学中的乱问、滥问,以达到不断提高课堂教学质量的目的。

善教者,必善问。一名合格的历史教师必须学会精心设计课堂提问。

第三节 组织讨论的艺术

课堂讨论,是一种在教师引导下,学生直接参与历史课堂教学的基本方式。教师根据学习或研究的课题,组织学生以全班或小组的形式进行议论,发表见解,相互启发,共同学习。实践证明,开展课堂讨论是改进教学方法、提高教学质量的有效措施。

一、组织讨论的意义

(一)有利于发挥学生的主体作用

学生是学习的主体,课堂教学应以学生集体的自主活动为主,教师要创设良好的教学情景,组织学生独立思考与集体讨论,让他们表达自己的见解,促进知识的交流。这样,既可以克服"满堂灌"的现象,又能避免"一问一答"主持人式的课堂教学模式,从而提高学生的学习兴趣,发挥学生的主体作用,改变学习方式,增强教学效果。

(二)有利于培养学生思维能力,激发创新意识

在讨论中,学生受教师的启发引导,对每个问题都要深入、全面地思考,依据自己学到的知识,分析问题并做出合乎逻辑的推理判断,从而使思维能力得到锻炼和培养。同时,在思考问题的过程中,求异思维也会得到发展,一些新观点、新想法的产生会促使创新意识的逐步形成。

(三)有利于师生、生生之间平等交流,形成良好的课堂气氛

课堂讨论创造了一种全方位的立体交流模式,每个人的发言都会获得他人的反馈,大家的认识在讨论中会不断调整、完善,同时也为每个人创造了表现自我的平等机会。在相互交流中,同学之间会发现别人思想的闪光点,并产生思想共鸣,相互影响、相互促进。这是对学生之间协作精神的培养,也是其他教学方法无法比拟的。

(四)有利于锻炼学生口头表达能力和心理素质

在课堂讨论过程中,每个学生都想抓住机会发表自己的见解。为此他们就要随着讨论进程,正确组织语言,准确加以表达。在广泛的参与中,锻炼了思维反应速度和不怯阵、敢辩论的精神,这些都有利于学生良好心理品质的形成。

(五)有利于培养学生的研究精神

课堂讨论强调激发学生的积极心态,使学生能调动原有的知识和经验尝试解决新问

题。随着讨论一步一步深入,问题一个一个解决,学生挖掘教材内涵的能力提高了,对历史事件发生、发展、结果的认识加深了,更重要的是培养了学生的研究精神。

二、讨论问题的设计

课堂讨论功效的落实,最终取决于教师对课堂讨论的具体设计和组织。

(一)问题设计的要求

1. 问题要提前布置

对于讨论的问题,学生要有一定的背景知识,事先有一定的准备。这要求教师对课堂讨论的问题要提前布置,让学生有足够的时间进行必要的知识准备。

2. 问题要有吸引力

问题是讨论的前提,问题要有吸引力,能激发学生的兴趣,并有讨论、钻研的价值。

3. 问题要有针对性

不是什么问题都能拿来讨论的,而是要抓住学生的疑难"症结":一是教学的重点与难点;二是学生知识的薄弱点、能力的欠缺点;三是学生的"思想疙瘩"。怎样使课堂讨论具有针对性呢?唯一的办法就是深入到学生中去调查研究,把备课与"备人"、教书与育人紧密结合起来,这样的讨论才会有吸引力,学生才会有热情和积极性。

4. 问题要有开放性

培养学生的创新能力,讨论题应具有开放性特点,即问题答案的多样性、发散性和辐射性。这样才能使学生有话可说,讨论气氛活跃。历史讨论一般多用于事件的因果分析、历史事件和历史人物的评论上。

(二)课堂讨论的类型

一般按讨论的规模来分,有小组讨论和班级讨论;按讨论的准备度来分,有即时讨论和专题讨论。

1. 小组讨论

小组讨论,是教学中最常见的一种讨论形式,具体组织程序是:

(1)分组。教师确定讨论题目后进行分组,可教师指定,也可自愿结合;小组人数根据需要灵活掌握,一般以5~8人为宜;每组选出一位主持人和记录员。

(2)准备。分组后围绕讨论题目,教师要为学生提供有关资料来源,要求学生事先准备。

(3)讨论。教师限定讨论时间,学生按照要求展开讨论。其间教师应巡视各组,观察讨论情形,为学生提供必要的帮助,及时进行课堂调控。

(4)汇报。每组指派一名代表,介绍本组的观点。

(5)总结。教师综合归纳各组论点,引导学生形成比较一致的观点。

案例赏析

某教师为了比较洋务运动和戊戌变法,巧设情境引发讨论:在一百多年前的北京(1900年9月),李鸿章、梁启超两位近代风云人物展开了一场对话……如果生活在一百年前,你会选择他们二者倡导的哪一次改革呢?你认为改革时应注意避免哪些失误?教师将全班分为四个小组,分别有皇帝、官员、读书人、农民等角色。各组要根据自己的角色讨论上述问题,并形成观点,由中心发言人上台汇报,交流思想。[①]

2. 班级讨论

班级讨论,是在全班范围内进行讨论的一种形式,较小组讨论的范围要广。(1)在小组讨论基础上的班级讨论。在小组讨论的基础上,由各小组选派出代表发言,小组其他成员可以补充。然后在小组之间展开讨论,各组成员均可为本组辩护和向其他组发难。教师此时应注意要求和鼓励未发言的学生仔细倾听发言,随时准备评判。(2)直接的班级讨论。由于没有进行小组讨论,这种讨论往往意见较为分散,缺乏整体性和系统性,较适合于即时讨论,当然也可用于学生个体有一定准备的专题讨论。在这种讨论中,由于引导讨论的难度较大,对教师驾驭课堂和调控课堂的能力要求更高,一般情况下要慎重选择。

3. 即时讨论

即时讨论,是指教师根据课堂教学实际情景的需要,临时安排的学生讨论。即时讨论包括两种情况:一是教师有准备,学生无准备;二是教师和学生都无准备。即时讨论所探讨的问题往往是比较单一、难度较小、所需时间较短、学生比较熟悉的问题。教师可以把这类讨论组织成小组讨论,也可组织成班级讨论,但应区别于教师简单的提问。

4. 专题讨论

专题讨论,是指教师和学生都有充分准备、问题难度较大、所需时间较长的讨论。专题讨论常常通过小组讨论和班级讨论的形式体现出来。

除上述讨论形式外,课堂讨论还可以有很多变式,如圆桌会议式、座谈会式、辩论式等。可以用整节课来讨论,也可在课堂上的某个阶段进行。

三、实践中注意的问题

教师组织好课堂讨论必须注意以下几点:不要将简单问答当做讨论;不要将谈话教学误解为讨论;学生要对讨论内容熟悉或有一定的准备;要对讨论做有效组织和明确分工;要时刻注意引导讨论,始终掌控和驾驭整个讨论过程;讨论结束时,教师要及时综合归纳,对讨论的问题进行提升。

第四节 课堂小结的艺术

课堂小结,是课堂教学又一重要环节,教师若能精心设计,能起到深化知识、探微见源、锦上添花、画龙点睛之效用。

[①] 吴磊:《小组讨论法在历史新课程教学中的有效运用》,载《中学历史教学参考》,2007(10)。

一、课堂小结的意义

（一）提纲挈领，抓住重点

在课堂教学中，通过教师讲授，学生虽然对学习内容有所认知，但由于时间短，加上一些学生不善于捕捉和理解教师讲课的重点难点，他们对所学知识仅仅是初步感知，掌握得还很不牢固，尚需进一步强调和提炼。教师可以通过课堂小结，以精练的语言，提纲挈领，抓住重点，重新勾画刚刚学过的教学内容，使学生有一个加深印象的机会。

（二）巩固知识，获取反馈

课堂小结可以及时回顾新学内容，达到随堂巩固复习的功效，还能使所学知识更加系统化。同时，课堂小结，尤其是提问式小结，又是教师获得反馈信息的一种手段，根据学生的回答，教师可以检测教学目标的实施情况，发现教学中的不足，进而不断改进和完善自己的教学。

（三）承上启下，引出新知

课堂小结要照顾到历史事件和历史现象之间的联系，既是对已讲内容的总结，又是为下一个新知识的讲授埋下伏笔，寥寥数语，提纲挈领，把厚书化薄，连接起知识的内在联系，以形成整体的历史概念。

（四）深化内容，提升认识

全课内容讲完之后，根据所学内容，师生要对本节课进行高度概括总结，强调重、难点和核心思想，可以使学生所学知识得到进一步深化和升华，智能得到发展。

（五）做出评估，给予鼓励

课堂小结中的评估，主要是判定学生在课堂上的学习情况，包括史学观点、历史知识和应用能力的增长和不足。做出评估时，对学生反馈信息以肯定和鼓励为主。

二、课堂小结的设计

课堂小结一般分为讲授中的问题总结和一节课结束时的课尾总结两种形式。

（一）讲授中小结的方法

课堂教学中进行小结的时机把握往往视课堂教学进度和学生学习状况而定。一般在以下情况下进行：讲授完一个完整的内容而教师认为学生没有完全理清和理解的情况下；讲授完课堂教学的重点或难点问题之后，需进一步强调和提炼。常用的方法主要有以下几种：

1. 归纳式小结

这种课堂小结是最常见的小结形式之一，对所学内容进行简要归纳，钩玄提要，容易在学生头脑中形成完整的知识结构。

案例赏析

讲完《两极格局的形成》"北约和华约"后小结：

同学们，"北约和华约"这一问题需要我们掌握的内容可概括为：1948年柏林危机引发美国于1949年策划成立了《北大西洋公约组织》，为对抗北约，1955年苏联和波、捷、罗、保、阿、匈、东(东德)签订了《华沙条约》,成立华沙条约组织,标志着两极格局的正式形成。

2. 讨论式小结

这是从启发学生思维出发,在教师指导下采用课堂讨论的形式进行的一种小结方式。这种小结方式通常用于综合性较强或有争议的问题设计上。

案例赏析

《中央集权制度的确立》课中小结:

同学们,有人认为秦始皇开创的专制主义中央集权制度奠定了古代中国大一统王朝制度的基础,对此后2000多年的中国政治与社会产生了深远的影响,秦始皇是中国的英雄;也有人认为,秦始皇开创的皇权至上的专制制度延续2000多年,遗毒很深,是影响中国发展的一大毒瘤。你认为哪种观点正确?请结合具体史实进行讨论。

3. 提问式小结

这是以师生问答方式来完成的一种小结方式。在这类答对式小结中,教师所提问题,必须富有启发性,体现能力培养。题目要源于教材又高于教材,让学生能从多角度、多方位去思考,一步步得出科学完整的结论。

此外,还有练习式小结、补充式小结、图表式小结等多种小结方式。

(二) 课尾总结的提升艺术

一个好的结课不仅能巩固和深化知识,还能开阔学生视野,发展学生的思维能力以及分析、概括等各种学习能力。上述课堂教学过程中常用的小结形式都适用于课尾结课,此外,课尾结课还可以采取下列方式,对教学效果进行提升。

1. 承接式结课

课中小结重在照顾各个历史事件和历史现象之间的有机联系。而课尾总结则着重强调与下节课或以后要讲授内容的转承衔接。

案例赏析

《秦朝中央集权制度的形成》一课结语:秦朝形成的中央集权制度,奠定了中国2000多年政治制度的基本格局,为历代王朝所沿用,且不断加强和完善。这种制度究竟是怎样加强并不断完善的呢?下面将要学习的"从汉到元政治制度的演变"和"明清君主专制的加强"就会告诉我们。

2. 点题式结课

适用于标题能体现主题的新课。教师用描述课文主要内容的形式导入新课后,可以很自然地引导学生学习新内容,然后用点题式结课,可以起到前呼后应、"画龙点睛"、巩固和深化教学内容的作用。

案例赏析

《秦王扫六合》一课结语:这节课我们学习了"秦王扫六合",秦国由于商鞅变法、善于用人和策略得当(远交近攻),国家迅速强大,并依次灭掉韩、赵、魏、楚、燕、齐六国。然后北击匈奴,修筑长城;南伐南越,开凿灵渠,最终统一了全国。

3. 悬念式结课

这是一种兴趣激励型结课方式。课堂教学结束时,教师可提出一些富有启发而又扣人心弦的问题,但不做答以造成悬念,暗示新课,激发学生的求知欲望。使此课的"尾"为彼课的"头",使旧课和新课的内容连贯起来,成为一个有机整体。

案例赏析

《甲午战争和八国联军侵华》一课结语:《辛丑条约》给中国造成了严重的危害,标志着中国完全陷入半殖民地半封建社会。此时的清政府沦为了列强统治中国的工具,成为"洋人的朝廷"。在这种情况下,谁能站出来拯救中华民族的危亡呢?咱们下节课接着讲。

4. 补充式结课

教科书对知识的介绍和分析不可能面面俱到,这就要求教师在小结中进行必要的补充说明,以便使学生能够加深对所学内容的认识和理解。

案例赏析

一位教师在上完《抗日战争的胜利》一课后说:战后美国强调日本投降是因为"屈原"(屈服于美国的原子弹),苏联强调日本投降是因为"苏武"(苏联武装力量消灭关东军)。我们过去片面强调是"共工"(共产党敌后武工队)。接着,教师引导学生进行总结,最后得出抗战胜利的真正原因。这种结课既对教师对教科书内容进行了补充,又提升了学生的认识水平和分析问题的能力。

5. 升华式结课

教师结合刚学过的内容,提出一些带有争议性的问题,让学生在课后继续思考讨论,以拓展知识,升华主题,提升智力。

案例赏析

《"宁为战死鬼,不做亡国奴"》一课结语:同学们,南京大屠杀已经过去70年了,它到底给人类留下了怎样的启示?当今一些日本右翼势力抹杀这一人间惨剧真相的企图是什么?作为中国人又该如何看待这一现象?这些都值得我们去思考。希望同学们通过探究学习,得出科学的结论。此种结课将知识进行了拓展和延伸,并对学生正确人生观态度的形成产生了良好的作用。

三、实践中注意的问题

(一)要力求精练

课堂小结不是对教科书的简单重复,而是在教科书的基础上,经过精心提炼和科学概括的再创造。所以,教师必须在认真钻研教科书的基础上,通过分析、比较、归纳和概括,抓住历史事件、历史现象的本质特点,得出简要明确而又深刻的科学结论。

（二）要围绕重点难点

课堂小结未必面面俱到，但一定要紧紧围绕教学重点与难点，力求画龙点睛，切忌拖泥带水。

（三）要深化提高

教师对重要史实和概念的阐述要注意深化和提高，切忌简单的重复。课堂小结的目的，是在"温故"基础上的"知新"，要升华到一个新的认识水平。为此，要求小结做到有综合、有跨度、有思维、有比较、有重点，深度到底，内涵要透，外延要够。通过小结，要给学生更上一层楼的感觉。

（四）要及时了解学生

教师要注意及时了解学生掌握知识的情况，获取教学反馈。课堂小结是为了开思路、促理解、启思维、供范例，达到消化、理解和深化教材的目的。有讲有练，练就是应用，可通过口头或书面的形式，检查学生对重、难点的掌握情况。小结时，只有讲得适当、练得适度，才能实现教师的主导作用和学生的主体作用的有机结合，使教与学都收到最佳效果。

（五）要灵活多样

教师进行课堂小结时，要根据授课内容、课堂教学实际以及学生学习状态等，采用灵活多样的小结方式，切忌单调。

（六）切忌以下几种做法

一忌隐藏教学目标；二忌随意发挥；三忌主观介入；四忌简单归纳。

第五节　布置作业的艺术

布置作业，是课堂教学的最后一个环节，是历史教学不可或缺的组成部分。教师布置作业的能力，直接反映了教师的教学水平，是教师必备的基本功。

一、布置作业的意义

作业，是对课堂教学的有效补充，是对所学知识的梳理归纳和运用，也是检测学生知识与能力以及历史教师教学效果的重要手段。从现代教学论的观点来看，历史教学不但要教学生"学会"历史，更重要的是教学生"会学"、"会用"历史。在新课改和高考综合性程度加大的背景下，历史作业的新创意成为中学历史教学工作的必需。

二、作业题型和内容的设计

（一）作业设计的依据

作业优化设计的基本依据是：作业设计要体现新课改理念，力避重复性，防止单一化；要精心设计与安排，设计意图明确清晰，陈述准确恰当，形式灵活，选材贴近学生生活；设计尊重学生的起点能力，作业前后有一定的相关性与衔接性、系统性与渐进性，并有一定的思想性、探索性与开放性，让学生有自我发挥的余地。

（二）作业的设计

作业的题型设计，按形式划分有多种多样，较常见的有选择题、填空题、列举题、材料解析题、简答题、图表题、论述题以及历史小论文等。按完成作业时间划分，可分为课堂作业和课外作业；从本质上划分，又可分为客观性试题和观点性试题。"观点性问题贯穿于历史认识的全过程，反映历史对象各种共同的属性，是高度概括的史学理论和方法论；客观性问题指向对象无限的历史对象，是极为具体的，主要使学生掌握历史对象的个别特征"①。

作业的内容设计，要始终围绕教学基础知识和重点难点，以培养学生思维能力和创新能力为主；坚持以观点性试题为主，以客观性试题为辅。客观性试题内容，要限制在中学历史课程标准和教科书规定的教学内容的范围内；观点性问题的设计则相对比较宽泛复杂。

拓展链接

历史教学中经常涉及的一级观点性问题可概括为20种主要类型②：

1. 关于查明历史客体的因果关系
2. 关于查明历史客体的必然性和偶然性
3. 关于确定历史的新事物和旧事物
4. 关于确定历史客体的阶级性
5. 关于确定历史客体的时代性
6. 关于评价历史人物
7. 关于确定历史客体发展的阶段性
8. 关于确定史料的主体意识渗透
9. 关于确定历史发展的多样性与统一性
10. 关于社会客观存在决定社会思想意识
11. 关于确定历史发展的趋向性和曲折性
12. 关于确定历史客体的量变和质变
13. 关于明确生产力和生产关系
14. 关于明确经济基础与上层建筑
15. 关于确定历史的主要矛盾和次要矛盾
16. 关于明确历史发展的否定与继承
17. 关于确定历史客体的现象与本质
18. 关于确定历史客体的形式与内容
19. 关于评定历史客体对其后客体的影响和意义
20. 关于吸取历史的经验教训

---

① 白月桥：《历史教学问题探讨》，教育科学出版社，2001年版，第185页。
② 白月桥：《历史教学问题探讨》，教育科学出版社，2001年版，第188～189页。

案例赏析

碑 文 设 计 [1]

有位教师在考察学生评价历史人物时设计了如下作业题:公元705年11月,中国历史上执政21年的女皇帝武则天病逝了。她为自己设计了一座无字碑,武则天为什么在自己的碑上不刻一字呢? 历代学者为此众说纷纭,争执不休。那么,你认为我们该怎样评价武则天呢? 如果请你为无字碑撰写碑文,你会怎样行文呢?

——该试题的设计既调动了学生的兴趣,又有明确的设计意图,要求学生必须充分了解武则天的主要历史作为,然而最终考察的又不单单是学生对知识的掌握,而是要求学生在掌握相关历史知识的基础上,学会正确评价历史人物的功过是非。该试题可以说兼顾了趣味性、知识性、探索性和开放性,是一道精心设计的作业题。教师在日常教学中,只要坚持这么做,就会收到事半功倍的效果。

三、实践中注意的问题

教师布置作业要注意"五忌":忌简单重复;忌作业形式单一;忌作业设计脱离学生实际水平;忌重知识考察,轻能力培养;忌片面追求作业形式,忽视作业设计的质量。总之,作业优化设计要求作业的结构更加多样化,以提升学生的综合素质。研究表明:学生希望教师讲课生动,听课时宛如进入过去的情景,同时也希望作业形式活泼多样,让他们有发挥创意的空间。因此,教师给学生布置的作业要少而精,避免题海战术,还要给予学生答题方法的指导,绝不能在课本上给学生划现成的答案,从而滋长学生的依赖思想,而不利于智力的发展。

本 章 小 结

一节好课必须基于对各个教学环节的精心打造,具体地说,就是要做到"善导"、"善问"、"善引"、"善结"和"优化作业"。"善导"就是导课要有新意,能快速吸引学生的注意力,并产生知识的自然过渡;"善问"就是提问要巧,提问时机要恰到好处,问题要精心设计;"善引"就是要引导学生进行高效的课堂讨论,题目设计针对性要强、吸引力要大,要有开放性;"善结"就是小结要达到巧妙提升的效果;"优化作业"就是作业布置要精心设计,做到难易适中、题量适度。一节好课不仅要精心设计各个教学环节,而且各个环节要做到环环相扣,一气呵成,花絮不断,高潮迭起。

课 后 练 习

一、名词解释

导课　史料阅读导入法　即时讨论　专题讨论　结课　点题式结课　升华式结课

---

[1] 夏如君:《新课程下历史开放性作业的探索》,载《历史教学问题》,2006(5)。

作业

二、判断改错

1. 导入的主要目的在于激发学生的学习兴趣。

2. 导语设计应追求生动、活泼、有趣,把知识性和趣味性紧密地结合在一起,达到妙趣横生的效果,但绝不能故弄玄虚、哗众取宠。

3. 当讨论结束时,教师只需及时综合归纳,不必对问题进行提升。

4. 课堂小结是可有可无的教学环节。

5. 作业的优化设计要求其结构更加多样化,从而提升学生的综合素质。

6. 课堂提问的关键是问题的设计,时机选择不太重要。

7. 作业布置忌简单重复。

三、教学试练

请以高中历史教科书(人教版)必修一第5课《古代希腊的民主政治》为题,进行教学环节设计(包括导入新课、课堂提问题目、课堂讨论题目、课堂小结以及作业设计)。

要求:① 以说课形式介绍整个设计方案;② 选择其中一个环节进行模拟试练。

四、实践探究

通过教学试练,你认为自己对课堂教学环节的处理能力还存在哪些欠缺,并就这些问题选择几位中学历史教师进行访谈。要求写出详细的访谈记录和心得,并与大家交流分享。

阅读参考

1. 于友西:《中学历史教学法》,高等教育出版社,2003.

2. 叶小兵、姬秉新、李稚勇著:《历史教育学》,高等教育出版社,2004.

3. 赵亚夫:《历史课堂的有效教学》,北京师范大学出版社,2007.

4. 何成刚:《历史课堂教学技能训练》,华东师范大学出版社,2008.

5. 刘宗华、孙恭恂:《刘宗华历史教学艺术与研究》,山东教育出版社,2000.

6. 李海琴:"课堂讨论——历史课堂教学模式改革初探",载《教学改革》(中学版),2002(1).

7. 冯培兰:《关于历史课堂教学小结》,载《历史教学》,1996(1).

8. 徐世德:"历史课堂教学小结的艺术",载《历史教学问题》,2007(2).

9. 夏如君:"新课程下历史开放性作业的探索",载《历史教学问题》,2006(5).

第十一章 直观教具、板书与多媒体艺术

导　语

历史知识的过去性、综合性和具体性等特点,决定了历史教学必须充分运用生动直观的教具、板书与多媒体技术辅助教学,通过图文并茂、动静结合的方式和数字模拟技术来"再现"历史的原貌,使之具体形象,以刺激学生的视听积极性,帮助学生形成清晰、准确的历史表象,进而提高学习效率,保证教学质量。

思考与探究

❖ 直观教具在历史教学中的作用及种类和使用要求是什么?
❖ 历史地图有哪些种类?如何绘制和使用?
❖ 历史教学板书的功能、形式和基本要求有哪些?
❖ 在历史教学中如何整合多媒体与板书教学优势?

第一节　直观教具运用艺术

素质教育要求我们要更新教育观念,提高教育的形象性、直观性,让学生变苦学为乐学已成各科教学的共识。"一本书,一支笔,一张嘴"的传统教学方式已不能适应当前素质教育的需求,革故鼎新,代之以形象直观的教学法成为当今教育的发展趋向。

一、直观教具的作用

直观教具,是指教学中教师用来辅助说明教学内容,加强教学的直观性、形象性,帮助学生感知、理解历史知识,提高教学效果的一切实物性教学用具的总称。用好直观教具对历史教学具有重要意义。首先,直观教具能更好地吸引学生的注意力,调动学生的观察功能,引起学生的学习兴趣,提高学生的学习积极性。其次,具体化和形象化是形成各种历史概念的基础。教师通过直观教具的演示,帮助学生展开想象,再造历史表象,在生动直观的基础上,引导学生对历史问题进行分析、综合、比较,从而形成历史概念。再次,直观教具的使用,易在学生大脑皮层中形成兴奋点,加深学生对历史知识的记忆。

人的学习方式不同,对知识的掌握就有不同的影响。使用多种教学手段,充分调动人体感官作用,就会获得更多的教学信息量和更长的记忆保持率。直观教具在教师向学生传播知识、培养发展智能及思想教育等方面的功能作用,使其成为历史教师教学中不可缺少的重要手段。

人获得知识的记忆保持率

学习方式	记 忆 保 持 比 率	
	三小时左右	三天后
单用听觉	60%	15%
单用视觉	70%	40%
视听并用	90%	75%

二、直观教具的种类与使用

(一) 直观教具的种类

中学历史课堂经常使用的直观教具有很多，主要有实物、模型、图片、年表、图表、地图等等。

1. 实物

实物是指历史遗物，如古代的石器、青铜器、瓷器、甲骨、货币、服饰、墨迹、雕塑、碑刻、建筑物等等。这些历史遗物，有的出于地下，有的系传世保存。它们最能真实地反映历史原貌，是历史知识的可靠来源。但是，这些遗物大多是珍贵文物，一般中学不容易得到，难以在教学中普遍使用。教师可以带领学生到当地博物馆、文化馆去参观，以加强直观认识。

2. 模型

模型是历史遗物的复制品，是按照人类历史遗址、遗迹、遗物或历史文献而复制的模拟实物的总称。遗址模型，如半坡氏族的村落、房屋复原模型，唐代长安大明宫含元殿复原模型；遗迹模型，如河南安阳小屯武官村商王大墓模型；遗物模型，如原始人类使用的工具模型；依据历史文献记载制作的模型，如东汉张衡发明制造的地动仪模型。历史模型对于加强历史课的直观性、形象性，提高学生学习历史知识的效果有重要作用。历史模型的制作技术比较复杂，一般可以使用木板、硬纸板、胶泥或石膏制作，其可由历史教师设计，也可在美工教师或木工师傅的帮助下完成。

3. 图片

历史课上所用图片有教科书插图、教学挂图、历史图画等，包括文物图、人物像、情景画、遗址与古迹图、示意说明图、历史照片、历史漫画等。其中，有的是历史实物、遗址、遗迹和模型的照片或图片（即原始性历史图像）；有的是艺术家构思加工的反映历史面貌的图画（即再造性历史图像）。收集历史教学图片是一项长期、细致的工作，教师应该在平时就予以注意。如，在阅读有关书报、连环画册、历史画集等时，发现有适合于教学用的历史照片或图画，便可以有意保存，根据其内容分类编号，留待教学时选用。教师还可以根据教学的需要，自己动手或由美术、书法等教师协助，把课本插图或其他图片临摹放大制成挂图，或利用参观、游览等机会，拍摄一些历史文物和遗址、遗迹的照片，以备教学时使用。

4. 地图

历史地图是反映人类一定历史时期的自然、政治、经济、文化、军事等状况及其变化，显示与人类活动有关的空间分布和地域差异现象，帮助学生形成地理空间概念的重要教具。"古之学者,为学有要,置图于左,置书于右"。在教学过程中,当遇到疆域、城市、河流和战役等方面的内容时,都要发挥历史地图的直观作用,以帮助学生的理解和掌握。历史地图的分类与使用见以下专题介绍。

5. 图表

图表是能够把复杂的历史现象或概念简单化、条理化和形象化的表格总称。在教学中,教师可以先绘好图表,配合课堂讲述使用,也可以在教学过程中,边讲述边绘制。历史图表还可以作为历史作业、考试和课外活动的内容引导学生编制或填写。运用图表教学有助于学生记忆和理解历史基础知识。在中学历史教学中,图表形式多种多样,常用的有表解和图解等。

案例赏析

郑和下西洋与哥伦布远洋航行比较表

人名	时间	次数	船数	人数	船体大小	设备	到达地区
郑和	1405~1433	7	每次200多艘	每次2.7~2.8万人	长151.8米 宽61.6米	有航海图和指南针	西非30多个国家和地区
哥伦布	1492~1504	4	17艘	1500人	长24.5米 宽6米		中美和北美南部

案例赏析

《英国资产阶级革命》过程曲线图

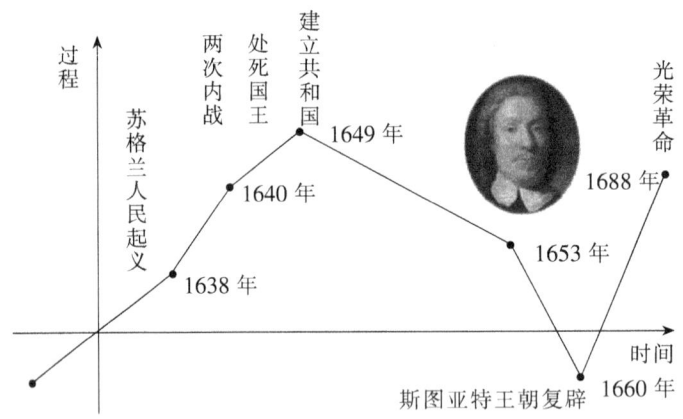

6. 年表

年表是依照历史时间顺序、反映历史发展纵横联系的表格总称,是帮助学生形成时间概念和记忆年代的一种直观教具。在中学历史教学中,经常使用的年表有大事年表、朝代顺序表、分期年表和朝代尺(又称时间带,是一种把大事年表和朝代顺序结合在一起、用一定比例尺度来表示时间的年表)等。

案例赏析

中国奴隶社会历程分期表

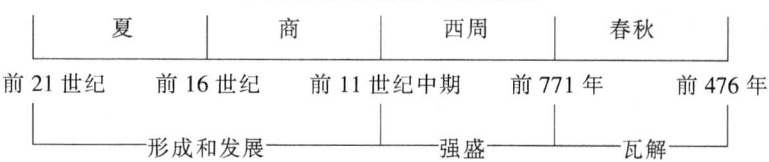

7. 卡片

这是中学低年级历史课上常用的一种辅助性的直观教具,一般有年代卡、文字卡和图画卡等,可由教师手拿着向学生显示或用于活动地图,以增加动感和形象直观性。

(二) 直观教具的使用要求

在历史课堂教学中教师恰当地运用教具,能加强历史教学的直观性,提高课堂效益,增大知识密度,突出重点,突破难点,减轻学生记忆理解负担,提高学生的学习兴趣。因而,教具在历史教学活动中是一种重要的学习资源。但教具毕竟是教学的辅助工具,它的作用只能在教学活动中得以发挥。同样的教具由于运用的方法不同,所产生的作用效果也会不同,所以,教师应根据教学目标、内容和学生认知的需要,科学地运用教具,使其真正有效地为教学服务。历史教学中使用教具要注意以下几点:

一是,选择和制作历史直观教具要注意科学性、思想性和艺术性。教具的内容应能反映历史的真实,对于那些违背历史真实、缺乏正确思想倾向,甚至有意歪曲历史的照片、图画,都不要作为教具出现在历史课堂上。历史直观教具还应具有一定的艺术性。教具的艺术性越高,对于学生的直观性和感染力也就越强,使用价值也就越大。为此,教具应考究其色彩和形象,务使其鲜明而逼真;表格规范,整齐美观。只有这样,才能更好地吸引学生的注意,引起观看兴趣,最大限度地发挥其辅助教学的作用。

二是,教具从设计到课堂运用,每一环节都要紧扣课程目标和内容,不能偏离教学主题,要围绕重点、难点,为完成教学任务服务。一节历史课使用教具不可过多过滥,避免把历史课堂变成教具展示课,而影响教师的系统讲授。

教师要把展示教具与语言讲解有机结合,使学生的视、听紧密联系,将形象与内容融为一体,才能产生预期的教学效果。一般在演示教具时,教师先要对教具做一个总的说明,提出让学生观察的目的;在演示过程中,再结合其内容进行讲解。

三是,教具展示的时间要恰到好处,过早暴露或过晚收起都容易使学生分散注意力。展示教具还要注意避免那种闪亮登场、一闪而过的现象,使学生应接不暇,造成学习上的"消化不良"。除需要对照说明某些问题外,课堂上一般不要同时演示两个教具,以免分散学生的注意力,降低直观教具的使用效果。

四是,展示教具要摆放在教室前面醒目的位置,要让全班学生都能看得见、看得清楚。较小的图片或模型,教师可以拿着在教室边走边演示,以保证每一位学生都能直接观察得到。

三、历史地图的分类、制作与使用

（一）历史地图的分类

1. 依其性质可分为四类：
(1) 疆域图。如《唐朝疆域》、《清朝疆域》等图。
(2) 形势图。如《战国形势》、《第一次世界大战后欧洲形势》等图。
(3) 路线图。如《郑和下西洋航线》、《新航路开辟路线》等图。
(4) 水利（路）图。如《秦汉关中主要水利图》、《隋朝大运河》等图。

2. 依其内容可分为三类：
(1) 综合性历史地图

即综合反映某一历史时期地理环境和政治、经济、军事等诸方面情况的地图，如《古代罗马图》、《战国形势图》、历代疆域图等。

(2) 专题性历史地图

即集中表现某一历史事件或历史现象的发展过程，如《1848年欧洲革命图》、《渡江战役示意图》等。

(3) 局部性历史地图

又叫明细性历史地图，这是从专题性历史地图中抽出某一局部，为突出其在整个历史事件中的位置和作用，特将这一局部的详细内容另行绘制并附在专题地图的某一部位，如《第二次鸦片战争形势图》中一角的《京津形势图》即属此类。

3. 依其形式可分为四类：
(1) 教科书插图

这是教科书编著者为配合课程内容而绘制的。它不仅可供教师讲课之用，而且也是学生阅读教科书的重要内容。

(2) 教学挂图

即专供课堂教学演示之用的历史地图。特点是图幅大，挂在教室前面，学生都可看见，便于教师组织教学。教学挂图又分出版社印刷和教师自制的两种。印刷教学挂图，准确壮观、色彩鲜明；自制教学挂图，费时较多，但目的明确、主题突出、图像鲜明简洁，更切合教学实用。

(3) 活动地图

这是变静态为动态的一种更具形象性、灵活性的历史地图。常见的活动地图有两种：

① 插标式活动地图。这种地图仅画出地域轮廓，而将一些重要的标记符号（如箭头、旗帜、火炬、地名、人名等）制成卡片零件，教师讲课时边讲边把这些标记性卡片按顺序插（贴）到图上。

案例赏析

如讲秦灭六国时，可事先在小黑板上画好七雄并立形势图，讲时按秦灭六国的顺序，随手画出箭头指向被灭国，同时去掉事先贴上的六国名卡片，讲完后，随机将一张写有

"秦"字的大卡片贴在图的中央,此时显示秦已统一了六国,辽阔的中原大地已成了秦的天下。①

使用这种插标式活动地图,可以把教师与学生的思维紧密结合起来。学生随着老师的讲解和演示积极地观察和思考,脑海中留下了深刻而全面的历史印象。辅助性的卡片教具有着很大的灵活性,去添方便,利于讲授复杂的历史活动过程,同时还可以省去一些板书时间,可谓一举两得。

② 拼板式活动地图。即在课前先用厚纸或薄木板制成一块一块的图形,写上所要表示的历史名称。上课时,教师根据需要在历史空白地图上拼凑或拆除。这种地图较适于讲述疆域、河流或领土的变迁,如《美国领土扩张图》、《黄河河道历史变迁图》等。

(3) 黑板地图

① 板书地图。即教师讲课时,随手在黑板上画出的有关示意图,这种地图虽不十分精细准确,但效果往往很好,这是历史教师要具备的一种基本功。

② 木质小黑板地图。即在上课前,教师先在随手携带的小黑板上用颜料勾画出地图的轮廓,上课时边讲边用各色粉笔画上各种符号、标记,以显示历史现象的发展变化。

③ 磁性黑板地图。即在磁性黑板上,教师事先用颜料画好地图轮廓,讲课时随讲随把用铁片做好的各种符号、标记卡贴上。

(二)历史地图的绘制

1. 地图放大

绘制历史地图,一般是根据已有地图进行放大或复制。以教学挂图的绘制为例,方法主要有三种:

(1) 缩放仪放大法

这是根据原图使用缩放仪(又称放大尺)进行放大的方法。缩放仪使用简单、准确、省时。方法是:根据原图调整固定好缩放仪,确定好需放大的倍数,顺底图线条移动,用铅笔在新图纸上画出轮廓,即出现放大图形,最后加以细描,填写上各种文字和符号。

(2) 投影放大法

这是用投影仪将地图照射放大的方法。将原图放入幻灯机的反射板上,放大影像投射在绘图白纸上,用铅笔把图影描下来,最后勾画涂色,就可以制作成自己需要的教学挂图。如果没有幻灯机,用一块玻璃把原图描下来,也可以使用手电筒照射玻璃,投影放大。

(3) 打格放大法

就是在原图和白纸上使用同等数目的方格,按比例进行放大的方法。这是最简单易行、最常用的方法。先在原图上用铅笔打若干大小相等的小方格(一般为横竖9格),再根据放大的比例在绘图白纸上打上数目相等、倍数相同的大方格,然后把原图中的地图线条按小方格中的位置,在大方格相应的位置上描绘出来,最后用毛笔把线条加重加粗,画上各种符号,写上有关文字,擦去方格,注明图例,装订成轴即成。

---

① 王翠:"论历史教育中直观教学的作用",载《开封师专学报》,1997(3)。

2. 着色

地图绘制好后进行着色。

(1) 色彩选择要符合常规。如浅蓝色表示湖泊和海洋，深蓝色表示江河和海岸线，棕黄色表示山脉，地名可用墨色等。

(2) 准备着色用具，包括毛笔、排笔、颜料等。着色前先把图纸用清水轻刷一遍，便于着色均匀和谐；一次调好足够的颜色，避免多次调配以致色彩不均。

(3) 着色要认真细心，力求色彩鲜明淡雅。画河流要等底色干透后，再从上游到下游一笔画成，自然流畅；画海岸线，可用两支毛笔来画，先用一支蘸饱颜料的笔画，在颜色未干时，用另一支笔重复画一次，把颜色均匀画开，与海水的颜色溶汇起来，就可以画出富有立体感的海岸线。

(4) 图纸上的文字都要在着色完毕及干透后，再工整书写，字体大小以后排学生看清为准。

3. 装饰题名

绘制地图的最后一道工序是装饰题名。在图纸的四周用排笔画出边线；在上方适当的位置用正楷写上醒目的标题；上下两端用木棒等物固定起来便于悬挂，还可裱糊修饰，使之美观耐用。

(三) 历史地图的运用

1. 揭示历史地图的内容

(1) 图表结合，使复杂化的知识明晰化

案例赏析

讲《共产主义小组的建立》时，绘制一张共产主义小组分布示意图，把各共产主义小组在中国、法国巴黎、日本东京建立的地点分别用小红旗标出，同时，附上一张各地共产主义小组成立简表，将它们成立的时间、地点及代表人物相应列出。讲课时，图、表相互对照，有助于加深学生的记忆。

(2) 点面结合，使整体与局部有效互补

案例赏析

讲述第二次鸦片战争时，将《第二次鸦片战争形势图》与明细图《京津形势》、《塘沽形势》相呼应。整体与局部呈互补特点，在历史的长镜头与近镜头之间自如地切换，给人以完整的历史认识、以美的享受。

(3) 联系比较，总结历史变化规律

案例赏析

拿《战国兼并形势图》与《西周王朝和周边民族形势图》、《春秋大国争霸图》做比较分析，可以更清晰地了解从西周到战国800年间历史变迁的趋势：第一，黄河流域是中华文明早期的中心，民族融合逐步加强；第二，战国时期，战争空前激烈；第三，楚国成为战国七雄之一，说明长江流域的文明在继续发展；第四，蒙古高原的游牧文明得到了较大发展；第五,黄河流域的农耕文明往北推移。①

（4）识图要义,培养学生分析能力

指导学生从三方面识图:一是该图反映的空间状态,包括范围区间、重要地名及相对位置发展变化的方向或态势。在历史地图中最大的应用就是历史地名的古今对照。即在每幅历史地图下面提供了重要的历史地名的古今对照表,通过古地名相对应的今天的方位,学生们就能对历史地图中表示的古地名的确切位置有个明确的概念。二是该图反映的历史主题。例如,对中国历代疆域图的综合分析,应把主题放在统一的多民族国家的形成和发展问题上,着重注意历代疆域变化、都城变化、周边少数民族的演变、中央政权对边疆地区的管辖、政治制度的形成和发展、各族人民在社会发展中的贡献和经济中心的演变等重大问题的综合分析上来。② 三是图中各种特殊符号(含地名)表达的历史含义。通过长期训练,可以不断提高学生运用地图语言分析历史现象的能力。

2. 演示历史地图

（1）课前充分准备。教师必须在课前做好充分准备,熟悉历史地图的内容、重点、方位,考虑运用的方法、步骤、工具(教鞭);要预先演示几遍,以便演示时有条不紊,准确无误。

（2）适时展收地图。教学中出示地图要把握好时机,过早易分散学生的注意力,影响听课;过迟又与教学内容衔接不上,影响效果。展出时,应停顿几秒钟,给学生有观察、浏览的时间,然后再做介绍。待讲完毕且下面不再用图时,应及时收起。

（3）讲究地图悬挂。地图悬挂要端正,一般挂在采光较好的黑板一侧,要让全班学生都能看到,并要考虑地图悬挂与板书布局互不影响。

（4）正确使用教鞭。教鞭是演示地图的必要工具。演示时,教鞭要及时拿起;演示后,要自然放下,不要无目的的舞动。使用教鞭指图,落点要准确,不能错位。指示河流时,教鞭要自上游到下游顺着河流走向缓缓而下;指示边界时,要沿边界线缓慢移动。

（5）边讲述边演示。讲述与演示要有机结合,任何一种直观教具都只是教师讲课的辅助工具。在教学中,应以讲述为主,以演示辅之。教师要侧立面向学生,边讲边指示,不能背对学生面朝地图。

（6）由简到繁,由面到点再到面。演示地图要有一定的层次性。如演示《三国鼎立形势图》时,应首先明确图的名称,再指出黄河、长江两大水系,然后指出三国的位置,最后指出三国各自的都城。随着演示的层层深入,三国鼎立的形势便渐臻明朗。

第二节 板书设计艺术

课堂教学板书,又称"板画",是指教师根据教学的需要在教具(主要是黑板)上,以书面语言或图形符号进行表情达意、教书育人的活动。教学板书是学生通过视觉获取知识

---

① 胡嘉山:《历史地图阅读方法举要》,载《教学月刊》,2004(10)。
② 曾凡国:《关于历史地图分析能力的培养》,载《历史教学》,2004(1)。

信息的重要渠道,是教师教学活动的重要内容,是教师语言讲授和教具演示及多媒体教学都不可缺少的辅助手段。

一、板书的功能

板书在历史课堂教学中主要有四大功能:

(一)板书能为学生提供直观形象的感性材料

教学板书主要以文字、符号、图表等形式将教学内容直接展示给学生,让学生通过视觉获得信息,从而丰富学生的视觉表象。课堂教学板书足以发挥眼睛这一优势,配合教师口头语言的表达,把抽象复杂的内容变成简洁直观的形式,展示到学生的眼前耳际,提供给学生丰富的感性材料,为学生理解和掌握教材奠定基础。

(二)板书有助于激发学生的学习兴趣,提高记忆效果

课堂教学板书受黑板容量限制,不可能把讲授的全部内容或教师要表达的全部意思都书写上去,这就要求教师在备课时对板书进行周密的考虑和精心设计。经过推敲锤炼、字斟句酌的板书,往往能突出教材重点、揭示难点,如果再配以适当的色彩,则更易于引起学生的注意和兴趣,从而提高学生的记忆效果。

(三)板书有助于发展学生的想象力

板书的一个重要特点就是直观形象性,教师通过形象的板书给学生提供了丰富的表象,为学生想象力的发展提供了空间。如讲"美国共和政体三权分立原则"时,可设计以下板书图示,图中的三角图形使学生联想到三角形的稳定特性,从而理解美国共和政体在三权分立原则下运行的制衡特点。

案例赏析

美国共和政体三权分立原则形势图

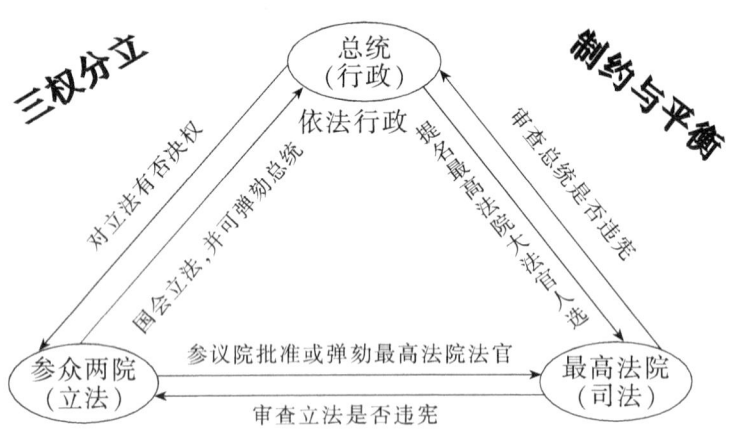

(四)板书有助于发展学生的抽象逻辑思维能力

教师通过板书使教学内容形象地摆在学生眼前,这不仅能集中学生的注意力,而且,在教师的引导下,学生随着教师边讲边写的动态过程,对板书内容进行分析、综合、比较、

概括的积极思维活动。板书本身所具有的含蓄与概括性,使其具备了一定的弹性和张力,这给学生留下了思考的余地。

二、板书的形式

(一) 逻辑要点式

逻辑要点式,是指教师按照教学内容的内在逻辑关系,概括出文字要点依次排列构成的板书。逻辑要点式板书又称系统性板书或提纲式、要点式板书。这种形式的板书特点是:紧扣教科书,重点突出,层次分明,是运用最普遍、最广泛的板书形式。

(二) 关键语词式

关键语词式,是指教师在教学中选择或总结出能准确反映教学内容的关键性语词构成的板书。这种板书简便易行,运用好了能起到"画龙点睛"的作用。它要求教师深入领会教学内容的精髓,善于概括和总结,巧妙选用精练准确的语词,直指教学事理的本质。

案例赏析

高中历史必修一《维护罗马奴隶主统治的罗马法》板书设计

```
第17课  维护罗马奴隶主统治的罗马法
一、初识全貌——罗马法的发展？完善？
  1. 起源:习惯法——→成文法《十二铜表法》
  限制贵族专断;保护平民利益;一定公正性;保护贵族私有财产
  2. 发展:公民法——→万民法
  罗马共和国公民——→罗马大帝国一切自由民
  3. 完备:《查士丁尼民法大全》
二、提升认识——罗马法的实质？价值？
  1. 实质:保护奴隶制度和私有财产不可侵犯
  2. 价值:
  (1) 当时作用
  (2) 历史影响
```

(三) 结构造型式

结构造型式,是指教师将教学内容概括、提炼、加工、组合成一定的结构造型而构成的板书。此类板书直观形象、趣味横生、结构严谨、造型优美、富于变化、启发思维,是较受学生欢迎的板书形式。这种板书要求精于设计、巧于制作、善于传神、工于点拨。

案例赏析

秦朝中央官制的建立结构图

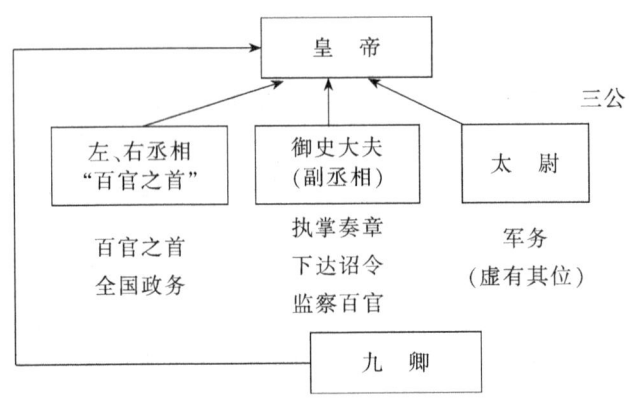

（四）表图示意式

表图示意式，是指教师为准确反映教学内容的特点或关系，加深学生感知印象，有效地达到教学目的而以表、图为手段设计的板书。其特点是表图简洁、示意明了、直观形象、给人美感。表图示意式板书又表现为表解式、表格式、图示式、图画式等形式。

案例赏析

英国君主立宪制的基本特点示意图

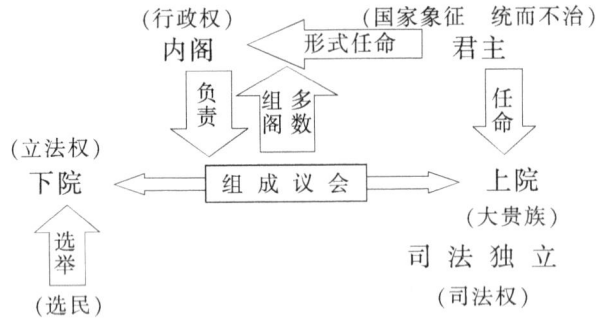

整个政治制度以代议制民主为基础

案例赏析

血缘关系维系的宗法制示意图

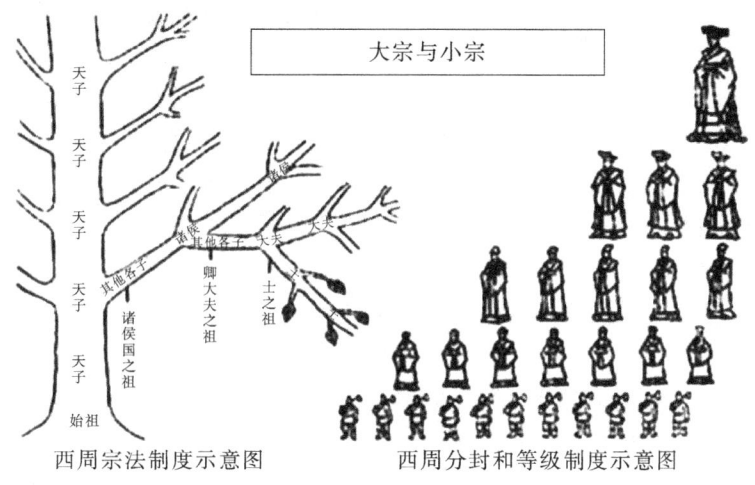

西周宗法制度示意图　　西周分封和等级制度示意图

（五）问题式板书

问题式板书，是指把教材中的主要内容编成一系列问题，按顺序列在黑板上，让学生对照问题阅读教材，然后通过师生的双边活动逐一解决，完成该课的教学任务。这种形式适用于学习积极性较高的学生。

上述几种板书形式，受历史知识特点和教学对象差异的制约，不可能是固定不变、普遍适用的板书模式。要求教师在设计板书时，必须注意它们的共性与个性的结合，发挥灵活性和创造性，设计出切合实际的板书形式来。

三、板书的设计

（一）精心构思，整体设计

精心构思，整体设计板书，可以有效地克服板书的盲目性、随意性带来的低质量、低效率的弊病，达到应有的教学效果。教学板书设计要书之有效、书之有方，讲求构思与设计。应做到：明确要求，书之有用；抓住重点，书之有据；精选词语，书之有度；确定形式，书之有格；排列先后，书之有序；留有余地，书之有节。这样，教学板书设计才能达到科学、精准、直观、易记的要求，真正成为提高课堂教学效率的有效工具。

（二）合理布局，主次分明

板书的布局，一般是由板面左侧至右侧而写，一侧写完再起笔时，应注意中间留一定距离使板面清晰。整个板书的主体部分（正板书）应置于板面的左半部或中部，并予以保留，使重点、难点突出，纲目分明，一目了然。其他演示、提示部分（副板书），可根据课堂需要暂时保留，也可放在板面的右侧，边写边擦，以保持教学内容的系统化与提要化。教师还可以运用色彩或字体大小的差异来强调重、难点，使主次分明，吸引学生的兴趣与注意。

巧妙运用彩笔教学,还有助于学生对历史知识本质的理解和牢固掌握。

(三) 书写讲解,有效配合

教学板书多是随教学进程由师生共同逐步完成的,所以,板书内容出现的次序和时间也需着意考究。太早,会觉得突兀;出现太晚,学生会觉得画蛇添足。只有当学生需要教师写的时候写出来,板书才能产生良好的效果。根据教学需要,有的板书内容可以先讲后写,以起到总结作用,加深学生对问题的理解;有的则要先写后讲,以起到提示作用,导引学生去追循教师的思路;而有的却必须边讲边写,以起到控制作用,可以吸引学生的注意力,激发学生的学习兴趣,使文本思路、教师思路和学生思路合拍共振。

(四) 条理清晰,虚实相生

教学板书的条理清晰,是指对在黑板上要书写的文字、图表、线条做出严密周到的安排,既要合乎书写规范,又要讲究格式行款,整个板书紧凑、匀称、协调、完整、美观、大方,具有很强的条理感和清晰度。虚实相生,就是对板书设计的内容进行艺术处理,即根据教学需要,使有的内容必须在板书中体现出来,而有的内容则通过省略号或丢空的办法使之隐去,让学生自己凭借教师的讲述去领会、去思考、去联想。这样,不仅可以节省教学时间,突出教学重点,而且,对提高学生思考问题的能力,启发和调动学生积极主动的学习大有裨益。

(五) 师生合作,共同参与

教学板书艺术是师生共同创造的结果,鼓励并吸收学生参与板书活动过程,有助于打破课堂板书由教师一手包办的局面。这种合作型板书是建立在充分调动师生双方积极性基础之上的,对于形成生动活泼的教学氛围、合作融洽的师生关系、发展学生的各种能力等都有积极作用。它有益于师生活动的默契及合作精神的培养,使师生分享教学板书艺术的成功与乐趣,进而达到思维共振和情感共鸣的境界。

第三节 多媒体与板书教学优势的整合

多媒体教学,是计算机信息技术与课堂教学相结合而产生的一种全新的信息交流的教学模式。随着多媒体技术在历史课堂教学中应用的日益普及,传统的板书教学模式也在发生着新的变革。任何一种教学技术都只是教学的一种手段,况且,传统板书与现代多媒体又各具优势和不足,这就要求我们在教学中不能偏废一端,只有将二者优势互补,才能充分发挥它们的各自作用,为营造一个既丰富多彩又切实有效的课堂教学氛围而服务。

一、多媒体教学优势及其体现

多媒体在历史教学中的优势在于能为课堂提供更为丰富的视听环境,使教学内容更加直观形象、生动活泼,具体体现在以下几点:

(一) 创设生动情境

相对于传统板书,多媒体所展现的色彩鲜艳的图画、悦耳动听的声音、生动活泼的画面等视听功效,为课堂教学创设了直观形象、富有趣味的学习情境,能让学生更快地融入逼真的历史情境之中,从而调动学生学习历史的兴趣。

(二) 进行知识拓展

由于多媒体教学比常规教学输出的信息量更大、更立体,因此拓展和丰富了教学内容,拓宽了学生的知识视野。同时,也可以节约课堂的录入时间,提高单位时间内传递信息的容量,增加了课堂的密度,拓展和深化了学生学习的深度和广度。

(三) 实现资源共享

多媒体教学可以实现教学资源跨时段、跨空间的课外共享。在多媒体课堂教学的课外时间,教师可将课件和电子教学素材拷贝提供给学生,或者挂在网上,使学生在课外的任何时间、任何地方都可通过网络登录进行辅助学习。资源共享,可以使多媒体教学的综合效应得到更充分的发挥。

(四) 展示作业成果

很多教师会布置一些预习作业帮助学生理解知识,在讲课时也会通过讲评预习作业巩固知识。对有代表性的作业,教师可以通过幻灯机或者扫进电脑制成课件在课堂上展示,这样的效果比教师手拿着展示、学生远远地观看要好,也会大大提高学生的学习兴趣和积极性,并产生不错的预习效果。

(五) 优化教学环境

多媒体教学为教师做好教学工作提供了一个崭新、方便和快捷的平台。在这个平台上教师可以反复地对自己的课堂教学进行组织、规划、试演、实施、总结、修改和完善,从而将自己的教学理念最大化地体现出来。再则,多媒体教学还可以减少教师传统板书时背向学生、粉末飞扬不利于师生健康的问题,从而优化了教学环境。

目前,多媒体已经被广泛运用于历史课堂教学,为更好发挥其教学优势,教师在设计和演示多媒体课件中,要坚持做到:形象性、系统性、简洁性、协调性、交互性和统一性。

> **观点讨论**:有人说:"教师只要有一支粉笔、一块黑板、一本教材、一张嘴,照样能上出好课。"也有人说:"今后随着多媒体教学技术的日益提高和普遍使用,就可以取代教师的教学了。"你认为以上两种说法对吗?为什么?

二、板书教学优势及其体现

与多媒体教学相比,传统板书教学更具灵活生成性,它能与各个教学环节严密吻合,可以有效地控制课堂节奏,也不受课前教学预先设计的限制,具有随机应变的优势。具体来说表现在以下几点:

(一) 逻辑严密,脉络清晰

好的板书设计是从文中选出关键性的词语,展示文本的内在知识逻辑,由此,学生能提纲挈领地把握知识体系。教师在讲解知识时,可以随着讲解的进程把逻辑关系写在黑板上,使学生对知识的结构脉络有一个整体的把握。另外,以板书形式呈现的知识的逻辑关系具有持久性的特点,可以较长时间保留在黑板上,对于接下去的教学环节也有铺垫作用。

（二）灵活机动，易于生成

板书的内容可以随着课堂活动的展开而随机增加，尤其是在课堂提问和讨论的环节中，学生会提很多问题，也会有很多精彩的发言。用传统的粉笔板书可以随时将学生的思维成果记录到黑板上，这比演示预先制作的课件更具有针对性、灵活性和生成性。

（三）简洁提炼，完整明了

教学板书的语言是经过精心凝练的语言"合金"，符号与图像也是精当节省的，既概括精练又准确适当，能够深刻反映教学内容的本质和完整明了的知识结构。

（四）书写示范，艺术熏陶

教学板书具有很强的示范性特点，好的板书是对学生一种艺术熏陶，教师在板书时的字形字迹、书写笔顺、布局技巧和书写态度、习惯动作等，往往成为学生模仿的对象。当教师挥洒一手漂亮的粉笔字时，学生一定会从内心深处生发出一股由衷的敬意，从而深切地感受到教师和文字的魅力。

> **观点讨论**：有人认为板书费时费力，不能保存和反复使用，且信息量也不大，在当今多媒体教学背景下应该取消板书。你认为板书该取消吗？为什么？

三、新课改背景下多媒体与板书教学优势的整合

新的历史课程标准指出：学生是学习和发展的主体。历史课程必须根据学生身心发展和历史学习的特点，关注学生的个体差异和不同的学习需求，爱护学生的好奇心、求知欲，充分激发学生的主动意识和进取精神，倡导自主、合作、探究的学习方式。因此，板书和多媒体两种教学手段的结合，应以激发学生学习兴趣、培养学生自主学习的意识和习惯、创设良好的自主学习情境为主要目标。在教学实践中，应充分整合二者的优势，提高课堂教学的有效性。

（一）用多媒体拓展知识，用板书理清思路

案例赏析

讲述《甲午中日战争》一课时，一边向学生播放有关甲午海战的视频，同时，利用板书归纳概括战争的进程，帮助学生理清思路，再加上教师对战争过程进行条分缕析的语言阐述，使板书所具备的逻辑严密、因果联系的优势，与多媒体的丰富直观结合，给学生留下了深刻的印象。

（二）用多媒体直观再现，用板书归纳整理

案例赏析

一位教师在讲解《享誉世界的手工业》一课时，先用课件展示了元青花缠枝牡丹纹瓶、印有青花瓷图案的奥运礼服、元青花鬼谷子下山图罐等生动的图片，让学生对新知识的学习产生浓厚兴趣和期待。接着，引导学生一边阅读课文，一边向他们展示了几幅反映不同

历史阶段水平和特色的瓷器图片,使学生对中国制瓷业发展演变的历史有一个系统直观的把握。而在归纳古代制瓷业发展特点的环节时,让学生结合制瓷业发展历程和提供的材料(如"一坯工力,过手七十二,方克成器",在18世纪的一百年间,输往欧洲的中国瓷器数量达到6000万件以上),从中分析归纳出我国古代制瓷业的特点。最后,师生共同概括提炼,将特点逐条板书出来:品种繁多、工艺精湛、分工细密、享誉世界。这种用板书记录分析归纳的过程,充分调动了学生的学习自主性。

(三)用多媒体展示作业,用板书解答疑难

案例赏析

在讲解《精耕细作的农业》时,教师可布置学生课前预习课文,要求学生根据课文内容提出相应问题,然后,教师从中精选出有代表性的问题用多媒体展示出来,并围绕其进行解疑答惑,同时将问题及答疑要点、关键字词、示意图等书写或勾画在黑板上,由此推进新课学习。

(四)用多媒体渲染情境,用板书记录发言

案例赏析

一位教师在讲《义和团运动》时,先向学生播放了有关义和团反帝爱国和愚昧落后思想的视频材料,如"廊坊、杨村狙击战"、"拆电线杆、火车道,毁大轮船,用迷信方术对抗西方先进武器"等,以调动学生的情绪。然后,教师在引导学生讨论"义和团的爱国是'真正的爱'还是'糊涂的爱'?"问题时,把学生的精彩发言用粉笔记录在黑板上,发言的学生很受鼓舞,其他同学也能在他们的启发下畅所欲言。教师只需稍加点拨,就收到了很好的教学效果。

总之,现代的多媒体技术和传统的板书教学并不是对立的矛盾体,二者的结合既是教学的需要,也是取决于二者的各自优势。教师如能将它们优势互补,历史课堂必将丰富而有实效,从而实现课堂教学效果的最优化。当然,在处理各个教学环节时如何使二者有机衔接,要根据具体问题合理设计,并在实践中细细琢磨、扬长避短。

本 章 小 结

在历史课堂教学中,要将各种传统和现代教学手段恰当运用其中,就必须要求教师深入钻研教材,合理选择使用直观教具,结合教具引导学生深入探究,加深对历史的理解,并结合教具之间的联系引导学生进行联想,培养学生的创新能力。板书是教师教学的"导游图",对一节历史课具有画龙点睛的作用,直接影响着学生对知识体系的理解和重点的掌握,所以,在恰当利用现代科技带来的多媒体视听效果的同时,重视板书的设计与应用,更能使历史课堂生动活泼。在历史课堂教学中,应充分整合现代多媒体技术和传统板书的各自优势,以提高课堂教学的切实有效性。

课后练习

一、名词解释

直观教具　多媒体教学　板书　关键语词式板书　表图示意式板书

二、判断改错

1. 具体化和形象化是形成各种历史概念的基础。
2. 艺术家构思加工的反映历史面貌的图画,即原始性历史图像。
3. 直观教具能激发学生的学习兴趣,所以,在历史课堂上应尽量多的使用。
4. 多媒体课件的界面要力求美观,画面色彩要丰富艳丽,文本内容详细。
5. 自主学习,就是教师只提供学习资源或资源途径,让学生自己学习。
6. 多媒体课件与传统板书各具优势,应该整合互补,而不能相互取代。

三、教学试练

请自选中学历史教科书中一段内容,设计15分钟模拟教学,要求运用直观教具、多媒体课件和板书。大家互相观摩,交流评议。

四、实践探究

结合所学内容,建议举办以下教学技能展示活动:

1. 教具制作展示(要求每生至少制作一种)
2. 板书设计展示(要求粉笔字规范美观、内容详略得当、结构布局合理)
3. 课件演示展示(要求包括文字、图片、声像等元素)

阅读参考

1. 金元山:《中小学课堂教学技能训练——中学历史》,当代世界出版社,2001.
2. 陈琳:《现代教育技术》,高等教育出版社,2006.
3. 朱汉国:《历史教学研究与案例》,高等教育出版社,2007.
4. 徐清忠:"教具在历史教学中的作用",载《教学与管理》,2003(1).
5. 胡嘉山:《历史地图阅读方法举要》,载《教学月刊》,2004(10).
6. 叶小兵:"国外中学历史计算机辅助教学的发展状况",载《课程·教材·教法》,1994(8).
7. 许燕装:"计算机辅助历史教学及CAI课件的开发应用",载《历史教学》,2000(6).

第十二章　历史教学语言艺术

导　语

如果说展示直观教具是向学生"再现"故人往事,为他们创设一个新奇的世界,开阔他们的视野和思维空间的话,那么,教师生动语言的讲述,则能叩启学生求知的心灵,引领他们走进古老神秘的历史,去感知遥远,消除陌生,体验历史学习的轻松与乐趣,收获历史知识的震撼与启迪。

思考与探究

❖ 新课程理念下历史教学语言的基本要求有哪些？
❖ 如何表现历史教学口语内容与口语形式的艺术性？
❖ 历史教师怎样运用得体的表语、体语来辅助口语教学？
❖ 历史教师如何展现仪表艺术？
❖ 历史教师主要通过什么途径强化语言能力？
❖ 优化历史教学语言要求教师必备哪些心理意识？

第一节　历史教学语言的意义与要求

语言,是教师从业的重要工具和手段,是教师的一项重要修养和基本功。以"舌耕为业"、"言传身教"是教师职业最显著的特点。教师语言表述的优劣,直接影响到学生学习的主动性与教学的有效性,关系到人才培养的成败。能说会道的教师未必教学效果好,但教学效果好的教师一定是口才好。优秀的教师总能将准确、流畅、有说服力的口语与传情、形象的体态语有机结合,为学生创造一个丰富多彩的课堂情境,通过学生视、听感官,在头脑中形成活生生的语言形象,直观化的语言形象对学生学习和掌握知识具有重要的作用。

一、历史教学语言的重要意义

历史教学语言,是历史教师引导学生认识历史及其发展规律的一种具有专业教育特点的语言。在历史教学中,教师语言讲授具有特殊的学科意义。

（一）历史学科特点的要求

历史是一门内涵丰富、外延广泛、系统性和综合性极强的人文社会学科。历史知识包罗万象,从古至今、从中到外,绵延几千年,纵横数万里。历史的这一时、空综合性,让历史课色彩斑斓、神秘而多变。历史教学是讲授过去的人和事、评述以往的是与非。在教学中,故人往事的"重现"、"复活",固然可以借助直观教具的演示来达到,但也仅能让学生对历史的认知停留在感性的表层面,只见其形而不知其性,只知其然而不知其所以然。错综复杂的历史线索、深奥难辨的概念原理和规律性的知识问题,都必须有赖于教师生动明晰的语言说明和讲解,才能脉络清透,才能引发学生对历史深层的感悟,才能激起学生思维活跃、增进知识、掌握能力、陶冶情操,从而完成历史教学的目标,发挥历史学科的育人功能。正像有人所说:教师的语言如同化学试剂中的催化剂一样,起着加速认识、理解、掌握历史本质的作用。

(二) 学生历史学习的需要

目前,中学生普遍存在着学习历史兴趣不高的现象,其原因固然有很多,但改变现状的首要问题,应该是教师在课堂上能够吸引住学生。因为,只有吸引住了学生,才能引导学生、教育学生。而要吸引学生,一个最直接有效的途径,就是教师讲课的语言要让学生"愿听"、"乐听"。雨果曾说,"语言就是力量",教师一句切理而动情的话语会激起学生学习的欲望、乐趣和信心;相反,学生的气馁、自卑和失望等,多半与教师的语言不当有关。语言是一种技巧、一种艺术、一缕春风、一份惬意,"它不是蜜,却可以粘住一切"。苏霍姆林斯基说:"如果你想使知识不变成僵死的、静止的学问,就要把语言变成一个最重要的创造工具。""教育的艺术首先包括说话的艺术、同人心交流的艺术,教师的语言修养在极大程度上决定着学生在课堂上脑力劳动的效率。"①可见,教师的"口才"在整个教学过程中的运用,不仅仅是一种知识教学艺术的展示,更是穿针引线、点拨激情、促发创新的生命体验的过程。

无需赘言,无论是历史学科特点的要求,还是学生历史学习的需要,都在强调历史课上教师语言讲授的必要性和重要性。当然,我们在强调教师语言讲授重要性的同时,必须谨防教学实践中两种极端倾向的发生:

一是,过分注重教师"讲",而忽略学生主体作用。在我国,传统历史教学是"一言堂"、"满堂灌"的注入式教学。在整个教学过程中,教师居于绝对地位,学生一切都听命于教师单方的"讲授"。课堂上,教师要么滔滔不绝,自顾"一吐为快";要么为活跃课堂,而精彩故事不断;要么照本宣科,紧扣教材圈重点、划作业。学生则要么疲于听、记,仍"一头雾水";要么兴致盎然,却收获不多;要么昏昏欲睡,倒落个"自在"。"言者谆谆,听者昏昏",学生个性被忽略,思维被压抑,成了被动的知识"接受器";"博闻强记"成了历史学习的代名词。这种教师单一的讲授方法,在新课程理念下自然遭到了众人挞伐。但这种教学现象却在如今的历史课堂上仍屡见不鲜,尤其是在高校师范生的教学实习以及初登讲台的年轻教师中更为普遍。

> **观点讨论**:你对教师"一言堂"的危害性是怎样认识的?自己在今后的教学中该如何避免?

二是过分注重学生主体,而忽略教师"讲"的作用。这是当前我们在批判"注入式"教

---

① (苏)苏霍姆林斯基:《给教师的建议》(下),教育科学出版社,1981年版,第289页。

学弊端、大力倡导探究教学法的背景下，一些教师在教学实践中走向另一种极端的教学现象。在这种历史教学的课堂上，教师的精彩讲解被教师预设的种种"提问"所代替，传统的"满堂灌"在这里摇身变成了"满堂问"，学生们整节课都在忙着读书和时刻准备应对教师的各种提问。表面看，课堂热热闹闹，似乎体现了学生的自主性和探究性，学生真正成了学习的"主人"，但一堂历史课只有提问而没有教师具体明确、逻辑系统的讲解，依然是难以保证学生完整准确的理解和牢固掌握历史知识的。

二、历史教学语言的基本要求

在历史课上，要确保教师发挥语言讲授作用，避免上述两种极端倾向的发生，必须遵循以下基本要求：

（一）精彩的"讲"

教师要做到精彩的"讲"，就要反对照本宣科、缺乏创新和探究意识；要根据课标要求、教材性质和学生实际，用丰富的历史细节内容作支撑，精心组织和设计教学语言；要注意恰当补充必要的相关信息和最新学术观点，以生动形象的讲解吸引学生，提升学生学习历史的兴趣，并在讲授中融进自己的理解和感受，"情之所钟，金石为开"。

（二）重点的"讲"

教师要处理好课堂上有限的教学时间与丰富的历史知识之间的矛盾，就要恰到好处地运用语言艺术，围绕中心内容进行有选择的讲。讲重点、解难点、说热点、谈焦点，详略得当，疏密有致。对一般学生难懂的要重点讲、详细讲，对学生熟悉的要略讲或不讲或让学生讲，避免"一言堂"、"满堂灌"。

（三）师生互"讲"

教师"讲"的最终目的是要将学生引进一个新的情景、一个探究的境界。"探究"就不是单方面的灌输，要尊重学生的主体意识，就要变课堂上的信息单向流通为双向或多向流通。教学语言是教师的独白语言与对话语言的有机结合，一堂课中独白语言与对话语言总是交互穿插进行的。在课堂上，教师要有意识形成师生之间、生生之间、学生与文本之间的对话氛围，要鼓励和激发学生大胆的发表意见和对问题的独特理解，要让学生在讨论中相互启发、相互促进，要让历史课堂变成师生互动的"学堂"、"讲堂"和"会堂"。

（四）多方法"讲"

任何一种教学方法都离不开教师的"讲"，否则便不能称其为"教学"。所以，教师的"讲"是渗透在各种教学方法模式中的，它不仅在叙述、描述、概述、阐述、讲解等方法中显示其独特的魅力，而且在讲读法、谈话法、讨论法、图示法等多种教学法和教学活动中，都要与其他教学手段有机配合发挥作用。

第二节 历史教学语言的艺术表现

历史课堂教学目标要求，教师要使自己的语言既能引起学生的兴趣，吸引住学生，又能帮助学生形成历史表象和历史概念,进而达到能够抽象概括出符合历史发展规律的理性认识,并在这一过程中得到学习方法和能力的提高、情感态度与价值观的教育。为此,教师必须对课堂教学语言进行综合的艺术设计。以下从教师的口语、表语、体语和仪表语四个方面来分述。

一、口语艺术

口语,即口头语言。口语艺术,就是口语规范的构成要素包括语义、词汇、语音和语法等艺术特征的综合体现,可概括为口语内容和口语形式两个方面。口语内容,就是指教师在组织教学素材和语句表达方式上要体现出历史教育的科学艺术性;口语形式,则是指教师的语音所表现出的情感与风格要凸显出生动形象的艺术效果。

口语内容 ——————— 口语形式 ·········→·········→ 口语艺术
（素材+语句）（语音+语调+语速+语气）

(一) 口语内容的艺术表现

1. 选择素材

美国教育家布鲁纳说:"学习的最好刺激乃是对所学材料的兴趣。"卢梭也说:"教育的艺术是使学生喜欢你所教的东西。"丰富的材料、充实的内容是产生情感的沃土。中学历史教科书由于受篇幅的限制,许多内容都是浓缩提炼后的简单概括,不免抽象枯燥,这就要求教师必须在课文内容的基础上给予必要的补充。而选用哪些材料来增加历史教师语言内容的科学艺术性呢?历史资源极为丰富,皆可就需而用。下面主要谈及三种素材的选用:

(1) 补充文献史料,以增添语言内容的历史感和真实可信度

真实可信是历史学科的生命,教师所言首要做到言之有史、言之有据。

① 史料的作用

史料,是历史的原始材料,是历史知识的直接来源,是以往历史的见证,是最富有说服力和可信度的材料。英国最早提出了史料在教学中的重要性。美国每年一度有"历史活动日",就是要充分运用史料资源,来激发学生对学习历史的兴趣和培养学生的能力。近年来,我国对史料教学也越来越重视,新编历史教科书增加了大量的文献史料,成为构成历史教学内容的最基本要素。近年的高考历史试题也为史料教学起了导向作用,为历史教师所关注。

教师语言引入史料不仅可以反映历史学科的特色,还可以增添语言的历史感和真实可信度,有助于学生近距离感受历史事件和历史人物的气息,激发学习历史的兴趣。丰富生动的史料深深吸引着学生走进了神秘的历史殿堂,它可拓展学生的视野和思维空间,也可改变陈旧的学习方式;教师引导学生参与收集史料,又有助于培养学生阅读、筛选、整理史料的能力,还有助于学生形成"论从史出"的历史唯物主义观点。

② 史料的种类

史料主要包括文献、实物、图片、音像、口述等材料。课堂教学受条件限制,则较多使用文献史料,即用文字记载的一切史料,如文书、档案、条约、法令、法典、决议、檄文、宣言、

布告、标语、借据、契约、凭证、铭文、题词等,还有当事人的回忆录、自传、日记,以及更具权威和理论指导作用的理论文献等。

③ 史料的选用

教师选用史料要依据讲授内容的需要,考虑史料的难易程度和学生的接受能力,要有重点、有针对性的选择使用。中学常用的史料可分为以下三种类型:

第一类史料,较简短浅显,本身含意明确,不需教师过多分析,学生一听便明,适合初中学生选用,其作用主要是增加教学内容的真实性和历史感。

案例赏析

讲述"第一次世界大战"中日本侵占中国山东时,可引用日军在山东平度张贴的布告:"一、妨碍日军一切行动者处斩; 二、切断或倾损电线者处斩; 三、拘送上述罪犯或指明告密者重赏; 四、知罪不举、窝藏匪徒,邻居乡保皆从重治罪; 五、如某村有一人犯罪,该村人民尽行处斩。"

——从这张布告中,学生可以清楚地看到日本侵略者的凶恶和残暴,教师对之稍加指点即可达到教学效果。

第二类史料,需要引导学生进行全面分析,并得出正确的结论。此种史料对培养学生"论从史出"的历史唯物主义观点十分有益,对高中生可较多使用、初中生可适当引用。

案例赏析

讲"九一八事变和抗日救亡运动的兴起"时,教师可先后引用下面四段史料让学生分析思考:

材料一:九一八事变时,蒋介石说:中国"枪不如人,炮不如人,教育训练不如人,机器不如人,工厂不如人,拿什么和日本打仗呢?若抵抗日本,顶多三天就亡国了。"

材料二:政府现在既以此案诉之于国联行政会,以待公理之解决,故以严格命令全国军队,对日避免冲突,对于国民亦一致告诫,务维持严肃镇静之态度。

材料三:1931年8月22日,蒋介石在南昌讲话说:"中国亡于帝国主义,我们还能当亡国奴,尚可苟延残喘;若亡于共产党,则纵肯为奴隶亦不可得。"

材料四:1931年10月,国民政府密使许世英赴日本谈判。许世英代表蒋介石声称:"如果日本能担保中国本土十八省的完整,则国民党可同意向日本……让出东北。"

——通过以上四段史料,引导学生得出"九一八事变"以后蒋介石实行的是不抵抗政策的结论,还可以分析出蒋介石为什么要实行这一政策的原因。

第三类史料是综合概括性的,这种史料多适用于高中学生,它要求教师在学生理解的基础上,进一步培养学生对史料的比较、概括和归纳能力,以达到"以史启智"的目的。

案例赏析

在讲到卢沟桥事变爆发第二天史实时,可引用中国共产党发表的《中国共产党为日军进攻卢沟桥通电》:"全中国的同胞们!平、津危急!华北危急!中华民族危急!只有全民族实行抗战,才是我们的出路!我们要求立刻给进攻的日军以坚决的反攻,并立刻准备应付新的大事变。全国上下应该立刻放弃任何与日寇和平苟安的希望与估计。"

——这条史料说明，中国共产党在卢沟桥事变爆发第二天就向全国人民呼吁"全民族实行抗战"；并警告"全国上下应该立刻放弃任何与日寇和平苟安的希望与估计"，表明了中国共产党坚决抗战的态度。

④ 补充史料需注意的问题

一要选择真实、典型的史料。梁启超说："史料不具或不确，则无复史可言。"引入史料也不可断章取义，为我所用。

二要围绕教学重点难点补充。引用史料只是一种教学的辅助手段，因而不可滥用，不可凭个人兴趣或为炫耀、或不忍割爱而旁征博引，导致影响教学进度，加重学生负担。

三要对生僻难懂的文言字词加以说明和解释，以达到学生真正理解。引文最好用原文格式或用古文体板书出来，会更凸显原色原味，增添历史情趣，也有利于学生熟识文言古字，对课外阅读史籍很有帮助。但不可强求学生背记，否则增加学习负担。

四要依据学生年龄特点和知识接受能力，难易繁简适当。初中生适宜较简单明了的识记史料；高中生则应偏重于理解分析、综合概括类的理论性较强的史料。

五要注意史料原文的政治思想性。任何文字史料都打上了作者的时代、阶级和主观局限性，选用时要鉴别真伪、谨慎对待，以免给学生造成负面影响。

六要关注乡土史料和最新考古信息的补充，这样能增加教学内容的亲切感和新鲜感，激起学生的学习兴趣，加深对知识的理解，培养爱家乡、爱文物的历史情感。

(2) 引用外文资料，以增强语言内容的新奇感和准确度

实践证明，在历史教学中，根据教学内容的需要，恰当引用外文资料，有助于增强教学的新奇感、历史感和可信度，有助于开阔学生的知识面、认识世界文化的多元性。人教社2001年出版的世界近现代史等系列高中教科书在建国后首次附录了"部分中英文词汇对照表"。近年来历史高考命题中也出现了英文材料的试题。可见，引用外文资料教学，是历史本身的要求，是时代发展的趋势，也是历史教师必备的一项语言基本功。

① 外文资料的作用

一是有助于提高学习世界史的兴趣，增进对历史知识的认识和掌握。

案例赏析

例如，讲述"帝国主义之间的矛盾和第一次世界大战"的内容时，可以引出第一次世界大战中出现的新式武器的英文名称及其相关趣闻，如飞机(plane，最初在空中用石头和标枪等互相攻击)；坦克(tank，原义为水柜，因其外形与之酷似)等。这样既增添了趣味，又加深了印象，牢固掌握了历史知识。

二是有助于正确解释历史概念和历史现象。

案例赏析

例如，讲授1899年德国的"米勒兰入阁案"事件时，考茨基提出了所谓的折衷决议，使入阁"合法化"。历史上将这个态度暧昧、缺乏原则性的决议叫做"橡皮"决议。巧合的是，考茨基的德文名字Kautsky与德文"橡皮"Kautschuk的前半部分恰好相同且谐音。教师

若将它们分别板书和读出来,并加以解释,学生便会在笑声中加深对史实的理解和记忆。

三是可消除异译带来的概念疑惑。在世界史学习中,往往会碰上同一个词有不同译名的现象,给学习带来了许多的麻烦,但只要教师引出原文并加以解释,便可迎刃而解。如"希伯来人"又称"哈比鲁人",原因是它们分别来自两个不同的字源 Hebrew 和 Habiru 的翻译而得的。

四是可理清历史知识的渊源关系。在世界历史上有些词汇相互之间有着字源关系,教师若加以引用可以帮助学生掌握系统的历史知识。

案例赏析

例如,古罗马帝国政治家、军事家儒略·凯撒(Julius Caesar),其名对后世影响广泛,如被后来神圣罗马帝国皇帝继承,德皇就称为"凯撒"(Kaiser);俄国皇帝从伊凡四世开始自称"沙"(Czar 或 Tsar),也是 Kaiser 一字的转音。他们都标榜自己是古罗马统治的继承者。屋大维继承凯撒后,则自称奥古斯都·英帕拉托(Emperator),意为第一公民,后来便成为帝国(Empire)、皇帝(Emperor)、帝国主义(Imperialism)等词的由来。

② 外文资料的引用

在历史教学中,可引用的外文资料一般有重要历史人名、地名、国名、固定词汇、短语及名言警句、中外关系史资料以及外国人对中国历史的评价等等。

这里所说的外文资料包括英语和非英语国家(如波斯、希腊、俄国、日本、印度、韩国、越南等)民族语言资料。另外,需特别强调的是:在讲述我国少数民族(如契丹、女真、西夏、蒙古、满族等)历史时,也可以根据教学条件和需要,适当引用这些民族的语言文字资料。这些来自民族本土的语言文字,都承载着该民族丰富的历史文化,在课堂上恰当的引用可以更直接、真实地"再现"历史的原貌。由此,教师要尽自己所能,哪怕是对一个国家、一个民族只字片语的"现学现卖",只要有利于学生学习和掌握历史知识,就该努力从全方位、多渠道调动一切可以调动的教学资源,去展现一个真实、具体的故国民俗风貌,引领学生"身临其境"的感触风格不同的异域风情,帮助学生形成全球"大文化"观与民族多元和谐文化的意识。

当然,教师要根据内容的需要和学生的接受能力,有选择地适当引用和补充,万不可乱用滥用。此外,在引用外文资料时,若涉及我国的地名,应直称通用名,如,不能将香港说成 HongKong,更不能说成是维多利亚 Victoria。

(3) 穿插文学作品,以提升语言内容的感染力和思想教育度

文学作品能否在历史教学中运用,一直是一个有争议的问题。章学诚说:"文士撰文,唯恐不自己出;史家之文,唯恐出之己。"① 这是历史语言与文学语言最根本的区别,也成为历史教学中使用文学作品的争议所在。

① 文学作品的历史作用

毛泽东曾说:"作为观念形态的文艺作品,都是一定的社会生活在人类头脑中的反映

---

① 章学诚:《章氏遗书》卷14,北京文物出版社,1985年版,第346页。

的产物。"文学作品虽高于生活,但毕竟源于生活,我们从中可以看到现实生活的状况和历史活动的影子。在我国,自古"文史相通",先秦时的哲学、历史、诗文等著作都统称为文学。传由孔子选编的《诗经》因收集了《伐檀》、《七月》、《硕鼠》等具有很高历史价值的歌谣,使之成为研究西周和春秋社会的珍贵史料。巴尔扎克的《人间喜剧》是著名的文学作品,但恩格斯对其历史价值却给予了很高的评价:"巴尔扎克……在他的《人间喜剧》里,给予了我们一部法国社会特别是巴黎'上流社会'的卓越的现实主义的历史……从这部历史里,甚至在经济的细节上……我所学到的东西,也比从当时所有专门历史学家、经济学家和统计学家全部著作合拢起来所学到的还要多。"托尔斯泰的《安娜·卡列尼娜》对俄国19世纪农奴制改革后的上流社会和下层人民生活有形象的描绘,对此,列宁说:"对于一八六一年~一九〇五年这一时期很难想象出比这更恰当的说明了。"可见,文学作品对帮助人们认识历史的价值作用之大。

文学是历史的产物,必有历史的痕迹,自然也成为史学研究的重要材料,当然也就可以作为历史教学的素材加以引用。再说,文学作品的表述形式不拘一格,刻画人和事细致入微,语言生动形象、浅白通俗、引人入胜。在历史教学中穿插适度的文学作品既能形象地再现历史场面,又能增强语言的艺术魅力,引起学生充分的想象,培养形象思维能力。同时,通过作品的褒与贬,激发学生的爱憎之情,达到思想教育的目的。

② 文学作品的引用

反映历史的文学作品种类有很多,内容也很丰富。从题材上来分,有诗词、民歌、谚语、剧本、小说、传记和报告文学等。就其完成时间,有当时人,也有后人所写。就其史料价值来说,有的是极为珍贵的史料,如《诗经》和《荷马史诗》,分别是研究中国商周时期历史和公元前11世纪古希腊历史的重要材料。另外,还有一些是以历史题材写的有较大艺术夸张和虚构的作品,如古典小说《东周列国志》、《三国演义》以及世界名家雨果的《九三年》、狄更斯的《双城记》等等。在教学中,一般对于短小的文学作品可直接引用,对篇幅较长者可融在讲述史实的过程之中。

案例赏析

如讲南宋历史,为揭露统治者荒淫腐化,只图偏安江左,不思收复北方失地,可向学生朗诵南宋诗人林升的诗句:"山外青山楼外楼,西湖歌舞几时休;暖风熏得游人醉,直把杭州当汴州。"在讲到南宋抗金名将岳飞惨遭奸臣秦桧毒手时,为表达人民对岳飞的怀念和对秦桧的愤怒之情,可引用两副对联,"青山有幸埋忠骨,白铁无辜铸佞臣"、"人从宋后少名桧,我到坟前愧姓秦"。接下来,教师为表述广大南宋人民渴望收复故土的心情,又可引用陆游的《示儿诗》:"死去原知万事空,但悲不见九州同;王师北定中原日,家祭无忘告乃翁。"

——通过鲜明对比的两首诗、两副对联,生动逼真地表现了统治者与人民、忠臣与奸臣两种不同的历史形象,寓意丰富。

引用文学作品要注意以下几点:一要围绕教学目的,选择有代表性的作品或片段,使目的性与思想性相结合;二要注意科学性和真实性,尤其是带有较多虚构成分的作品,一定要辨别真伪;三要难易长短均取决于学生的实际能力;四要教师平时多注意阅读一些文学名著,选读一些优美的诗词散文,多吸收其中精美的词句和抒情手法,将能为历史课堂构建一个生动可感的历史场景。

2. 语句表述

教师将精选的教学素材转化为既合乎语法逻辑又富于教育特性的语句,这是进行口语艺术设计的关键一步。一般来讲,教师的课堂口语,既要有书面语言那种准确、简括、规范、条理的严谨性,用来讲授概念、定义、结论等;还要具有口头语言那种平实、自然、亲切、活泼的趣味性,用来具体讲解史实、阐明事理、组织教学、解疑答问、启发诱导、指导学习等。归纳起来,历史教师的语言表述要做到以下几点:

(1) 准确严密性

历史教学的科学性原则,要求教师对历史概念的解释、历史过程的讲述、人物生平的介绍、历史问题的分析、历史经验与教训的总结、历史规律的揭示等,都要力求字斟句酌,做到准确无误而严谨。注意"三不可":一不可用词混淆、主观臆造、歪曲颠倒。如西欧有国王,所以称"王权",中国古代有皇帝,故称"皇权",一定要分清使用。二不可妄溢文采、虚构夸张,因美辞而害意,不要"言峻则篙高极天,论狭则河不容舫,说多则子孙千亿,称少则民靡孑遗"。如宋元以后才有炮火,若讲此前战争信口而说"硝烟滚滚"、"枪林弹雨"、"炮声隆隆"等形容词就显然不对。评三国诸葛亮也不能说"他能呼风唤雨、神鬼莫测",说"周瑜火烧赤壁,熊熊烈火映红山河,滚滚浓烟遮住日月,曹操的百万大军葬身火海"。如此以野史、传说、演义代替信史,以虚幻、玄想、神话代替真景,有损历史的严肃性。三不可用"或许"、"大概"、"可能"等模棱两可的语言。避免语言含混不清,颠三倒四,甚至前后矛盾,如电影中的"蒙太奇",使学生摸不着头脑,抓不住中心,听起来腻烦乏味。

(2) 简洁清晰性

简明扼要的语言富含智慧,"含金量"高,且有美感,有助于学生对知识的接受、整理和记忆。有关研究资料表明:教师一口气说出 5~9 个意义单位构成的句子时,学生大约可在 5 秒钟保持有效的记忆。而过长的句子,句意不能完全进入学生的意识里,注意力就会分散。恩格斯说:"言简意赅的句子,一经了解就能牢牢记住、变成口号,而这是冗长的论述绝对做不到的。"历史知识的综合性、课堂教学时间的有限性以及对学生综合概括能力的目标要求,都需要教师对课文内容进行整理与提炼,做到简练干净、提纲挈领、字少语精、要言不烦。清晰是历史教学语言的基石,教师的语言表达要做到解释清、口齿清、思路清、线索清。只有清晰的知识才是系统的、有结构的。教师展示给学生的知识应该是具有联系性和特定性的"一串葡萄",而不是散乱在地毫无头绪和关联的"一堆豆子",或者是杂乱无章的"仓库",尽管里面什么都有,但什么都找不到。概念不清、线索不清,就无法使学生对史实产生正确想象、形成清晰表象,进而掌握准确而系统的历史概念。

教师简明清晰的思路和讲解,首先,教师基于对教学内容的熟悉把握。只有对内容有了充分的肯定和自信,才能使思路井然有序,讲述条分缕析,语言也就自然流畅、触类旁通,对知识的过渡转折、比较联系也就能上下一气、浑然一体。反之,思路混乱,语言必然不清。心明,言则明。其次,教师要注意讲究语言技巧。语言中可常用追补语(又叫插语,穿插事例或知识)、引导语(引导思路和方法,如"关于这个问题,同学们想一想是否还有其他解决办法?")、商讨语(引发诱导,如"我来解释一下这个概念,你们看是不是很合适")

等。语句不多,但可以引发学生主动思维,还可反馈学情,及时调整和控制教学活动不偏离目标而有序进行。再次,教师要注意净化语言"杂质","丰而不余一言,约而不失一词"。避免表达的随意性和俗言俚语,或附加"这个"、"那个"、"啊"、"嗯"、"呀"等令人生厌的语病,或者是毫无意义的重复。教师讲述重、难点时,为让学生准确听记,适当重复是有必要的,不过最好换个角度和说法,如原话说"孟子和荀子是齐名的",则应改为"孟子和荀子在当时有着同样崇高的社会地位"。这样,语言就会更加活泼明朗。

(3) 通俗幽默性

通俗,就是平实朴素、自然晓畅。如果言语晦涩艰深、佶屈聱牙,或者故弄玄虚、华而不实,都会让学生云山雾罩不得要领,还势必造成他们的听觉疲劳和思维负担,阻碍对知识的理解和掌握。所以,教师要将教材或教案中的书面语适当变为日常生活中易听好记、生动活泼的口头语,既质朴平易又充满哲理,做到"文而不丽,质而非野,使人味其滋旨,怀其德音"。口语化意味着通俗,有人说:"深入浅出叫通俗,浅入浅出叫庸俗,深入深出犹可为,浅入深出最可恶"很有道理。教师语言要做到通俗而不失于肤浅,口语化而不失于累赘;通俗不等于低俗、庸俗,口语化也不是满口毫无文采的大白话,语言过于浅白,低于学生的接受能力,会使学生索然无味、听之扫兴,从而减弱学习的积极性。

案例赏析

请你对比下列书面语与口头语在表述效果上有什么不同?

书面语——英国通过《南京条约》中所攫取的权益,引起了美、法等国的垂涎。

口头语——英国通过《南京条约》中所捞到的好处,使美、法等国也流出了口水儿。

书面语——日军进攻旅顺,丁汝昌要求全力救援,李鸿章不许,命他坐守威海卫港内保船。

口头语——李鸿章说:你好好看着那几条船,其他没你的事儿。

教师语言要做到口语化,切忌照本宣科、机械呆板地读教材或念(背)教案,尤其是新教师更要注意这一点。那种背诵讲稿式的讲课听起来食而不化、味同嚼蜡,而且会失去教师在学生中的威信,学生听时替老师担忧,唯恐老师背不下来;调皮的学生等着看笑话,至于教师究竟讲了些什么,反而被大家忽视了。

"幽默"的英语原文是 humour,意为"动植物起润滑作用的液体"。教师如能在教学语言的"齿轮"中注入幽默这一润滑剂,必将使这盘教学的机器转动得更迅速、更欢畅。诙谐幽默的语言,既生动有趣又形象富于哲理。历史教学中,教师一段有趣的史料、一段幽默的故事、一个诙谐的比喻、一句嬉笑的怒骂,亦庄亦谐,既弥补了教科书趣味性的不足,又渲染了课堂气氛,在给学生引来会心一笑的同时也送去了一种启迪,让学生在轻松愉快的氛围中接受知识。

幽默是教学的一种手段而不是目的,幽默是艺术而不是廉价的调料,高品位的幽默,是教师为人师表的人格优势和语言艺术嫁接的产物。正如列宁所说,幽默"是一种优美的健康品质",莎士比亚说"幽默是智慧的火花"。历史教学不是说评书、讲演义,也不是演小品、说相声,更不能插科打诨、荒诞滑稽,要做到通俗而不粗俗、幽默而不油滑、风趣而不夸虚、自然而不做作,恰如其分,和谐统一。

案例赏析

巧用反语——鞭笞王莽:"可叹这位新朝皇帝,做梦也没有想到会做杀猪刀下之鬼,从而创造了一项牢不可破的世界纪录。"

巧用谐音——嘲笑魏忠贤:"我看不如就叫'未忠贤'(板书),此人真是没有一点忠贤可言。"

巧用名字——讲苏丹马赫迪反英大起义,曾镇压中国太平天国运动的英殖民头子戈登被起义军用长矛刺死,教师诙谐地说:"戈登,戈登,长矛一刺,四脚登天。"("戈"在古汉语中有"长矛"之意)

(4) 情感教育性

列宁说:"没有人的感情,就从来没有也不可能有人对真理的追求。"在人类历史上,任何一种活动都是受人的思想支配的,这就必然赋予历史以丰富的情感元素;历史教学也是一个师生情感互动的过程,对历史的评判、对学生的引导,都使教师的语言必然带有感情色彩。所以,历史教学自然要担负起对学生进行情感态度与价值观的教育,实现历史课既教书又育人的整体功能作用。

① 巧用言辞,以情动人

教师要善于挖掘史料中的情感素材,以饱含激情的讲述,充满睿智的技巧,引起学生心灵的共振,激起学生求知的欲望,荡起学生恨的波涛、爱的涟漪,从而远离丑恶、亲近楷模,树立人生的高雅志向。

案例赏析

某教师在讲到李自成杀死鱼肉百姓、横行暴虐的福王朱常洵时,用了一个"宰"字,而紧接着,清兵入关,地主武装杀死李自成,则用了一个"害"字。

——仅此二字,褒贬之意、爱恨之情寓于其中。

② 抓住契机,适时引导

在教学中,教师要表现出较高的教学机智和艺术技巧,要抓住一切可能的历史教育契机,给予适时引导。

案例赏析

有位教师在讲到科技发明时,忽然叹了口气说:"唉!又是以外国人命名的!"课堂顿时鸦雀无声,看到老师沉重的表情,学生也一个个被感动了。

——这种看似不经心的激励,要比一大篇报告好得多。

③ 言传身教,为人师表

古人云:"感人者,莫先乎情。"在教学活动中,教师对学生进行情感教育,首先要用真情实感去打动学生,育人必先育己,感人必先感动自己,情真才能意切。其次,教师不能以旁观者的态度、客观主义的交待,而应是历史的"参与者"、"经历者",应有鲜明的政治立场和饱满的阶级感情,要积极健康有正义感,爱憎要分明。第三,要防备脱离史实的简单、空洞的政治说教,要注意历史的审美价值和生命的体验。要顺乎情理,实事求是,讲理论不夸张、不回避，以情感人、以理服人。第四，教师要以自己的人格魅力影响感化学生。乌申斯基说："教师个人的范例，对于青年人的心灵，是任何东西都不可能代替的最有用的阳光。"教师对生活的追求、对人生的态度、对知识的渴望以及脾气性格等，都会对学生产生潜移默化的影响。教师对学生的一句鼓励、一句询问、一声安慰、一声赞许、一个评价、一个提醒……都暗含着某种教育。上海一名校教师课堂上提问学生，每遇学生答不上来，他便向学生说声："对不起，请坐。"回答不上的学生非但没有遭到一顿训斥，反而得到教师的包容和尊重，其内心涌动的自然就是一份愧疚和感激、一次难得的自省和自励。教师这种宽人责己、尊生重教的师德风范，又何尝不是对在座的每位学生的一次意味深长的情感教育呢？师生感情相容，双方易成默契；若有隔阂，必有芥蒂，学生不仅抵触教师，还会抵触教师所教的课，这对学生的学习是极为不利的。

（5）现实探究性

历史是现实的一面镜子，学史明智，鉴古察今。历史对现实的启示比比皆是，如对形势的分析、利弊的审视、兴衰得失的原因、政治主张和社会改革成败的思辨等，都需要教师运用语言艺术在历史与现实之间架起一座桥梁，使学生真切地感受到学习历史的价值所在。

① 教师要善于以古论今，引导学生通过对历史的考察，为现实问题寻找依据。

案例赏析

一位教师在讲唐朝由盛转衰的历史时，为引发学生探究思考，向学生提出了启发性问题：请以唐朝为例，说明江泽民同志所指出的："在中国历史上虽然也有励精图治的皇帝、清正廉洁的官吏，但历代统治阶级根本不可能解决腐败的问题。剥削阶级从本质上是同人民根本利益对立的，历代王朝的覆灭都是同政权腐败分不开的。"这个观点的正确性。

——此问题的设计符合当今我党"反腐倡廉"的时代主题，把反腐倡廉与历代统治者的"治吏"有机切入实施教学，培养了学生以古论今的分析和解决问题的能力。

② 通过历史的归纳与分析，追溯某些现实问题的历史缘由。如通过对中国古代科技"实用性"、"整体性"、"直观经验性"等特点与不足的分析，可帮助学生了解中国近代科技迟滞的原因和今天提出科教兴国战略的正确性。

③ 历史知识就是以往历史经验教训的结晶，所以，教师要在教学中时常强调以史为鉴、古为今用的思想意识。如历史上的改革与开放给我们带来的启示和历史人物的成长经历对学生人生观、价值观的形成与影响等，都是可资借鉴的绝好素材。

④ 联系学生生活中熟悉的事情，加强对历史知识的理解。如教师讲到古代官职"宰相"时，可说：其职务范围大致相当于现代的"总理"。这样由远及近进行类比，清楚明晓。但进行这种联系对比，要注意点出它们之间本质的不同，否则，就会造成历史概念的混淆。

⑤ 教师的语言要凸显出新思维、新观点、新素材、新名词等。教师的语言要具有民主性和开放性，要能激发并鼓励学生发表不同见解，展开批判性思维，这既是克服教科书观点相对滞后的弊端、发挥历史服务现实功能的需要，又是打破长久以来学生迷信教科书、崇拜师训的思维定势，这是教师实施创新教育的必然要求。教师要注重培养学生树立"我爱我师，我更爱真理"科学理性的学习精神。

⑥ 联系现实注意两种倾向：一不牵强，要根据教学内容的需要，做适当的引伸和点拨，不做简单类比，不牵强附会乱拉关系，更不能抛开教科书讲时事；二不轻视，历史印证着现实，现实诉说着历史。在教学中，教师要从历史与现实两个角度去分析问题，引导学生真正理解历史学科的现实价值并从中受益。

总之，历史教师要有关注现实社会的意识和关注人类命运的境界，只有这样，才能从现实生活中敏捷地捕捉到历史的印痕，进而从纷繁的历史中理出连结现实的根脉。

（二）口语形式的艺术表现

口语形式，顾名思义是口语内容的外化特征，即将无声变为有声语言的表现艺术，或称为发音艺术。

美的语言不仅有丰富的内涵，还讲究生动的外部特征。语音纯正、声调高低、语速快慢、语气轻重，是打动和感染学生的直接因素。教师讲出的话不仅要闻之有声，还要感之有气，否则，纵使内容有多么的丰富多彩和生动有趣，讲出的课也只会干巴枯燥，索然无味。其实，教师的语言内容要做到准确规范、生动形象、逻辑严谨并不难，因为，它完全是在教师单方面备课中一厢情愿完成的。而要把它拿到课堂上与学生直面交流，能否产生好的效果，则是另一回事。也就是说，教案写得好，不一定讲得好；"肚子"里有，不一定能"道"得出来。艺术化的口语，最终还是要借助艺术化的"声音"来达到。苏联教育家马卡连柯说：我是在直到学会用15种到20种声调来说"到这里来"的时候，学会在脸色、姿态和声音的运用上能做出20种不同情调的时候，才成为一个真正的教育能手的。所以，他认为："同样的教学方法，因为语言不同，就可能相差20倍。"夸美纽斯也说过：一个能够动听地、清晰地教学的教师，他的声音该像油一样浸入学生的心田，把知识一道带进去。可见，教师口语形式艺术的强大魅力。

历史教师的口语形式，是由语音、语调、语速、语气等多种元素有机综合的艺术体现。

1. 语音

语音是借助于发音器官的运动，是传递信息、表达语义的外在形式。音准和音质是其主要内涵。

（1）音准

音准，即指教师吐字清晰、读音标准。这既是历史知识准确规范的特殊要求，也是传递认知信息的必需。为此，一要教师坚持用普通话教学，力求口齿清晰、字正腔圆。教师除特殊的教学需要外，要避免使用方言土语、南腔北调、文白夹杂、中外混用的语言。二要分清古今字词读音。教师在备课中对拿不准的古字词一定要认真查对核清，准确解其意、标准读其音，并提醒学生牢记。

案例赏析

例如，讲解"唐蕃'和同为一家'"时，若把"吐蕃(bō)"读作(或写成)"土蕃(fān)"，意思就大相径庭。因后者是指某一地方的少数民族，而"吐蕃(bō)"是唐朝对青藏高原上藏民族及其政权的汉文译名的称谓。

再如，有位教师讲到"倭(wō)寇"一词时，将"倭(wō)"与"矮(ǎi)"不分，并依据自己的想象和理解信口说：因日本人个子"矮"，所以称为"倭(ǎi)寇"。这就不能向学生传授准确地知识。

(2) 音质

音质,又称音色,指教师声音的清纯度。声音圆润洪亮,能产生听觉的美感,尖声尖气、撕裂沙哑、含混不清的声音,犹如噪音,不仅难以清晰准确地传递知识,也会使学生产生情绪烦躁和听觉疲劳,给学生学习带来不利影响。音质多来自先天因素,但也需要后天养护、训练和美化。教师应将保护嗓子当做是职业的首要责任来对待。

2. 语调

语调,是指讲课时利用声音的高低、轻重来实现语言表情达意的腔调。教师声调高低的标准,应以在教室的每一个角度都能听得清并较舒适为准。

教师语调要适度均匀、高低和谐,高不刺耳、低要入耳,切忌滥用高音和强音,以免出现劈音而造成尴尬或笑场。声调太高,吵吵嚷嚷,对学生过强刺激,大脑易疲劳,难以保持注意力;声调太低,学生听起来费劲吃力,易产生倦怠。教师还要避免语调忽高忽低、大起大落。有的前半句高后半句低,听的多是半截话,让学生捉摸不定而情绪烦躁。当然,拿腔作势、油腔滑调、"舞台腔"、"播音腔"、"打官腔"、"训话腔"等,更是教师语言的大忌。总之,教师的语调要柔和优美、自然亲切,要随教学需要富有变化,一般在强调重点时用较高音和重音,非重点时则用中低音和轻音。

3. 语速

语速,是指语言表述的速度,即单位时间内通过的词汇流量。强调教师语速,既是清楚传递信息的要求,又是教师情感抒发和组织教学的必要。

教师应根据教学内容和学生听课情绪来控制和调节语言速度。高潮与低潮相间,速度时驰时缓,这是将历史课讲"活"的关键。一般陈述历史进程、非重点难点,语速宜轻快;讲历史结论、重点难点,语速宜慢,语气加重,甚至一字一句吐出来。教师的语速应与学生大脑的信息反馈速度相适应,要让说出的字字句句都能让学生听清、捉住,并输入大脑,形成概念图像,再现历史情境。一般情况下,教师的语言宜慢不宜快。太快,学生大脑对信息处理不及时,易造成信息积压、遗漏或发生误差,听课吃力而生消极情绪;太慢,则不仅浪费时间易拖堂,且使学生精神不振、思维不活,从而降低听课兴致和效果。

停顿,是教师在课堂讲授中常用的语言表现形式。停顿的位置及其间隙的长短饱含着丰富的内容,其妙用之处往往能产生"此时无声胜有声"的艺术效果。如教师启发学生探究问题时,在向全班学生提出问题后,就要停顿片刻留给学生思考时间,引而待发;有时则是一种情感抒发的需要;有时课堂上遇到学生听课情绪欠佳,萎靡涣散,教师也可采取适当停顿,刺激学生振奋精神、集中注意力。

案例赏析

如教师讲道:"离斯巴达克只有一步远的地方,七八只投枪一起向他投来,刺中了他的背部。"停顿片刻,然后低沉、缓慢而饱含感情地说:"他倒下了……"此时,学生的情绪被感染,他们凝神、屏气、低微地叹惜……教学收到了很好的效果。

4. 语气

语气,是体现教师立场、态度、个性、情感、心境等起伏变化的语言形式。语气是具有综合性和多样性的。从表达句型来说,有陈述语气、疑问语气、感叹语气、祈使语气;从表达内容来说,有表情语气、表意语气、表态语气;从表达方式来说,有叙述、描写、抒情、议论、说明等不同方式的表达语气。语气恰当,才能生动准确地反映讲话者的本意。

历史教师要善于配合教学内容赋予语言不同的语气变化,以不断转换和强化学生的兴奋中枢,要让课堂氛围像交响乐一样达到韵律和谐的情景,或高亢激奋,如奔腾的江河汹涌澎湃;或舒缓徐曼,像涓涓溪流自然流畅;或豪情酣畅,如万丈瀑布一泻千里;或娓娓诉说,宛若月光下的湖水空灵澄澈……使学生"听其言,而得其意境"。富于情感化的语气不仅是一种说服力,而且更具有动人心魄的感召力。一般讲声势浩大的群众运动、革命斗争,当激昂慷慨,铿锵有声;讲奸臣统治,百姓受苦,可音律低沉、声音凝重,如闻唏嘘之声;叙述情节曲折过程,应有强弱节奏,轻重音符巧作安排;介绍重要的历史概念,引用千古名句,则要语气加重,一字一句吐给学生。教师要情动于衷,以言传情,由己达人,感染学生。但不可自我陶醉,或喜不自胜,或抽泣不止,或咬牙切齿,或声嘶力竭。看似情真意切,实际是一种感情的泛滥。关键要把握好度,才是艺术。

案例赏析

讲"南昌起义"的爆发时,教师可做以下语气处理:

(满怀激情地说)"同学们,1927年8月1日——这个伟大的时刻来到了!"(讲至此,稍停顿,然后放低、放慢声音悄悄地说)"这一天,子夜刚过,当时针指向两点,'当,当'(稍带模仿音)的钟声还没有消失,突然,(稍加语速,提高音调并含紧迫感)在南昌城头就响起了清脆而响亮的枪声,紧接着,有几颗红色信号弹划破了乌黑沉闷的夜空(仿佛看到似的并稍加手势),(庄严宣告)南昌战斗打响了!"

——声音跌宕起伏变化、激情奔涌澎湃,使学生如临其境。

5. **乡音重现**

在进行历史人物的教学中,为了渲染气氛、体现真实感,教师可以向学生播放一些影视片段或真人录音,让历史人物的音容笑貌重新回放在学生的耳际眼前,如见其人、如闻其声。但如果我们没有现成的音像资料,就不妨由教师用声音来模仿再现,使课堂教学充满历史的沧桑感和生命的活力。当然,这需要教师具备一定的语音模仿技能,才能达到历史人物活灵活现的艺术效果。

案例赏析

如讲到陈毅梅山被围,奋笔写下著名诗篇"断头今日意如何,创业艰难百战多。此去泉台招旧部,旌旗十万斩阎罗"时,教师可以模仿陈毅的四川口音向学生吟诵诗句,以表现陈毅乐观豪放的革命气魄,将会给学生留下难忘的印象。

6. **声乐艺术**

在历史教学中,教师要根据自身的特长优势,采用多种声音表现的艺术形式,如歌唱、朗诵、快板儿、戏曲等穿插教学,来丰富自己的语言魅力,刺激学生产生最佳听觉效果。

案例赏析

例如,当讲到红军在井冈山根据地的生活时,教师可给学生哼唱当时流传民间的一首歌谣《毛委员和我们在一起》,红军不畏艰苦、乐观向上的革命情怀会深深感染学生,从而取得良好的教学效果。

7. 描摹声像

教师要掌握一定的描摹声音和形象的技巧,这将与平淡的语言叙述效果大不相同。对历史现象的语言描摹,通常有描摹声音、描摹颜色、描摹景象和描摹状态四种。

案例赏析

有位教师讲到"炮烙之刑"时说:"商纣王创制的'炮烙之刑'是一种酷刑,他先叫人将铜柱子放在熊熊燃烧的炭火上,等铜柱烧得通红通红时,就强迫'犯人'在铜柱上行走,'犯人'刚踏在铜柱上,只听到'哧'的一声,'犯人'的脚板立即冒起缕缕青烟,'犯人'摇晃两下,站立不住,就'扑通'一声掉到炭火中被活活地烧死了。"

——教师这样的声像描摹,使学生仿若亲眼所见、亲耳所听,从而加深了对商纣王残暴统治的认识。

著名教育家夸美纽斯说:"可以为教师们定下一则金科玉律,在尽可能的范围内,一切事物都应该尽量放到感官跟前。"可以这么说,只要不违背历史科学,只要能"再现"历史,激发学生的兴趣,教师就可以充分发挥自身优势,八仙过海,各显其能,力争提高自己的语言艺术水平,使历史课堂达到最佳的教育教学效果。

综上所述,历史教师口语形式的基本特征可概括为:发音准确、吐字清晰、闻之有声、感知有气,自然流畅、柔和亲切、快而不乱、慢而不断、抑扬顿挫、富有情感。

拓展链接

语言"六性"

叙事说理,条理清楚,言之有物,全面周密,具有逻辑性;
描人状物,有声有色,情景逼真,细腻动人,具有形象性;
谈话范读,情真意切,平易流畅,真挚感人,具有感染性;
借助手势,穿插事例,比喻新颖,生动有趣,具有趣味性;
发音准确,吐字清晰,措辞精当,惜话如金,具有精确性;
举一反三,弦外有音,留有余地,循循善诱,具有启发性。

语言"八戒"

一戒拖泥带水,拉里拉杂,与题无关的废话;
二戒颠三倒四,疙里疙瘩,文理不通的胡话;
三戒满口术语,文白夹杂,故作高深的玄话;
四戒滥用词藻,花里胡哨,华而不实的巧话;
五戒不懂装懂,或许大概,模棱两可的浑话;

六戒干巴枯燥,平淡乏味,催人欲睡的淡话;

七戒挖苦讥笑,低级趣味,不干不净的粗话;

八戒陈词滥调,生搬口号,八股味浓的套话。

二、表语艺术

(一) 表情语

面部表情是内心情感的流露。西方心理学家认为,传达一项信息的总效果＝55％面部表情＋38％声音＋7％词语。足见表情在传达信息中的影响力。有人对 100 名不同文化层次的学生进行问卷调查:你希望教师在课堂上表现出什么样的面部表情? 结果是:希望"微笑"的占 83％,"当教室吵闹时"希望"严肃"的占 10％,希望"镇静"的占 3％,还有 3％的学生希望教师能在"气氛紧张"时也能保持笑容①。看来,教师的基本表情应该是:丰富多彩、和蔼可亲、热情开朗、平和自信,端庄中有微笑、严肃中有柔和。真诚友善的微笑最能缩短师生的心理距离,创设和谐轻松的交际环境和学习氛围。相反,教师的抑郁寡欢,会影响到课堂气氛死气沉沉。教师要避免板着脸、皱眉头,切忌对学生表现出灰心失望的神情,这样会降低学生的学习欲望,打击学生信心,导致自暴自弃。教师职业是太阳底下的光辉事业,教师必须以阳光的心态、阳光的笑脸温暖照耀着学生的心田,让学生感受到生命的激情和活力。

当然,教师的表情还应随教学内容的变化而有所变化。"历史舞台上有人物、有情节,欢乐和悲哀共生,庸人智者杂出……丰富多彩,气象万千"②。教师不能隔岸观史、复述历史,要随着教学情节的展开,时而慷慨激昂,时而平静安详,时而凝神思虑,时而幽默搞笑,时而严肃不苟,时而故作糊涂……在教师丰富表情的引导下,师生心灵默契、产生共鸣,使课堂充满朝气和活力。但教师表情变化要自然,不宜太快、太多,令人捉摸不定。

(二) 目光语

眼睛是心灵的窗口,眼神是面部表情的核心。在学生面前,教师要始终有意识地善用目光与学生进行心与心的交流。教师走进课堂时,目光灼灼,充满自信和热情;实施重点教学时,是聚精会神、凝思的眼神;提问学生时,是专注、鼓励、热情的眼神;制止违纪学生时,是默默而严肃的注视该生的眼神;下课告辞时,应流露出满意、赞许和继续努力的眼神。眼神不同,含义无穷。

教师目光语的总体要求是:真诚、自信、坦然、亲切、欣赏、有神。目光视线一般落在学生双肩和头顶所构成的区域内。教师的眼神一般有三种:

1. 虚视

虚视即视而不见,目光不是指向某一具体学生,而是一大片。每个学生在这种目光中的影像都是模糊的,界限也不清晰。但教师目光是自然洒向每位学生的,让学生感受到教师一直都在关注着自己,切记目光只注视前排或某一片的学生。虚视目光的作用是传情

---

① 陈从耘:《试论教态对教学效果的影响》,载《课程·教材·教法》,1992(11)。
② 赵恒烈:《史苑传艺录》,山东教育出版社,1983 年版,第 266 页。

达意、了解学情。

2. 假视

假视即看学生旁边的物体,或者目光集中在学生头顶上方,多为教室的后墙壁。这种目光是避免与学生目光对视而带来的尴尬,消除紧张心理。正确做法是既不有意躲闪也不紧盯对方眼睛。有时教师还可采用这种假视顾左而言他,如发现某位学生说话,于是说:"有位同学一直在说话,别以为我不知道。"这时目光是望着其他地方,只是暗示提醒,不必把眼光直盯过去。

3. 正视

正视即把目光集中在对方身上,由于目光针对性强,易使学生产生紧张感。这种目光一般用于提问学生或特别提醒某位学生时用。但注视时间都不宜过长,提问某学生时还要环顾四周,暗示其他学生注意和尊重发言的同学。目光要柔和、亲切、有神,给人以平和、易接近、有主见之感,忌鄙夷或不屑。

以上三种目光,在教学过程中要交替配合使用,避免目光单一。教师讲课时的目光忌讳游移、闪烁不定,也不能眼睛看地或侧向一旁,或看窗外、天花板,或总低着头看教案,或背对学生、面朝黑板讲课。这些都会显得漫不经心、不负责任,或因内容不熟、内心紧张,故意躲避学生。教师缺少与学生的目光交流,就会拉远师生心理距离,也不利于控制课堂组织教学。

三、体语艺术

体语,即体姿语言,就是说话人在说话时所表现的身体姿势。教师优雅的举止,能吸引学生产生强烈的"亲师"、"向师"意识,并得到美的感染和知识的启迪。古人云:"情动于中,而形于外。"研究表明,人的体姿语传示出人的内心世界的效果是口语的5倍。体姿语是内心最直白的无声有形的语言,它通过手势、身姿的不同变化来传情达意,能够改变、否定或补充口头语言的信息,增添附加信息量,与口头语言在传递信息方面相得益彰,并且,由体姿语所带来的信息直观,更易于为学生所理解和掌握。

案例赏析

一位教师在讲张衡的地动仪时,学生提出了一个问题:"为什么地动仪中央的都柱倒向地震波传来的方向呢?"这位教师没有正面回答,而是说:"我有一次站在汽车上,汽车突然开动,等于从车后向前,给了一个力。我没有站住,就倒向车后的方向。"教师一边讲一边做一个身体倒向车后的动作。全班学生都笑了,说是"惯性在起作用"。教师接着说:"对呀!都柱倒向地震波传来的方向,不也是惯性在起作用吗?"

——教师用身体动作配合口语讲解,说明了都柱倒向的惯性原理,学生印象十分深刻。

(一)手势语

手势语,是通过手和手指活动来传递信息的一种手段,它能直观地表现教师的心理状态,可以增加教学的形象性和艺术性。自然安详的手势,帮助教师陈述教学内容;柔软舒缓的手势,帮助抒情表意;急剧有力的手势,帮助升华激昂的感情。一般男教师的手势生动有力,女教师的手势则舒缓优美。

1. **手势语的种类**

教师在教学中使用的手势约有 200 多种,较常用的有以下几种:

(1) 象形手势。这种手势用来摹形状物,给人一种具体、形象的感觉。如大小、高低、胖瘦、粗细、方圆、远近、快慢等,都可用手势配合有声语言做出形象比划。

(2) 象征手势。即用手势去描绘某种抽象的概念。如宣誓手势、数字手势等。如教师讲:"我们的明天更美好!"右手伸向前方以示未来,这种手势可引起联想和思考。

(3) 指示手势。指示视觉范围内的人和物。如教师说:"请大家来看这幅图。"手势同时指向具体对象。

(4) 号召手势。这种手势含有指示、命令的成分。如前进、冲锋、集合、解散、分开等。

(5) 邀请手势。这是邀请学生参与教学活动时常用的手势。要领是:手臂弯曲(不少于 90 度),五指并拢,掌心向上,上身前倾,以示诚恳敬意。

(6) 击打手势。用拳头或手指击打物体,如黑板、讲桌等。主要用于提醒学生注意,但表现不可过分粗鲁。

(7) 情绪手势。这种手势主要是表现教师对某种事物和现象特有的情感态度。如肯定、否定、疑问、感叹、坦诚、赞赏、惋惜、羞愧、愤怒、难过、痛苦、愉快、兴奋等。当然,教师的情绪是随教学内容的需要而变,非率性所为。要持重稳当、喜怒哀乐有分寸,高兴时不能得意忘形、手舞足蹈;生气时不能动之以"武"、行之以"暴"。

2. **手势活动的空间区域**

(1) 上位——肩部以上。手势在这一区域活动,多表示理想的、宏大的、张扬的内容和情感,如希望、喜悦、祝愿、展望、憧憬等。

(2) 中位——肩部至腹部。这个区域使用的手势,多为记叙过程、解说事理,在教师心情比较平静时用。

(3) 下位——腹部以下。这一区域的手势多表示教师的厌恶憎恨、不愉快、瞧不起的事物和情感。这一手势除用于教学内容的需要外,不可对学生表现出来。

3. **手势的基本要求**

教师手势的总要求是:自然、得体、协调、准确、生动、简明、干净、利索。恰当的手势往往是在内心情感的催动下瞬间自然做出来的,切忌死板生硬、矫揉造作、夸张繁琐、过度或不及。教师还要避免两手或胳膊肘长时间撑在讲桌上;或两手在脸前挥来挥去,东比西划;或不停地在黑板上擦来写去;或敲击讲桌;或不时地扶眼镜;或做出不雅动作(抠鼻、抓痒、挖耳等),以及击掌、响指等不良习惯性手势,都会转移学生对学习的注意。教师上课或与学生交谈时,不要抱臂、背手或将手插在上衣或裤兜里,以免给学生造成随意、散漫或傲慢的感觉,也不要拿着教鞭对着学生指指戳戳,令学生产生恐惧。在课堂上,一个教师除了板书,大部分时间双手应是静如处子,手势只是在必要时刻为配合语言将知识信息予以准确生动的传达。

(二)身姿语

身姿语,就是指教师整个身躯的协调姿态,这里主要谈谈教师课堂上的站姿和走姿。

1. 站姿

站姿是教师在课堂上最重要的举止之一。在课堂上,我们提倡教师站着讲课,这既是对学生的重视,又有利于组织教学、板书和用身体语言强化教学效果。如果是多媒体教学,建议教师使用无线翻页器,以使站姿挺拔和身体的移动。

(1) 要求:端庄、稳重、自信、大方。

(2) 要领:① 身体正直,面向学生。② 正向抬头,双目平视。③ 沉肩梗颈,挺胸收腹。④ 双腿直立靠拢,两脚平落地面,重心在两腿中央,也可一脚微向前,重心在前脚掌,给人积极热情的动感。⑤ 学生回答问题时,教师身体前倾,亲切和蔼。⑥ 女教师双脚呈"V"型,男教师双脚与肩同宽。

(3) 站位:① 教室的前中央,即讲桌与黑板之间是教师讲课时的最佳站位。站在此位,教师口述笔写,随手可到;浏览教案,低头可及;既节约时间又方便应手,并有利于集中全体学生的视线。② 在多媒体教室,可以站在偏左或偏右的地方,以免挡住学生的视线。③ 随教学需要,可适当移动站位,如对低年级学生,更多时间需要教师走到学生中间,以便组织教学。

(4) 禁忌:① 背对学生,面向黑板或侧身而站,面朝窗外。② 远离讲桌,站在讲台前左角或前右角。③ 双脚来回挪动,重心不稳或腿脚不停抖动。④ 弯腰曲背,体态不正。⑤ 手插裤袋或双手反背身后。⑥ 身靠讲桌或倚靠黑板,脚蹬墙壁。⑦ 老站在一个地方,写完板书又站回原地,挡着黑板。⑧ 长时间手或肘撑讲桌,或弯腰弓背操作电脑鼠标。这些都是扭曲教师形象的不良站相。

2. 走姿

课堂上,教师要有适当的走动来变换站位,既可改变学生注视教师的角度,减轻视觉疲劳,还可辅助教学内容的讲授。

(1) 要求:优雅、稳健、从容、自然。

(2) 要领:① 身体正直,挺胸收腹立腰。② 上身略微前倾,重心在前脚掌。③ 跨步均匀,双膝靠近,步伐稳健,步态轻盈。④ 两肩相平不摇,两臂摆动自然。⑤ 女教师走直线,自如轻柔。⑥ 男教师走平行线,稳重大方。⑦ 步频宜慢,步幅要小,每秒约1～2步。⑧ 阐发、描述、分析问题,可稍离讲桌,在台上轻松自然边踱边讲。⑨ 向学生强调某一问题或提问学生,可向前跨步靠近学生。⑩ 引导学生阅读、讨论和个别辅导,可走进学生行间组织教学。

(3) 禁忌:① 弯腰曲背,左右摇摆。② 步幅过大、过小、过急、过重。③ 矫揉造作,轻率失常。④ 有气无力,拖沓着鞋。⑤ 在学生行间踱来踱去。⑥ 讲解重点难点时,离开讲台边走边讲,甚至走到教室后端,让学生看不到教师表情,难于集中注意力。

四、仪表艺术

仪表,是指一个人的外表,主要包括容貌、发型和服饰。仪表是一个人内在修养和尊严的外观。教师为人师表,更要注意自己在课堂上的穿着打扮。十几岁的中学生,正处于审美观、价值观的形成期,具有较强的"向师性"和"模仿性",教师对他们来说具有多方面的示范影响。

（一）容貌美

教师容貌美，包括自然美和修饰美两方面：

1. 自然美

基本要求是干净整齐。教师要有良好的卫生习惯，面要净、发要理、牙要洁；眼耳无分泌物，口腔无食物残留、无异味；课前忌喝酒和含酒精饮料；颈、手部干净，不留过长指甲。

2. 修饰美

基本要求是自然大方。女教师讲究适当美容化妆，追求淡雅清秀、自然天成，忌浓妆艳抹和当众化妆；男教师每天要剃须修面，年长留须者要经常修饰。

（二）发型美

基本要求是庄严持重，美观朴实，发式简洁，发色自然，不可染烫怪发型。

女教师：年轻者宜线条流畅、舒展丰隆、简洁微曲、式样新颖，以显青春活力；中老年者宜简洁大方、优雅端庄，以示成熟魅力。头饰不夸张耀眼。

男教师：不求经常变换发式，但求干净、服帖、顺溜。发型不宜过长，讲究"三不"原则：前不过眉、侧不过耳、后不过领。

（三）服饰美

郭沫若说："衣裳是文化的象征，衣裳是思想的形象。"教师的衣着就是一部无言的书，教师要通过服饰仪表形象的示范对学生进行美的熏陶和教育。教师要根据自己的脸型、体型、年龄、肤色、性格及时尚等选择既适合自己又符合教师职业要求的服饰。在学校和课堂上，教师服饰的基本要求：端庄大方，含蓄稳重，简洁整洁，美观和谐，既不呆板也不追求花哨和时髦，以不分散学生注意力为标准。

女教师：不穿太薄、透、露、紧、短服装，如低胸服、超短裙、吊带衣、露脐装等；不带奇、特、大、多的饰物；穿裙子袜口不低于裙摆之下；不穿凉拖和过高、过细跟鞋；服饰色彩明快，忌大花图案。白色、天蓝、粉红、苹果绿、柠檬黄等色可增加学生的认同感和亲和力，是女教师所选。

男教师：不穿背心、短裤、拖鞋；西服穿着要讲究规范搭配（衬衫、领带、纽扣、鞋、袜等）；服装色彩要协调，凸显沉稳干练；钥匙、手表、手机等放入包中，不要挂在腰间，鼓鼓囊囊，叮当作响，有失稳重。

在课堂上，教师可正装，也可休闲，但休闲方便不随便。男女教师都不宜穿无袖无领上衣；不戴墨镜、帽子和手套；衣饰要整洁勤洗换；袜子要拉挺无破损；皮鞋要擦亮，鞋跟完好。

综上所述，历史教师的语言艺术是涵盖了有声和无声语言艺术的综合体现。教师的一言一语、一笑一颦、一举一动、一套服饰、一次美容，都展示了教师高度的艺术素养，都会给学生留下鲜明的感官印象，对学生产生着潜移默化的美的熏陶和影响。借用这些形象化的语言手段，教师可以描摹事物的复杂状貌，传递潜在的心声，披露内在的情感，增强历史的感动，从而收到化静为动、化虚为实、化远为近、化腐朽为新奇的教学艺术效果。

拓展链接

著名历史教育家赵恒烈对中学历史教师的语言表达技能分出了三个境界[①]：

第一境界是把你所想的东西能如实表达出来,使学生听了,也如你所想的那样,想得清楚,说得明白,能完整地表达思想。第二境界是声情并茂,使语言、表情、动作配合起来,表达得活灵活现,使之传神而动听。第三境界是充分调动学生的想象力。通过教师的讲述,如带领学生到了历史现场,入其境、见其人、闻其声。选词有方,文有限而意无穷;点拨着力,思路清晰而受益不尽。

第三节 历史教师语言艺术的训练途径

工欲善其事,必先利其器。优化课堂教学,必须加强教师语言功底的训练和培养。

一、增强语言意识

（一）角色意识

教师要明确两个相辅相成的角色定位:一是自己的主导角色,二是学生的主体角色。教师应十分清楚自己所做的一切都是为学生的学习与成长服务的。要在学生年龄和能力允许的范围内设计教学,讲课中要有意识地去激发和引导学生对知识的兴趣与体验,最大程度地满足学生的心理、情感和对知识的渴求。

（二）自信意识

教师无论是"传道"、"授业"、"解惑",还是组织教学或控制课堂,在语言中都要充分表现出自信与肯定、信赖与可靠的人格魅力,"亲其师,信其道",以健康和谐的师生关系创造良好的学习氛围。

（三）吸引意识

教师在讲课过程中,要始终保持一种潜意识,即我怎样"讲"才能吸引住学生？他们在听吗？有兴趣吗？听清楚了吗？听懂了吗？等等。因此,教师的语言中要时常带有问询语、反问语、试探语、提醒语、幽默语等,时刻激发学生的学习动力。

（四）反馈意识

教师在向学生讲话时,始终要眼观六路、耳听八方,要善于从学生的一个表情、一个动作中,探求他们的心理反应,获得学情反馈,及时调整策略。因此教师的语言中,要时常用加重语、提示语、激励语、诙谐语、警告语等,有效地组织和调控学生的学习。

二、积累广博知识

李大钊在论及史学工作者的修养时,明确提出"学问虽贵乎专,却尤贵乎通",并列出六类与史学有密切联系的学科。第一类,言语学、文学;第二类,哲学、心理学、伦理学、美

[①] 赵恒烈:《历史教育学》,河北教育出版社,1989年版,第311页。

学、教育学、宗教学；第三类，政治学、经济学、法律学、社会学、统计学；第四类，人类学、人种学、土俗学、考古学、金石学、占书学、故书学；第五类，关于自然现象的诸种科学及其应用诸科学；第六类，地理学。① 可见，历史教师要使自己的语言生动、具体，言之有物、有文、有情、有味，不仅要有专精的历史知识，还要有多种学科知识的融通。"是古前言往行，无不识也；天文地理，无不察也；人事之纪，无不达也"。只有广见博识，才能取其精要；只有博览精读，才能成竹在胸；只有积累丰富，才能在授课中广谈博论、旁证侧引。否则，纵有三寸之舌、伶俐之齿，亦只能耍贫嘴、弄噱头，一时哗众取宠，并不能真正收到良好的语言艺术效果。苏霍姆林斯基认为，一位优秀的教师，其教育技巧的提高，只有持之以恒地学习……只有从各种书籍中采掘表现社会生活领域的材料才能丰富自己的词汇，使语言生动形象，拨动学生的心弦，达到心灵上的共鸣。

三、熟悉教学内容

教学内容包括教科书上的内容和补充资料的内容，这是教师讲课时语言表达的基本素材，也是学生与教师交流的信息资源。教师要吃透教学材料，了解教学目标和要求，熟悉所讲的每一个问题，弄清每个词汇、术语的含义和细微差别，只有胸有成竹、左右逢源，才能思路井然有序，语言条分缕析、清新流畅、巧妙机智和处理得游刃有余。

四、了解学生需求

教师语言的"讲"，是为学生的"听"服务的，所以，要达到好的听、讲效果，教师必须了解学生的认知水平、学习习惯、兴趣爱好。只有这样，才能使语言表述更具有针对性、启发性和教育指导性。

五、注意语言技巧

这要求教师在常规备课中，一定要注意语言表达和艺术处理的技巧。例如，要知道哪里该加重语气、浓墨重彩；哪里该轻描淡写、浅显概略；哪里该轻重缓急、停顿沉默；哪里该高低强弱、快慢间歇等等，都要结合教材和学生的需求进行细致的处理和艺术设计。对年轻教师来说，平时要多读一些名篇佳作，领会其层次、结构和表现手法；还要多练，包括发声的技巧。备课时，可将语言技巧的处理在教案中标出，一遍遍地练习，直到能灵活自然的表述。当然，预设方案必须随课堂现场的需求而变化，否则，设计得再好，也不可能将课堂讲"活"。

六、形成个人风格

教师的语言风格，是教师在长期的教育教学实践中不断摸索而形成的，它是教师个人风格和教学艺术特色的集中体现，是教学艺术高度成熟的标志。教师的语言风格呈现有典雅庄重型、沉稳理智型、方法引导型、知识渊博型、质朴自然型、语感体验型、情感激昂型等等。但多数教师在自我探索和借鉴别人长处中，又往往表现为风格多样的"综合取长

---

① 姜义华等编：《史学导论》，陕西人民教育出版社，1989年版，第306页。

型"。教师要勇于打破常规,革故鼎新,结合自身优势创出自己独特的语言风格来。

本 章 小 结

教学是培养人的工作,教者素养的高低深浅、方法的恰当与否,其表现形式皆集中于"言"。而教师语言表述的优劣,又直接影响到学生学习的主动性和教学的有效性,关系到人才培养的成败。生动的口语、形象的教态、得体的仪表,是历史教师从事教学工作所必备的基本素养。在讲课中,教师若能将这些有声和无声语言艺术有机汇聚一身,就能形成一股强势辐射的信息洪流,激发震荡着学生的情感和渴求知识的智慧神经。古希腊色诺芬说:"最好的教师是最会运用语言的人。"语言承载着人类的文明,作为人类文明的教育者、传播者,历史教师更应努力成为一名语言艺术大师。

课 后 练 习

一、名词解释

历史教学语言　口语艺术　表语艺术　手势语　身姿语　吸引意识　反馈意识

二、判断改错

（一）语言常识改错

1. 在教学实践中,能说会道的教师一定教学效果好,但教学效果好的教师不一定口才好。
2. 新课程下的历史课堂就是要注重学生主体学习,而减弱教师"讲"的作用。
3. 教案写得好就一定讲得好。
4. 教师在讲课中宜多用正视的目光。
5. 教师在叙述过程、解说事理时,手势语多用上位区域。
6. 教室的前中央,即讲桌与黑板之间,是教师讲课时的最佳站位。
7. 在多媒体教室,教师可以站在偏左或偏右的地方,以免挡住学生的视线。
8. 教师讲解重点难点时,适宜离开讲台边走边讲。
9. 教师的服饰不追求花哨和时髦,以不分散学生注意力为标准。

（二）教学案例改错

判断下列教师用语正误并改错：

1. 辛亥革命推翻了中国两千多年来的封建统治。
2. "五四运动"后马列主义在中国得到了广泛传播。
3. 遵义会议确立了毛泽东在全党的领导地位。
4. 鸦片战争后中国社会的最主要矛盾是帝国主义和中华民族的矛盾。
5. 太平天国运动是一次伟大的"反帝反封建"的农民运动。
6. 指南针是中国人最先发现的。
7. 1937年"七七卢沟桥事变",中国抗日战争爆发。
8. 1939年9月初,德军进攻波兰,第二次世界大战爆发。

三、教学试练

任选一段中学历史内容,进行材料补充和口语艺术处理,并做 15 分钟课堂试讲。要求:① 模拟新教师课前一分钟自我介绍;② 注意表语、体语和仪表要得体。

四、实践探究

1. 举办一场"教师礼仪形象"讲座。
2. 举办一次"教师语言技能与风采"展示活动。

阅 读 参 考

1. 赵恒烈:《史苑传艺录》,山东教育出版社,1983.
2. 赵恒烈:《历史教育学》,河北教育出版社,1989.
3. 孙恭恂:《历史教学的艺术与技巧——历史教育论稿》,中国地图出版社,1995.
4. 何成刚:《历史课堂教学技能训练》,华东师范大学出版社,2008.
5. 〔法〕马克·布洛赫著,张和声、程郁译:《历史学家的技艺》,上海社会科学院出版社,1992.
6. 魏授章:"论历史教学语言艺术",载《课程·教材·教法》,1994(2).
7. 陈毓秀:"历史课堂语言的表达艺术",载《历史教学》,1995(10).
8. 李伟科:"21世纪高中历史教材中的史料及其在教学中的应用",载《历史教学》,1999(4).
9. 〔英〕蒂姆·洛马斯著,叶小兵译:"论史料教学",载《历史教学》,1998(2).

备课,是教学之本,是贯穿教师全部教学生涯的、从不间断和永无休止的工作,也是教师必备的一项教学基本功,更是教师保证教学效率、提高教学质量的首要环节。

备课篇

☞ 学习内容与目标要求

本篇是关于中学历史教师教学准备工作的专论。主要阐述历史教学准备工作的重要意义、基本形式和要求;历史教师课时备课的基本程序与内容;新理念下"教案"与"学案"的编制;集体备课的特殊形式"说课"与"观课"的基本方法和要求等。通过本篇学习,使学习者对中学历史教学的准备工作有一个全面系统的了解,从中树立新的备课观,认识到备好课是上好课的先决条件,进而熟悉和掌握一定的备课方法和技巧。

☞ 学习重点与难点

重点:课时备课、说课、观课。
难点:"教案"与"学案"的设计与实施。

第十三章　备课概述

导　语

古语曰："有备无患"，"凡事预则立、不预则废。"新课程注重教学的生成性，实际上提高了对课前预设的要求：以人为本，以学定教。真正关注学生发展，将预设重心转到怎样组织引导学生开展有效的学习活动。预设让生成更精彩。

思考与探究

❖ 教师为什么要进行备课？
❖ 传统备课与新理念下的备课有什么不同？
❖ 新课程背景下备课的基本形式与要求有哪些？
❖ 集体备课的基本形式和步骤是什么？
❖ 常年性备课对教师专业成长有什么意义？

第一节　备课的意义和要求

备课，就是准备上课。它是教学工作的第一步，是教师为了更有计划性的开展课堂教学而进行的一切准备活动。具体来说，就是教师在充分的学习课标、钻研教科书、了解学生、开发课程资源，并弄通弄懂为什么教、教什么、学生怎么学、教师怎么教等问题的基础上，创造性地设计出目的明确、办法适当的教与学方案的一系列活动过程。备课作为教学之本，是教师一生常备的一项教学基本功。

一、备课的意义

（一）备课是教师上好课的先决条件和责任心的体现

教学实践证明，在既定的教师水平、学生基础和教学内容的条件下，教师能否认真备课，直接关系到教学效果的优劣。随着我国新课程的改革进展，历史学科、教育学科、历史教学研究成果的层出更迭，中学历史教科书的编写体制的改变、内容的更新，这些都要求教师必须在课前认真研究，注重调整教学理念、教学内容和教学方法，才能达到教学目标的要求，保证教学的顺利进行。所以，备课对教师来说，是全面反映其教学态度和教学能力的一项活动，是每位教师不可缺少的基本功。

> **观点讨论**：有人说：有多年教龄的教师凭经验就能上好课，无需备课。你对此有何看法？

（二）备课是提高教师业务水平的重要环节

备课，有助于教师专业的发展。有人说，"教师进行劳动和创造的实践，好比一条大河，要靠许多溪流来滋养它"，教师的每一次备课，都是滋养"大河"的"溪流"。备课的过程，必然是一个大量阅读的过程和不断思考、修正和探索的过程，教师的知识和理论水平在阅读中提高，教师的教学能力在探索中增强。也正是一次次备课，逐步促进了教师的文化和业务水平的提高。

（三）备课是教师形成实际教学能力的主要途径

备课的过程就是把教师的可能教学能力上升为实际教学能力的过程。备课有助于帮助教师实现"三个转化"：一是通过钻研课程标准和教材，掌握教学目标和要点，并把它们转化为教师教学活动的指导思想；二是通过熟悉教材，把教材中的知识完全转化为自己的知识，解决好教师"教什么"和学生"学什么"的问题；三是通过研究教学目标、教学内容和学生实际三者之间的内在联系，找到适合学生接受能力、促进学生智力发展、实现教学目标的最佳教学途径，并将其转化为有效的教学技能与方法，从而解决教师"怎样教"和学生"怎样学"的问题。

（四）备课是教师积累经验、探索规律、进行教育科研的重要过程

在备课过程中，教师要深思熟虑，付出艰苦的脑力劳动，既要考虑教学内容和学生实际，深入学习和运用教学理论，又要一切从实际出发，努力掌握教学工作的特点和规律，探索教学改革的新路子。所以，备课就是积累经验、探索规律、进行教育科研的过程。

二、备课的要求

在新课程背景下，随着教师角色转变和学生学习方式改变等要求的提出，备课也面临视角的转变。备课不应只是对教材内容的简单诠释、教学过程的简单安排、教学方法的简单说明，其性质、功能和方法都要求有相应的变化。

（一）备课应是立足于学生面对教学的改造与创新

新课标要求教师以学生的心理发展为主线，以学生的眼界去设计教学思路，预测学生可能的思维活动并设计相应对策。所以，备课要立足学生主体去创设教学方案。在研究教学方法时，应多思考如何与学生沟通、交流，如何从教学的"独白"转向"对话"，要设计出师生互相交往、共同发展的教学过程，让师生形成一个真正的"学习共同体"。同时，新课标要求教师创造性地运用教科书。书上出现的内容不一定全讲；书上较为概要或没有的内容，有时倒是需要教师根据学生的需要或展开补充、或开展专题讨论、或小课题研究。总之，备课时，教师要从实际出发，因地、因校、因人制宜，设计出更加贴近学生生活实际的有创意的教学方案。

（二）备课应是师生双边互动式的合作，体现预设与生成统一

新课标强调"教"服务于"学"，教师通过与学生合作，依靠学生自主动手、活动实践、合作交流等形式去实现教学任务。这就要求教师让学生参与课前的准备，让学生预习课文、收集有关资料（实物、图片、数据等），向家庭、亲友、社会人士做社会调查，制作有关学具，设计学习方法等。这个过程不仅能促进学生自主学习，为课堂教学做好铺垫，还能使教师

预测到学生的需要,掌握学生的现有水平和情感状态,更多地从学生学习的角度去考虑教学方案。在备课时,还要考虑如何通过情景预设、问题预设,引导课堂上学生的思维生成,促进学生的自主学习和信心,激发学生的创新精神。

(三) 备课应尊重学生个体差异,满足不同学生的个体需要

学生是教学活动的主体、是教师服务的对象,熟悉他们的个体差异,是做好教学工作的前提。教师在备课时,要把学情当做一种教学资源去开发和利用。要求了解学生知识结构的差异,找准新知识学习的切入点;了解学生学习方式的差异,依据学生的兴趣、爱好、情绪,设计课堂教学,把握学习的鼓动点;了解学生的学习需要差异,根据对象确定分层施教,架好学习的桥梁,使基础较差的学生"吃得进,消得了",使学有余力的学生"跳一跳,摘得到"。只有在掌握了学生的个性差异和个体需求的基础上,实施不同的教学方法,才能为每个学生的发展创造条件,使每个学生都能全身心投入到课堂学习的活动中来,使每个学生都能获得身心愉悦和在原有基础上有较大提高。

(四) 备课应力求教学资源的科学配置,体现生活化

新课标强调面向生活、面向社会。教师在教学中要注意联系自己所教学生的已有经验和社会生活实际,充分利用本地本校本班资源,开展本土教学和校本、班本教学。拉近历史与现实的距离,增强历史学科的生动性和亲切感,激发学生学习历史的兴趣与热情。现实生活中蕴藏着大量的历史教学资源,如家乡的文物遗迹、地理风貌、历史沿革、名人名作等,还有更加丰富便捷的网络教学资源等,都需要教师根据教学需要,进行有机选择和科学利用。

(五) 坚持进行课后备课,提高教学反思能力

教然后知困、教然后知不足。课前备课,撰写教案,固然重要,但课后反思是进行二次备课,更有利于教师的专业成熟与提高。教案的价值并不仅仅在于它是课堂教学的准备,教案作为教师教学思想、方法轨迹的记录,也是教师认识自己、总结教学经验的重要资料。教案实施之后,回顾分析反思,写教学后记或称教学随笔,不拘形式。这种教学后记,有助于知教知学,有利于教学经验的积累和教训的记取,对改进自身的教学水平和提高教学研究能力具有重要的意义。

第二节 备课的基本形式

备课形式,按照参加人数可分为个体备课和集体备课;按时间又可分为学期备课、单元备课、课时备课、课前备课、课后备课和常年备课。每种备课形式各有优势和作用,在实际教学中,教师的备课就是对它们从宏观到微观、从感性到理性的一个系统化、综合化的运用过程。以下分别做一简单介绍。

一、学期备课

学期备课,是指在学期开始前,教师在钻研课程标准和通读教科书的基础上,制定出全学期的教学计划,通常被教师们称之为"粗备一册"。主要内容有:

(一) 钻研课程标准

历史教师学期备课的首要任务是深入钻研历史课程标准。通过课程标准的学习,有助于历史教师掌握历史课程的基本理念,明确历史课程目标的设计和要求,有助于教师掌握历史课程结构、把握教科书知识的联系及框架,有助于教师熟悉新课程历史教学的基本原则和方法,拓展知识的深度和广度等。

(二) 了解学生情况

历史教学过程是教师与学生共同建构历史知识的过程,教师的"教"服务于"学","教"依据于"学",以学定教。因此,科学合理的教学设计必须要考虑学习者的学习起点,并在此基础上分析所要教学的课程内容,确定教学目标以及教学的重、难点,并选择合适的教学资源和教学策略,设计整个学期教学活动的流程。

(三) 通读历史教科书

完成学期备课任务的主要途径是通读教科书。教师应在课程标准的指导下,钻研全册教科书,领会教科书的编写意图,熟悉教科书的内容。通读教科书的要求是:明确教科书的逻辑系统,掌握各部分内容的内在联系;掌握各个部分内容的教学目标和要求;分清教科书各部分内容的重点与非重点;掌握内容的难点及主要疑点;考虑教学实践中的实际困难以及应当事先做好的应对准备等。

(四) 制订学期计划

教师要在充分考虑教学对象的实际情况和可能条件以及通读教科书的基础上,结合全校教学工作计划要求,制订出学期历史教学计划。参看下列表格:

历史课程学期教学计划表[①]

周次	教学内容	课堂类型	教学方法	综合实践活动	所需教学资料	备注
1						
2						
3						
4						
…						

二、单元备课

历史教科书是根据教学内容的特点,由若干个单元(或主题)所组成的。教师拟出学期教学计划之后,在单元教学之前,还要认真做好单元备课。对单元备课的要求是:进一步熟悉和掌握该单元的教学内容、教学目标、教学要求和教学重点;根据该单元教材的重点、难点和学生的实际水平及学习需要,确定该单元教学的重点、详略以及教学活动的序列;处理好该单元教学的课时安排、具体活动步骤以及练习题等;研究该单元的教学方式方法与手段。

[①] 陈辉:《历史课程教材教法新探》,中国科学文化出版社,2004年版,第290页。

三、课时备课

每个单元的教学任务往往是通过若干课时的教学活动来完成的。在上每一节课之前,从具体实际出发还要"精备一节"。对课时备课的要求是:熟悉教学内容、教学资料;精心设计教学过程中的每个步骤,包括新课的导入语、知识点间的过渡语、结束语、练习题等;设计好师生的互动,何时、何处设问或讨论等;精心安排各步骤所需时间,避免前松后紧或前紧后松;将以上工作付诸文字,制定出完整的课时计划(教学方案),以保障课时教学的有序进行;熟悉教学方案,制作、准备教学用具。关于课时备课的具体程序与内容详见本篇第二章。

四、课前备课

课前备课,是指教师在临上课前两三个小时内进一步熟悉教学方案,使课时计划得以充分落实。课前备课的内容包括:进一步熟练掌握教学内容和要求,思考这些内容和要求如何充分的在教学中体现出来;反复熟悉教学内容、教学资料和教具演示,以达到在课堂上灵活运用;进一步锤炼语言,使之激发兴趣、点拨到位、清晰明了;仔细揣摩预设教学方法的合理性与操作的有效性;充分估计课堂教学中可能出现的问题,学生可能提出哪些难题、教师应如何应对等等。

五、课后备课

课后备课,是指教师在上完课之后对课堂上所获得的反馈信息进行反思与总结、明确改进的目标和方法,为在其他班级或下一学期再教此课做好准备。其方法有二:一是在教案旁打眉批;二是在教案后写课后札记。主要反思教学目标和要求、重点和难点、教学方法等在课堂教学中的实际效果如何?哪些是正确的?哪些是不妥的?这些问题只有经过上课的实践才能检验出来,在讲课后应及时总结。许多优秀教师都很注重课后的反思,在教案的"课后札记"中,记下成功与失败的经验和教训,及时修改教案、及时在下节课"补漏",这对学生和教师自身的成长都是十分有益的。

六、常年备课

常年备课,主要是指教师平时知识的积累与更新、教学基本功的训练、教学艺术的修养以及对教学对象的考察与研究等。一般来说,教师在平时要坚持阅读有关历史教学的专业杂志,注意搜集优秀教师的教学经验,包括教材的分析处理、教学方法的选择与运用、练习题的设计与解题技巧等等。对搜集来的资料可按教学顺序或分类写出索引、文摘卡片,以备教学时选用。另外,教师还应有计划地选读一些历史或教育科学方面的著作,以提高自身的专业理论素养;对所任课班级的学生,还应该建立学习情况登记卡,把平时观察调查的情况以及课堂上、作业批改中反馈的信息及时记入卡片,并定期分析、研究学生的个性特点、学习态度的变化等。

常年备课,其实就是教师在生活中随时、随地、随机的备课。对历史教师来说,生活的任何内容都与历史有关,生活处处都有历史的痕迹。所以,日常生活中的读书、看报、看电视、旅游、交谈、听课、听报告,包括我们个人的经历等等,都可能成为备课和课堂教学的资源,都可能给我们的教学理念和教学方法带来某种启示,正所谓"世事洞明皆学问"。由此可见,备课工作绝不仅仅是写教案,这是对备课的一种狭隘、片面的认识。备课的外延已经等同于生活的全部,备课就是贯穿于教师全部教学生涯的、从不间断和永无休止的工作。作为一名教师要不断地学习、不断地积累,在平时生活中,要养成多观察、多思考、多留心的习惯,就能使自己时刻处于新知识、新观点的前沿,讲课时,就能贴近社会、贴近学生、左右逢源、触类旁通。教师思维敏捷,教的从容,学生心领神会,学的轻松。若教师平时不注意知识的积累补充,临渴掘井,讲课必是生搬硬套,理屈词穷,"课堂师生情情不通,书中理理不融",其结果必然是教者厌教,学者厌学,如此,就无法达到教书育人的目的。

> 观点讨论:有人提出,常年性备课要做到"三常":常备常钻研,常备常修改,常备常补充。谈谈你对常年备课的认识。

七、集体备课

集体备课,是将个人才智转化为集体优势的备课形式。新课程历史教科书内容的综合性和弹性加大,一方面使教师创造性发挥个人智慧成为可能,另一方面也为集体合作与研讨创造了条件。集体备课有利于实现资源共享、优势互补,促进群体教学水平的提高。集体备课的形式主要有说课、观课、评议、讨论、交流等,其活动程序一般分为五个步骤:

(一)定量初备

开学后,即由备课组长主持分配好本学期每位教师所应准备的任务。然后,各自分别学习课程标准、钻研教科书、查找资料、研究学生、发挥创造性,高质量完成初步的备课工作,并在此基础上,提出困惑和疑问,以便供大家交流讨论。

(二)集体交流

在每周"课程研讨日"活动上,备课组长组织同组教师集体备课,由主备人说课,包括对教材的理解、学情的分析、教学目标、重难点的确定、教学环节、优化策略的设计与选择及有关理论依据;辅备人随时提出修改意见以补充、完善。交流不拘形式,民主平等,畅谈己见,求同存异,达成共识。

(三)补改详备

每位教师在集体交流的基础上,按研讨的教学思路,合理地整合各人的教学思想,结合本人教学风格及所教学生实际,对教学方案进行补充、修改、调整,即"二次备课",然后写出一份详实的基础教案,并打印、分发给备课组的每一位老师,以共享和借鉴。

(四)反思调整

这是教师们实施预设方案的阶段。在教学过程中,教师时时关注课堂上学生学习情况,随时反思、及时调整方案(而不是严格执行预设方案),使课堂焕发生命活力,使教师的教成为极富创造性的教,学生的学成为极具个性化的学,使课堂成为体现学生灵性与发展、飞扬教师思想与激情的场所。

（五）教后反馈

在备课组集体智慧与使用教师本人个性化教学策略后，就实际效果如何，每个教师都进行深入反思，把实施过程中受到的启发、瞬间的灵感、困惑等记录下来，做好教学后记，并在下次集体备课中进一步交流。

集体备课，有利于营造自主、合作、创新的教研氛围，拓展教师视野，提高教师的整体业务素质；有利于教学资源的积累和共享，减少无效劳动，也有利于教育的均衡发展。备课中体现了"说—议—改—用—再改"的思路。这种做法，既融入了每个人的智慧，又有教师的个性彰显，使教师在交流合作中发现、研究、解决共性的教学问题，为"使每一节课成为有效的智慧课堂"奠定了基础。

集体备课，需强调"三个重视"：

一重视教学环境的变化。教学过程是教师、学生、教学内容和环境的整合。在这样的"生态环境"中，有许多意想不到的新问题出现。因此，在课堂教学过程中，集体备课的"众人智慧"要根据课堂教学环境的变化及时调整教学目标，时刻关注学生的个别差异。

二重视所教学生的实际。集体备课针对的是共性学生，并没有针对具体班级学生的实际。因此，课前要针对所教班级学生的实际，对集体备课思路进行反思和修改，这样才能使课堂教学更具有针对性。

三重视自己的教学特色。每一位教师都有自己的教学风格，集体备课应该是每一位教师充分发挥自己聪明才智的手段和途径，而不是束缚他们手脚的统一规定。教师课前有必要根据自己的个性特长，对集体教案进行"扬弃"，展现自己的独特风格。

另外，集体备课还要加强年级之间、校际之间和网络之间的备课，以扩大资源共享的范围。还可以通过设立教育教学开放日或开放周形式，向家长、社会开放学校的教育教学活动，让家长了解孩子的学习情况和教师的教育教学情况，通过家长的反馈指导与改进教育教学，让家长参与学校发展、参与教师发展。

> **观点讨论**：有教师说："我上好自己的课就行，何必和其他人集体备课浪费时间。"你对此说法有什么看法？

第三节　备课的发展趋势

新一轮的教育改革正在各地推进，教师备课已呈现出新的发展趋势。这一趋势对教师发展提出了新的要求，教师必须紧跟时代变化，提高备课水平和教学业务能力。

一、备课平台网络化

随着网络技术的发展，网络备课平台作为一种新型的备课介质和载体已成为现代教学不可分割的一部分，并有快速发展的趋势。目前教育部开展的"一师一优课，一课一名师"活动，以及全国中小学教师继续教育培训系统等，都为备课网络化提供了有力支持。

二、备课方式协同化

协同备课是针对个人独立备课而言,它克服了独立备课中教师个人由于知识和能力的缺陷而对教材的把握,以及对一些基本知识和基本能力的忽略或局限的不足,利用教师之间客观存在的差异性所形成的资源优势,开阔了教师的教学思路,提高了教师教学水平,从而提高了课堂的教学效益。当前,网络协同备课平台在教师日常备课中起着越来越重要的作用。

三、备课更新常态化

随着网络技术的发展和新课程改革的不断深入,学生信息获取渠道及信息量不断增大,于是呈现出教材改革率较高、内容变化较快的趋势。那么,教师经常更新备课目标、备课方法、备课系统及备课频率都将成为一种常态化。

四、备课模式示范化

当前,地方各科教学名师工作室的出现,使许多青年教师在教学备课等环节受益颇多。积极倾听教学名师授课和参加教学备课培训活动,已成为一些学校考核年轻教师的必备条件,教学名师对年轻教师的传、帮、带培养模式将长期实行下去。

本 章 小 结

备课是教师工作的前奏,更是教师工作态度、教学基本功、教学创新的具体体现,是新的教学理念实现的桥梁。备课形式有多种多样,各具不同的优势和作用,在教学实践中,往往是加以综合运用,不能偏颇某一种。要求教师既要看重"精备一节"的课时备课,也要重视"粗备一册"的学期备课,更要重视平日里教师的常年性备课。同时,教师的备课也绝不是单枪匹马、搞个人奋斗,在新课改背景下,面对教学中的新问题,同行之间合作交流、集思广益、优势互补、资源共享的集体备课将更加显得越来越重要。

课 后 练 习

一、名词解释

备课　单元备课　课时备课　课后备课　常年备课　集体备课　协同备课

二、判断选择

1. 完成学期备课任务的主要途径是:(　　)
   A. 大量的课外阅读　　B. 通读教科书
   C. 上网查资料　　　　D. 向老教师请教

2. 常年备课要做到"三常"是:(　　)
   ① 常备常钻研　② 常备常修改　③ 常备常交流　④ 常备常补充
   A. ①②③　　B. ①②④　　C. ①③④　　D. ②③④

三、教学试练
请以高一年级上学期为例,制定一份学期教学计划,并与大家评议交流。
四、实践探究
组织3~5人学习小组,到中学参加一次集体备课活动,之后与大家交流心得。

阅 读 参 考

1. 吴永军:《备课新思维》,教育科学出版社,2004.
2. 赵才欣、韩艳梅:《如何备课》,华东师范大学出版社,2009.
3. 赵亚夫:《历史课堂的有效教学》,北京师范大学出版社,2007.
4. 朱汉国、郑林:《新编历史教学论》,华东师范大学出版社,2008.
5. 赵克礼:《历史教学论》,陕西师范大学出版社,2005.
6. 陈辉:《历史课程教材教法新探》,中国科学文化出版社,2004.

第十四章　课时备课的程序与内容

导　语

　　课时备课,就是以课时为单位设计出具体的教学方案,它是备一节课的具体规范和技术操作。课堂教学设计过程,是每个教师奇思妙想、主题创意、个性智慧的集中展示。课时备课后形成的"教案"和"学案",既是教师上课的蓝本,又是学生学习的向导。本章我们把课时备课的程序分为:搜集信息——教学设计——制定方案三大环节来逐一介绍。

思考与探究

❖ 课时备课包括哪些内容?
❖ 如何确定教学目标?
❖ 怎样进行课堂环节设计?
❖ 新理念要求下的"教案"与"学案"如何编撰?

第一节　搜集信息

　　"怎么教"是以明确"教什么"为前提的。理性认识是建立在感性认识基础上的,教师备课信息吸纳的越多,越有助于对备课内容和方法的理性认识,也越有助于优化课堂教学设计。所以,历史教师进行课时备课的第一步,应该是从搜集教学资源信息开始的。这主要包括认真钻研课标、分析教科书、翻阅教学参考资料、深入了解学生等,努力从各方面搜集、吸纳备课信息。

一、研读文本:整合贯通

(一)把握课程标准,全面理解精神

　　教师在课时备课时,必须首先研读课程标准的指导思想、教学原则,明确课程性质,理解课程理念,体会课程设计思路,明晰课程目标、教学内容框架、教学与评价建议以及行为描述等。尤其是,要了解课程标准对本节课教学内容的具体要求,准确把握和确定本节课在本单元、本册书中,在整个通史或专题史中的地位和作用。搞好知识间承前启后,循序渐进,形成线索,既包含内容前的预备知识,还包括本节课所探究的主题,也包括下一节课将要继续学习的要点,充分体现知识学习的连续性。只有把握线索,才能讲清、讲透每一个知识点的本质与作用,教师心中既要有大树又要见森林。因此,教师备课要首先熟悉课

程标准,才能胸怀全局、居高临下地钻研教科书。

案例赏析

《辛亥革命》一课的地位与作用

本课是人教版高中历史必修一第四单元"近代中国反侵略、求民主的潮流"中的第四课内容,从属于近代中国的民主革命。中国近代史就是一部中华民族的抗争史,辛亥革命是资产阶级抗争的重要组成部分,是一场资产阶级独立领导的革命运动。它上承《鸦片战争》、《甲午中日战争和八国联军侵华》、《太平天国运动》,下启《新民主主义革命的崛起》。作为反侵略、求民主的重大事件,它具有典型的承上启下的作用。西方列强的侵略,使中国社会的民族矛盾和阶级矛盾都异常尖锐,中国各阶级先后进行的英勇抗争,虽然没有取得胜利,但为资产阶级民主革命奠定了基础。而辛亥革命推翻封建帝制、推动资本主义发展的成果又为后起的新民主主义革命提供了条件。所以,这一课在中国近代民主革命的历程中具有十分重要的地位和作用。

(二) 钻研教科书,确立"用教科书教"的理念

教科书是重要的课程资源、是教师进行教学的基本依据,又是学生课堂学习历史知识的主要来源。教师要上好历史课完成教学任务,就必须系统、深入地钻研教科书,透彻地分析和掌握教科书内容,以便更好地用教科书教。钻研教科书的基本步骤是:

1. 通读教科书,把握内容的整体结构和内容变化

在新课程改革的背景下,通读时要对新旧版本教科书的整体结构与内容做一对比,做到胸有全局、胸有变化,进而对教科书的每一个单元内容及单元之间的联系有一个全局把握,尤其是要分析本节课在本单元中的地位和作用。

2. 精读教科书,弄清教科书上的全部基础知识

在通读教科书的基础上,教师要对本节课的全部内容逐段、逐句、逐字地钻研,把教科书上的每个名词、概念、年代、地名、人名、每个历史事件的来龙去脉和具体过程,甚至多音字的读音都要搞清楚。教科书内容的篇幅不大,言简意赅,有的地方甚至一个字一个词都有丰富的含义,历史教师必须下苦功夫才能弄清楚它,否则以己"之昏昏",如何使学生"之昭昭"?

案例赏析

新课程高中历史必修一中"君主专制体制的演进与强化"一课,有"中国古代王朝的监察体制"一目,提到"汉武帝时代,全国划分为十三个监察区域,称十三州部,每州部设刺史一人,以监察地方政治,加强中央对地方的控制"。对这段课文,教师要在精读教材的过程中,应该敏感地注意到"刺史"的职责是地方监察而非中央监察,在讲课的时候要特别提醒学生加以注意。

3. 分析教科书,确定重点、难点

确定重点、难点,即是强调解决问题的目的性和主次关系。一节课要避免"眉毛胡子一把抓",否则"看似全,实则空",其结果可能使学生一无所获。

(1) 重点,是本课时要重点学习的重要历史事件、历史人物或历史结论。重点主要是

知识层面的问题,如何判断确定某些知识是否为重点呢？一要看它是否在该段历史过程中起到主导或关键的作用；二要看它对以后历史发展有无深远影响；三要看它叙述文字的长短；四要看它是否是经常考试的内容。作为重点往往是上述四者兼备。每节课的重点最多选择一至两个,否则多重点就变成无重点了。

（2）难点,是对于大多数学生来说难以理解的知识或者他们难以完成的学习任务。与重点不同,难点则属于能力层面的问题。确定难点的关键是在于对学生的能力水平把握,比较捷径的方法是到重点中找难点。因为,大多数难点无关宏旨,并非教学重点,例如程朱理学、封建纲常、民主社会主义等概念比较抽象,理论性很强,对中学生来说理解起来有一定的难度,又不是课程标准要求的学习重点,教师在教学中如果过多地处理,不但浪费课堂有限的时间,反而会冲淡重点的教学。

（3）要认真钻研书上的插图、年表、习题等部分内容,这些是课文内容形象的补充和说明。教师要研究它们与课文内容的关系,并考虑如何正确使用它们。在历史学科的试题背景材料使用日趋多元化的今天,这种重视教科书的图文并重是势在必行的。至于课后的习题,反映了课程标准对学生基础知识、能力的培养和思想教育方面的基本要求,有些习题还体现了教科书内容的重点,备课要注意研究习题,了解习题的具体要求,同时要考虑指导学生答题的技巧和方法。

（三）开发课程资源——整合教学内容

教科书是教学的重要资源,但不是唯一资源,要基于教学目标,吃透课程标准,整合一切可以利用的课程资源。教师既要研究使用的版本教科书,又要注意采集和整合其他版本的教科书,以及学生生活经验、社会实际、网络信息、社区环境等教学素材,对它们进行恰当选择、合理取舍,以丰富教学内容。教师还要注意学科间的横向联系,来挖掘历史教学内容中过程方法、情感态度与价值观等因素,合理组织教学内容,以真正体现课堂教学的生活性、发展性和生命性,让课堂活起来、让学生动起来。这一环节应加强集体备课的力量,通过同行的共同探讨、合作备课；分工协作、共享备课；互通有无、整合备课等方式达到。

二、对话学生:以学定教

学生是教学重要的信息资源、是教学设计的对象,教师要进行富有成效的教学设计,就必须与学生对话,了解教学对象。对学生的学情了解,主要可以通过检测、谈话、观察、问卷调查、预习提问等方法来获得。分析的内容一般要包括以下两点：

（一）学生学习的预备能力

即了解学生现有的知识储备、学习经验以及学生的历史思维结构的发展特点,以便有效利用学生探求新知识所需的预备知识和技能,确立课堂教学的现实起点。这是进行教学设计的关键。因为,只有建立在学生已有知识和技能之上的学习,才是扎实有效的,所学知识也才能成为学生自身再创造的知识链中的一环。

案例赏析

在对高中历史必修一《辛亥革命》一课进行教学设计时,教师对学习者的预备能力分析如下：学生为高一年级，好奇心强，具有较强的探究欲望；学生有过较多的小组合作经验；学生在初中时已经初步学过辛亥革命的内容，对辛亥革命重大史实及过程有所了解；学生在影视或生活中接触参观过与辛亥革命有关的革命遗迹等。高中生思维能力和理解分析能力已有很大提高，所以讲授本课内容要以学生的探究活动为主体，理解分析各知识点之间的内在联系并开展讨论活动，以对辛亥革命及其意义和教训有一个总体的认识与评价。

（二）学生学习的情感资源

这主要是通过了解学生的兴趣点，运用学生的情感资源，来确立教学的起点。认识过程必然伴随有情感，认知和情感是相生相伴、相辅相成的。所以，充分了解学生的生活经验、探寻学生对历史学习的兴趣点，创设出吸引学生、富有趣味性的真实的历史学习情境，有助于学生认知活动与情感活动的相互融合，使学生的情感和兴趣始终处于最佳状态，促使学生在探索中实现知识的同化与顺应，完成自我知识的有效学习。

案例赏析

北京市月坛中学贾海燕老师在上《辛亥革命》这一课的时候，设计了这么一个环节，就是用清朝的官服和中山装作一个对比，之所以采取这样的教学设计是源于她的一个学习调查。在课前，她曾与学生的交谈中，听一个学生说家里有中山装，而且爷爷对他说，中山装是民国时期的官服。于是，这位教师得到了这样一个学情以后，就把以前的教学设计给换了，因为，那是拿老百姓的长袍马褂和清代官服相对比，这是不对等的，于是改为了中山装。这种对比又能体现她教学的一种用意：清朝的官服，颜色不同，图案不同，代表着不同的等级；而中山装，它的设计都是一样的，意味着平等。实践证明，这种教学设计贴近学生生活，受到了学生的欢迎。

教师在分析了解学生的学情基础时，应该充分考虑到：既要关注学习者之间的稳定的、相似的特征，又要分析学习者之间的变化的、差异性的特征。相似性特征的研究，可以为集体化教学提供理论指导，差异性研究能够为个别化教学提供理论指导。当然，在教学实践中，更应该引起我们注意的是：一是教学准备中的学习零起点或低起点；二是学习起点大而空与本课教学脱钩等两种错误倾向。

第二节 教学设计

教学设计，是指课堂教学的设想和计划，即在课堂教学工作开始之前教学的预谋和筹划。教师通过钻研教科书，翻查各种教学资料和对学生有了初步了解以后，就进入备课的第二步，即对收集和吸纳的备课信息进行思维加工，设计教学方案。这是教师综合运用知识和进行教学设计的构思过程。教学设计构思的步骤主要包括以下五个部分：

一、教学目标设计
——解决"为什么教?"的问题,明确课堂上的具体教学任务

(一)确定教学目标的生成性

教学目标,是教学活动的出发点和最终的价值取向,它是教师在备课中设计课时教案时,针对具体的教学内容,在细化"课程目标"(三维目标)的基础上,确定一节课的具体课堂教学目标。"课程目标"是既定的,但教学的具体目标是生成性的。所谓生成性,就是说,教学是一个动态过程,课堂是富有个性、充满变数的情景化场所。在课堂教学的进展中,教学目标受学生因素影响,始终处于被适时调整状态,或者说,其正确与否取决于是否符合学生实际需要、取决于有没有最大限度地调动学生自主探究的兴趣与热情。

(二)确定教学目标的依据

确定一节课的教学目标要考虑三方面因素:一是对学科知识的分析;二是对学生的分析;三是对社会的分析。对学科知识分析主要是依据"课程标准"提供的教学内容及其要求,结合对学生已学过知识的把握情况的分析,设计出知识目标,并在对知识内容分析的基础上进行能力目标的分析。一节课的内容可以培养的能力有多个方面,究竟选择哪一个或哪几个方面作为本节课的能力目标,还要考虑学生的需要、社会的需求和后续课程的需要。在知识和能力目标分析的基础上,还要结合教学内容,设计出适合培养的情感和态度目标,然后,根据对学生的思想状况的分析,按需求的紧迫性和重要性进行选择。同时,还要考虑学校与社会环境中能够利用的课程资源。

(三)确定教学目标的要求

一要全面,既要有知识传授、能力培养的要求,又要重视情感态度与价值观的教育,充分挖掘教材的思想性,渗透思想品德教育;二要贴切,使中等水平的大多数学生经过努力能够达到;三要有层次,使优等生"能吃饱"、学困生"吃得了"。

案例赏析

人教版高中历史必修一《辛亥革命》教学目标的三个维度:

1. 知识与能力:(1)剖析辛亥革命爆发的原因;(2)掌握《中华民国临时约法》的内容,理解南京临时政府的革命性质;(3)正确评价辛亥革命。

2. 过程与方法:(1)通过历史情境设置问题,循循善诱,促使学生思考问题、探究问题;(2)通过历史讨论等形式,提高学生主动学习历史的兴趣,让学生体验历史、思辨历史、评价历史;(3)在小组合作探究中能够清楚地表述自己的观点,初步具有评估和听取反馈意见的意识,有初步的信息交流能力。

3. 情感态度与价值观:(1)通过孙中山先生的革命事迹,引导学生树立"国家兴亡,匹夫有责"的崇高的爱国主义情感,积极投身于振兴中华的伟大事业中;(2)辛亥革命作为中国民主革命的一个里程碑,有其重要的贡献,孙中山作为中国革命的先行者为中国革命作出了巨大贡献。(3)在近代中国复杂的环境下,革命不可能一蹴而就,由此认识到事物发展的曲折性与进步性并存。

从以上例子,我们可以看出,在分析和表达教学目标时,要抓住以下几个方面:一是,

正确定位目标对象,阐明学习行为的主体;二是,学习目标的编写应尽可能明确、具体,并且要有层次感;三是,要用行为动词和动宾结构短语表述教学目标;四是,要说明达到该目标的条件;五是,对与目标相关的行为状况要有一定的判别标准。另外,在表述教学目标时,为便于操作,也可变分列为综述,"一气呵成",将"三维"的思想隐性地而非显性地渗透进教学目标的整体阐释之中。①

二、教学内容设计
——解决"教什么?""教什么最好?""采取什么呈现方式?"等问题

历史教师在全面把握课程标准、钻研教科书、了解学生和确定教学目标的基础上,就要考虑如何把自己理解和掌握的教学内容教给学生。历史教科书是历史教学的重要资源。历史教师要创造性地使用教科书、灵活地利用教科书,使教科书成为一种动态的、生成性的资源,就要对教科书内容进行重组和加工。也就是要把教科书的编写内容设计出课堂上的教学内容。教师对课堂教学内容重组与加工的形式,主要有整合、取舍、增补、校正、拓展、调序等。在这一过程中,教师重点考虑的是如何把教学内容处理得更加具体、丰富、生动,怎样提高学生对历史的学习兴趣,如何强化教学重点、突破难点等。具体来说,对教学内容的组织设计要注意以下三点:

(一)要根据教学目标组织安排教学内容

即教师要根据教学目标,对教学内容进行精心裁剪和巧妙组织,力求教学内容具有针对性、科学性、有效性和系统性。

(二)要按学生的认知规律来组织教学内容

遵循学生由感性到理性的认知规律,教师组织教学内容时,要适量增加形象具体、富有启发性的感性材料,重视教师的语言解释、教具展示等多种手段传递信息,以扩大学生的感知度,提高感知的质量。教师要避免照本宣科,否则就不能帮助学生理解和掌握知识。

(三)要围绕教学重点、难点来进行教学内容的组织和剪裁

只有围绕教学重点、难点组织教学内容,才能满足"掌握重点、突破难点"的需要,否则会影响教学效果。

三、教学策略设计
——解决"怎么教?""怎么学?"的问题及教学方式、学习方式的设想安排

教学策略,是教学设计的有机组成部分。它是在教学过程中,为完成特定的目标,依据教学的主客观条件,特别是学生的实际,对所选用的教学顺序、教学活动程序、教学组织形式、教学方法和教学媒体等的总体考虑。也就是说,教学策略是在特定教学情境中,为实现教学目标和适应学生学习的需要,而采取的教学行为方式或教学活动方式。它是将教学思想或模式转化为教学行为的桥梁。②

---

① 何成刚:"历史课堂教学目标:分列不如综合",载《中学历史教学参考》,2007(9)。
② 张大均:《教与学的策略》,人民教育出版社,2003年版,第7页。

（一）教学组织形式选择

1. 教学组织形式

教学组织形式，是为完成一定的教学任务而采取的师生教学活动形式。不同的教学组织形式会产生不同的教学效果。依据教师与学生在学习中的地位与作用分类，可以把教学组织形式分为授导型和探究型。授导型教学是指在课堂教学中主要以教师讲解、演示、操练及练习、自主学习、小组讨论、合作学习、问题化学习等方法综合运用为主的课堂教学形式。探究型学习则主要是学生自己探索问题的学习方式。它强调要由学生自己去发现问题、思考解决问题的途径，而不是由教师给予他们已经思考好的现成结论。学生在探究过程中，通过个人、小组、班级等多层面、多方式的组织活动，发挥个人自主学习能力和集体协作能力。教学组织采取何种形式，要依据不同的教学目标、任务、内容以及学生实际和教师本身优势来定，还要考虑省时高效低耗，在规定时间内完成教学任务，实现具体的教学目标，并能使教师教得轻松、学生学得愉快。

2. 选择教学组织形式的要求

（1）学生学习活动设计要求：一要体现自主、探究式学习；二要学习活动形式多样，要有利于培养训练学生的各种能力；三要站在学生的角度，考虑学生的年龄特点，要面向全体，关注个别；四要认真思考设计的活动要达到什么目标。

（2）教师教学活动设计要求：一是教师要不断鼓动、指导和启发学生活动，精心设计探究性问题，并根据学生的认知水平，确定出指导方法和具体实施步骤；二是要注意关注全体学生，指导步骤要自低向高分出层次，以便有利于各层次学生的学习和发展；三是教师在指导过程中，要注意教给学生方法，使学生不但知道是什么还要知道为什么。

（二）教学方法选择

1. 常用教学方法的使用

中学历史课堂常用的教学方法有：讲述法、发现法、探究法、问答法、演示法、对比法、图表法、读书自学法、情境创设法、多媒体辅助法等。教师选择合适的教学方法，是保证教学质量和提高教学有效性的最佳途径。选择怎样的教学方法主要由教材、教师专业素养和学生的实际情况而定，因"材"施教、因"人"而宜。

从教材对学生接受的程度来说，对于那些难度较大、头绪较多或有生动情节的内容，如高中历史"中国早期政治制度的特点"、"戊戌变法"、"辛亥革命"、"第一次世界大战"等，较适合以讲述法为主，配合探究法、讨论法、情境创设法等，通过教师的讲解、阐述和讨论辨析的形式，使学生"神入"历史，加深对知识的理解；而对于用一两个问题就能涵盖本节课内容的教材，如高中历史"精耕细作的传统农业"，则适合采用问题解答法；对若干知识并列且用同一项目标准类比的内容，如"古代手工业的三种经营形式"，适合用图表法进行比较和归纳；若引导学生构建知识体系结构，则适宜用演示法；对于教材内容较为简单、学生有一定理解基础的可以读书自学法为主；对需要加强直观生动性以吸引学生兴趣和注意的或课节内容含量大、需要节约板书时间的内容，可更多采用多媒体辅助和演示法来教学。总之，每一种教学方法都有各自的特点与适用场合，教师都应加以分析比较和选择使用。

2. 选择教学方法的要求

教无定法，但要有法和得法。恰当的教学方法要做到"五要"：一要有助于调动学生认识活动的积极性和发展能力；二要重视激发学生的学习动机；三要遵循认识规律，启发学生思考；四要注意适应面向全体和因材施教的不同需要；五要注重学生学习方法的指导，将教法与学法并重。另外，任何内容的教学，都不可能是单纯的一种方法在一堂课中以一贯之，而是多种方法优势的综合利用，当然是根据实际需要有所侧重的。

特别强调的是：教师无论选用哪些教学方法，均离不开教师富有启发性和引导性的讲述，讲述法作为一种传统的教学方法，是历史教师最基本的也是最常用的教学方法。

（三）教学媒体使用

教学媒体是在教学过程中，为学习知识和培养能力而采用的传递教学信息的工具。选择使用教学媒体要做到"三性"：一是目的性。教学媒体的选用要符合教学目标的需要，通过教学目标的达成情况来体现教学媒体的作用。二是针对性。选用教学媒体要针对学生的认知规律和学科特点，有助于学生的自主学习和探究学习。三是多样性。多样媒体的优化组合使用，有助于良好的学习环境和气氛的创设，多渠道的信息能充分调动学生观察、思考的积极性。

（四）教学程序安排

教学策略是针对一定的教学目标相互组织起来的程序化设计，因此，有其自身的操作序列。它指出教师在采取一定的教学策略时应先做什么、后做什么、再做什么。这就是教师要对课堂各环节的教学内容、方法、手段等，都要做细致周到、科学合理的设计，包括对各环节的时间安排。教师设计教学程序的要求有：一是要体现学生为主体、教师为主导的教学全过程；二是教学步骤要清晰，教学环节要合理。课堂教学的一般程序是：

1. 导入新课（约 1～2 分钟）。导入是教学过程的第一步，导入设计得当，就能直接吸引学生，大大提高教学效率。

2. 内容学习（约 20～30 分钟）。内容学习是整节课的核心，尤其是围绕知识重点难点的处理，是一节课的主要组成部分。

3. 课堂小结（约 2～3 分钟）。这是进一步将本节课知识系统化、使学生头脑形成完整知识结构的重要环节。

4. 巩固练习（约 5 分钟）。这是帮助学生巩固新知识并当堂深化的重要措施。

5. 作业处理（约 5～10 分钟）。这是帮助学生课后及时练习、牢固掌握知识和技能的过程，如果作业要求当堂完成，此环节可以并入"巩固练习"。

对以上实施程序来说，只是基本的和相对稳定的，而不是僵化的和一成不变的。它们虽有一定的前后顺序，但没有定式，可以随着教学条件的变化以及教学的进度及时调整和变换。

四、教学评价设计
——解决激励和鉴别的问题

评价，是教学过程中不可缺少的环节，用来检测教学目标的达成情况。在评价设计中，要注意以下问题：要对学生在学习过程中所参与的活动进行及时的激励性评价；评价方式要多样化,可采用学生自评、互评、教师评价、小组评价等;测评题要有层次性、趣味性和启发性。

五、教学反思设计
——解决查漏补缺、改进教学的问题

教师教学反思的基本要求:一是反思教学目标的达成情况,找出问题、分析原因、解决办法;二是反思本课的成功之处,为今后教学积累经验,以利于改进和提高。

拓展链接

教学设计的三重境界

第一境界:授人以鱼。是指教师教给学生知识,学生在掌握知识的基础上和过程中形成能力。知识是能力形成的基础,能力的培养以知识为载体,授人以鱼,是一个必经阶段,先授人以鱼,再授人以渔;

第二境界:授人以渔。在授人以鱼的基础上和过程中授人以渔,教会方法,提高能力。授人以鱼,是给学生一杯水,授人以渔,是教会学生自己去找水;

第三境界:悟其渔识。匠人与大师的差别在于,匠人只有技能技巧,只会复制前人的东西,缺少对事物的见识,而大师在得到"鱼"又学会"渔"的基础与过程中,悟出了"渔识",他能进行创造性劳动,不仅有创新的物质产品,还有独到的思想产品。

授人以鱼、授人以渔、悟其渔识,是从教师给学生水到教师带领学生去找水,最终是学生形成寻找水资源的见识,创出新的找水方法。

授人以鱼、授人以渔、悟其渔识三重境界,是我们教学的必经过程,是教学的三个阶段,不能厚此薄彼,不能有所跳越。教学既要授人以鱼,又要授人以渔,更要悟其渔识。只有这样,才能培养出有知识、有能力、有思想的创新人才。

第三节 制订方案

制定教学方案,是教师备课的最后一道工序,也是备课信息经过思维加工后呈现的过程。教学活动是教与学的互动过程,所以,教师的课前备课应该体现出对教与学双方的预设和指导作用。也就是说,所谓的"教学方案"应该是"教案"与"学案"的简称。

一、教案

教案,就是教师的教学设计方案,是教师个人融进了集体智慧的整个备课活动的劳动结晶。一份优秀的教案是教师教育思想、智慧、动机、知识、经验、个性和教学艺术性的综合体现。编写教案的目的是为了保证课堂教学活动能够按计划、有步骤的进行,避免课堂的盲目性和片面性。

传统教案具有两种倾向:一是单向性,即以教师和教科书为中心,更多考虑教师如何把书上知识内容讲得精彩完美,而忽视了学生自主学习的意识和能力;二是封闭性,即教案是教师自备、自用的,没让学生参与,缺少公开性和透明度,学生在课前对教师的教学意图无从了解,上课时只能被动学习。

新课程理念要求下的教案有两个显著的特点:一是超前性,即预设性,是使理想的效果化为现实的方案和措施。通过分析、思考教材内容和学习环境,预测教师行为可能发生的效果以及学生可能做出的反应,借助于想象,在头脑中拟定操作的蓝图,以期达到提前完成教学准备工作的目的。二是创造性,教案设计是对课堂教学各要素,如教师、学生、教材内容和教学方法、手段等进行创造性的组合,形成合理的结构,从而产生更好的课堂教学效益。

一般教案分为详案和略案,这要根据教师经验和具体需要来定。我们提倡三年以内教龄的新教师要写详细教案。教案一般由三部分构成:

(一)概况介绍:包括授课班级、课题名称、教学目标、学情分析、教学模式、重点难点、教学方法、教学手段、板书提纲等。

(二)教学过程:包括导入新课、内容学习、课堂小结、巩固练习、作业处理等环节。

(三)教学札记(课后完成):教师课后撰写教学札记,既是对本课时从备课到上课全过程的一种反思总结,又是对以后教学的一种特殊形式的备课。教师在课后,要及时对课堂教学进行较为系统的梳理,记录教学的体会和认识,仔细分析课堂教学过程行为的得失,甄别教学设计与实际教学的差距。譬如,思考本节课原先设定的目标是否达成,如何改善原先的教学方法,如何进行下次的教学改进等。教师通过反思自己的教学实践和教学效果,改革教学行为,提高教育教学水平。

案例赏析

请你点评下面的教学设计方案,说说有什么特点和不足?如果让你上这节课,你打算怎么设计?

古代商业的发展——"钱"眼里的古代商业(教案)①

【教材分析】

本课是大象版高中历史必修二第一单元第四课。《高中历史课程标准》要求:"概述古代中国商业发展的概貌,了解古代中国商业发展的特点。"

中国古代商业是农耕经济的重要组成部分,同时又呈现出与农耕文明不一样的商业文明特质。在农耕文明大背景下,政府长期实行重农抑商政策,而商业在这种政策环境中仍顽强发展,不断突破,于明清时期达到鼎盛,呈现出中国商业文明特有的魅力。但横向来看,对比明清时期的世界潮流,在古代商业促进农耕文明达到顶峰的时候,却没能使中国像西方商业那样开启工业文明的大门。本课头绪繁多,时间跨度大,学生在学习中容易产生杂乱无章的感觉,而感到无所适从,产生畏难放弃情绪。所以在教学实践中,在范例教学思想指导下,抓住货币金融的发展演变来侧看古代商业发展内容,化繁为简,化难为易。

---

① 本案例来源于2009年河南省中学历史优质课一等奖获得者房翠敏的教学方案。

【教学目标】

1. 知道古代商业货币形态的演变，通过史料解读明白金融的发展是古代商业发展的重要表现。

2. 通过对文献、诗歌、多种类型的图片和视频等资料的观看、思考的过程，初步掌握将文物资料与文献资料相互比较、印证和鉴别，提高获取有效信息的能力。

3. 通过学习古代繁荣的商业文明，体验中华文明的辉煌灿烂；通过了解古代商业发展中呈现出来的信义、智慧、开拓创新等积极的商业精神，认识到对古代优秀商业文化的继承也是发展社会主义市场经济的需要。

【重点难点】飞钱、交子、票号。

【教学方法】根据学生和本课内容特点，综合运用讨论法、合作探究法、设问法、联系法和创设情景等方法，培养学生自主探究、合作交流的能力，让学生在比较和归纳中提高历史思维能力和学科素养。

【教学时间】一课时。

【课前准备】

1. 发放学案，指导预习。

2. 课前幻灯片呈现一组现代货币（古乐为背景），吸引学生进入学习情境。

【教学过程】

一、新课导入

（幻灯片：人民币、美元、欧元、日元图片滚动演示）大家看到这些图片，通常称它们什么？——"钱"——货币（两字逐渐放大）。当前，国际上正在经历着一场全球性经济危机，经济专家说这是一场不流血的货币战争。今天，我们不谈危机和战争，我请大家穿越时空隧道，通过这枚"钱"眼，去了解一下古代商业的发展。（课件演示，并出示课题）

（设计意图：以师生互动的方式导入新课，拉近师生距离。将学习目标同时呈现给学生，起到引导学生关注学习重点的作用。）

二、内容学习

（一）商周大量贝币——扩大商业交换（讲后形成板书）

1. 引导学生回忆学习中遇到用贝作偏旁的一些汉字，理解贝作货币至今的文化影响。

材料一：贾、寶、贵、贱、赔、赚……

2. 出示文物挖掘材料进行印证，并提出问题。

材料二：1976年，对河南安阳殷墟商王武丁王后妇好墓进行了考古发掘，墓中出土海贝6880枚。在其他商朝贵族墓葬中也出土了许多海贝。可见海贝作为财富而贮存，贝作为一般等价物"货币"被广泛应用。——《中国钱币文化》

问题：请你结合政治课学习的货币知识来回答：一般等价物是怎样产生的，为什么海贝成为货币？大量的海贝在殷墟出土说明了什么？

（设计意图：通过问题材料情景使学生理解大量海贝作为货币，它不仅是商周商业交换扩大的美丽见证，更是扩大商周商业交换的有力杠杆。）

(二)秦朝"半两"一统——➤顺畅国内商贸

1.引导学生进行故事情景体验,明白春秋战国时期的形制、重量不一的货币,影响大范围商品交换的顺畅进行。

材料三:"楚人有卖其珠于郑者,为木兰之柜,熏以桂椒,缀以珠玉,饰以玫瑰,辑以羽翠。郑人买其椟而还其珠。" ——《韩非子》《买椟还珠》

历史情境猜猜看:请猜想故事中郑人(使用布币)如何买到楚人(使用金和蚁鼻钱)之"椟"?

2.呈现以下材料,设置讨论问题。

材料四:统一货币示意图。

材料五:《史记·平准书》载"太史公曰:及至秦,中一国之币为二等,黄金以镒名,为上币;铜钱识曰半两,重如其文,为下币……"。

问题:秦朝在哪些方面统一了货币?有哪些重要作用?

(设计意图:通过创设生动的故事、材料情景,使学生在体验中理解、讨论中认识:秦用半两可谓是划时代的进步,它适应了商品经济的发展,使国内商贸顺畅交流,推动秦汉商业的进一步扩大和发展。)

(三)唐代柜坊飞钱——➤方便大宗商贸

1.设置唐朝《富商李猛的困惑》故事情景,使学生梦回唐朝当智囊。

2.进行邸店、柜坊、飞钱等概念的链接讲解。

3.深度设问:唐朝柜坊和飞钱的出现说明了什么?

(设计意图:通过故事情境设置、学生角色体验,将枯燥的经济概念转化为生动的实际问题的解决过程,这样,使经济问题生活化、历史学习现实化,使学生自主完成知识的建构理解:唐朝金融业的发展,一方面适应了大宗长途贩运商贸的需要,另一方面方便和推动了其进一步的发展。)

(四)北宋纸币交子——➤商业发展新高

1.让学生观察《清明上河图—汴河码头》获得北宋商业发展繁荣的直观感受。

2.出示交子产生的情况介绍,帮助学生理解交子的产生是商品经济发展的需要。

3.引导学生观察北宋纸币铜版拓片图,注意面值770陌。

设置问题:770陌=77000文。当时武大郎卖炊饼,每个才卖三文钱。如果用此交子买炊饼可行吗?那么,这么大面额的纸币是用来干什么的?

(设计意图:纸币的出现,一方面弥补了"钱荒",另一方面它是世界上最早的信用货币。突出它曾经的积极作用和本课主干,所以这部分做了化繁为简的处理,从名画、生活入手,降低知识难度。)

(五)明清白银票号——➤诚信商业文明

1.引用明清小说素材,使学生在细节中理解明清货币的主流——白银。

2.介绍商帮的情况,并以晋商为范例使学生明白明清商业发展的突出表现。

3.设置情境《乔家的难题》。

小组讨论:请大家为乔家想办法解决运银难题(至少三种快捷实效的办法),理解票号产生的必要性。

4. 出示第一家票号——日升昌的图片,并介绍。

5. 出示与票号有关的其他材料,设置问题。

材料六:山西票号较大的有数十家,每家票号在全国各地均设有分号,有的甚至设在国外。

材料七:乔家经营第一笔小额汇兑的视频。

材料八:晋商的经商谚语"宁叫赔折腰,不叫客吃亏"、"诚召天下客,义纳八方财"。

问题:请根据以上材料分析为什么山西票号能经营汇兑?

问题:晋商的成功经营之道,对我们的最大启示是什么?

(设计意图:通过故事、图片、视频等多种材料的应用,搭建学生的理解平台,层层设问,使学生理解:明清时期白银在商帮的财富积累中大量使用,产生大量白银的异地汇兑机构——票号。票号的经营离不开雄厚的资本,但更为重要的是要有诚信经营的商业道德才能发展壮大。使学生明白晋商的经营文化中最为重要的核心是诚信,中华的传统商业文明随着票号的诞生发展到了它的最高水平。)

三、总结提升

这节课我们一起透过"钱眼"即货币,概览了中华五千年的商业发展历程,大家不难发现古代商业发展的趋势:不断发展,有所突破。但是我还得冷静地告诉大家的是中国古代商业虽在发展中壮大、在壮大中曾经辉煌繁荣,但是它始终没有冲破农业文明的框架,跨入近代工商业文明的大门。为什么是这样呢?这是我们下一节要探究的主要问题。

四、巩固练习(略)

五、作业布置(略)

【板书设计】

1. 商周大量贝币——→扩大商业交换
2. 秦朝"半两"一统——→顺畅国内商贸
3. 唐代柜坊飞钱——→方便大宗商贸
4. 北宋纸币交子——→商业发展新高
5. 明清白银票号——→诚信商业文明

↓ 不断发展有所突破 | 仍然属于农业文明

【教学说明】

本课设计的特色:创设情境、优化导学、自主学习、合作探究。

【教学反思】(课后形成)

本节课内容量大、时间跨度长、知识较枯燥,我采用了范例教学法,从古代货币的发展切入,侧看整个古代商业经济的发展情况,并使用情景设置、学生分组讨论的合作探究法。在学习过程中降低了难度,尽力使内容生活化、生动化。问题设计体现了不同层次的学生能力,学生能够积极参与课堂,课堂气氛活跃,问题得到了解决,也锻炼了学生的表达能力,达到了较好的课堂效果。

但是,该课的案例教学法的使用,只是抓住了古代商业发展的一个侧面——货币,商业发展的其他方面如城市、商路、商人、影响商业发展的因素、商业发展的阶段性特征等,体现得不够充分——这些内容也在课程标准的要求之列,从而显得课程内容的部分缺失。这些内容,对于自学能力强的学生尚可在教师指导下自学完成,而对学困生则会造成不利的影响。

整改措施:开展课外专题活动课,并结合个别辅导进行补救。

二、学案

(一)学案的意义

学案,是建立在教案基础上、针对学生学习而开发的一种学习方案。其类型有针对班级的学案、针对不同学习群体的学案和针对学生个体的学案;也可以是在教师指导下,学生根据教学内容和自己的情况来编制的学习计划。学案,实质上是教师用以帮助学生掌握教材内容、沟通学与教的桥梁,也是培养学生自主学习和建构知识能力的一种重要媒介,具有"导读、导听、导思、导做"的作用。学案可以指导学生预习,也可用于课堂教学;系统的学案,还是一份很好的学习资料。新课程对"学案"的改革实践,是教师指导学生自主学习的重要尝试。这也是要求教师把教学重心由如何"教"转移到如何让学生"学会"和"会学"的一种体现。用具有公开性和透明度的"学案"来沟通师生之间的教学关系,增强了教学的民主性和双向交流性。

(二)学案的特点

一是阅读思考。这是学案的特色,可根据课文内容进行阅读思考,也可为开阔学生视野,激发兴趣,设计一系列可读性强、有教育意义的史料和文章。

二是知识整理。这是学案的重点,学案的初步目标就是让学生学会独立地将教科书上的知识进行分析综合、整理归纳,形成一个完整的科学体系。

三是问题探究。这是学案的关键,它能起到"以问拓思,因问造势"的功效,并能帮助学生如何从理论阐述中掌握问题的关键。

四是巩固练习。这是学案的着力点,让学生独立进行一些针对性强的巩固练习,对探索性的题目进行分析、讨论,不仅能通过解题巩固知识、掌握方法和培养技能,而且能优化学生的认知结构,培养创新能力。

一个优秀的学案应该具备:激起动机,激发想象;紧扣课标,开阔眼界;重视学法,培养能力;面向全体,层次多样;结构合理,操作容易的功能作用。

(三)传统"教案"与新"学案"的区别

目的:教案——为教师上好课做准备
　　　学案——为学生自学提供指导
性质:教案——教师为中心,单向性、封闭性
　　　学案——学生为中心,互动性、开放性
角色:教案——教师自导自演,学生是听众
　　　学案——教师组织调节,学生是主角
表达:教案——界面规整,表述严整周密,多用书面语
　　　学案——界面亲切,表述生动活泼,多用口语

(四)学案的要求

从传统"教案"到"学案"的转变,必须把教师的教学目标转化为学生学习的目标,把学

习目标设计成学习方案交给学生。学案要做到"三个统一"要求：

一是"教"与"学"的统一。教师要理清教与学之间的关系，努力给学生提供更多的自学、自问、自做、自练的方法和机会，使学生真正成为学习的主人，增强对学习历史的兴趣。在充满人性化的教学中，真正实现教学相长。

二是"学会"与"会学"的统一。引导学生独立思考，实现掌握知识（学会）与发展能力（会学）的统一。使学案成为学生掌握学科知识体系和学科学习方式的载体、教师教学的基本依据。

三是个性发展与全面发展的统一。学案的编写应该充分考虑和适应不同层次学生的实际能力和知识水平，使学案具有较大的弹性和适应性。

（五）学案的编制

学案一般是按课时进行编制，与教师上课基本同步。"学案"的编制要以"教案"为依据，要体现学生学习的心理特点，要根据不同的教学内容进行设计。学案一般包括以下栏目：年级、教科书、课题、教学目标、重难点分析、学习思路、学法指导、同步练习、自我测评、小结、练习答案和提示、资源链接（课外拓展）、学生水平差异对教学影响之解决方法等。

案例赏析

古代商业的发展——"钱"眼里的古代商业（学案）

【学习目标】（略）

【重点难点】（略）

【基础知识构建】

商周时期：

1. 你知道今天用贝作偏旁的汉字有哪些？

2. 请你结合政治课学习的货币知识来回答：一般等价物是怎样产生的？为什么海贝成为货币？（从价值、外观、大小等角度）

3. 大量海贝在殷墟出土说明了什么问题？（从殷为商都所在地、货币产生的原因方面考虑）

春秋战国时期：

4. 请描述春秋战国时期中原市场的繁荣景象。

秦汉时期

5. 秦朝在哪些方面统一了货币？有哪些重要作用？

隋唐时期：

6. 什么是飞钱？邸店？柜坊？

7. 柜坊、飞钱的出现说明了什么？

宋元时期：

8. 北宋繁荣的汴河码头，商品交易时可能使用哪些形制的货币？

9. 根据纸币的面值770陌＝77000文，请你分析纸币出现时的使用范围。

明清时期：

10. 什么是商帮？他们的经营特点有哪些？

11. 分析晋商票号为什么能够经营白银异地汇兑？
12. 分析晋商的成功之道对我们今天有哪些启示？

【知识拓展延伸】（罗列从商周到明清各时期有关货币的史料。略）

【课后知识巩固】（略）

本 章 小 结

课时备课是教师日常工作的主体部分，它由搜集信息、教学设计、制定方案三大环节构成。其中，教学设计是全方位规划整个课堂教学方案的过程，它集中体现了教师的教学理念和智慧。新课程背景下，教学设计的科学性、合理性以及适切性，是实现历史课程目标的根本要求。备好课不仅是讲好课的重要前提，是提高教学质量的基本保证，也是教师不断丰富自己教学经验和提高文化水平、专业知识、业务能力的重要途径。对青年教师来说，更是如此。

课 后 练 习

一、名词解释

课时备课　教学设计　教学策略　教学组织形式　授导型教学　教案　学案

二、判断选择

1. 分析教学对象即通常所说的"分析学情"，应该注意哪些方面：（　　）
① 从学生的实际出发
② 从学生的学习水平、认知结构出发
③ 从学生已有的知识经验、技能水平、生活体验出发
④ 从教师的教学风格出发
A. ①③④　　B. ①②④　　C. ①②③　　D. ①②③④

2. 确定难点的关键在于：（　　）
A. 对学生能力水平的把握　　B. 钻研课程标准
C. 吃透教科书　　　　　　　D. 教师素质

3. 历史教师最基本也是最常用的教学方法是：（　　）
A. 谈话法　　B. 讲述法　　C. 教具演示法　　D. 探究法

三、教学试练

请你自选中学历史一课内容进行备课，要求写出详细的教案和学案，然后进行完整一节课的试讲。试讲前，就本节课的教学设计进行5分钟简要说明（包括：① 对文本和学生的分析；② 对教学目标、教学内容、教学策略、教学评价等设计的思路；③ 制定教案与学案的体会）。最后，在试讲和集体评议的基础上，写一份教学反思总结。

四、实践探究

1. 邀请中学优秀历史教师，举办一次关于"如何备课"的指导讲座。
2. 建议举办一次"教案"与"学案"展评活动。

阅 读 参 考

1. 白月桥:《历史教学问题探讨》,教育科学出版社,2001.
2. 张宝华:《中学历史教学研究》,高等教育出版社,2001.
3. 施良方:《教学理论:课堂教学的原理、策略与研究》,华东师范大学出版社,1999.
4. 贾荣固:《教师"五课"功》,辽宁师范大学出版社,1999.
5. 张大均:《教与学的策略》,人民教育出版社,2003.
6. 鲁献蓉:"从传统教案走向现代教学设计",载《课程·教材·教法》,2004(4).

第十五章　说课与观课

导　语

在当今信息化的时代,加强教学信息的沟通与交流、实行资源共享、取长补短的集体教研活动,不失为提高教学效率的有效途径。说课和观课,作为一种新型的集体备课形式,正在基础教育改革中发挥着越来越重要的作用,值得我们研究和掌握。

思考与探究

❖ 什么是说课？说课对教师专业发展有什么重要作用？
❖ 说课的类型是如何划分的？其基本原则和内容是什么？
❖ 说课、备课、上课三者有什么不同和联系？
❖ 如何评价一个优秀的说课？
❖ 什么是观课？观课的基本理念是什么？
❖ 观课的基本类型有哪些？如何做好观课？

第一节　说　课

说课,是20世纪80年代后,在基础教育中兴起的一种新的集体教育研究范式。在新课程改革背景下,结合新理念来进行说课,已被基础教育界广泛接受和运用,正在发挥着越来越重要的集体教研交流功能。

一、什么是"说课"？

说课,就是授课教师在备课(或上课)的基础上,针对具体课题或某一观点、问题,面对同行或教研人员或其他听众,口头表述其教学设计及其理论依据,然后由听者评说,达到互相交流、共同提高的一种教学研究活动。说课是师资培训的重要组织形式,又是教学实践经验交流和教师专业化成长的重要途径。

说课以说为主,通常由两部分构成,即解说和评说。解说,就是教师对教案本身的解析和说明,是一种口头叙述为主的教案分析,它要阐明的问题是"教什么？"、"怎样教？"、"为什么这样教？"及其理论依据;评说,则是针对解说而进行的听说者之间的评议、交流和研讨。说课具有两个明显的特点:其一,重在分析(摆过程,讲道理);其二,重在交流(相互学习,共同提高)。

二、说课的类型

说课,从不同的角度来划分,会呈现出不同的类型,常见的有以下几种:

(一) 从说课的性质划分

1. 研究型说课

研究型说课,一般以教研组或年级组为单位,常用集体备课的形式,由一名主说教师事先做好说课准备,然后向大家陈述自己的设计思路,大家就多角度、多层面展开研讨评议,提出见解和修改建议,变个人智慧为集体智慧。这种说课可一周开展一次,教研组或年级组的教师可以轮流说课,有助于大大提高教师业务素质和研究能力。

2. 示范型说课

示范型说课,一般选择素质较好的优秀教师,先向同行做示范型说课,然后再将课的内容付诸于课堂实际教学,最后同行对说课者及其课堂教学效果做出客观公正的评析。听课教师从听说课、观上课、参评议中增长见识,开阔思路。示范型说课一般一学期可以举行一次。示范型说课是培养教学能手的重要途径。

3. 评比型说课

评比型说课,要求参赛教师按指定的教材,在规定时间内写出说课稿,然后登台说课,最后由评委评出比赛名次。评比型说课有时在说课后还要求付之于课堂实践,或者把说课与有关说课理论和经验的交流结合起来,以便把说课活动推向更高的层次。这是培养学科带头人和教学行家的有效途径。近年来,一些地区和师范院校,也组织师范毕业生进行说课比赛,对提高学生的课堂教学技能起到了很好的推动作用。

4. 训练型说课

训练型说课,主要指在校师范生的说课练习。为提高师范生的课堂教学技能,在指导教师组织下,师范生利用所学历史专业知识、历史教育教学技能,在充分备课的基础上,对自己的课堂教学进行科学合理的设计,并找出其设计的理论依据,然后写出说课稿,在规定的时间内(一般是 10～15 分钟),面向同学们和指导教师进行说课练习。最后,师生共同评析、共同研究改进措施,进一步完善该课的教学设计,提高课堂教学技能。

(二) 从说课的时间划分

1. 课前说课

课前说课,就是在上课前,按照"教什么?"、"怎样教?"、"为什么这样教?"的教学设计思路进行的说课。课前说课侧重于理论认识与教学预设。如要考虑:当你的教学意图和教学设计由于某特殊情况而无法实现时,你将采用怎样的补助措施。所以,课前说课要体现出教学环境与学生学情的预估及相应的解决办法。

2. 课后说课

课后说课,是根据课前的教学设计进行实际教学,课后通过各种信息的反馈评价、自己的反思总结,最后向大家说出本节课的成功与欠缺之处以及你的改进措施。课后说课带有教学反思性,它是按照"教的怎样?"、"为什么会这样?"、"如何改进?"的思路展开,侧重于从实践效果的角度,分析预设与生成及其偏差的原因,并探究最佳的教学策略与方法,以指导今后的教学。

除以上说课类型外,还可以从说课的范围来划分,分为备课组说课、教研组说课、年级组说课、全校说课、公开说课等类型;若从说课的群体来划分,又可分为在岗教师说课、应聘教师说课、师范生说课等类型。

三、说课的原则

(一)科学性

说课应在现代教学理论的指导下,要符合科学的教学理论规范,这是说课应遵循的基本原则,是保证说课质量的前提和基础。

(二)研究性

说课的根本目的是进行教学研究,即它是一个从备课或上课中发现问题、解决问题、如何提高教学绩效的研究过程,要以研究为出发点,以改进教学为目标。

(三)协作性

要充分发挥集体的协作力量,从不同角度、不同教师的视觉,对特定的对象进行反思、分享、共建。尤其在当今多媒体技术教学应用中,教学设计更需要多方面专业人才的参与和协作。

(四)实效性

说课的目的就是要通过教师的反思和理性化思考,提高教师的教学、教研能力,从而优化课堂教学,提高教学绩效。因此,实效性是说课的核心。

(五)创新性

创新教育需要教育创新,新教学理念的应用、新教学方法手段的实施,都是教学改革的不竭动力和源泉,因此要提出自己设计的新意、解决问题的新法。

(六)个体性

教学不仅是科学,更是艺术。每位教师的个性、风格不一样,因此设计与实施都不会一样,教师要突出自己的特长与风格,发挥自己的优势。

(七)理论联系实际

教学是具有情境性的艺术实践活动,因此,在说课中不仅要说构想,还要说构想的理论和实际的依据,做到教学理论与教学实践的有机结合。

四、说课的内容

(一)说教材分析

主要说明"教什么"和"为什么要教这些"的道理,包括:

1. 说教材地位

在分析教材中,要站在本课、本册书甚至整个中学阶段的高度,来分析该课时的教学内容。还要考虑知识的延伸拓展性,考虑某知识点在此课教学中应培养学生哪些能力,养成何种学习习惯与方法,哪些知识和能力需要在此课中学习、巩固和深化等。

2. 说教学目标

说明如何依据课程标准、教科书内容、学生的心理生理特点和知识基础,来确定本节课的教学目标或任务。课时目标是课时备课时所规划的课时结束时要实现的教学结果。课时目标越明确、越具体,反映教者的备课认识越充分、教学方法的设计安排越合理。分析教学目标要从知识与技能、过程与方法、情感态度与价值观三个方面加以说明。

3. **说教学重、难点**

教学的重、难点是依据教材内容、课程标准及学生情况具体确定的,所以,说课必须将这几部分内容组织好,讲出条理。说明本人进行教材处理的打算,进行修改、增减的理由和依据以及教材处理上值得注意和探讨的问题。

(二) 说学情分析

了解学生情况是教学设计成功的基础。分析学情主要包括:学生对学习本教材所必须具备的基础知识的掌握情况,学生基础知识掌握的差异情况,学生对本教材学习的课前准备情况,学生的学习态度、学习习惯、学习方法及思维活跃情况等。

(三) 说教法、学法

说教法,主要是说明"怎样教"和"为什么这样教"的道理,就是说出本节课采用的是什么教学方法和采取什么样的教学手段,以及说明采用这些教学方法、手段的依据。

说学法,主要说明学生要"怎样学"和"为什么这样学"的道理,旨在突出学法指导的重要性。说明如何根据教学内容、围绕教学目标指导学生学习,教给学生什么样的学习方法,培养学生哪些能力,如何调动学生积极思维,怎样激发学生学习兴趣等。教师可依据教案,结合学案来具体解说。

(四) 说教学程序

主要说明教学全程的总体设计思路,课堂教学结构(即起始—过程—收尾)内容的安排和优化以及教学层次衔接与教学环节转换之间的逻辑关系。教学过程是说课的重点部分,因为通过这一过程的分析,才能看到说课者独具匠心的教学安排,它反映着教师的教学思想、教学个性与风格。也只有通过对教学过程设计的阐述,才能看到其教学安排是否合理、科学,是否具有艺术性。

说教学过程要全面具体,但并不等同于课堂教学实录。对于重点环节,诸如运用什么教学方法突破重、难点要细说,一般环节则概括说。如何进行教学环节的解说,并没有固定模式,可以把整个环节的安排先说出来,再逐环节说;也可把一个环节的内容说完后,再依次说下一环节。环节之间尽量用简洁恰当的过渡语(尽量做到口语化),使整个说课内容浑然一体。

说教学过程要体现出三条线索的连续性和完整性,做到条理清晰、内容精练。三条线索为:知识发展线——课堂主要知识点的传授过程;教师引导线——连续的教法,即教师活动;学生内化线——学生掌握知识的过程,即学生活动。

五、说课的技巧

(一) 要处理好说课与课程标准、教科书的关系

教师在说课前,应认真学习课标中的指导思想、教学原则和教学建议与要求。对于教科书,教师应"以本为本",但不能"照本宣科";要紧贴教科书,但不拘泥于教科书;要能驾

驭教科书,发挥教师的创造性。教师还要把课程标准和教科书结合起来认真研读,反复揣摩编者意图,以便准确、有分寸地发挥创造性。

(二)要处理好说课与备课的关系

说课与备课都是课前的准备形式,但有着明显的区别。备课,是教师在掌握课程标准、吃透教科书、研读有关教学材料的基础上,精心设计出教学方案的教研活动。它有明确的教学目标、具体的教学内容、连贯的教学步骤、恰当的教学方法、清晰的板书设计和目标测试等。而说课,则是教师在总体把握教材内容的基础上,说出在教学过程中,对各个环节具体操作的想法和理论依据,由此写出解说的方案——说课稿(说案)。一句话,说课必须回答"我为什么这样备课?"的问题。因此,说课绝不是教师按写好的教案把上课的环节做简单概述。

(三)要处理好说课与上课的关系

说课是为了上好课,是上课的一种准备形式,上课是说课的最终目的。二者的区别在于:上课,是教师在课堂环境下,依据自己编写的教学设计,实现教学目标、完成教学任务的过程。上课有特定的对象——学生,有具体的师生配合过程,有规范的教学程序和实际的操作方法,是具体的教学实践活动。说课,则不是在课堂里,不受时间、场地的限制,也没有学生的配合,而是对着特殊听众——同行、领导、评委或专家,教师一个人唱"独角戏"。说课侧重于理论、理论依据和教学策略的阐述。它带有相互学习、共同探讨的性质,是集体备课的一种特殊形式。

(四)要呈现自己的个性

教学环境与教学对象千差万别,加上教师自身性别、年龄、性格、知识结构、社会阅历、特长优势等特点,对教材从宏观的整体把握及微观的具体处理上都会有所不同。说课切忌照搬他人,人云亦云,应当有自己的特点、有自己的独到之处。

(五)要突出可操作性

虽然说课是独立于课堂教学的活动,但它却不能脱离课堂教学,它是课堂教学的前奏(或反思)和说明。说课是为了提高课堂教学效率、优化课堂教学而"说",如果说课与教学不联系,仅仅是为说而说,不能或者不好在教学中实际操作,它就是纸上谈兵,是"花架子"。

(六)要有创新意识

在开展说课活动中,说课教师应该勇于实践、敢于创新。我们常说教学有法却不可拘泥于成法,说课也一样。说课有规更不能囿于成规。应因时、因地、因人(学生和教者)的不同,创造出实用、有效、有特色的说课方式方法,不断丰富、充实说课活动。

(七)要突出"说"字

说课不等于备课,不能照教案"读";说课不等于上课,不能视听课对象为学生去"教";说课不等于背课,不能按教案只字不漏地"背"。说课就是抓住一节课的基本环节,围绕"课"字,突出"说"法,找准"说"点,把握"说"度,把"课"说"活"。

(八)要语气得体、简练准确

说课时,不但要精神饱满,而且要充满激情。要使听课者首先从表象上感受到说课者对说好课的自信和能力,从而感染听者,引起听者的共鸣。说课语言要有针对性——教师同行。语言表达应十分简练干脆,避免拘谨,力求有声有色,灵活多变。前后整体要连贯紧凑,过渡要流畅自然。

(九)要多问几个"为什么?"

说课教师在准备说课稿时,应自己多问几个"为什么?",并力争自己做出满意的解释。如果对有些问题尚未搞清楚,应认真学习教学理论、研读课程标准和教科书,查阅一些资料或请教其他教师。切忌说课时使用"可能"、"大概"、"或许"等词语。当然,说课质量的高低,还取决于教师的实践经验、语言表达及知识面等。

六、说课的评价标准

评价一个优秀的说课,应至少具有以下基本特征①:

(一)突显教学理念

教师在备课中的教学理念,往往表现为隐性的,发挥的是潜在作用与影响。而在说课中,教学理念则是突出的、外显的,因为不仅要说出其然,还要说出其所以然。没有教学理念的说课,便缺少了分量、缺少了深度,也就失去了其研讨的性质。

(二)诠释教学思想

说课不是教案的复述,也不是上课的预演。它是在兼有这两点的基础上,更突出地反映教师如何将教学思想运用于该课的教学目标、内容、策略等的设计中,因此,更加注重的是教学理论的诠释。所以,教师在说课时必须清晰、完整地表达出相关的教学思想和自己的教学观点与思路。

(三)表现教学能力

好的说课对教师由传统的经验型教师向现代科研型教师转变大有裨益。这表现在:教学思想的阐发,有助于教师进一步掌握和树立课程改革的新理念;教学设计的展现,有助于教师将教学理论与实践紧密结合起来,用先进的教学理论指导实践、解释教学问题;教学效果的预期或反思,有助于提升教师的教学与科研能力。

(四)展示教学境界

创新是教学的灵魂,也是教学的最高境界。说课教师对教学设计的创造性,体现在对教学准确独到的理解、对教学环节新颖独特的设计、对教学策略匠心独运的技巧等上面,这些都通过说课展示在同行的面前。

当然,说课的评价标准绝不仅限于此,在当今课改的促发下,说课评价标准应是开放的、动态的和发展的。

---

① 鲁献蓉:"新课程改革理念下的说课",载《课程·教材·教法》,2003(7)。

"说课"评价体系表①

项目		评价要点	权重	得分
说教材分析	1	教材的基本内容、结构和特点、重点、难点等	10	
说教师的教	2	教学目标的确定(含知识、能力、情感态度价值观)	10	
	3	教学模式(方式)的选择	5	
	4	教学过程(环节)的安排	10	
	5	突出重点、突破难点的方式方法	10	
	6	教学手段的采用	10	
	7	教学艺术创意(教学形象化、情感化等)	5	
说学生的学	8	对学生知识状况、能力水平、学习兴趣和习惯等的分析	10	
	9	学生活动主题及形式的设计	15	
	10	学生活动过程及教师对活动的引导等	15	
总评			100	

案例赏析

请你点评下面的说课稿,说说有什么特点和不足?并对此谈谈你的修改建议。

《科举制的创立》说课稿②

尊敬的各位老师,大家好:

今天我说课的题目是《科举制的创立》,选自人教版《中国历史》七年级(下册)第四课。下面,我将从说教材地位、说教学目标、说重点难点、说学生学情、说教学方法、说教学过程六个方面展开。

一、说教材地位

科举制,作为我国封建社会中央集权选拔官吏的一项基本制度,绵延了1300多年,对我国乃至世界都影响深远,特别是在我国封建社会政治制度发展史上有着极其重要的地位。在教科书中,这一课被安排在"繁盛一时的隋朝"、"贞观之治"和"开元盛世"之后,"辉煌的隋唐文化"之前,这不仅有利于学生在已有知识的基础上,进一步把握五位隋唐皇帝在科举制形成和完善的过程中所发挥的关键作用,而且,更加有利于学生在随后的学习中,更好地理解隋唐文化,特别是诗歌、书法艺术能够达到辉煌的深层原因。所以,无论从科举制的历史地位还是从本节课的教材地位而言,"科举制度的创立"这一课都是非常重要的。

二、说学生学情

本课的教学对象是初一下期的学生,他们通过上一个学期对中国历史的初步了解,对历史已经有了较强的好奇心和求知欲。可以说,一方面已经具有接受较为系统的知识去理解一些问题的能力;另一方面,他们又带有儿童的特点,希望老师讲课的内容新鲜、充

---

① 冯一下、李洁:《历史教育新探》,四川教育出版社,2002年版,第287页。

② 本案例来源于2008年河南省师范毕业生说课大赛一等奖获得者河南大学程丽同学的参赛稿(有删改)。

实、饶有趣味,最害怕空洞的说教……因此,根据这些特点,我对本课做了精心设计。

三、说教学目标

学习本课,我们不仅要求学生了解科举制创立的时间、目的、主要内容和基本过程,还要帮助他们理解其历史意义和深远影响;培养学生通过合作探究,从具体史实引出结论的能力;最终让学生认识到:制度创新是人类社会进步的重要组成部分。另外,隋唐时期,我国在政治、经济、文化各方面都领先于世界,这是培养学生民族自豪感的绝好素材。一切历史都是当代史,在本课的教学中,我认为还应从历史的角度,正面引导学生认识到文化知识的学习与自身素质提高的关系,培养他们热爱学习、开拓创新的精神和积极进取的人生态度。

四、说重点难点

整节课以隋唐五帝为线索,紧紧围绕三个大问题展开,其中,"科举制的创立与完善"是教学的重点,而隋唐时期这一选官方式的进步意义及其对中外的深远影响,则应该作为教学难点进行突破。

五、说教学方法

为了实现创新素质培养目标,本节课我主要采用讲授法、讨论法、图表归纳法、情景教学法和探究活动教学法,并以多媒体辅助教学。具体以史实为基础,以问题为载体,以多媒体为辅助手段,以探究活动为实现方式,通过分组合作讨论、体验情景和联系实际,达到师生互动、生生互动,使每个学习者都经历一个自主获取知识、应用知识、升华知识的学习过程。

六、说教学过程

1. 导入

本节课我以一段经典旋律作为开始曲,即大家非常熟悉的黄梅戏《女驸马》中的《谁料皇榜中状元》选段。这与课题"科举制"联系非常紧密,歌词中的"皇榜"、"状元"是我要向学生重点讲解的两个概念,我将把"皇榜"和学生的成绩单联系起来,把"状元"和当今社会的"高考状元"联系起来,并简单说明区别,引出这节课的主题——"科举制的创立"。另外,我对歌词中的"琼林宴"、"御街"、"潘安"等词也捎带解释,让学生对这样一位"风风光光"的状元郎充满好奇,激发他们对本课的学习兴趣。接下来,我带领学生一起简单回顾隋唐以前用什么方式选拔人才:从原始社会末期的禅让制,到夏、商、周时期的世袭制,再到秦汉时期的察举制,最后到魏晋南北朝时期的九品中正制。

2. 学习新课

(1) 背景

按照教科书要求,对于科举制之前的这些选官方式只作了解,仅要求学生明白教科书正文第一句话:"魏晋以来……"正所谓"上品无寒门,下品无士族",品级等第由州郡地方权贵把持划定,不利于中央集权的实现。对此,我以图表对比,让学生一目了然:应运而生的科举制就是为了改变以前的弊端,让门第不高的读书人凭才学做官,把选官权力集中到朝廷。

(2) 诞生和完善

科举制的诞生和完善是本节课的重点,对此,我以隋唐五帝为线索,归纳出五帝在科举制度形成和完善过程中发挥的关键作用,并且要求学生认识到:隋朝是破旧立新,确立科举制;而唐朝是继承发展,完善科举制。在理清思路之后,采取了情景再现教学法:由我来扮作主考官,学生扮演参加科举考试的考生。我将本节课刚刚讲过的知识点串起来,事先制成试卷发给学生,来模拟一场科举考试。试卷分为四道大题,都是我们常见的题目类型(填空、简答、论述和作文)。让学生了解,这些题型都是由科举的考试方法发展而来。贴经、墨义、策论和诗赋正是科举考试中考查的主要方式。这张试卷也将作为本节课的课堂练习,放在课堂小结中完成,并且鼓励学生认真完成,争当"状元"。

(3) 影响

科举制的影响是本课的难点,我采用情景教学法与讨论法相结合的方式,通过体验活动让学生充分感受课堂的生动有趣,从而进入角色、充分思考、自主探究。具体做法是:将全班同学按照座位分为四个大组,分别给予角色并引导学生,假如你是其中的某一个角色,站在当时的立场上,用一句话来表达你对实行科举制的切身感受。在充分调动学生的积极性、听取了大家或平实或风趣的巧语妙言之后,我将把课本中小字部分的理解融入角色进行分析。(略)最后,我将在肯定和点评的基础上,引导学生总结出教科书中科举制的三点正面影响。并以课后"活动与探究部分"、孙中山先生以及英国大百科全书里对科举制的高度评价,向学生介绍隋唐科举制对世界的深远影响。这样,既加深了学生对知识点的把握,又培养了学生的民族自豪感。

(4) 升华

本课最后,我设计了一个联系实际的课外探究活动题:"通过对我国古代科举制度的了解,你对当今社会的考试制度和人才选拔方法有什么合理化建议呢?请写一封信给当今的教育部长,表达出你的观点。"通过引导,把科举制的历史意义升华为现实意义,对学生的现实生活给予震撼和指导,既有助于知识的巩固和升华,又可以达到以史为鉴的历史教育目的,让学生切身体会到学习历史的价值与自我成就感。

另外,我还向学生推荐与本课相关的影视资料、网站及书籍等。

总之,在对本节课的设计中,我始终贯穿一个指导思想,那就是要将教师在课堂上的主导作用与学生的主体地位有机地结合在一起,让全体学生都愿意、乐意进入历史课堂,主动探究,掌握知识,发展智力。而在这样一个教学过程中,对于教师来说,也能够充分体验到教学的快乐!

以上是我对本节课的理解与设计。敬请各位老师赐教!谢谢!

第二节 观 课

在我国,长期以来只有"听课",与之相比,内涵更加丰富的"观课"则在课程改革的背景下,越来越引起我国教育理论和实践工作者的关注。

一、什么是"观课"?

观课,就是观摩课堂教学,它是教学研究者或观课者带着明确的目的,凭借自身感官

（如眼、耳）及有关辅助工具（如观察表、录音录像设备等），直接或间接（主要是直接）从课堂情境中收集资料、评价得失的一种教育科研方法[①]。"观课"类似于我们常说的"听课"，但又有不同。"观课"比"听课"意义更广，前者包含后者。传统的"听课"，主要指向声音，而淡化了"观"；"观"，则强调用多种感官收集课堂信息，不仅仅是"听"。在多种感官中，教师的语言和行动、课堂的情境与故事、师生的状态与精神都将成为感受的对象，观课追求用心灵感受课堂、体悟课堂。

观课是促进教师专业发展的一种教师研修活动，在备课中，通常表现为同事之间互助指导式的观课。它以教师专业发展为目的，通过观课过程中观课双方（即观课者、授课者），在某些事先预设的课题方面，共同研讨、分析和相互交流，用以改进教学行为、提高教学水平。

二、观课的理念

观课要树立五种意识：

（一）对话意识

观课双方是独立而平等的对话关系，都要积极认真对待这一相互切磋、沟通交流的机会。讲者在充分准备的基础上，将自己最佳的状态和水平展示出来；观者也要以积极的态度全面体验教学过程，带着自己的思考去审视教学中的每一个环节和问题。这里面还包含互相的尊重，在观课中要关注到他人，在交往中使他人成为对话者。既反对消极接受评判的唯唯诺诺，又要防止傲慢、拒人千里之外的非合作态度，要实现真实的倾听和交流。

（二）欣赏意识

授课是一种劳动，是教师艺术性的创造和智慧的结晶。观者如果带着尊重、欣赏的心态，就能充分感受授课者的优点，为授课者的成功而喜悦；同时，也能以正确而客观的态度去分析评议课中暴露的问题。如果观课者怀有不以为然的态度，观课的结果必然是消极而负面的。

（三）交流意识

观课前后都应该有交流，尤其是观课前的交流更重要，但目前其作用却往往被我们忽视。观课者要事先了解与授课相关的情况与问题，如观课活动主题、教师情况、教学预设、学情程度等，有了这些交流的基础，观课时就可以有较好的切入角度和层面。

（四）分享意识

观课就是参与双方相互提供教学信息、共同搜集和感受课堂信息、在充分拥有信息的基础上，围绕共同关心的问题进行的对话和反思活动，参与双方都能从中分享到进步的喜悦和成功的快乐。

（五）互助意识

观课双方之间的观摩交流、研讨探究，正是知识、技能、经验相互影响的过程，都需要带着"互助"的意识，带着自己在教育教学中的一些问题和思考，在对话与反思中，"观"别

[①] 陈大伟：《怎样观课议课》，四川教育出版，2007年版，第15页。

人的优势,"照"自己的不足,思考如何有针对性的进行调整,这样的观课就能达到效益的最大化。

三、观课的类型

根据当前课程改革的要求和教学的实际情况,结合课堂教学的特点及相对稳定的共性要求,将观课划分为检查型、评比型、观摩型和研讨型四种类型。

(一) 检查型

检查型观课,就是为了了解学校和教师教育教学工作的总体方面或某个问题的情况而进行的观课活动。上级教育部门对学校督导评估中的观课、检查教学常规落实情况的观课、中考复习调研观课、学校领导对新教师的观课、新课程实施情况的调研型观课等都属于检查型观课的范围。

(二) 评比型

评比型观课,主要是为了对教师做定性评价的观课活动。如评优课、考测课及评名、特、优教师的观课,就属于这个范畴。

(三) 观摩型

观摩型观课,是为了总结、推广、交流及学习教学经验和方法等而进行的观课活动,包括公开课、示范课、展示课等。这类课一般是由优秀教师或某一方面有特色、有创新、有经验的教师上课,具有示范性、推广性和学习性。观摩型观课对教师的专业学习和成长十分有益。它要求观课者要细致观察授课者与众与己不同的地方,在比较中学习借鉴别人的经验,改进提高自己的教学。

(四) 研讨型

研讨型观课,是为了研究、探讨有关教育教学问题或了解教学改革实验进展情况而进行的观课活动。研讨课、实验课、调研工作中的观课等就属于这个范畴。此类观课具有很强的目的性、探讨性、导向性、选择性、反复性。观授双方都是问题调研的主体,共同拟定、切磋调研问题,在共同反思总结、反复实验中,逐步完善、提高调研质量,完成调研任务。每一次调研观课后,要及时整理调研材料,撰写调研心得,并完善下次调研方案。

四、观课的方法与要求

(一) 观课前

要求观课者明确观课目的,带着问题有针对性地观课,避免盲目性。如在观课前,要反复阅读分析教科书、教学参考书、练习册等,做到心中有数、有备而来;了解授课班级学生情况,包括知识基础、学习习惯、学习态度、班风班貌等;设想教学方案,思考"如果我上这节课,我该怎么设计?"以便做到平等交流。观课者最好先上这节课,这对课的总体把握会更加清楚。

(二) 观课中

1. **适时转换三种角色**

观课者在观课过程中要具备三种身份,并适时转换思考:

（1）观课者。此角色贯穿整个观课过程。"旁观者清"，从"观课者"的角度观察课堂教学，对授课者课堂的出色表现或不足之处做出客观分析。

（2）授课者。观课时，要适时换位思考，设想自己如果是授课者，面临课堂某种情况时"我该怎么办？"，这样能使自己的判断更加符合实际和准确，使观课获得收益。

（3）学习者。一切的教育都是为了学生的最终受益。观课者在观课中，要更多的为学生设身处地的考虑，设想自己若是学生，在课堂上要怎样学习才能有较高的课堂效率。重视研究学生的实际接受情况，这样能大大提高观课效率。

2. 观课需做三项工作

（1）认真观察。从上课铃响后，观课者就开始进入观察状态，直至下课。观察中，要注意搜集课堂上所能捕捉到的一切信息，并要求观课者善用对比法，对师生的"教"、"学"多边活动做全面细致的观察与分析：① 观察教师：一是教师处理教科书的情况（如何确定目标要求、选择重点难点、定义概念、总结规律、示范演示、评价学生、设计板书、引导练习等）；二是教师组织教学的情况（如何贯彻教学理念和原则、安排教学过程、启发提问、补充订正、把握教学节奏、促进师生交流、发展教学机智、处理偶发事件等）；三是教师的素养和教态（专业知识和教学能力、口语表达和板书功底、表情姿态和仪容仪表等）。② 观察学生：一是双基状况（知识储备、能力状况）；二是智力水平（观察力、记忆力、思维力、想象力）；三是听课情绪（积极性、注意力、参与性、课堂气氛）；四是学习习惯（使用工具书、记笔记、质疑问难等）。

（2）真实记录。观课记录的方式有多种，最简单的是笔录，有条件的也可用音像技术记录。观课者要真实记录，以便作为课后交流研讨的依据。观课要以"观"为主，要把注意力集中在观察和思考上。所以，记录要有选择、有重点。

（3）文明观课。文明观课要做到"十点"要求：① 要提前进入教室，中途不要进出或提前退场；② 观课前不要饮酒，观课中不抽烟；③ 穿戴整齐，仪表端庄，为人师表；④ 观课中不看不相关的书报杂志；⑤ 不借看学生的学习材料；⑥ 不随便谈话或对讲课者指指点点；⑦ 不要表情凝重、皱眉头或表现出不耐烦的举止；⑧ 不要在学生面前议论讲课者的不足；⑨ 不要玩弄或接打手机；⑩ 不要随意走动，尽量不站着听课。

（三）观课后

观课后，要及时把观察记录归纳为优点、不足和改进建议等几个方面，以便备课后交流。交换意见时要抓住重点，多谈优点和经验，明确的问题不含糊，存在的问题不回避，以平等商量的语气、虚心诚恳的态度进行交流。通常情况下，研讨型观课一般不做定性分析和评价，交流的焦点主要是围绕课题内容、教学处理过程和学生的行为表现等展开探讨，直至"重构"出更好的教学设计。

本章小结

实施新课程，贯彻新理念，需要学校教研活动方式的改革和教学研究制度的创新。说课和观课作为集体备课和课堂教学研究的重要形式，体现了"师师合作"的新理念，有利于学校教研组、备课组形成互补结构，发挥群体优势，提高整体备课水平；同时，也有利于信息的多元组合与思想的碰撞,为教学设计的创新提供条件。对教师来说,它又是利用校本课堂发展教师,通过发展教师不断提高课堂教学质量和教学效益的有效途径。

课后练习

一、名词解释

说课　研究型说课　课前说课　课后说课　观课　观摩型观课　研讨型观课

二、判断改错

1. 在说课中不仅要说构想,还要说构想的理论和实际的依据。
2. 说课绝不是教师按写好的教案把上课的环节做简单概述。
3. "观课"就是我们常说的"听课"。
4. 观课以"观"为主,要把注意力集中在观察和思考上。
5. 观课后的交流一般都要做定性的分析和评价。

三、教学试练

请自选中学历史一课内容,设计一份说课稿,进行15分钟的说课练习,并与大家交流评议。

四、实践探究

以3～5人为小组到中学进行一次观课活动,课后与授课教师进行交流研讨,并将你的观课心得与大家分享。

阅读参考

1. 聂幼犁:《历史课程与教学论》,浙江教育出版社,2003.
2. 陈大伟:《怎样观课议课》,四川教育出版社,2006.
3. 陈瑶:《课堂观察指导》,教育科学出版社,2002.
4. 冯一下等:《历史教育新探》,四川教育出版社,2002.
5. 李彦福:《备课　说课　观课　议课与教学反思》,广西人民出版社,2007.
6. 叶小兵:"中学历史课堂教学改革的进展及需要解决的问题",载《历史教学》,2002(10).

新课程强调建立促进学生全面发展、教师不断提高和课程不断发展的评价体系,在综合评价的基础上,更关注个体的进步和多方面的发展潜能。

评价篇

☞ 学习内容与目标要求

本篇分为教师课堂教学效果评价和学生历史学业测评两个专题内容。主要涉及教师课堂教学评价的基本含义、功能、原则、标准、方法与途径；学生历史学业测评的要求、内容、方法以及测试命题原则与设计等。通过本篇学习，使学习者了解有关历史教学评价的一般原理和程序；反思传统教学评价的弊端，认识新课程"发展性"教学评价的精神实质，树立新的评价观；掌握一定的评价操作与研究技能；积极探索适应素质教育要求的历史教学评价，推进历史课堂教学质量的提高。

☞ 学习重点与难点

重点：教师课堂教学评价的标准；学生学业评价的基本内容；表现性评价；测试命题的设计。

难点：如何在"教"、"学"的评价中体现发展性原则和主体性原则。

第十六章 历史教师课堂教学效果的评价

导　　语

课堂教学,是学校工作的中心环节,课堂教学的质量是学校各项工作的综合反映。对教师课堂教学效果进行科学的评价,对完善教学,改进和提高教学质量起着至关重要的导向和推动作用。对教师来说,了解并掌握课堂教学评价的原则与方法,是促进教师专业发展的重要途径。

思考与探究

❖ 什么是课堂教学评价？其功能是什么？
❖ 历史课堂教学评价应遵循哪些基本原则？
❖ 历史课堂教学评价的基本内容有哪些？
❖ 怎样理解一节"好课"的标准？
❖ 开展课堂教学评价的主要途径有哪些？

第一节　历史课堂教学评价的基本功能与原则

评价,即"评定价值"的简称。课堂教学评价,专指对在课堂教学实施过程中出现的客体对象所进行的评价活动,其评价范围包括教与学两个方面,其价值在于促进课堂教学目标的实现。如何科学有效地进行课堂教学评价,已成为现代教学的基本组成部分,它不仅是成功教学的基础,而且是进行各种教育决策的导向。

我国教育界进行"课堂教学评价"的活动,大概始于20世纪50年代,但那时叫的最多的是"听课、评课",这种叫法一直延续到70年代。其任务更多的侧重于"课程管理"范畴,用于检查教师的教学行为是否达标、达到什么水平;其目的是监督、规范和指导教学活动。在20世纪80年代,"教学评价"(或称"教学评估")一词才在学界确切地出现并被人们广泛地应用,其任务与20世纪50～70年代大致相同,但就其标准已经发生了变化,即强调被评价者的主体性、能力和效果。20世纪90年代以后,随着教育改革的不断深化发展,进行课堂评价的标准也更加具体,包括教师教学内容、教学方法以及学生学习能力与效果等诸多方面。

一、历史课堂教学评价的功能

对课堂教学效果进行科学的评价,对完善教学、改进和提高历史教学质量起着至关重要的导向和推动作用。具体表现在以下几方面：

（一）激励改进功能

课堂教学评价对教学过程、教学结果以及学生期望达到的课程与教学目标进行价值判断，评价中的每一步都是为了最大限度的实现课程与教学目标。所以，通过课堂教学评价，不仅对课堂教学的质量进行了鉴定和判断，而且还对教学改革措施提出意见和建议，使教学改革沿着正确的方向发展，从而保证了教学质量。

（二）反馈调节功能

教学是一个复杂的系统，如何使教学过程开展得顺利、使各种教学资源都得到最佳的利用，则需要利用教学评价对教学信息进行整理与回馈，从而对教学过程进行有效的调节。所以，课堂教学评价对完善教学环节具有指导性作用，使教学过程中的各个要素能更好的相互作用与整合，以达到最佳效果。

（三）鉴定选拔功能

鉴定选拔是与评价与生俱来的一种功能，至今仍是教育评价的重要功能。学校根据课堂评价所回馈的信息，可以对教师和学生已达到的水平做出判断。教育的质量需要鉴定，人才的发展也需要选拔。有鉴定才能甄别成绩与不足；有选拔才能激励竞争与发展。但鉴定选拔必须是建立在促进科学发展的基础上，才能发挥其应有的功能与作用。传统教学评价过分重视鉴定选拔功能，这是不可取的。

（四）目标导向功能

教育改革的核心是课程的改革，课程改革的核心是课堂教学的改革。所以，课堂教学效果的评价对教育改革具有导向功能。通过课堂教学评价，回馈评价信息，促使改革者洞察教学实际情况的变化，掌握一定时期内课堂教学的发展趋势和倾向，以便对教育改革做出合乎逻辑的调整，使改革保持最好状态。所以，课堂教学评价对推动教育体制向着正确的方向发展起着重大的作用。

二、历史课堂教学评价的基本原则

历史课堂教学评价的作用要真正发挥出来，必须在评价过程中遵循一定的原则。主要包括：

（一）发展性原则

所谓发展性原则，就是在新课程实施过程中开展的课堂教学评价应是动态的、积极的和面向未来的评价，是以发展的观点来进行的。《基础教育课程改革纲要》明确指出："改变课程评价过分强调甄别与选拔的功能，发挥评价促进学生发展、教师提高和改进教学实践的功能。"新课程改革的核心理念是"一切都用发展的眼光看人才，一切都为了人才的发展"。新课程课堂教学评价的根本目的就是为了学生和教师的发展。坚持发展性原则，就是反对静态的、功利的、甄别性的课堂教学评价；反对通过评价，单纯地给教师评优评差或评分定级，对学生进行名次和优劣的排队；反对用单一、刻板的计价标准去衡量所有教师的课堂教学和学生的学习成果。否则，评价就会束缚教师的教学、压抑学生的潜能和个性的发挥，阻碍学生的全面发展；评价的调节和教育功能就不能得到充分的发挥。教师和学生在评价中没有受到教育、获得激励、得以发展,新课程的实施也就成了一句空话。

(二) 主体性原则

所谓主体性原则,就是承认、重视并坚持主体在实践和认识活动中地位和作用的原则。教学评价是评价者与被评价者共同建构意义的过程。主体性原则就是让教师、学生都能积极主动的参与到评价中来,充分展示其评价的积极性、主动性。主体性评价的理论基础是"解放理性"。它以人的自由与解放作为评价的根本目的。"真正的主体性评价不是靠外部力量的督促和控制,而是每一个主体对自己行为的'反省意识和能力'",也就是说,评价主体性,应该是"自主"与"责任"的统一。在主体性原则下,评价过程是一种民主参与、协商和交往的过程,在这个过程中,评价者与被评价者、教师与学生是一种交互主体的关系。主体性原则体现了课堂教学评价的时代精神。

(三) 过程性原则

所谓过程性评价原则,就是要关注在教学过程中教师"如何教"与学生"如何学"的原则。具体说,就是考查教师的课程与教学目标实现程度、课堂教学手段、教师语言组织情况、学生的学习态度、学习方法的使用以及师生配合的原则。过程性原则就是要打破"预定目标"设计的框框,将评价的视野扩展到课程的开发、实施以及教学运行过程的各个阶段。它有两个重要的特征:第一,关注教学过程;第二,重视非预期结果。坚持过程性原则,提供了学生在学习过程中的自我评价和自我改进的可能,使评价成为学生学会反思、发现自我、欣赏他人的过程,也有利于及时发现、鼓励学生发挥个性特长、施展才能,形成激励广大学生积极进取、勇于创新的氛围。

(四) 多元性原则

多元性原则,可以概括为两个方面:一是评价主体的多元化。传统的课堂教学评价通常是由学校领导、教师同行、评价专家等来完成的,主要是通过观察教师的课堂教学过程并对事先制订好的评价表做出勾画,被评价者(主要是教师)往往处于评价活动之外。而新课改后的课堂教学评价中,评价主体更加丰富。教师将作为评价活动的重要参与者和受益者,不仅有教育行政人员、学校领导、评价专家、教务人员、教师同行的评价,还有教师的自我评价、学生的评价甚至与教育活动有关的家长、社会的评价等,从而构成评价主体的多元化。二是评价角度的多元化。在进行评价时,不仅要对教学的基本环节和过程进行评价,还需要对教师在教学过程中所体现的基本教学能力要素进行评价,需要对教学效果、教学思想和理念等进行评价,也需要对学生在课堂中的学习情况进行评价。

(五) 艺术性原则

教学是一门技术,更是一门艺术。教学艺术是教学诸环节、诸手段、诸条件的综合运用,是对教学内容的合理调度与临场发挥的技巧和本领,更是对教学内容的深刻理解、灵活把握的表现方式。教学艺术体现了教学的生命力之所在,它是教师素质的综合体现,不仅体现在教师的各种能力之中,也体现在课堂教学的各个环节之中,包括课堂教学结构的设计、教学互动等方面。其中,教师的语言表达能力及体态语的表现力尤为重要。语言表达不仅要准确、清晰、简练,还要具有感染力。就课堂教学的环节而言,教学艺术包括导入艺术、讲解艺术、提问艺术等,每个环节的组织都能体现教师的教学功底,而评价过程中对教学艺术性的评价也主要体现在对教师素质和教学过程的评价上。

（六）效益性原则

课堂教学评价的效益性原则，是指在一堂课的时间内所取得的教学成果与所付出的物质代价和精神代价的比率。这往往是评价课堂教学中教学活动是否合理适宜的一个重要标准。课堂教学活动的本身是为了完成相应的课堂教学目标，每一个教学环节和相应的教学活动都是为了达到这个教学目标而存在的。不同的教学处理，其效果和效率是不一样的。因此，某些教学活动和教学环节是否恰当，效益性原则就成为一个非常重要的判断标准。这既是教师创造性发挥的体现，同时也是通过课堂教学评价提高教学效率的重要方法，它的实现才能真正达到发展性评价的目的。

第二节 历史教师课堂教学评价的标准与内容

一、关于"好课"的标准

对于课堂教学评价的标准一般用"好课"来定义，但是一堂"好课"的标准，向来都仁智互见，是不争的事实。因为，"决定历史课堂教学质量的量变是十分复杂的，影响的因素极多，因此要找出一个公式、一种评价标准和模式来说明什么样的课才是一堂好的历史课，是非常困难的"①。可见，教师课堂教学质量评价不能将标准整齐划一；相反，应根据教师、学生、教学目标、教学环境的特点，通过评价突出显示其标准的多重性和差异性。② 这就是说，"好"的历史课，其实都是相对而言的，没有最好，只有更好。那么，我们又该如何去评价一节历史课呢？《普通高中历史课程标准》在"教学建议"部分明确指出："历史教学是师生相互交往、共同发展的互动过程。"③由此来说，互动生成是新课程改革倡导的重要理念，新课程视野中判断一堂好课的总体标准，应该是关注课堂教学的生成性。

课堂教学的生成性，就是课堂教学过程的可变性和动态性，是相对于课堂教学的预设性和计划性而言的。传统教学具有塑造性而缺乏生成性和主体建构性。生成性教学，就是指教师在教学过程中，以促进学生的发展为目的，对教学目标进行弹性预设，通过创设有意义的教学情境，开展师生平等对话、合作探究，启发学生质疑和思考，并对自己的教学思路做出机智调整，通过学生的体验感悟，动态建构课堂并升华教学主题的教学形态。生成性教学要求教师必须尊重学生的主体性和关注课堂教学的生成性，不能用预设的目标与固化的模式实施教学，而应在动态生成中开展课堂教学。生成性课堂教学的特点表现在以下几方面：

---

① 于友西：《中学历史教学法》，高等教育出版社，2003年版，第271页。
② 朱汉国：《新编历史教学论》，华东师范大学出版社，2008年版，第203页。
③ 中华人民共和国教育部：《普通高中历史课程标准（实验）》，人民教育出版社，2003年版，第30页。

(一) 了解教材与学情,灵动预设,奠定生成基础

教学活动是有计划、有目的的活动。教师在上课之前要认真钻研课程标准与教科书,阅读参考数据,了解新信息,全面了解学生的学习需求,依据"三维目标"和历史学科特点,"考虑到期望目标与实际结果之间可能出现的差异,因人而异,做分层次的要求,寻找知识的生成点"[①]。尽量选择多样、合适的教与学的方式,使教学设计具有指向所要达成的目标而可能出现的不同生成路径,并对所要达成的目标,设计出可能出现的不同的分析讨论结果,多角度考虑教学中会出现的各种问题,给生成留足空间。

案例赏析

例如,讲《新兴力量的崛起》一课,可以预设三个生成性模块:

第一,"新兴力量崛起探源",阅读教材,着重探究四种新兴力量(欧共体、日本、中国、发展中国家)崛起的表现及原因,来生成课程目标的要求。

第二,"新兴力量崛起的影响",运用多媒体、史料分析创设情景,感知新兴力量的崛起对世界产生的影响。

第三,"对世界多极化趋势的思考",通过角色模拟,进行体验生成,生成辩证思考历史问题的能力,深化对世界多极化趋势的理解。

——上述三个生成性模块的设计,按照"了解—理解—见解"三个层次,对教学进行分层要求和弹性预设,为学生搭建合适的台阶,让学生循此台阶拾级而上,通过启发诱导、互动生成的学习模式,可以满足不同层次学生的要求。通过步步深入的三个生成性模块的设计与教学,教学结构充满弹性,给学生留有充分的空间与时间,为课堂教学的生成奠定基础。

(二) 运用现代技术,创设情景,营造生成氛围

教师运用史料、历史图片展示、影视数据或者是角色模拟等手段,创设历史情境,还原历史课堂的生动趣味性,使学生乐于置身其中,激发学习兴趣,唤起求知欲望,培养历史思维能力,为学习过程中的动态生成营造良好的氛围。

案例赏析

例如,讲《独立自主和平外交》一课,首先通过几组历史图片与史料概括出新中国的外交方针以及方针背景;通过角色体验让同学当领导人来感受和平共处五项原则;通过播放声像数据《周恩来外交风云录之万隆会议》感受万隆会议的内容及影响;通过联系实际将这节课学习的外交原则学以致用;通过课外活动探究让同学感受历史对生活的启迪以及周恩来的人格魅力。

——通过历史情境的多元呈现,激发了学生的学习兴趣和参与意识,为生成性教学营造出良好的氛围,把比较枯燥的、略带政治性的历史知识转化为学生自主合作探究的过程。

---

① 董绍才、宋玲:《生成性课堂教学实施策略》,当代教育科学出版社,2006年版,第45页。

（三）合作交流，构建生成途径

课堂教学过程是师生合作交流、共同体验的过程。在师生、生生互动的教学实践中，有效地建立起平等民主的师生关系，创设出开放的生成氛围，增强学生的合作精神，提高学生的交流能力。在合作交流的过程中，教师要做好指导和引领，在学生合作交流后，教师要进行总结，以形成学生的正确认识。对于学生在交流中存在的价值观偏差，要及时矫正，以提升生成的水平和效果。

案例赏析

例如，在学完《世界反法西斯战争胜利的影响》后，安排一个"探究活动课"，让学生探究："世界大战的启示——战争给人类带来了什么？"

在进行探究之前，教师先把学生分成4个小组，分别搜集战争带来的灾难、战争对社会生活的影响、世界大战中外交的作用以及两次世界大战的异同点比较。然后对探究做必要的指导，说明探究的目的、具体思路和具体要求，接着，每个小组利用课外时间，搜集有关世界大战的材料，在课堂上每个小组把收集到的数据以及自己的思考见解拿出来进行交流探讨，在学生合作交流后对学生的成果进行总结提升。

——学习战争史的目的不是战争的本身，而是使学生产生对战争的感悟。通过探究，加深学生善待生命、关注人类命运的人文精神的理解，形成正确的战争观、和平观和生命观。

（四）鼓励质疑，实现生成关键

"为学患无疑，疑则有进"[①]。质疑能力是学生素质的一个重要组成部分，培养学生的质疑精神是培养学生历史思辨能力的关键。传统的历史教学，学生往往只能局限于教师的提问，处于被教师追问的被动状态，很少有主动发问的权力和机会，学生的问题意识和提问习惯受到抑制。在生成性教学过程中，教师要善于激发学生探究问题的强烈意识，引发积极的思维活动，鼓励学生大胆质疑。正是学生对所学知识的求异和质疑，才使得课堂教学可能背离教师预设的教学轨迹，才会形成课堂教学的生成过程。但这里要注意的是，鼓励的质疑应该是有生成意义的，而不能对学生的任何疑问都作为教学的生成性资源。教师对学生的疑问应该是有利于培养其批判性、创造性的，如果有偏颇，教师应正确引导，而非随意性的发展。

案例赏析

如有位教师在讲"伽利略发明天文望远镜，证实了哥白尼'太阳中心说'的正确性"内容时，有学生提问当时的望远镜是什么样子等问题，教师把这样的问题当成了生成性问题，于是课堂就围绕此开展，有的学生拿橡皮、铅笔做"道具"演示落体运动规律，还有的学生把书本卷成了"圆筒"充当"望远镜"左顾右盼……

在生成性教学过程中，避免以下三种倾向：强调"自主合作探究"而忽视教师主导作用；强调个性发展而忽视组织纪律性；强调以人为本而放松严格要求。要区分学生的参与

---

① 陆九渊：《陆象山全集卷三十五·语录》，中国书店出版社，1992年版，第309页。

是主动参与还是被动参与、是实质性参与还是形式化参与。只有学生真正发挥了自主性、主动性和创造性,才算真正体现了学生的主体性,课堂教学才真正具备了科学发展的生成性。

拓展链接

刍议素质教育环境下的优劣课标准①

这样的课算不上好课

1. "中评不中用"的课不是好课。有时一堂课听下来,我们往往会有这样的感觉:如果根据评课的指标去评这堂课,用一一对应的方式可以罗列出许多优点。诸如,"教学目标明确"、"教程安排合理"、"提问精简恰当"、"适时运用媒体"、"渗透学法指导"、"注重能力培养"、"板书精当美观"、"教态亲切自然"……整堂课似乎无可非议。但在我们内心并不认为这是一堂好课。如果我们换个角度审视这堂课,想象学生在这堂课中学到了什么,我们就会发现,这堂课的许多环节是为迎合评课人口味而设计的,是在做表面文章,学生的学习效果并不理想。这种现象在优质课评比中尤为常见。

2. "教师唱主角"的课称不上好课。在观摩教学活动中,教师为了充分显示自己的能力,往往自己唱"主角",让学生当"配角",自己当"太阳",让学生当"月亮"。在这样的设计中,学生的学仅仅是为了配合教师的教。如某生问一参加教学比赛教师:"您在这次比赛中能得一等奖吗?"教师答:"那要看同学们配合的怎么样了。"这位教师一语道破了天机:学生在课堂上实际扮演着配合教师完成教学任务的角色。教师期望的是学生按教案设计做出回答,教师努力诱导学生,得出预定答案。教学,究竟是教服务于学,还是学为教服务? 教学论上对于教学目的的阐述是非常明确的。

3. "达到认知目标"的课也不一定是好课。有的教师把完成认知性任务当成课堂教学的中心或唯一目的,教学目标设定中最具体的是认知性目标。由此导致的结果使课堂教学只关注知识的有效传递,见书不见人,人围着书转。正如苏霍姆林斯基所描述的那样:"教师使出教育学上所有的巧妙的方法,使自己的教学变得尽可能的容易掌握。然后再将所有的东西要求学生记住。这种忽视学生主体只重视知识移植的课堂教学是对学生智力资源的最大浪费。"我认为,课堂教学应当是面对完整的人的教育,仅仅达到认知目标的课,称不上是真正意义上的好课。

这样的课才算好课

1. 好课应让学生主动参与。学生是课堂教学的主体。课堂教学应该实现陶行知先生所倡导的充分解放学生的大脑、双手、嘴巴、眼睛。只有让学生的多种感官全方位地参与学习,才能调动学生的学习积极性,使课堂焕发出生命的活力。课堂教学的立足点应是人而不是"物化"的知识,要让每个学生都有参与的机会,使每一个学生在参与的过程中体验学习的快乐,获得心智的发展。为此,有些教师尝试着将课桌的排列方式由"秧田式"变为"圆桌式"或"马蹄形",便于信息的多向传递和师生间、学生间情感的相互交流。有些教师采用小组讨论或个别指导;有些教师在谈话的语气上不再以权威的身份出现,而是以朋

---

① 张万龙:"刍议素质教育环境下的优劣课标准",载《小学青年教师》,2001(5)。

友的姿态出现……在这样的课堂中,学生怎么会不主动参与呢?而在一个学生主动参与的课堂中,学生的素质又怎么会得不到发展呢?我认为,能让学生的素质得到发展的课就是好课。

2. 好课能让学生受益一生。教学不等于智育,教学具有全息性。课堂教学应促进学生的全面发展,而不仅仅是让学生取得一个装知识的袋囊……

素质教育观下的课堂教学,需要的是完整的人的教育。它的真正贡献不仅是让学生获得一种知识,还要让学生拥有一种精神、一种立场、一种态度、一种不懈的追求。好课留给学生的精神是永恒的,正如陈景润初中数学老师的一堂课,激励了陈景润一生对科学的执着追求,这才是一堂好课的真正价值所在。

> **观点讨论**:请你结合该材料,谈谈你对"一节好课"的标准有何看法?

二、历史教师课堂教学评价的内容

对教师课堂教学评价,主要是对教师课堂教学目标的设计、教学内容的安排、教学方法的选择、教学手段的利用等的评价。

(一) 教学目标

教学目标是师生共同追求的目标,是课程目标在课堂教学中的体现,对教学具有导向、激励、调控和评价等功能。因此,课堂教学必须制定具体明确的教学目标,确定合理恰当的教学目标,这是上好一堂课的前提。教学目标的制定,应依据是否体现了新课程目标,是否体现教学内容的特征,能否促进学生在自主性、主动性和创造性等方面的发展,对学生在情感态度与价值观方面的教育是否通过学生的亲身体验达到内省和内化等原则。

(二) 教材处理

教材处理能力,是教师如何将教材内容转化为课堂教学内容的能力。教学内容的安排不仅是课堂教学设计的主要任务之一,也是课堂教学评价的一项基本指标。教师在组织和安排教学内容时,必须紧紧结合教学目标来进行,形成合理的知识结构,并突出教材重点、分散教学难点,抓住学生的兴趣点,知识难度要适宜,符合学生的认知水平;还要将学习内容融入学生的经验之中,联系学生生活和社会实际,适时扩展、强化实践,以激发学生的求知欲。另外,教师在安排教学内容时,还应注意其科学性与创意性,也就是说对教材的处理应努力做到结构化、科学化、整合化。

(三) 教法选择

教法,是教学方法的一个方面,它的选择与运用是反映教师教育理念的最具体和可观察的内容。现代课堂教学活动中常采用的教法有讲授法、讨论法、分析法、比较法、谈话法、情景法、探究法、发现法、课外活动法、多媒体辅助法等。讲授法,一直是课堂上最主要的教法,好的讲授法可以在单位时间内传递大量的信息给学生,恰当的用词与语速可以吸引学生的兴趣。讨论法与分析法,都是相信学生的思考能力,教师进行适当的引导,使学生产生解决问题的成就感以及培养综合分析问题的能力。创设情景教学,将学生与实际生活联系起来,更容易使知识生活化。当然,多媒体辅助手段的应用能使知识的生动直观性更强。可见,每种教法都各具优势,教学中应根据需要择优组合,因课制宜。

（四）学法指导

学法，是构成教学方法的另一方面。学法指导也称学习指导，主要是指在教学过程中有意识地教给学生必要的学习方法，提高学生的学习能力，使学生学会学习。俗话说："教无定法，贵在得法。"在制定学法时，应首先对学生的学情进行分析，比如认知水平、心理状态等，从而采取适宜的学法。常用的有阅读方法、观察方法、记忆方法、思维方法、分组讨论法、合作探究法、联系实际法等。正确学法的运用可以激发学生学习的兴趣，提高教学效率。

（五）教学过程

教学过程，是教学活动实施的主要环节。对教学过程的评价应依照教学是否情景化、生活化和是否具有生成性的标准。具体说就是：是否围绕教学目标创设灵活的、有助于师生对话、合作、沟通的教学情境，营造平等、民主、和谐、互动的学习氛围；是否引导学生全员参与，主动合作学习，组织多种形式的讨论探究、交流、辩论等活动，培养学生的发现和解决问题的能力；是否启发学生积极思维、大胆质疑，形成动态的教学过程。

（六）教师态度

教师是教育者，处于为人师表的地位，因而教师态度对学生学习态度的形成具有巨大的影响作用。教师要避免对学生支配、冷漠、贬低等负面影响，要着眼于学生的全面发展，培养其健全的人格、健康的情感、民主的精神、探究的思想。建立基于尊重和体现发展精神的民主、平等、和谐、融洽的新型师生关系。教师在教学的各种活动过程中，通过语言、口气、眼神、手势等表现出来的对待学生的态度，是否有同情心、正直、诚实、有礼貌，还是生硬、虚伪、粗暴等，都对学生的心理活动产生不同的影响，其作用直接反应在实际教学效果中。

（七）教学特色

特色的本质精髓是独特的个性，是个性与共性的统一。每个教师都具有自己独特的教学风格，形成某种教学特色。比如有的教师语言生动活泼、有的教师语调抑扬顿挫，课堂比较有激情，有的教师板书工整、富有条理，或者课堂教学活动丰富多彩等。教师的教学特色也是吸引学生注意力、培养兴趣点的一种手段，有助于提高课堂教学效率。

第三节　历史教师课堂教学评价的途径

新课程倡导教学评价的多源性，教师课堂教学评价的途径主要有：教师自评、学生评教、同行评教、专家评教、领导评教等。

一、教师自评

教师自评，是在课堂教学评价中常用的方法之一，这是教师自我认知、自我改造、自我教育的过程。它的意义体现在：首先，它有利于教师主体性的发挥和教师主体意识与主体精神的形成；其次，有利于形成教师自我教育的良性机制，激发对自身专业素质发展的责任心与自信心;再次,有利于教师的自评意识和能力迁移到学生的评价中,注重学生的自评。教师自评主要通过三种方式完成:一是根据别人对自己的评价来评价自己,即把别人对自己的评价作为一个参照来评价自我;二是将自己和他人对比进行评价,这是一种高层次的自我评价;三是教师自我分析,包括利用自己的教学录音、录像、调查表等,也包括对自己的教学过程的反思与总结来改正缺点、发扬优点。但需要注意的是,在根据他人评价来自评时,要有比较明确的自我认识,对他人的评价要正确看待,褒贬的意见都要接受。另外,在对比评价时,也要注意选对比较的对象,进行全面客观的评价。

教师自评一览表

自评项目		反思过程与结论	自评分数与改进	
			自评分数	改进措施
教学理念	先进性和合理性	是否自觉贯彻了新课改理念要求;是否以学生的全面发展为本;先进性的理念的具体应用是否合理。		
教学目标	目标的具体性和可操作性	教学目标的制定是否具体而不是形式化的表述;教学目标的制定是否存在重知识传授轻能力培养、重结果轻过程的不良倾向,尤其是态度情感价值观教育目标是否具有真正的可操作性。		
教学内容	内容的容量和生活化	教学的内容选取是否符合课标的要求;教学内容重、难点的把握是否准确;教学内容是否过于呆板,不适合学生的需要和生活经验的积累,从而脱离学生实际;课堂容量是否合适。		
教法设计	教法的灵活性和选择的适度性	教法是否灵活、创新,从而有利于教学目标的达成;教法选择是否符合学生、教材特点;教法选择是否有过于形式化的倾向;教法设计是否实现了教法和学法的有效统一,从而推动学生学习方式的改变。		
学法设计	学习兴趣的高低和学习方式的科学性、有效性	学生学习是否有较高的兴趣和成功的体验;学生能否在教师的指导下进行积极的自主学习、合作学习和探究学习。		
课堂效益	学生学习能力的提高	教学效果是否良好;是否重视了学生的学习能力,如理解能力、材料搜集整理及分析能力、质疑能力、主动探究能力的培养;学生的思维是否积极有效;学生动口、动手的机会是否充分;学生良好的学习习惯和学习方式是否得到改进和加强。		
教学资源利用	科学、多样	教学资源的利用是否充分、合理,是否有利于减轻学生的学习负担。		
教学模式运用	教学模式的灵活性和有效性	教学模式是否僵化单一;教学环节设计是否科学、系统,各环节是否得到优化整合。学生对此模式是否适应;教学模式是否费时费力。		

拓展链接

英国维纳斯中学《教师评价计划》中"自我评价表"的填写项目
- 在你的工作中,你最满意哪几个方面?
- 在你的工作中,你不满意哪几个方面?
- 你在工作时受到哪些条件限制和遇到何种困难?
- 在过去一年里和过去两年里,你采取何种措施提高你的专业水准和获得工作经验?
- 在未来一年里,或者从长远来看,你希望用何种方法来提高你的专业水准和加强你的工作经验?
- 在评价面谈时,你还希望讨论哪些其他问题?

(摘自王斌华著《发展性教师评价制度》,华东师范大学出版社,1998年版。)

二、学生评教

学生是教师历史教学的直接体验者和受益者,因此,是教师课堂教学效果评价的主要参与者。学生评教,不仅能反映学生对教师的认可程度和教师水平的高低,还能提高学生的主人翁意识,激发参与教学的积极性和创造性。

在教师评价中,学生评教自20世纪70年代以来一直为许多国家所重视。研究者阿里莫里(Aleamoli L.M)提出如下观点:首先,学生是教学过程的主体,他们对教学目标是否达成、师生关系是否良好,都有较深刻的了解,因而对学习环境的描述与界定也较为客观。其次,学生直接受到教师教学效能因素的影响,他们的观察比其他突然出现的评价人员更为细致周全。再次,学生参与评价有利于师生沟通,从而有助于提高教学水平。最后,学生评价的结果可作为其他学生选课的参考。[①] 可见,学生对教师的教育教学活动以及师生交往等有着直接的感受和判断。学生评教有利于了解学生的需求,加强与学生的沟通,帮助教师反思和改进教育教学方式,提高教育教学质量。但是,学生由于对教师教学的需求不同,也会对教师教学的评价有所差异。这是我们在采用学生评教时必须加以注意的。要选取大多数学生的评价意见,而不可以偏盖全。学生评教一般通过"调查问卷"或"座谈会"形式来实现。

---

① 陈玉琨:《教育评价学》,人民教育出版社,1999年版,第139页。

学生评教调查表(1)

_____班级　教师_____　所任科目_____　　___年___月___日

评 价 内 容	权重	评价意见		
		优	良	一般
1. 上课(包括辅导)不迟到、不早退情况	2			
2. 课堂教学认真、负责情况	4			
3. 布置、批改作业(认真)情况	2			
4. 对学生严要求、耐心讲解情况	2			
5. 指导学生学习方法得当,训练有方	4			
6. 教学方法得当,学生接受知识情况	2			
7. 理论联系实际,培养学生能力情况	4			
合　计	20			

注:1. 每项指标分为优、良、一般三个评价等级,达到指标内容要求,优为100%,良为80%,一般为60%。2. 每条指标只能划一个"√",不得多划或漏划,否则无效。3. 有效表占发表数的80%以上,统计结果方为有效。

学生评教调查表(2)

评 价 要 点	评 价 语
1. 课前我做了哪些预习活动?对本节课的主要内容理解情况如何?有几个疑难问题?	
2. 老师为我们安排了哪些活动?哪一项活动我最喜欢?	
3. 在自主、合作、探究学习方面,我做了什么?	
4. 本节课的学习重点是什么?自己在预习中遇到的问题解决了几个?	
5. 本节课在"知识、能力和方法"、"情感、态度和价值观"等核心素养方面,我有什么收获?	
6. 老师作为组织者、引导者和合作者,其作用发挥如何?我对老师还有什么建议?	

三、同行评教

同行评教,既是相互评价又是相互学习的过程。20世纪80年代,这种形式在美国受到广泛关注和运用。同行评教是一种形成性的评价,它是建立在经常说课、观课、教案研讨、分析反馈基础上的,对教师的评价是动态的、客观的。同行对课堂教学、教材以及对教师的要求都比较熟悉,因而有一定的有效性和权威性。同行们通过评价课堂教学的主要内容、最新知识掌握的情况和完成教学任务的情况等,对教师工作的改进都能提出比较有建设性的意见,也对教师的专业素质发展有重要意义。

同行评教表

评价对象	评 价 要 点	评价语及等级（A、B、C）
教师方面	1. 是否符合课标要求和学生实际	
	2. "三维目标"的融合和核心素养落实情况	
	3. 教学过程是否面向全体并考虑个体差异	
	4. 组织、调控课堂的效果及引导、激励作用发挥如何	
	5. 教学素养（包括教学理念、技能及基本功）	
学生方面	6. 参与活动的态度	
	7. 自主、合作、探究学习的状态	
	8. 参与活动的效果	
	9. 是否达成教学目标，学生是否学有所获	
	10. 目标生成的合理性及改进建议	

四、领导评教

领导评教，就是由学校领导、历史教研组长、年级组长或上级教育行政部门实施的一种自上而下的评教形式。常用的领导评教方法，首先是深入到教师与学生中间，收集关于教学的第一手信息；其次是运用学生的学业成绩来评价教学质量。另外，可以通过课堂观察、调查或召开师生座谈会等形式，对课堂教学做出科学的评价。领导评教可以使教育管理者迅速掌握一线教学信息，对教师的专业素质有比较准确的掌握，从而做出正确的管理决策以及对不同教师的奖惩劣汰，有利于提高学校的教学质量，促进教师专业素质的发展。领导评教应注意多鼓励，合理建议，少定性。

五、专家评教

专家评教，就是通过聘请一些教育教学专家到学校观摩听课，对教师教学活动进行诊断性评价。专家评教往往能较为客观地对教师教学进行价值判断，有助于教师形成新的教学风格。专家通过观察教师的课堂表现，可以深入收集有关教师上课的信息，如教学思想、教学方法、课堂气氛以及师生关系等，从而达到肯定优点、找出缺点，提高教学效果，促进教师专业化发展。

专家评教表

授课教师		所在学校		授课时间		
授课题目				授课班级		

<table>
<tr><th colspan="3">评 价 项 目</th><th colspan="4">评价等级</th><th>得分</th></tr>
<tr><th colspan="3"></th><th>A</th><th>B</th><th>C</th><th>D</th><th></th></tr>
<tr><td rowspan="3">教学目标</td><td rowspan="3">符合课标要求和学生实际的程度</td><td>知识与能力</td><td>5</td><td>4</td><td>3</td><td>2</td><td></td></tr>
<tr><td>过程与方法</td><td>5</td><td>4</td><td>3</td><td>2</td><td></td></tr>
<tr><td>情感态度与价值观</td><td>5</td><td>4</td><td>3</td><td>2</td><td></td></tr>
<tr><td rowspan="7">教学过程</td><td rowspan="4">教师</td><td>教师的教学基本功(学识、板书、语言)</td><td>15</td><td>12</td><td>9</td><td>6</td><td></td></tr>
<tr><td>尊重学生的主体地位,合理组织、指导和调控</td><td>10</td><td>8</td><td>6</td><td>4</td><td></td></tr>
<tr><td>学习情境的创设</td><td>5</td><td>4</td><td>3</td><td>2</td><td></td></tr>
<tr><td>对现有教学设备的合理运用</td><td>5</td><td>4</td><td>3</td><td>2</td><td></td></tr>
<tr><td rowspan="3">学生</td><td>参与教学活动的主动性、积极性和广泛性</td><td>10</td><td>8</td><td>6</td><td>4</td><td></td></tr>
<tr><td>思考问题的广泛性和深刻性</td><td>10</td><td>8</td><td>6</td><td>4</td><td></td></tr>
<tr><td>围绕教学问题交流互动</td><td>10</td><td>8</td><td>6</td><td>4</td><td></td></tr>
<tr><td rowspan="4">教学效果</td><td rowspan="3">课标要求达到程度</td><td>知识与能力</td><td>5</td><td>4</td><td>3</td><td>2</td><td></td></tr>
<tr><td>过程与方法</td><td>5</td><td>4</td><td>3</td><td>2</td><td></td></tr>
<tr><td>情感态度与价值观</td><td>5</td><td>4</td><td>3</td><td>2</td><td></td></tr>
<tr><td colspan="2">课堂气氛的宽松度、融洽度和师生的精神状态</td><td>5</td><td>4</td><td>3</td><td>2</td><td></td></tr>
<tr><td colspan="3"></td><td colspan="4">总分</td><td></td></tr>
</table>

评语	
评课人签名:　　　　　　　　　　年　月　日	评价等级

注:教师在教学过程中出现知识性错误,个别小错误可在教师的教学基本功中按学识上的错误适当扣分。如出现重大科学性错误,可视错误情况在总分中适当打折。(此表来自北京海淀区教学评教表)

本章小结

　　课堂教学评价,就是对整个课堂教学过程及其环节实施效果的检测与评定。主要包括教师的"教"和学生的"学"两个方面。评价目的在于提高教学效率、最大限度实现教学目标。评价对历史教学具有激励改进、反馈调节、鉴定选拔和目标导向等功能与作用。所以,在进行课堂教学评价时,必须坚持发展性、主体性、过程性、多元性、艺术性和效益性等原则。无论采用哪种评价方式,都要树立以人为本、着眼长远、立足过程、促进发展的评价理念,力求评价过程动态化、内容多元化、主体互动化、方式多样化,最终达到促进学生全面成长和教师的专业化发展。

课后练习

一、名词解释

课堂教学评价　发展性原则　生成性教学　教师自评　学生评教

二、判断改错

1. 课堂教学评价就是一次性的对教学活动做出的简单判断。
2. 课堂教学评价的主要对象是教师,评价的内容围绕教师的"教"展开。
3. 过程也是课标追求的目标,学习是一种过程。
4. 历史教学评价中的每一步都是为了实现学生对历史知识掌握的程度。
5. 发展性历史课堂教学评价注重学生目标达成的过程。

三、教学试练

请对照课堂教学评价标准和内容,准备一节完整的中学历史课堂教学,采用"先说课,后试讲"的方式,参加小组试练活动,然后写一篇教学反思,与大家分享交流。

四、实践探究

1. 观摩讨论:建议结合所学知识,观摩一节中学历史课堂教学(或录像课)。你认为这节课是不是"好课"? 谈谈你的理由和建议?
2. 请拟一份《学生评教问卷调查表》。

阅读参考

1. 王斌华:《发展性教师评价制度》,华东师范大学出版社,1998.
2. 陈玉琨:《教育评价学》,人民教育出版社,1999.
3. 叶澜:《课程改革与评价》,教育科学出版社,2001.
4. 郑金洲:《课改新课型》,教育科学出版社,2006.
5. 董绍才、宋玲:《生成性课堂教学实施策略》,当代教育科学出版社,2006.
6. 于友西:《中学历史教学法》,高等教育出版社,2003.
7. 叶澜:"让课堂焕发生命活力",载《教育研究》,1997(9).
8. 李吉会:"中小学素质教育课堂教学评价的几个理念问题",载《教育科学研究》,2001(1).

第十七章 学生历史学业的检测与评定

导 语

学业测评,是学生学习活动的一个重要环节,它既能反馈和控制学习、帮助判断学习目标的正确性和可行性,也是学习行为是否自觉自为的特征之一。对学生学业的检测与评定,不仅是评价教师教学水平、课堂教学效果的依据,更是关系人才教育教学目标实现的大事,在中学历史教学中具有重要意义。

思考与探究

❖ 学生学业测评的基本要求和方法有哪些?
❖ 如何进行基于历史学科核心素养的学业评价?
❖ 表现性评价有哪些特点和形式?它对实施素质教育有什么意义?
❖ 教师如何利用随堂检查与阶段检查对学生学业成绩进行测评?
❖ 历史检测试题常见题型及命题要求有哪些?

第一节 历史学业测评的基本要求、内容与方法

历史学业测评,是以中学历史教育教学目标为准绳,以学生学习实践为依据,运用科学方法,系统收集学生在历史教学和自学影响下的认知行为上的变化信息,对中学历史学科学习所引起的学生心理素质的变化进行价值判断的过程。

一、历史学业测评的基本要求

国家《基础教育课程改革纲要(试行)》指出:"建立促进学生全面发展的评价体系。评价不仅要关注学生的学业成绩,而且要发现和发展学生多方面的潜能,了解学生发展中的需求,帮助学生认识自我、建立自信。发挥评价的教育功能,促进学生在原有水平上的发展。"伴随着新课程进入全面改革阶段,我国中学考试与评价改革也取得了突破性进展。中学教学评价体系提出了全面发展性评价的基本要求。

(一)学业成绩的评价必须以素质教育的方针为指导,以发展学生核心素养为根本,以历史学科《课程标准》为依据,全面评价学生素质。

(二)学业成绩评价的目的在于促进学生全面发展,具体来说,就是要通过评价,确认学生的进步和达到的学业水平,诊断学生学习中存在的问题,促进学生的反思与发展。

(三)学业成绩评价的方法应是多样的,在改革传统的量化的评价方法基础上,注意

采用质性的评价方法,注意对学习过程的评价。

（四）学业成绩评价的主体应是多元的,特别要注意发挥学生作为评价主体的作用,尊重和发挥被评价对象的主动性,既要有外部的评价也要有内部的评价。

（五）学业成绩评价既要关注评价的结果也要关注评价的过程。注意评价过程对学生学习的影响,充分发挥评价的正面回流效应,尽量减小负面回流效应。

（六）控制和适量减少考试次数,减轻学生考试负担,让学生有更多时间和精力投入到各种有利于身心健康和发展的活动中去。

二、历史学业测评的基本内容

新课程的评价体系不再只是关注学生历史知识的积累和掌握,更关注学生掌握历史知识、提高历史思维能力的过程与方法,以及与之相伴的情感态度与价值观的形成和发展;不再只是为了选拔和甄别,更重要的是发挥评价的激励促进作用,关注学生在历史学习中的成长与进步。因此,历史教学评价的目标就是要运用灵活多样的评价方法来促进学生的全面发展。

当前基于历史课程"三维目标"要求下的测评内容包括：

（一）知识与能力目标评价

1. 知识目标评价。即教师对课程标准规定的学生必须掌握的历史知识进行评价,包括描述性知识、规律性知识和策略性知识。

2. 能力目标评价。能力目标主要是指分析、综合、比较、归纳、概括的能力。包括：

（1）历史技能评价：阅读历史材料的技能,如阅读文字或图表材料等,以获取有效的历史学习信息;整理历史知识的技能,即归纳、比较或分析历史问题的能力等;编制历史图表的技能,如时间带、大事年表、示意图的编制等;表述历史的技能,即能够扼要地表述历史梗概、有情感地表述历史情节、有论据地表述对历史问题的看法等。

（2）历史思维能力评价：学生能否从一种或多种角度客观地评价历史人物、历史事件、历史现象;能否整理零散的历史材料并按一定的逻辑关系组成一个完整的历史过程;能否辨证地分析历史问题产生的原因、发展的过程以及各种历史问题之间的关系;能否科学地比较不同历史人物、历史事件或历史现象并发现其异同;能否运用基本的史学概念、范畴和方法,对某些历史结论做出相应的评价或说明等。

（二）过程与方法目标评价

1. 过程评价。主要包括学生的历史知识感知与积累的过程;历史学习各方面能力的获得与提高过程;历史学习方法的掌握与运用过程;情感态度与价值观的体验与形成过程等。

2. 方法评价。主要考察学生能否做到论从史出;能否与别人进行交流合作;能否善于从多个角度提出问题和解决问题。

（三）情感、态度与价值观目标评价

1. 情感评价。包括学习兴趣、学习热情、学习动机的评价,尤其是对学生内心体验和丰富的心灵世界的评价。

2. 态度评价。包括学习态度、学习责任和乐观的生活态度、实事求是的科学态度、宽

容的人生态度。

3. 价值观评价。不仅强调个人价值观，更强调个人价值观与社会价值观的统一；不仅强调人类的价值，更强调人类价值与自然价值的统一。

历史学习内容中包含着丰富的情感态度与价值观的教育因素。所以，对这一方面的评价，主要集中在爱国主义情感、人文素养和科学精神、科学态度、积极进取的人生态度和健全的人格、国际意识等。

2017年《普通高中历史课程标准》制定了新的高中学业质量标准，明确指出："高中学业质量标准是通过高中学习，对学生核心素养表现的总体描述。高中学业质量标准是阶段性评价、学业水平合格性考试和等级性考试命题的重要依据。"新的课程标准把要求学生达成的历史学科核心素养和对高中历史学业质量标准做了整体的水平划分。

高中历史学业质量分为四个层级，每一层级不再是对单一核心素养的检测，而是对历史学科核心素养的综合检测。课程标准规定：学业质量标准中的"水平二"，是高中毕业生在本学科应达到的合格要求。高中学生通过学业水平"水平二"合格性考试后，才予以毕业。学业质量标准中的"水平四"，是等级性考试的命题依据，即类似于以往高考命题的依据。核心素养的分层表现描述与学业质量标准的制定，不仅在引导学生学习历史方面有具体意义，而且为检测学生学习效果提供了可操作的依据。

课标强调学生核心素养的达成是一个动态过程。教师要准确把握学业质量标准，多维度进行学习评价，尽可能使教学和评价围绕学生学习这一中心展开，注重课堂学习评价和实践活动评价的有机结合。在评价过程中，既要关注学生在课堂学习活动中的表现，也要关注学生在复杂情境下开展相关实践活动的能力。注重形成性评价和终结性评价的有机结合。注重评价主体的多元化和评价方式的多样化。教师、学生、家长等都应成为评价主体。重视评价反馈，要系统搜集学生日常的、阶段性的学习成果并进行判断分析，要建立师生对话交流的沟通途径，共同解读和分析评价结果信息，尊重学生心理感受。

例如，在对2017版高中新课程标准中的"改变世界面貌的工业革命"这一专题的学习评价中，教师可以根据学业质量水平二，要求学生运用文献、实物、口述、图像、音像、数字等多种史料，对工业革命前后生产力的发展情况、工业革命后列强在世界范围内的扩张、世界市场的形成、资本主义的发展、工人运动的高涨以及民族解放运动的兴起等方面进行论述。教师可从学生的论述中，对学生运用史料作为证据论证自己的观点、理解生产力的发展是历史发展的决定性因素、从大历史的视野认识工业革命是人类社会从农业文明演进到工业文明的转折点、并考察工业革命的世界性影响等方面进行评价。

拓展链接

历史学科核心素养水平划分

水平	素养1.唯物史观
水平1	能够了解和掌握唯物史观的基本观点和方法，理解唯物史观是科学的历史观。
水平2	
水平3	能够将唯物史观运用于历史学习、探究中，并将其作为认识和解决现实问题的指导思想。
水平4	

水平	素养2.时空观念
水平1	能够辨识历史叙述中不同的时间与空间表达方式;能够理解它们的意义;在叙述个别史事时能够运用恰当的时间和空间表达方式。
水平2	能够将某一史事定位在特定的时间和空间框架下;能够利用历史年表、历史地图等方式对相关史事加以描述;能够认识事物发生的来龙去脉,理解空间和环境因素对认识历史与现实的重要性。
水平3	能够把握相关史事的时间、空间联系,并用特定的时间和空间术语对较长时段的史事加以概括和说明。
水平4	在对历史和现实问题进行独立探究的过程中,能将其置于具体的时空框架下;能够选择恰当的时空尺度对其进行分析、综合、比较,在此基础上作出合理的论述。

水平	素养3.史料实证
水平1	能够区分史料的不同类型,在解答某一历史问题时,能够尝试从多种渠道获取与该问题相关的史料;能够从所获得的材料中提取有关的信息。
水平2	能够认识不同类型的史料所具有的不同价值;明了史料在历史叙述中的基础作用;在对史事与现实问题进行论述的过程中,能够尝试运用史料作为证据论证自己的观点。
水平3	在探究特定历史问题时,能够对史料进行整理和辨析;能够利用不同类型史料,对所探究的问题进行互证,形成对该问题更全面、丰富的解释。
水平4	能够比较、分析不同来源、不同观点的史料;能够在辨别史料作者意图的基础上利用史料;在对历史和现实问题进行独立探究的过程中,能够恰当地运用史料对所探究问题进行论述。

水平	素养4.历史解释
水平1	能够辨别教科书和教学中的历史解释;能够发现这些历史解释与以往所知历史解释的异同;能够对所学内容中的历史结论加以分析。
水平2	能够选择、组织和运用相关材料并使用相关历史术语,对个别或系列史事提出自己的解释;能够在历史叙述中将史实描述与历史解释结合起来;能够尝试从历史的角度解释现实问题。
水平3	能够分辨不同的历史解释;尝试从来源、性质和目的等多方面,说明导致这些不同解释的原因并加以评析。
水平4	在独立探究历史问题时,能够在尽可能占有史料的基础上,尝试验证以往的说法或提出新的解释。

水平	素养5.家国情怀
水平1	能够具有对家乡、民族、国家的认同感,理解并认同社会主义核心价值观和中华优秀传统文化,具有对祖国和人民的深情大爱;能够理解和尊重世界各国优秀文化传统。
水平2	
水平3	能够把握中华民族多元一体的发展趋势,以及世界历史发展的进步历程,形成正确的世界观、人生观、价值观和历史观;能够表现出对历史的反思,从历史中汲取经验教训,更全面、客观地认识历史和现实社会问题;能够将历史学习所得与家乡、民族和国家的发展繁荣结合起来,立志为新时代中国特色社会主义建设、中华民族伟大复兴作出自己的贡献。
水平4	

学业质量水平标准

学业质量水平分为四级。

水平	质量描述
一	1—1 能够知道人类物质资料的生产是社会生活的基础,知道生产力是历史发展的决定因素,知道经济基础与上层建筑之间的辩证关系,了解人类社会从低级向高级发展的规律;能够理解唯物史观是科学的历史观。 1—2 能够了解所学内容的历史分期方式,理解历史时期是按时序划分的;能够知道认识史事要考虑到历史地理的状况;能够识别历史地图中的相关信息,知道古今地名的区别。 1—3 能够知道史料分为文献史料、图像史料、实物史料、口述史料、实地史料等多种类型;能够在解答某一历史问题时,尝试从多种渠道获取与其有关的材料;能够从所获得的史料中提取有关的信息。 1—4 能够有条理地讲述历史上的事情,概述历史发展的基本进程;能够说出重要历史事件的经过及结果、重要历史人物的事略、重要历史现象的基本状况。 1—5 能够发现历史上认同家乡、民族、国家的事例,知道中外优秀文化遗产的主要内容,认识社会主义核心价值观的历史依据。
二	2—1 能够知道人类物质资料的生产是社会生活的基础,知道生产力是历史发展的决定因素,知道经济基础与上层建筑之间的辩证关系,了解人类社会从低级向高级发展的规律;能够理解唯物史观是科学的历史观。 2—2 能够将某一史事定位在特定的时间和空间框架下;能够运用各种时间术语描述过去;能够利用已有的历史年表、历史地图等方式对相关史事加以描述;能够认识事物发生的来龙去脉,理解空间和环境因素对认识历史与现实的重要性。 2—3 能够认识不同类型的史料所具有的不同价值;能够掌握获取史料的基本方法;能够在对史事与现实问题进行论述的过程中,尝试运用史料作为证据论证自己的观点。 2—4 能够分析有关的历史结论;能够区分历史叙述中的史实与解释;能够在叙述历史时把握历史发展的各种联系,如古今联系、中外联系等,并将历史知识与其他相关学科如地理、语文、艺术等知识加以联系;能够选择、组织和运用相关材料并运用相关历史术语,对具体史事作出解释;能够尝试从历史的角度解释现实问题。 2—5 能够发现历史上认同家乡、民族、国家的事例,知道中外优秀文化遗产的主要内容,认识社会主义核心价值观的历史依据。

水平	质量描述
三	3—1 能够从生产力与生产关系、经济基础与上层建筑的辩证关系来理解历史上的发展变化,理解人民群众在历史发展中的重要作用;能够史论结合、实事求是地论述历史与现实问题。 3—2 能够把握相关史事的时间、空间联系,运用特定的时间和空间术语对较长时段(如古代、近现代)、较大范围(如跨国家、跨地区)的史事加以描述和概括。 3—3 能够在探究特定历史问题时,自主地搜集有关的史料;能够对史料进行整理和辨析,并判断其价值;能够利用不同类型史料的长处,对所探究的问题进行互证。 3—4 能够分辨不同的历史解释,尝试从来源、性质和目的等多方面,说明导致这些不同解释的原因并加以评析;能够选择、组织和运用相关材料并运用相关历史术语,在正确的史观和方法的指导下,对系列史事作出解释。 3—5 能够把握中华民族多元一体的发展趋势,以及世界历史发展的进步历程,形成正确的世界观、人生观和价值观;能够表现出对历史的反思,从历史中汲取经验教训,更全面、客观地认识历史和现实社会问题;能够将历史学习所得与家乡、民族和国家的繁荣结合起来,立志为中华民族的伟大复兴作出自己的贡献。
四	4—1 能够从生产力与生产关系、经济基础与上层建筑的辩证关系来理解历史上的发展变化,理解人民群众在历史发展中的重要作用;能够史论结合、实事求是地论述历史与现实问题。 4—2 在对历史和现实问题进行独立探究的过程中,能够将其置于具体的时空框架下;能够选择恰当的时空尺度对其进行分析、综合、比较,在此基础上作出合理的论述;能够根据需要并运用相关材料和正确方法,独立绘制相关图表,并加以说明。 4—3 能够比较、分析不同来源、不同观点的史料;能够在辨别史料作者意图的基础上利用史料;在对历史的评述时,能够对材料进行适当的取舍;在对历史和现实问题进行探究的过程中,能够恰当地运用史料对所探究问题进行论述;能够符合规范地引用史料。 4—4 能够在独立探究历史问题时,在尽可能占有史料的基础上,尝试验证以往的假说或提出新的解释;能够在正确的史观和方法的指导下,全面、客观地论述历史和现实问题。 4—5 能够把握中华民族多元一体的发展趋势,以及世界历史发展的进步历程,形成正确的世界观、人生观和价值观;能够表现出对历史的反思,从历史中汲取经验教训,更全面、客观地认识历史和现实社会问题;能够将历史学习所得与家乡、民族和国家的繁荣结合起来,立志为中华民族的伟大复兴作出自己的贡献。

三、历史学业测评的基本方法

学生历史学业测评,依照不同的价值取向,有不同的评价方法。一般常用的有以下几种:

(一)诊断性评价

诊断性评价,也称"教学性评价"。一般是指在某项教学活动开始之前,对学生的知识、技能以及情感等状况进行的预测。通过这种预测可以了解学生的基础知识和准备状况,以判断他们是否具备实现当前教学目标所要求的条件,为实现因材施教提供依据。诊断性评价的实施时间一般在课程、学期、学年开始或教学过程中需要的时候。其作用主要表现为三个方面:第一,确定学生的学习准备情况,明确学生发展的起点水平,为教学活动提供设计依据;第二,识别学生的发展差异,适当安置学生;第三,诊断个别学生在发展上的特殊障碍,以作为采取补救措施的依据。教师对学生进行诊断性评价的手段主要有:以前的相关成绩记录、摸底测验、智力测验、态度和情感调查、观察、访谈等。

(二) 过程性评价

过程性评价,是对课程实施意义上的学习动机、过程和效果的三位一体的评价。[①] 切不可以简单认为过程性评价就是对学生学习过程的观察和评价;也不可片面认为过程性评价就是对学生情感、态度和价值观等非智力因素的评价;更不可以认为,过程性评价就是把一个较长的时间段划分为若干个小时段,然后把这些小时段的评价结果累加。过程性评价主要是一种评价的理念,而不是一种具体的评价方法,其本质特征是对学生的学习动机、学习过程和学习结果做全面的评价。过程性评价作用于整个教育活动,一学年、一学期、一单元、一课时、一个学习系列,都通过过程性评价反馈信息。

(三) 总结性评价

总结性评价,又称事后评价。泰勒对其的定义是:"这是在一项教育活动中或一门学科教学、一个学年结束时所进行的评价,其目的是评价这一活动或者一门学科,在这一学年达到预定目的的程度;或者是为了评价一种方案的总体效益。"总结性评价一般是在教学活动告一段落时,为了把握最终的活动成果而进行的评价。例如,学期末或学年末各门学科的考核、考试,目的是验明学生的学习是否达到了各科教学目标的要求。总结性评价注重的是教与学的结果,借此对被评价者所取得的成绩做出全面鉴定,区分等级,对整个教学方案的有效性做出评价。

(四) 表现性评价

20世纪90年代,西方世界掀起了一场"评定改革运动",诞生了一系列新的评定方式,形成了一种"表现评定体系",以代替原来的客观性测验。如"档案袋评价"(portfolio assessments)、"苏格拉底式研讨评价"(Socratic seminars)、"表现展示评价"(performance exhibitions)等。它们的特点就是回归学生在教育中、在课堂教学中完整而真实的表现,集中体现了课程评价领域的未来发展方向。我国教育部在2003年颁布的《普通高中课程方案(实验)》也明确提出:"实行学业成绩与成长纪录相结合的综合评价方式。学校应根据目标多元、方式多样、注重过程的评价原则,综合运用观察、交流、测验、实际操作、作品展示、自评与互评等多种方式,为学生建立综合、动态的成长纪录手册,全面反映学生的成长历程。"

表现性评价,就是让学生通过实际任务,以口头、书面、实物等方式来呈现知识与能力、情感态度与价值观的成长情况的评价。从全面培养学生、发展学生的个性和创新能力的角度看,它是素质教育中不可缺少的一种评价方法。表现性评价的特点:一是评价以学生为中心;二是评价表现需要透过实际操作;三是评价着重学生高层次思考能力的运用。一般的表现性评价,可以在平时学习中进行,也可以在学习终结时进行。它注重检测学生的综合素质,同时也可以更直接、更真实地考察学生的学习成果。在教学情境下,按学习行为分,表现性评价主要有结构性表现测验、口头表述、情景模拟、历史调查与项目研究

---

① 黄牧航:《历史教学与学业评价》,广东教育出版社,2005年版,第147页。

等;按学习结果的呈现方式分,主要有历史习作、历史档案袋等。

1. **结构性表现评价**

结构性表现评价,是指对学习者应用所学知识、技能,处理结构性任务的能力的评价,这种任务既可以纸笔表现,也可用非纸笔表现。这种纸笔表现,不同于传统的纸笔测验,它经常采用"设计"、"建立"、"创作"等行为动词,要求学习者在模拟情景中应用知识与技能。例如,让学生编写一则历史故事,根据一幅人物画像写一段话、撰写一篇历史名著读后感或历史小论文等。非纸笔表现,是指使用纸笔以外的器具,来展现历史事物或历史思考。如,让学生用黄泥捏出金字塔模型、编制历史小报、给历史人物画像或制作历史故事动漫等。

案例赏析

历史漫画活动评价表①

活动过程细则30分	① 搜集、阅读资料的程度	参与率高5分;较高3分;没有参与0分	组评:	分
	② 想法新、点子妙、角度奇	价值高5分;有价值3分;没有价值0分	组评:	分
	③ 绘制漫画	内容与形式完美统一5分;较统一3分;没有统一0分	组评:	分
	④ 编写漫画文字	点明主题5分;主题较明确3分;文不对题0分	组评:	分
	⑤ 帮助本组修改漫画	建议很好5分;建议较好3分;没有参与0分	组评:	分
	⑥ 评选情况	班级评奖:一等奖5分;二等奖3分;三等奖1分,可累计	组评:	分
学生对"漫画'历史'"的体验30分	⑦ 简单描述一下你最欣赏的漫画是哪一幅?为什么?10分		师评:	分
	⑧ 你想对你的指导老师说什么?10分		师评:	分
	⑨ 是否与其他学生合作、研讨?请举例说明。10分		师评:	分
总分60分			总评:	分

2. **档案袋评价**

档案袋评价(portfolio assessments),又可译为"卷宗评价"、"案卷评价"、"成长记录袋"等。档案袋评价是表现性评价的一种类型,它是在反思传统教育评价过分追求"客观性"和"量化"的基础上而提出的一种真实性评价方式。最初使用这种形式的是画家及摄影家,他们把自己有代表性的作品汇集起来,向预期的委托人展示。把这种做法应用到教育上,档案袋评价就是指学生的作品集,其目的是为了展示学生在某个(些)领域的学习和进步状况,传达出学生的努力、成长和发展过程。

档案袋评价采用的是多样化、开放性的质性评价方法,其内容选择可以由教师和学生共同决定,但学生要负主要的责任。由于学生成了选择档案袋内容的一个主要决策者,所

---

① 殷俊:《"漫画'历史'"课教学设计》,载《中学历史教学》,2004(7)。

以他们就获得了一个自己判断自己发展和进步的机会。档案袋评价的特点：（1）评价时间的平时性。档案袋或者成长记录，顾名思义，是镶嵌在平时教学过程中而进行的评价。（2）评价主体以教师为主。由于档案袋评价与平时的教学紧密结合在一起，所以必须由教师担负。（3）评价对象往往是学生某作品产生、完善的整个过程。档案袋评价的不足就是其带来的工作量太大、太耗时间，在实际运用中，易造成流于形式。为此，在采用这种方法时，需要考虑各方面的条件并做好充分准备。

> **观点讨论：**有教师认为表现性评价方式理论上是好的，但实际执行起来却加大了教师的工作量，实际效果也不如"题海战术"来得明显。你认同这种观点吗？为什么？

历史学业评价的方法，由于评价的具体目的、任务不同，所以，每一具体的评价方法都有一定的侧重面和价值取向性。我们要采取灵活多样的方法，使它们各自优势达到互补，来促进学生的全面发展。此外，无论选用哪些方法，都要符合历史教学的实际需要，尤其是要以学生人格培养为中心，立足学生多样化个性，放飞学生的才情和灵思，让学生由"求知"到"求法"、由"学好"到"好学"、由"能学"到"会学"，以评促学，推动学生历史学业水平的不断提高。

第二节　随堂测评与阶段测评

随堂测评，是指教师在课堂教学过程中对当堂课教学目标完成情况进行的检测。阶段测评，是指完成一个阶段性教学任务后，对教育教学目标的完成情况进行的检测。随堂测评和阶段测评是督促、激励学生学习和教师了解教学效果，从而改进教学、提高教学效果的重要手段和方式。

一、随堂与阶段性测评的意义和作用

（一）能有效地督促学生的学习，起到促进学生发展的作用

教师在日常教学中坚持进行随堂和阶段性的检测，能够督促学生掌握所学的知识，为学好历史课创造条件。并且，还有利于教师及时发现学生发展中的需要，帮助学生认识自我、建立自信，从而促使学生在原有水平上获得发展。学生通过检查可以了解自己的学习情况，如知识掌握的程度、学习方法正确与否、学习态度是否端正，使学生及时改正学习中的不足，促进自身的提高。

（二）能起到深化思想教育成果，发挥历史社会教育功能的作用

通过随堂和阶段性检测促使学生的复习，有助于学生将历史知识转化为信念，又将信念转化为个人的行动。通过复习，学生会在不知不觉中逐步深化对历史知识中蕴含的道德、情感、价值观的认知，随着认识的深化，学生逐步会将这种理解同自身感受结合起来，内化为自身的素养。

（三）能及时反馈教与学的情况，起到促进教师教学的作用

教师通过随堂和阶段性检测，可以及时了解学生掌握知识的程度以及运用知识的能

力、教学目标的实现程度,为教学及时反馈信息,从而发现教学中存在的问题,帮助教师决策,同时完善教学,使教学处于教师的有效控制之中。没有随堂和阶段性检测的教学,就犹如在大海中播种,深不见底,茫然无知,即使最有经验的教师也难免主观、盲目行事。因此,随堂和阶段性检测是衡量教学是否达到标准的依据,也是改进教学、提高教学质量的重要手段。

二、随堂与阶段性测评的基本要求

(一)随堂测评的要求

由于检测的类别很多、目的各自不同,所以就有不同的要求。随堂检测的目的是为了完成一节新授课程的教学目标,命题要围绕这一节授课内容,以基础知识为主,重点考察学生对重点和难点内容的理解与掌握程度。

教师应该根据课堂实际情况采用灵活多样的方式方法,可以采取课堂提问、讨论、辩论等方式,也可以以思考题的方式命题练习。无论采用哪种方式,检查一定要突出教学的主要内容,主观题目要以综合概括为主。例如,讲授完《两极格局的形成》后,可以用"举例说明美苏两极格局形成的基本过程"一题,对学生进行随堂检测。

由于随堂检测的是新授课教学目标的完成情况,所以题目的难度不宜过大,检测题目要尽可能照顾到该节课各个基本的教学目标。对学生检测过后,要及时反馈,在分析检测结果时,要坚持以鼓励为主的原则,不仅鼓励优秀生,还应注意大多数学生,对成绩不好但在此次检测中取得进步的学生,教师更要及时表扬,力争发挥学生的非智力因素,促进每个学生的发展。

(二)阶段测评的要求

根据检测范围和内容的不同,阶段性测评可以分为单元测评、期中考试、期末考试等。命题要紧扣课程标准和教学目标,以阶段性学习内容为检测对象,突出阶段性学习的重点内容。阶段性测评的方式也要灵活,可以采用多种方式,如小论文、调查报告和考试(口试或笔试)等。

阶段性测评采用最多的是考试形式。教师在编制阶段性检测题目时要遵循以下原则:(1)根据考试目的确定试题形式,既注重对学生历史基础知识的考察,也要注重对学生历史学科能力的考察。引文要适合学生的阅读和理解分析水平。(2)比例适当。在命题范围内,各部分内容的考察比例和题型的比例要适当。题目要有代表性,覆盖面要宽,但不能超出课程标准的要求。(3)格式规范,题意文句简明扼要,表述清楚,操作和答案的要求明确具体,不应产生歧义,不能使学生对试题要求产生误解。(4)题目内容设计要有鲜明的教育性、思想性。学术上有争论的问题一般不应出现。(5)各个试题彼此独立,不可互相牵连,不可含有暗示本题或影响另一题目的回答。(6)试题难易程度适当。阶段性测试与选拔性考试要求不同,不出偏题、怪题,难度要适合学生知识和能力的实际水平。

阶段性测评与随堂测评相比较,试题难度可以适当提高。随堂测评以知识目标为主,阶段性测评要全面考查历史学科各种能力要求。在进行测评的同时,还要注意学生答题的规范性训练。检测后还要及时进行讲评,讲评要坚持鼓励性原则。

第三节 测试命题的原则与设计

测试,是现阶段对课堂教学效果进行检测与评定的重要手段。掌握测试命题的技术是历史教师教学工作的一项重要内容和基本功。

一、历史测试的命题原则

(一)命题内容的广泛性原则

试题的覆盖面要广,尽量做到疏而不漏,对于教材各部分、各种类型的知识都要照顾到。对知识目标的考察应包括政治、经济、军事、民族关系、外交、思想、科技文化等诸方面。对学生能力的考察,应包括技艺、理解、分析与综合、归纳与概括等方面。对学生情感态度价值观方面的考察,应有世界观、人生观、价值观等方面的内容。

(二)命题的准确性和完整性原则

即要求试题的表述要严密、准确和完整。在文字的表述上不要模棱两可,要避免试题中概念不清、答题范围不明确的现象。否则,学生答题无所适从、答非所问。

(三)命题的多样性和灵活性原则

每种题型都有各自考察的侧重点和优势,但也有各自的不足。为了发挥各种题型的优势和弥补单一题型的不足,就要使题型多样。题目的灵活多变,更能考查学生的应变能力。例如,选择题能够考核知识、记忆目标,也能考核领会、应用、分析、综合等能力;材料题的内容可大可小,可以体现历史知识的横向、纵向联系。

(四)命题的量力性原则

根据学生的实际情况和考试的性质命题,注意题目的难易程度,要比例适当。水平考试和选拔考试的难易比例是不同的。水平考试的难度不宜过大,如果题目的难度过大,会挫伤学生的积极性;题目过易,学生得分过高,也不能真实反映学生的学习情况。选拔性考试的题目难度相对比较大些,这样才能拉开档次,以利选拔。

拓展链接

《普通高中历史课程标准(2017年版)》"学业水平考试与命题建议"

1. 明确学业水平考试的性质

普通高中的学业水平考试,是根据课程标准和教育考试规定,主要衡量学生达到课程标准规定的学习要求的程度,考试成绩是学生毕业和升学的重要依据。

历史学科的学业水平考试分为两类:一类是合格性考试,全体学生均须参加,以必修课程为考试内容,达到学业质量水平二,即为合格,是学生毕业的主要依据之一;另一类是等级性考试,由学生自主选择,以必修和选修Ⅰ课程为考试内容,以学业质量水平四为命题的基本参照。

2. 学业水平考试命题的主要原则

（1）以历史课程标准为依据

学业水平考试命题的评价目标应与课程标准中提出的课程目标相一致，测查的内容及评定标准均应与本标准中的内容标准和学业质量标准相对应。

（2）以考查历史学科核心素养的具备程度为目的

学业水平考试的试题命制要注意：一是选取对评价历史学科核心素养具有重要意义的内容；二是既要注重对历史学科某一核心素养的评价，更要注重对核心素养的综合评价；三是测试梯度能反映学业质量标准的不同层次；四是试卷结构中内容分布、历史学科核心素养水平、分值配置之间的关系；五是试题在立意、设问、答案和评分标准等方面做到科学、合理、可操作；六是题型设置和题型比例要满足考查核心素养的要求。

（3）以新情境下的问题解决为重心

学生能否应对和解决陌生的、复杂的、开放性的真实问题情境，是检验其核心素养水平的重要方面。历史学科核心素养的测试中，新情境可以有多种类型，包括学习情境，指在历史学习中遇到的问题，如史料、图表、历史叙述、史论等问题；生活情境，指在个人生活、家庭生活、社区生活中遇到的与历史有关的问题，如在倾听长辈的回忆、观看影视剧、游览名胜古迹时遇到的问题；社会情境，指对社会问题的历史考察，如某种社会风俗的来源、某一国际争端中的历史背景问题；学术情境，指历史学术研究中的问题，如历史学家对某一历史问题有多种看法等。多维度地创设试题情境，考查学生在新情境下如何解决问题，有利于检测和评价学生的历史学科核心素养水平。

3. 考试命题框架的研制

学业水平考试命题框架是依据课程标准设计的，用以规范学业水平考试命题工作。考试命题框架主要包括：考试目标、考试内容、核心素养水平的分布、试题类型与数量、考试时间、试题样例等。在研制考试命题框架时，要注意考试范围、核心素养水平分布等要符合课程标准的规定和要求，保证学业水平考试与课程标准的对应。

二、历史测试的命题技巧

历史试题的类型比较多，一般有填空、填图识图、单项选择、多项选择、连线、列举、名词解释、简答、材料解析、论述等题型。但总体来说，这些题型都可以归属两大类，即客观性试题和主观性试题。以上列举的材料解析、问答即属主观性试题，其余题型属客观性试题。自20世纪80年代以来，随着考试向标准化的发展，高考的题型发生了很大变化：有的题型不再使用，有的题型包括在其他题型中。例如，名词解释题，自1985年起就不再使用，填空题自1998年起取消，多项选择题自1999年起也取消了，这些试题的功能被单项选择题所取代。现在考试常用的题型基本上只有三种：选择题、材料题和问答题。

（一）选择题的命题技巧

选择题，主要是考查学生对历史知识掌握的准确性。其主要优点：其一是可以加大考查内容的覆盖面；其二是答案客观固定；其三能考核多种目标，既能考核知识目标，也能考核领会、应用、分析、综合等能力。选择题的形式有单一选择、配伍选择、多项选择、改错选择、阅读选择、组合选择等等。

选择题的命题要求是:题意鲜明,答案必须唯一(单选)、客观;题干必须有一个相对完整的中心问题,不能将题干要表达的意思放到选项中去;题干和选项之间的关系必须是一致的;选项之间的关系也必须一致;题干不能产生歧义;干扰项要有效。

案例赏析

例题:"徐州古丰县,有村曰朱陈。去县百馀里,桑麻青氛氲。机梭声札札,牛驴走纭纭。女汲涧中水,男采山上薪。县远官事少,山深人俗淳。有财不行商,有丁不入军。"(白居易《朱陈村》)此诗反映了我国古代的典型经济特点是:(　　)

A. 手工业发达　B. 重农抑商　C. 小农经济　D. 使用牛驴为劳动力

——此题是一道材料型选择题,通过材料再现小农经济的生活场景,考查学生对历史概念"小农经济"的理解认识及对历史材料的阅读分析运用能力。通过"桑麻青氛氲。机梭声札札"和"女汲涧中水,男采山上薪"可得出答案为C。

(二) 材料题的命题技巧

材料题,是改革开放以来出现的新题型。最初出现在20世纪80年代末,称为史料分析题。由于史料只是材料的一种,有一定的局限性,于是1991年改为材料题。材料的形式包括现代语言、古代语言、图表、数据等。这种题型要求学生在已有的历史知识基础上,通过阅读理解文献材料,最大限度地提炼出有效的信息;充分利用有效的信息,并结合所学的知识对有关问题进行扼要的解答。这种题型主要是考核学生理解分析和归纳概括的能力。

材料题的命题一般分为两种:

1. 单一材料题

即试题从单一材料中选出。学生不仅要理解学习过的历史知识,而且必须运用在学习历史过程中培养的能力来回答问题。

案例赏析

请阅读下列一则关于明太祖与奏章的史料:

据史料记载,从明太祖洪武17年9月14日到21日的八天内,内外诸司送到皇宫的奏章共1160件。这些奏章有讲一件事的也有讲两三件事的,共计3291件事,皇帝平均一天要处理411件事。请回答:

(1) 大量奏章送达皇宫,是因为朱元璋对"内外诸司"(中央、地方行政部门)做了哪些改革?

(2) 什么人协助朱元璋处理如此多的奏章?

(3) 这则材料反映了明朝皇权的什么特点?

2. 组合式材料题

这种试题由若干材料组成,依据材料设置问题的情景,并提出问题。对学生的历史阅读能力、概括分析能力、掌握的基础知识、学习方法、学习过程和学习能力进行全方位的考察。

案例赏析

阅读下列材料回答问题:[①]

材料1: 我所给予人民的适可而止,/他们的荣誉不减损,也不加多;/即使那些有势有财之人,也不一样,/我不使他们遭受不当的损失;/握手执一只大盾,/不让任何一方不公平地占据优势。(梭伦)

材料2: Our constitution does not copy the laws of neighboring states; we are rather a pattern to others than imitators ourselves. Its administration favors many instead of the few; this is the reason why it is called a democracy.

材料3: 梭伦揭开了一系列所谓政治革命,而且是以侵犯所有制来揭开的,至于他在公元前594年实现改革的方式,我们在这里可以不谈,迄今的一切革命,都是为了保护一种所有制以反对另一种所有制的革命。它们如果不侵犯另一种所有制,便不能保护这一种所有制。在法国大革命时期,是牺牲封建的所有制以拯救资产阶级的所有制;在梭伦所进行的革命中,应该是以损害债权人的财产以保护债务人的财产。债务简单地被宣布无效了。详情我们虽然不太清楚,但是梭伦在他的诗中自夸说,他清除了负债土地上的抵押柱,使那些因负债而被出卖和逃亡到海外的人都重返家园。这只有通过公开侵犯财产所有权才能做到。(恩格斯《家庭、私有制和国家的起源》)

回答问题:

(1)据材料1来看,梭伦改革的指导思想是什么?

(2)材料2中,"pattern"一词在英文里有"模范、式样、模式"的意思,请分析"pattern"一词在这里具体指什么?

(3)材料3中,恩格斯认为梭伦改革解除债务的政策是对债权人的一种"侵犯",可是为什么改革还得到了人民的支持。

在材料题命题技巧方面,选取材料与设问是关键。历史教师在命题时,选取材料的依据是所选材料必须与课程标准相关联,要按照课程标准的要求,选取适宜的材料,不必拘泥于教科书。设计的题目要与所选材料相关联。命题应该多关注教材重点、难点和与现实社会相关的问题。体现以问题为中心、以人类所面临和关心的问题或重大社会现实问题为素材的主体设计思想,这样的内容能够加强学生对历史与现实联系的理解,有助于学生对社会的认识。

在对学生能力考查要求上,材料题应注重对学生文科综合能力的考查。既要考查学生对历史学科知识整体把握、综合分析、解决问题的能力,又要反映注重学生思维能力、知识迁移能力、多层次、多角度分析解决问题的通识教育理念,同时兼顾各学科知识之间的联系。材料题的呈现形式以学科内知识综合为主,学科间综合所占比例较小。

(三)问答题的命题技巧

问答题,是历史学科传统试题之一。因其综合性较强、难度较大,学生答题主观性强,能体现学生对知识掌握程度的差距,所以,一直是历史教学中对学生进行检测的主要题

---

① 朱汉国:《历史教学研究与案例》,高等教育出版社,2007年版,第77~78页。

型。这种题型,要求学生在正确审题的基础上,根据自己对所学知识的理解,有针对性地、准确地组织答案,这能较全面和有层次地考查学生的记忆、思维和表达能力。问答题的类型,大致分为叙述题、论述题、分析题、比较与对比题和综合题。

1. 叙述题型

这种题型侧重考查学生对基本史实的再认再现能力和理解能力,要求学生能够根据题意叙述所学知识,是最低层次的问答题型。命题的范围非常广泛,常用的表述方式有:"试述"、"简述"、"简要回答"、"扼要说明"等。当然,叙述题也可以不用表述方式而直接提问。例如:"简要总结中国古代四大发明的科学成就和文化影响。"、"从智者学派到苏格拉底,再到斯多亚学派,西方的人文精神是怎样产生和发展的?"等。

2. 论述题型

该题型主要考查学生对历史知识的运用能力,要求学生按照题意来论证某个观点或结论,其难度级别高于叙述题。命题范围一般集中于要求学生掌握的重大历史事件、基本观点和结论上。命题常用的表述方式有:"以……为例,说明……"、"试论"、"请论述"等。例如:"以我国参与'亚太经合组织'的活动等史实为例,说明我国在国际事务中发挥的作用。"

3. 分析题型

这种题型要求学生对具体的历史问题进行分析。学生需要审清题意,然后把一个问题分成几个方面(或几个层次)或几个阶段,再进行逐项分析说明。最典型的命题方式是"分析"、"试析"等。如:"结合《权利法案》和责任内阁制,简析英国资产阶级君主立宪制的特点。"分析题命题范围广泛,对史论、史观、历史事件的原因、结果、影响、历史人物的功过是非等诸多方面都可以设问。

4. 比较和对比题型

该题型要求学生按照题目的要求,把性质相同或相似的两个或几个历史事件、历史现象或历史概念进行比较,从而说明某一问题。对比题是要求学生按照题目的要求,把性质不同的两个或几个历史事件、历史现象或历史概念进行比较,从而说明某一问题。通过比较思维,能够考查学生理性思维能力和观察社会现象的能力。比较和对比题目的命题范围也很广泛,常见的命题表述方式有:"结合史实比较……"、"试比较……"、"比较……的异同"、"对比……说明……"。例如:"试分析英美政体有哪些不同之处。"又如:"对比辛亥革命和'五四运动',说明'五四运动'是一次彻底的反帝反封建的革命运动。"

5. 综合题型

综合题型对学生的要求较高,它要求学生按照题目要求对设问的历史问题综合起来进行回答。这种题型,既能考查学生对基本史实的掌握,也能考查学生的分析、理解、归纳、综合以及文字表达能力。

案例赏析

例如:"改革是社会发展变化中常见的现象。19世纪中后期的俄国、日本和中国,虽然所处地域不同、国情有异,但这些国家都感受到来自欧美工业化浪潮的冲击及伴之而来

的船坚炮利的威胁,先后进行了程度不同的改革。请回答下列问题:①

(1) 19世纪中后期的俄国、日本和中国分别进行了什么改革?

(2) 伟大的社会实践需要先进的思想为自己铺路开道。有人说:改革是一次伟大的社会实践,也是一场深刻的思想解放运动。请你从上面三个改革中选取两个来论证这句话的正确性。

(3) 改革需要除旧布新,就必然会触动旧制度和一些特权者的既得利益,上述三个改革都遇到了这个难题,请问改革者各自采取怎样的方式来处理这个难题?结局如何?从中你能得到什么启示?"

这是一道开放性的综合型问答题,旨在考察学生从不同角度独立思考问题和尝试解决问题的能力。

拓展链接

历史题该怎样考

2004年的《读者》杂志上曾刊登过一篇名为《历史题该怎样考》的文章。同样的历史知识,中外考查的方法却截然不同。

譬如,中国的考试题目是:"成吉思汗的继承人窝阔台,公元哪一年死的?最远打到哪里?"美国的考题则是:"成吉思汗的继承人窝阔台,如果当初没有死,欧洲会发生什么变化?试从经济、政治、社会三方面分析。"

文章还列举了一个日本的历史考题,考题是这样的:"日本跟中国100年打一次仗,19世纪打了日清战争(即甲午战争),20世纪打了日中战争(即抗日战争)。21世纪如果日本跟中国开火,你认为大概应在什么时候?可能的远因和近因是什么?如果日本赢了,是赢在什么地方?输了是输在什么地方?分析之。"

> **观点讨论**:阅读资料,你认为中外历史测试命题有什么不同?对此你有什么看法?

第四节 评改方法与一般要求

教师对学生作业和试卷坚持怎样的评价标准,直接影响教育和教学目标的实现。因此,历史教师在评改时要坚持正确的评分方法和要求。

一、参考答案和评分标准的制定原则

(一) 科学性

科学性,是指参考答案和评分标准的制定无科学性错误,程度合适。例如,对选择题来说,在设计正确选项时,必须考虑到它的科学准确和难易程度,要避免正确选项的偏、怪

---

① 朱汉国:《历史教学研究与案例》,高等教育出版社,2007年版,第79页。

现象以及它和干扰项的内容是否平衡等问题。对于主观题来说,科学性首先是指参考答案和评分标准的科学合理性,重要的是要看参考答案是否体现了一个相对完整的科学含义,是否揭示了题目各个因素之间的内部联系等。

(二)可操作性

对于选择题而言,可操作性是指参考答案必须是没有任何歧义、固定不变的。对于主观题而言,是指评分标准应与参考答案相呼应、相一致,同时又有一定程度的变通性。即评分标准对答案来说既是给分的依据又是变通的依据。这要求评分标准的含量要大于具体的答案,要能放得开又能锁得住。总之,评分标准应能够应付对同一问题的各种理解的表述。

二、主观题评分要求

主观题评分,既能有效控制评分误差,又能鼓励考生有创见的答题。控制评分误差,是要求在评分中尽可能具体地设想考生的各种思路,并在评分中予以规定;鼓励有创见的答题,则要求题目是开放性的,但题目的开放会给评分的实施增加难度,自然显得不好操作、变通无依据。题目越开放,评分误差就越难以控制,这是各科考试中遇到的普遍问题。因此,所谓评价标准都只能是相对而言。

如何控制评分的误差?有几个环节要抓住:一是,题目的考查目标要在评分中体现出来;二是,考查目标应被分解成得分等级,每一等级应概括考生中的几种答题情况,考查目标的主体内容应分布在各得分等级中,主体内容是决定基本分的主要依据;三是,构成答题的其他因素,如文字表述的逻辑联系、对问题的展开程度、历史材料的运用等也应制定量表予以等级化。

鼓励考生有创见的答题,对题目的要求大致是这样的:它应该摆脱生硬的一问一答的模式,题目的面貌基本上不是在提出什么需要回答的问题,而是提出一个共同讨论的问题,这样才谈得上"鼓励"、"有创见"。对于题目来说,就是材料组织更巧、问题切入更新,使考生对已有知识能有新的组合发挥才可能"有创见"。当然,对于各种"创见"的可能性,要给以充分估计,并体现在评分标准上,以免评分失去依据。

我们提倡在阶段性成绩测验和毕业水平考试中,适量采用开放式试题和开放式的考试,这样的做法对学生的学习和发展是有利的。但是,给阅卷评分的客观性和公平性带来了困难,搞不好还会给学生的学习和发展带来负面影响。在这方面,澳大利亚教育心理学家比格斯(Biggs)和科里斯(Collis)提出的"可观察学习成果结构分类法(the Taxonomy of Structure of the Observed Learning Outcome,简称为 SOLO 分类法)"[①]较为成功地从"质"的角度来制定出评价的论文式试题答案的认知水平的层次的方案,对制定评分标准很有参考意义。但是,如何将他们提出的分类方法应用到历史评价实践中,还有待深入细致的研究。

---

① 可参阅 Biggs, J. B. & Collis, K. (1982):Evaluating the quality of learning:The SOLO taxonomy, Academic Press, NewYork。

三、其他要求

以上介绍了评分的基本要求,教师在评阅试卷中还应做到以下几点:

(一)坚持鼓励性原则,激发非智力因素

在评改试卷时,可给可不给的分数坚持给分的原则,以保护学生学习历史的积极性;对于开放性试题中出现的新观点、新思想,只要有理有据、能自圆其说,就要大胆给分,以鼓励和培养学生的创新思维。

(二)试卷认真评改后,做出详细的阅卷分析

对学生普遍存在的问题进行归纳分析,记录在自己的备课本上,为试卷评讲做好、做足准备。

(三)试卷评讲要及时,不要拖延太久

一般而言,作业和试卷必须在学生完成后一天或两天内就要评讲,拖得越久,学生印象越模糊,评讲效果就越差。对于一套试卷,学生都能做对的,教师在课堂上不必讲,避免重复;对于重点、难点内容,带有共性的或需要改进、引申的问题,教师要统一讲解,点面结合,提高效率。

本 章 小 结

本章主要阐述了学生历史学业测评的要求、内容、方法以及测试命题的原则与设计等问题。学生学业成绩的检测与评定,是历史教学过程中的重要环节,是了解教与学两方面情况的重要手段,是促进教学改革、提高教学质量的有效途径。无论是哪一种测评方式,均要强调以学生综合素质为目标,关注学生在历史学习中的成长与进步。近年来,一些历史教育专家和历史教师为探索新的学业测评方法进行了有益的尝试,但从整体上看,教学评价改革仍滞后于课程其他方面的改革,严重影响了新课程改革的进程。2017年高中历史课程标准制定了基于历史学科核心素养的学业质量标准和测评办法,无疑为我国现阶段乃至未来历史教学评价的改革指明了发展的方向。

课 后 练 习

一、名词解释

历史学业测评　高中学业质量标准　过程性评价　总结性评价　表现性评价　档案袋评价

二、判断改错

1. 学业成绩评价的目的在于促进学生学习成绩的全面提升。
2. 过程性评价主要是一种评价的理念,而不是一种具体的评价方法。
3. 测试是现阶段对课堂教学效果进行检测与评定的唯一手段。
4. 批改历史试题必须坚持鼓励性原则,激发非智力因素。
5. 课堂生成要围绕教学目标展开,无需要服从于学生的发展。

三、教学试练

1. 请根据人教版高中历史必修（Ⅱ）第14课《物质生活与习俗的变迁》内容，设计一份随堂测评方案，然后与大家评议交流。

2. 假如你是一位高中一年级历史教师，刚刚完成了《古代中国的政治制度》单元的教学，需要进行一次阶段性测评，请你依据学科核心素养的学业质量标准，设计一套测评方案（包括测评题目、参考答案与评分标准）。

四、实践探究

请以3～5人为组，到中学协助历史教师进行一次批改和讲评历史作业（或试卷）的实习活动，并与同学交流心得。

阅 读 参 考

1. 郑金洲：《课改新课型》，教育科学出版社，2006.
2. 陈伟国、何成刚：《历史教育测量与评价》，高等教育出版社，2003.
3. 朱汉国：《历史教学研究与案例》，高等教育出版社，2007.
4. 李秀兰：《新教学模式中的教学评价》，北京师范大学出版社，2003.
5. 高凌飚：《普通高中新课程——模块学业评价》，高等教育出版社，2005.
6. 李雁冰："走向质性课程评定：从理论到实践"，载《上海教育》，2001(11).
7. 韩立福："全面发展性学生评价观——一种面向未来教育的评价理念"，载《教育理论与实践》，2004(3).
8. 崔允漷：《学校课程实施过程质量评估》，华东师范大学出版社，2017.

实习篇

"纸上得来终觉浅,绝知此事要躬行"。教育是一件实践性很强的工作。在新的教育理念下,教育实习不再是传统意义上的一个教育教学"环节",而是一个贯穿师范生整个在校学习期间自始至终、最为完整的教育教学"过程";是有效帮助师范生专业成长、完成由"知"到"行"、由"学"到"教"的角色转化、学为人师的一条必经之路;是促动高师教育与基础教育共同发展的动力源。

☞ 学习内容与目标要求

本篇是高师历史专业教育实习理论与实践专论。首先,对历史教育实习的基本概念、特点、功能、任务及要求等做一综述;其次,对比国外教育实习,剖析我国教育实习的现存弊端,展望未来发展趋势;再次,对教育实习模式进行分类,重点阐述平时教育实践活动开展的意义与措施,并对毕业教育实习的操作规程及成绩考评进行专题阐述。

通过本篇学习,要求学习者能够充分认识到教育实习在历史教育中的重要地位及其对高师教育发展、基础教育改革和教师专业成长等所具有的重大意义;积极主动地利用各种实践机会,广泛接触中学历史教育教学实际,从中培养教师职业情感,树立牢固的专业思想;深入研讨基础教育课程改革,在实践与反思中不断充实和提高教师职业素养与技能,尽快完成由"学"到"教"的角色转换,以担负起教书育人之重任。

☞ 学习重点与难点

重点:历史教育实习的任务与要求;我国目前教育实习的弊端;毕业实习规程与成绩考评。

难点:树立全程教育实习观,重视平时实践锻炼,逐步实现由"学"到"教"的角色转换。

第十八章 历史教育实习概述

导　语

教育是人类未来发展的基础,是指向未来的事业;师范教育是整个教育事业的基础,是为教育事业培养师资的"摇篮";教育实习是师范教育的重要内容,是培养高素质师资的必由之路。

这不仅是我国师范教育实践的历史经验总结,也是世界上众多发达国家的普遍共识。为了科学实施历史教育实习的理论与实践,我们有必要首先对教育实习的基本概念、特点、功能、任务及要求等问题做一探究。

思考与探究

❖ 历史教育实习的基本概念及其特点是什么?
❖ 历史教育实习如何体现"大教育实习观"?
❖ 历史教育实习对师范生从师素质的提高有何作用?
❖ 历史教育实习的基本任务和要求有哪些?
❖ 为什么说教育调研实习是历史教育实习的一项重要任务?

第一节　教育实习的概念与特点

一、教育实习的基本概念

教育实习,在国外最早曾称作"实地练习",在我国叫做"实事授业"或"实事练习"。目前,关于教育实习的概念尚未形成统一的界定。顾明远在《教育大辞典》中解释说,教育实习是"各级各类师范院校高年级学生到实习学校进行的教育、教学专业实践的一种形式,包括参观、见习、试教、代理或协助班主任工作以及参加教育行政工作等"。张念宏在《中国教育百科全书》中指出,教育实习是"师范院校学生参加教育、教学实践的学习活动,是体现师范教育特点、培养合格师资的重要教育环节,是各级师范学校教学中不可缺少的组成部分";他在《教育学辞典》中又说,教育实习是"师范院校高年级学生到学校进行教育和教学专业训练的一种实践形式……它是师范教育教学计划中的重要组成部分,是培养中小学教师的综合实践环节"。

近年来,有不少学者从"大教育观"的视角对教育实习概念进行诠释,提出了"全程性教育实习"的概念。这一概念强调,教育实习不只是传统意义上的一个教学环节或毕业前的一次突击性实习,而更是一个教学过程,是"全程性"的大教育实习。并且,它与其他理论课一门一门结业不同,它是师范生整个在校期间(包括寒暑假)都要不间断地进行的自始至终、最为完整的教学过程①。在"大教育实习观"指导下,高师院校是有目的、有计划的对师范生进行全方位、全过程的教育实习,包括教育见习、模拟实习、课堂教学实习、班主任工作实习、教育教学调研实习、教材教法研究等教师所应具备的各种基本功的训练。"全程教育实习"概念的提出,是对传统的毕业前一次性突击实习概念及模式的否定,它是新型的教育实习思想、教育实习体系、教育实习方式的统一体,同时,又是对现行教育实习的扬弃和深化。

> **观点讨论**:谈谈你对"全程性"大教育实习观有什么看法?

古今中外虽对教育实习概念的解说各异,但其实质基本相同,都是指的对于未来的教师(师范生)进行职业培养与训练的一种专业教育教学的实践方式。杜威在"教育理论与实践的关系"一文中强调:"对于教师合适的专业指导不只是纯理论的,而且应包括一定量的实际工作。首要的问题是后者正是前者要达到的目的。"教育本身是一项实践性很强的工作,教育实习就是师范生在从事正式的教育工作之前,运用已获得的教育理论和专业知识与技能,对实际的教育教学工作进行体验尝试和能力锻炼的一种实践性活动。教育实习是有效帮助师范生专业成长、完成由"知"到"行"、由"学"到"教"角色转化的一条必经之路,是为中学培养合格历史教师的一个系列化的"造师"行动,它是高师教育整体工程的大动脉,是高师教育发展的生命线。"教育实习"不再单纯是高师教育的一个"环节性"工作,而是贯穿整个师范生在校学习过程始终的"日常性"工作,它是高师历史教育全部工作的核心与重要支柱。教育实习在当今作为我国高等师范教育教学计划中的一门必修的综合实践课程,正在为促进高师教育和基础教育的改革与共同发展越来越发挥着重大的作用。

二、历史教育实习的特点

历史教育实习作为一种学科教育学的表现形式,除了具备一般教育实习的共性特点,如实践性、师范性、目标性、集中性、差异性、模仿性等外,还具有以下特殊而现实的特点。

(一) 学科的人文性

人文性是历史教育最重要的属性,中学历史教育所承担的最基本的任务,就是通过历史知识的教学,对中学生进行人文素质的培养和人文精神的熏陶。当前,初、高中历史新课程标准中均明确强调历史学科人文教育功能的开发,旨在把全体中学生培养成为具有良好的人文素质的公民。所以,作为一名未来的历史教师,必须在职前培养阶段获得丰富的人文知识,充分理解历史学科所固有的人文特性和教育以人为本的价值取向,形成人文历史教育观。这是搞好历史教育实习的前提和根本。

(二) 内容的综合性

《基础教育课程改革纲要(试行)》中的历史新课程改革方案规定:小学阶段以综合课程为主;初中阶段设分科《历史》与综合课《历史与社会》相结合的课程;高中阶段以分科《历史》课程为主,设必修和选修两种形式。此外,还加入了综合实践活动课、历史研究性

---

① 董文生、孟宪乐:《全程教育实习模式研究与实践》,河南大学出版社,1998年版,第10页。

学习等课程。中学历史新课程无论分科还是综合设置，都凸显了内容的综合性。不仅历史时间和地域空间交互出现（历史与现实、中国与世界联系更加紧密），而且，还注重历史、地理与其他学科知识的有机结合，使历史知识的原本综合性特点充分展现出来。课程结构的多样性和复杂性，与过去单独分科型课程《历史》相比，在内容和教学方法上都发生了很大的变化。这种变化决定了素质型人才的培养方向，同时，也要求高师必须向中学输送综合素质型的师资。为此，历史专业师范生要在校内学习、见习和试教期间必须做好各种应对准备，包括观念、心理、知识和能力各方面，在历史教育实习中，既要表现出教师的敬业精神、完整的知识结构，更重要的还要有足够的教育教学综合能力。

（三）实践的开放性

学生的历史知识来源渠道很多，具有很强的开放性。这就为学校历史教育教学实践提供了广阔的平台。学校历史教育的开放性，就是指学校历史教育对外部环境的开放，指历史课堂教学对历史活动课教学的开放，指课堂讲授方法向活动教育的开放。学校历史教育的开放性，要求历史教育实习也必须具有相应的开放性，如历史实习生不仅要实习历史课堂教学，而且还要进行历史活动课的教学实习。另外，还要求实习生必须关注基础教育校本课程的开发与实践问题。校本课程的开发是国家课程的重要补充，是促进教师专业发展的一条重要途径。高师历史教育实习应该将校本课程的开发与实践纳入教育实习范围，有助于调动实习生实习的积极主动性和培养实习生的创新精神，有助于发挥实习生的专长和个性化发展，最终有助于实习生未来教育教学独特风格的形成。实习学校可根据校本课程规划和实习生专长，允许实习生在实习期间开设短期专题讲座，可以是一人也可以是多人合作。这种方式对实习学校来说，一定程度上弥补了原本想开但限于本校师资缺乏而未能开设的课程，这是教育实习给实习学校带来的一种特殊的资源补充，使双方都能从中受益。

（四）功能的多元性

首先，对师范生来说，教育实习是打造自身综合能力的平台。传统的历史教育实习只重视教学技能的训练而忽视全面素质的培养。新教育理念则要求教师必须超越"能干的教书匠"，而成为"专业的教育家"。作为历史学科的"专业教育家"，既要具有历史学科专长又要具有一般的教育知识和教育研究能力，同时还要懂得一些教育行政管理知识。师范生是未来学校教育的主人和管理者，历史教育实习就要围绕这一目标，要求师范生全面锻炼综合能力，并在实践中逐渐形成自己独特的教育教学和管理风格。

其次，对教育实习的双方学校来说，教育实习又是连接高师与实习学校的桥梁，是实现二者"双赢"的必要手段。实习学校是高校师范生进行专业教育和职业道德教育的重要场所，是提供高师院校教学改革信息的窗口，通过教育实习，可以使高师院校了解到基础教育的最新动态，从中发现高师教育的薄弱环节，以便调整研究方向，完善教学计划，改进教学方法，从而为基础教育培养出更多"适销对路"的教师。教育实习是师资教育系统中牵一发而动全局的一个关键环节，搞好教育实习工作是发展整个教育事业的基础。师范生必须懂得这一点，才能认清自己在教育实习中所肩负的重要责任。

（五）过程的序列性

教师的培养不像工业产品那样一次成型，其培养和修炼是需要一个长期的"学习—实践—再学习—再实践"的过程来促进其发展和成熟的。教育实习作为一门综合性实践课程，有其自身完整的体系。其体系由教育体验、教育调查、教育见习、教育实习、教育总结等若干环节组成，在每一个环节中，又都包含着丰富的教育内容，呈现出有机的程序结构。这一序列化、全方位的从教行为训练，贯穿于师范生在校学习的全过程（包括寒、暑假），使之逐步养成具有竞争取胜的职业特质，从而完成向合格教师角色的转化。目前，我国学者提出的"全程教育实习模式"就是这一序列化特点在教育实践中的具体反应。

（六）角色的双重性

实习生作为实习主体，在教育实习过程中具有"教育者"和"受教育者"的双重身份。当面对中学生时，实习生是"教师"（实习教师），是"教育者"、"培养者"，这要求实习生在实习工作中，时时处处都要为人师表，恪尽"教师"职责，要通过自己的辛勤努力，使受教育的中学生得到德、智、体全面发展。当实习生接受高校和中学双方教师指导时，角色则仍是学生（实习生），是受教育者、是培养的对象，这要求实习生要主动接受双方教师的指导和帮助，并自觉通过亲身体验教育教学实践过程，进行自我教育和锻炼，使自己的知识、能力和思想认识不断提升，从而达到一个合格中学历史教师所要求的新高度。可见，实习生是教育主体和教育客体的统一。实习生要明确自己所兼具的双重身份，有利于为自己准确定位、摆正位置、明确责任并处理好实习中各方面的关系。

（七）社会的合作性

随着社会主义市场经济的不断发展以及社会对高素质复合型人才的广泛需求，使高师院校也由传统封闭的"象牙塔"逐渐走向了社会化。1999年国务院《关于深化教育改革，全面推进素质教育的决定》颁布之后，又有许多综合大学纷纷创办教育学院，加入到了各级、各类师资培养的洪流之中，使师资来源呈现出社会多元化的趋势。师资培养不再是过去高师院校"一统天下"的局面，而成为关乎人类未来发展的、全社会共同参与管理的合作性事业。那么，以塑造高素质教师为己任的教育实习，便成为一项综合性强、涉及面广的极为复杂的社会实践活动。不仅是高校师范教育的一项重要任务，同时又与实习学校地方教育行政等相关部门有着密切的关系，尤其是高等院校与实习学校都要更多的参与到对方的工作中去，才能协同合作、共谋教育的发展。

> **观点讨论**：你认为当前我国历史教育实习是否体现了社会的合作性？

综上历史教育实习的特征，决定了它在高师历史教育中占有着重要的地位，是其他任何科目都不可取代的必修课程。

第二节 历史教育实习的功能与作用

高师历史教育的目标是为基础教育培养合格的历史师资，而历史教育实习正是在理论与实践的结合上,围绕怎样当好一名中学历史教师这个中心问题,对历史师范生所进行的综合素质培养与训练。其功能与作用主要表现在以下几个方面:

一、有助于增强师范生的职业认同感

教育实习是师范生在专业思想、道德素质等方面的一次检阅和良好的环境熏陶过程,是巩固专业思想、陶冶师德的最佳时机和有效途径。教师是人类灵魂的工程师,是太阳底下最光辉的职业。对此并非每个师范生都能从内心真正理解和认同。但在中学实际的工作环境中,当实习生用自己的言行感染和影响着中学生并被他们所赞赏和效仿时,当面对家长的殷切期望和学生渴求知识的目光时,实习生都会由衷感受到作一名教师的光荣和责任,也会自觉地表现出教师应有的风范;再则,实习生在与中学教师的接触中,耳濡目染,被他们朴实的人格和敬业精神所感动,在他们身上表现出的关爱学生、精心育人、严谨执教、勇于创新等师德规范不再是抽象的教条,而成为师范生眼见为实的鲜活的生命故事,从中倍感教师职业的崇高和神圣,从而激发了他们从事教师职业的兴趣和献身教育事业的使命感。

二、有助于塑造师范生的品质形象

教师工作,是为人师表的育人工作。教师的思想情操、心理情绪、言谈举止、仪表仪容等都会成为受教育者模仿、学习的榜样。所以,受教师职业性质的决定,教师在教育教学实践中,一般都会自觉有意识地给予学生正面积极的人格影响。长此以往,这就有助于教师养成良好的习惯修养,逐渐形成朴实乐观、积极向上、诚实敦厚、宽容体谅、温文尔雅、气质端庄的品质形象。那么,经常而序列化的教育实习活动就是帮助师范生逐步塑造良好教师职业形象的艺术课堂。

三、有助于整合师范生的知识结构

师范生在学校所学到的知识,多为间接而分散的书本知识。要真正理解并使其形成一个能够适应中学历史教育教学要求的有机的知识结构,就必须将它们反复运用和实践。在教育实习中,师范生要把这些知识和理论综合运用到教育青少年的工作上,使这些较分散、孤立、抽象、肤浅、生涩和缺乏有机联系的知识,在实践中得到检验、弥补、加深、整合和提高。实践是最好的老师、是一所最大的学校,真正的本领都是在实践中所得。教育实习为师范生提供了全面锻炼和综合提高的机会,在理论联系实际的实践过程中,师范生既检验了自己掌握知识的水平也提高了自己综合运用知识的本领。

四、有助于提高师范生的教学能力

历史教学能力,就是指历史教师在具备扎实的历史专业理论、历史知识技能的基础上,能根据学生的身心特点、课程标准和教学内容的要求,科学地组织历史教学能力、教学管理能力;准确明晰、精练生动的语言表达能力,尤其是口头表达能力;独具匠心的板书设计能力;识图、制图、制作教具的能力;熟练的课堂教学操作能力以及自学、创造与教学研究的能力。这些能力,实质上是一系列综合性技能、技巧的有机结合,没有这些技能技巧的形成，是不可能有很强的教学能力出现的；而这些技能技巧的形成，绝不是师范生自身的一种潜在和自然发展起来的，而是通过一段时期教学环节的实践过程逐渐取得，不断补充完善，进而达到熟练的运用水平。

五、有助于培养师范生的教育管理能力

师范生通过课堂教学、班主任工作、第二课堂活动等工作的实习，更多地接触和了解中学生，在服务于中学生的实际工作中，学会了如何根据中学生的个性专长和不同的教育环境，积极健康、优质高效地教育、引导、组织和管理中学生的方法和技能。尤其在班主任工作实习中，锻炼了协调各种关系和组织教育活动的能力以及做好学生思想工作的能力等。这些对师范生教育管理能力、自我教育能力、独立工作能力、认识现实社会能力的培养和提高，都具有重要的作用。

六、有助于锻炼师范生的教育教学研究能力

科研能力的培养是高等教育人才培养的重要内容之一，一直备受高校教育工作的重视。但长期以来我国高师历史教育普遍存在着偏重历史专业知识研究而极少历史教育教学研究现象。这无疑影响到现阶段基础教育新课程改革对高师历史教育培养研究型师资人才的迫切需求。在新形势的要求下，高师院校必须调整办学方向，不仅要增加一定量的教育教学理论课程，还要在此基础上加强教育教学科研实习的任务，要为师范生创造广泛接触基础教育教学实践的机会，熟悉了解基础教育教学改革问题。通过观摩见习、调查访谈、搜集资料、撰写分析报告和教研论文等实践活动，使师范生体验和感受教育科研的重要意义，掌握教育科研方法，形成教育科研意识，培养教育科研能力，为将来向"学者型"、"专家型"教师的发展奠定坚实的基础。

> **观点讨论**：作为一名师范生，你对我国高师教育重"学术性"轻"师范性"的现象有何看法？请结合自己所在院校情况，谈谈你的改革建议。

七、有助于检验高师历史教育质量

教育实习是一面镜子，在实习过程中，师范生所进行的各项基本训练，直接检验了学生的心理、思想、知识、能力等诸方面的成熟程度。同时，通过师范生实习中存在的问题，也较为全面地反映了高师历史教育专业的办学方向和历史教育教学工作中的薄弱环节。这为高师历史教育进一步端正办学思想、摆正办学方向、正确贯彻党的教育方针、积极稳妥开展教学改革，提供了可靠的依据。

八、有助于加强高校与中学的交流与合作

历史教育实习，是高校历史教育与中学历史教育实现互动、对接的重要桥梁。教育实习有助于加强双方相互之间的学习、交流与合作。教育实习的过程，实质上是师范院校课堂教学的组织形式在空间上的位置移动，即将大学课堂教学场所移向中学。因为大学课堂缺少身临其境的实践环节，师范生只有通过实习学校所提供的物质条件和现场环境，才能实现向中学教师的角色转变。另外，高校还可以实习学校为窗口、以教育实习为契机，

及时了解基础教育的最新动态,加强信息反馈,调整师资培养方案,促进高师教育改革。对实习学校来说,也可以高校为依托,借助高校雄厚的科研力量和智力优势,加大自身师资培训力度,改善师资结构,提高教育科研能力,从而达到真正的院、校资源互补和互利双赢。

综上所述,历史教育实习是一项综合性的历史专业教育实践活动。它不仅是进一步巩固师范生的历史专业思想,培养他们从事中学历史教育工作能力的必由之路,而且还是检验高师院校历史教育教学质量的重要手段,是高师院校历史教学改革与基础教育新课程改革重要的指示剂和催化剂。因此,历史教育实习作为高师历史教育的重要组成部分,必须得到重视和加强。

第三节　历史教育实习的任务与要求

依据大教育实习观,师范生在整个师范教育学习的过程中,都要接受不同形式和完成不同阶段内容的实训任务和要求。根据《师范教育条例(草案)》规定,高师历史教育实习的任务主要包括历史教学实习、班主任工作实习、教育教学调研实习、综合实践活动实习等。

一、历史教学实习

历史教学实习,是历史教育实习的首要任务和重点内容。主要是指历史课堂教学及围绕历史课堂教学的其他教学工作的实习。

高师院校在师范生整个在校学习期间,通过不同途径、不同阶段内容和形式的教学技能训练,如观摩见习和模拟试练等,使师范生初步了解和体验中学历史教学的常规工作;逐渐熟悉和掌握中学历史课程标准的内容与要求;中学历史教科书的编写意图和内容性质;学会教学资源的搜集和筛选;了解中学生学习历史的各种影响因素;懂得中学历史教学各环节的组织与要求;教学手段和方法的选择与设计等等。然后,在临近毕业前,再到实习学校进行更全面系统的综合教学实习,直至完成既定的任务指标要求,才能作为准予毕业的一项条件。毕业教学实习有一个相对严密而完整的工作流程,主要包括观课—备课—讲课—评课—辅导答疑—批改作业—组织测评—教学反思等八个环节(详见本篇第三章第二节)。

具体任务要求如下:

(一)每个实习生在毕业实习期间(以实习9周计算),至少要担任所教学科一个班级的教学工作。每个实习生一般要准备4~6节新课内容,上够8~12节课时数。每节新课最好至少上两遍,以便对教材和教学方法进一步熟悉和提高。

(二)实习生接到具体教学实习任务后,进入观摩听课阶段,尤其是中学历史教师的接头课,然后在双方指导教师的指导下认真细致地备课,钻研课标和教材,编写详细的教学方案。

(三)教学方案写好后,参加实习小组试讲并进一步修改和熟悉方案,于正式上课前

3~5天,将教学方案交双方指导教师分别审批签字后方能上课。方案一经批准,实习生不得自行修改,如有改动需征得指导教师同意。

(四)讲课要克服"满堂灌"现象,注意语言及板书的规范化,要求用普通话教学,要用直观教具辅助教学。

(五)同一小组的实习生相互听课,做好听课记录,课后认真评议。

(六)实习生要在课外深入到学生中去,了解中学生学习历史课的情况,有的放矢地进行辅导答疑。

(七)实习生要认真研究作业的正确答案,答案确定后,需送指导教师审批;对作业下批语应持慎重态度,注重调动中学生的学习积极性,并做1~2次较为详尽的作业评讲。

(八)在实习期间,参与组织1~2次对学生的学业测评(随堂考试或期考),在教师指导下掌握考试命题、试卷分析与点评的基本方法。

(九)撰写教学札记,培养反思意识,力争写出有一定价值的教学专题总结报告。

(十)实习中加强锻炼,不断提高,积极参加实习总结回讲,争当优秀实习生。

二、班主任工作实习

班主任工作实习是整个教育实习活动的依托和基础。在教育实习期间,实习生担任教学实习班的临时班主任(或称副班主任),主要是跟随原班主任见习班级日常管理。一般每个实习生要固定一个班级,也可以两人固定一个班级。

(一)内容

班主任工作实习的内容包括:

1. 认真学习《中小学班主任工作条例》,明确班主任常规工作的具体内容程序、目的要求、特点及方法;听取原班主任介绍班级情况,尽快熟识本班学生。

2. 根据班内情况和实习学校班主任工作要求,草拟班主任工作实习计划,送原班主任和高校指导教师批准后执行。

3. 调查了解学生的学习目的和方法,指导学生思想教育工作。通过观察、谈话、分析,写出综合调查报告。报告可全面也可就某一问题,可独立完成也可分工合作。

4. 指导班委和团支部工作。熟悉团、队活动,按期举办1~2次主题班(团)会。

5. 组织学生社会实践和相关科技活动。

6. 善于及时发现问题、解决问题。

7. 学会家访工作,协同班主任与家长和社会有关方面建立联系。

8. 实习结束前,要写出班主任工作实习总结,送原班主任签字后交高校指导教师,作为教育实习成绩评定的依据。

(二)要求

1. 要虚心向原班主任学习。尊重原班级管理制度,有不同想法要与原班主任沟通协商。对较重大的偶发事件,要及时报告并处理。

2. 要树立对学生的爱心。对学生满腔热情、全面负责;帮助学生解决学习、生活和思想上的难题。

3. 要学会科学管理的方法和技巧。要充分认识到"管理育人"的道理,善于说服教育、循循善诱,讲民主、讲团结、讲协作。

4. 要以身作则。要注意言传身教、为人师表,要秉公办事、处事公道、积极主动、吃苦耐劳、语言规范、仪表得体、谦逊诚恳、交往适度。

5. 对班级实习情况要有记载。实习结束前,完成一篇高质量的班主任工作实习总结。

三、教育调研实习

研究和解决历史教育教学工作中的理论和实践问题,是中学历史教师工作的基本内容,也是历史师范生实习的一项重要任务。教育调研实习,是整个教育实习工作的关键和价值体现,是师范生教育科研的试航和入门训练,是使未来的教育与科研工作具有较高起点的必修功课。

(一)内容

教育研究的过程一般包括前期论证、中期进展和后期总结三个阶段:

1. 前期论证阶段,主要是选题与设计。在发现问题并确定课题的基础上,初步阅读有关资料,分析课题的价值与研究的可行性;然后再确定具体的研究对象,设计研究的方法、手段与工具;最后再落实为科研工作的计划。

2. 中期进展阶段,主要是实施与反馈。搜集和整理事实材料,对数据资料统计处理,再做出科学的判断,构建理论体系。

3. 后期总结阶段,主要是撰写研究报告,形成成果进而推广应用。

(二)要求

教育研究的总要求是:要有明确的研究目的、科学的研究方法、实事求是的科学态度。实习生要对调研中所获得的资料进行科学整理,最终要形成教育教学研究成果。成果的形式主要有教育教学论文(可作为学年论文或毕业论文)、专题调研报告、有关教育教学的辅助性材料、教育总结与教学常规分析等,如教学札记、教学观摩分析、试卷分析、学生个案研究等。这些成果无论何种形式,都要列入师范生实习总成绩之中,成为学生实习成绩的一个重要组成部分。

四、综合实践活动实习

综合实践活动,又称第二课堂,是培养青少年德、智、体全面发展的重要途径,而且在整个教育活动中显得越来越重要。在教育实习中,实习生要尽可能参与和负担一些综合实践活动的组织与指导工作。

(一)内容

指导中学生组织史学社团,阅读历史普及读物,召开历史主题班会、历史专题报告会、历史读书报告会、历史诗歌散文朗诵会,开展历史知识竞赛,编辑历史学习园地,考察历史古迹,参观历史博物馆、纪念馆及爱国主义教育基地,采访历史见证人,编演历史剧目,观看并讨论历史题材的影视作品以及一些文体、科技活动等等。

（二）要求

为完成综合实践活动实习任务，要求师范生做到如下两点：

1. 熟悉综合实践活动的内容，具有相应的专业知识和能力来应对。譬如，在辅导或组织历史专题性的活动之前，自己必须先广泛阅读和掌握较多的相关资料、各种观点，做到心中有数、游刃有余；在组织有关文体活动方面，自己最好在文艺、朗诵、歌舞或各种球类等体育运动上有一定的兴趣爱好和特长，至少不要当"门外汉"，否则就难以介入这些活动。师范生所面对的是一群活泼朝气、富有个性的青少年，所以，要想影响和胜任未来的教师工作，必须使自己努力成为一个多才多艺的人。

2. 应具有一定的组织能力、号召能力、社交能力以及辩论口才，以便调动学生积极参与和有条不紊的安排活动。这种能力不是天生的，而是从实践中得来的。为此，要刻苦钻研、大胆探索、积极热情、勇于参与，在活动中丰富知识、增长才干。

以上所述，是历史教育实习的主要任务。其中，历史教学是教育实习的核心内容，班主任工作和综合实践活动是教育实习的重要基础，教育调研是教育实习的价值体现。它们互相联系、互为依托，共同为师范生专业发展、学为人师铺就了一条通向成功之路。

本 章 小 结

在大教育实习观的指导下，教育实习不再是传统意义上的一个教育教学"环节"，而是一个贯穿师范生整个在校学习期间自始至终、完整系统的教育教学"过程"。其本质，就是对师范生进行职业培养与训练的专业教育教学的一种"实践"方式；其目标，就是对师范生通过一系列有目的、有计划、有组织的全方位、全过程的综合实践活动，包括教育见习、模拟实习、课堂教学实习、班主任工作实习、教育调研实习、教材教法研究等教师所应具备的各种基本功的训练，从而帮助他们完成由"学生"到"教师"的角色转变，最终为中学培养合格的历史教师。由此来说，教育实习实际上就是一个系列化的"造师"行动，它是高师教育整体工程的大动脉，是高师教育发展的生命线。

课 后 练 习

一、名词解释

教育实习　大教育实习观　全程性教育实习　历史教学实习　教育调研实习

二、判断改错

1. 历史教育实习就是专门进行历史教学工作的实践活动。
2. 教育实习是当前我国高师教育教学计划中一门选修的实践课程。
3. 树立人文历史教育观，是搞好历史教育实习的前提和根本。
4. 实习生作为实习主体，具有"教育者"和"受教育者"的双重身份。
5. 教育实习是属于高校内部的事情，实习学校并无责任和义务，所以，接受实习生仅是为高校服务的被动性工作。

三、教学试练

请准备一节完整的中学历史课堂教学,采用"先说课,后试讲"的方式,参加小组试练和评议,然后写一篇教学反思,并与大家分享交流。

四、实践探究

请以"当前我国高等师范历史专业课程的设置是否适应中学实际?"为题,开展一次调研活动,写出分析报告,并与同学们交流研讨。

阅 读 参 考

1. 董文生、孟宪乐:《全程教育实习模式研究与实践》,河南大学出版社,1998.
2. 余伟民:《历史教育展望》,华东师范大学出版社,2001.
3. 刘初生等:《教育实习概论》,湖南教育出版社,2001.
4. 丁远坤:《教育实习教程》,湖北人民出版,2006.
5. 刘捷:《专业化:挑战21世纪教师》,教育科学出版社,2002.
6. 张世俊:《师范生教育实习引论》,华东师大出版社,1999.
7. 新课程实施过程中培训问题研究课题组:《新课程与学生发展》,北京师范大学出版社,2001.

第十九章 国内外教育实习状况与展望

导　语

近年来,我国由于素质教育工程的启动,对教育实习工作的重视达到了前所未有的高度,但与发达国家相比,我们仍存在许多问题与不足。分析研究国内外教育实习的历史与现状,可以帮助我们对历史教育实习的未来做出正确的预测和展望。

思考与探究

❖ 世界发达国家的教育实习呈现出哪些显著特点?
❖ 目前我国历史教育实习存在哪些问题与不足?
❖ 我国今后历史教育实习的发展趋势是什么?

第一节　国外教育实习状况

许多发达和发展中国家的高师教育,都十分重视师范生从师技能的培养训练,并把教育实习视为师范教育计划中最普遍、最重要的实践体验形式,将教育实习成绩作为取得教师资格的必要条件之一。

一、前苏联教育实习

前苏联是对教育实习重视程度最高的国家,早在20世纪30年代初,其高等师范学校的教学大纲就规定三四年级设立教育实习,并且课时数占每年课时总数的30%;20世纪60年代末,教育实习增至16周;20世纪70年代增加到19周;1985年后达到24~28周,从一年级到毕业年级每一学年都安排有实习,而且实现了教育实习制度化、序列化、系统化。此外,还为高年级师范生开辟了"中学日",学生每周都有去中学进行实际工作的机会。

前苏联教育实习内容,根据各年级所学理论课不同,各有侧重。一年级:进行初步教育学和心理学训练,主要任务是了解中学生及其教育环境。二年级:学习教育学、年龄心理学和教育心理学,主要任务是研究教师活动的基本形式和工作条件,观察分析上课情况和校外设施,学习研究学校文件等。三年级:学生开始学习历史教学法,实习的主要任务是研究课外和校外工作方法。四年级和五年级:主要是进行职业教育训练。四年级研究班主任工作,了解家庭教育条件;五年级要参加所有基本类型的教育活动。要根据毕业设计题目,独立进行和完成教育研究,主要是形成学生对教育活动系统的处理方法等。

二、美国教育实习

美国不仅对师范教育课程设置十分重视,而且要求师范生必须参加各种教育实践活动,形成了一系列从早期开始的、经常性的、贯穿于师范教育全过程的教育实践活动。师范生从三年级开始,每周有二至四个半天接触儿童,第八学期则全部用于教育实习,总体实习时间不少于15周。美国的教育实习分两步进行:

第一步是临床实践与现场实践相结合。临床实践就是通过模拟中小学课堂教学情景,运用微格教学手段进行4~10分钟的试教活动。现场实践就是在实习学校和班级真实情境中进行的教育实践活动。

第二步是课程学习与教育实践相结合。美国要求师范生必须在修满普通文化课程和历史教学论等学分以及历史专业课程和教育专业课程学分各三分之二以上,并完成各项教育实践活动,成绩合格者方可申请参加教育实习。在实习期间,师范生必须与正式教师一样,每周在学校工作5天,在两校教师指导下,独立承担一个班的教育教学和班级管理工作。此外,还要从事一定的社会调研活动,如访问当地的学校委员会、课程委员会、家长协会和教师组织,调查青少年的各种问题。

三、英国教育实习

英国教育部1985年发布的《新教师培养课程批准准则》中,对师范生的教学实习时间、类型、内容、实习导师的作用做了具体规定:(一)从新生入学的第一学期开始,在整个学习时间内连续安排实习生到中小学进行教学体验,并必须有75~100天的教学实习。最后一个学期要安排一次集中的上岗实习。(二)各高校安排的学科教学法、《国家课程纲要》(The National Curriculum)、教育理论和教师职业技能等课程的学习,要与学生的教育教学实习密切结合。同时,还规定高校、地方教育局和中小学校要建立"密切工作伙伴关系",共同完成教育理论和教学实践课程,并提出两方面的要求:一是高校应提供条件让中小学教师直接参与专业课程的设计、评价、新生的选择、学生实习的指导与评估,并保证中小学教师有机会到高校做相应的讲座、主持讨论会;二是高校担任学科教学法、教育理论、教师职业技能课的教师要有5年以上中小学教学的工作经历,并且要不断地充实与提高。高校要有计划保证他们在每5年的教学中,至少有一个学期重新到中小学从事教学。对不具备上述条件的教师,高校要有计划地培养他们,地方教育部门要检查督促。

> 观点讨论:你认为英国建立高校、地方教育局和中小学校密切的"工作伙伴关系"有什么实际意义?对我们有什么值得借鉴的吗?

四、德国教育实习

重视师范教育是德国教育的一个传统,每次重大教育改革都会把师资培养的改革作为重要课题。德国新学制规定,任教者必须通过修业和实习两个阶段。修业阶段是在校内完成规定的课程学习,其中包含一二年级到中学旁听有经验的教师讲课和担任校外辅导员等活动,作为学校实践教育3次,共12周,还要通过第一次国家考试,合格后进入实习阶段。第三学年上学期首次进行6周教育实习,前四周在中学任课教师指导下实习生讲课;后两周由任课教师讲课,实习生旁听,还要共同研究解决实习中遇到的问题。第四学年第一学期进行15周的全面实习,实习中,从制定教学计划到实施教学方案,一律由实习生独立完成,以检验真实水平,实习合格者才有资格参加国家第二次考试,过关即可获得正式教师资格。

五、法国教育实习

法国也是具有古老师范教育传统的国家。法国师范学校的教学计划实行单元制教学法,每单元都有一个提供给学生的学习计划,此计划除了理论课以外,还包括一些具体的活动,如对课堂的观察、实际工作、个人的研究等。在法国师范学校三年学习中,每学年的每一个学季里都贯穿着教育实习活动。

六、日本教育实习

在日本的新教育大学里,教育实习是其工作的中心环节,大学里设有教育实习部门,配备有专职教师,对教育实习计划方案、实习生指导方针进行管理,同时大学附设中、小学、幼儿园及残障儿童学校等作为实习基地。日本师范教育从低年级起就开始实施各项教育训练,主要分为三个步骤:第一步是观察,包括参观和见习整个学校的教育活动;第二步是参与,作为教师助手参与教育活动,与学生广泛接触;第三步是实习,即在前期获得的知识和能力的基础上,进行学科教育和教学实习。

从以上发达国家的师范教育中,我们不难看出它们的教育实习都呈现出以下共同特点:① 教育实习占有重要地位,发展程度高;② 实习制度规范完善;③ 时间长而连续性强;④ 实习基地稳固充裕,形式丰富多样;⑤ 实习内容科学全面,注重能力训练;⑥ 强调"四严"管理(严格规定参加实习条件,严格遵循实习程序,严格评定实习成绩,严格教师资格审查)等,这些特点也都在引领着未来历史教育实习的发展趋向。

第二节 我国历史教育实习的发展状况

在我国,教育实习经历了由萌芽、产生到发展的历史演变过程,从古代躬行实践的理论思想,发展到当代以制度确立下来的方针政策。每一步演进,都为后人的研究积累了宝贵的经验。

一、历史回顾

(一)萌芽期

从本质上讲,教育实习就是一种实践性的认识活动,是与"知"相对应的"行"的问题。这与古代教育家们的重"行"思想有着质的相通之处。从原始社会的"劳教合一"到春秋战国时的"行为本"、宋代的"知先行重"、明代的"知行合一"、清代的"格物致知"等学说理论,都在强调"行"在教育过程中的巨大作用。墨子说:"士虽有学,而行为本焉。"《中庸》也谈"博学之,审问之,慎思之,明辨之,笃行之"。宋代朱熹提出:"知之愈明,则行之愈笃;行之愈笃,则知之愈明。"清代王夫之高举"知行并进"大旗,认为"君子之学,未尝离行以为知"。我国古代学者一向崇尚"以旅游为形式,以学习为目的"、"行万里路,破万卷书"的"游学"之风,这也正是笃行思想的一种表现。古代知行并重的思想主张,为师范教育实习的产生提供了坚实的理论基础。

(二)创立期

教育和人类社会同时出现,教育实习则与师范教育同步产生。我国教育实习的创立始于近代。1896年,梁启超发表《论师范》一文,主张自办师范教育,这是我国理论上倡导师范教育和教育实习的开端。1896年,盛宣怀在上海创办南洋公学,第二年首开师范班,并设附属小学,"令师范生分班教之,比及一年,师范诸生,且学且诲,颇得知行并进之益"①。让师范生分班实习一年,这是我国最早的教育实习时间的规定。1902年颁布的《钦定京师大学堂章程》,分别规定了师范生四个学年的学习内容。其中,第四学年为实习,正式制定了教育实习的制度。1912年颁布的《师范教育令》和1913年的《高等师范学校规程》,进一步强调了教育实习基地——附属中小学的建设。近代教育实习制度日渐创立起来。

(三)发展期

自20世纪30～40年代到文化大革命前,是我国教育实习制度的不断完善和发展的时期。1941年12月,国民政府教育部公布了《师范学校(科)学生实习办法》,这是我国关于教育实习的第一个专门工作条例。1944年底公布了《师范学院学生教育实习办法》,1946年底又先后颁布了《改进师范学院办法》及《修正师范学院规程》,规定实习成绩不合格者不允许毕业。新中国成立后,教育实习制度有了更大发展。1954年,教育部颁布了全国高等师范院校15个系的新教学计划,教育实习所占比重为1/4。1962年颁布《高教六十条》,对教育实习提出了更多具体要求,大大推动了教育实习的发展。陶行知先生提出的"行是知之始,知是行之成"、"教学做合一"、"理论与实习合为一炉而冶之"等教育理论,以及毛泽东的《实践论》都成为这一时期进行教育实习的重要指导思想。

(四)停滞期

10年文化大革命,使历史教育成为重灾区,教育实习受到严重干扰和破坏,连同教育学、心理学、历史教学论等师范专业理论课程,都被当做资产阶级的东西砍掉,造成了教育质量和师资水平的严重下降。

(五)深化期

十一届三中全会以后,教育获得新生,教育实习制度也得以恢复。1978年6月召开了全国高等学校文科教学工作会议,强调教育实习的重要意义,规定实习时间为6周,一般安排在第7学期进行。1980年,教育部又召开了全国高等师范教育工作会议,明确强调不参加教育实习或教育实习成绩不合格者不发毕业证书。改革开放30年间,随着素质

---

① 《中国近代教育史资料》(上册),人民教育出版社,1961年版,第153页。

教育工程的启动,各级教育部门、各师范院校更加关注师资培养问题。不少学者针对师范专业课程设置、师范生教育能力训练、教师职业道德、教育实习管理、实习基地建设、教师职前和职后培养一体化等实际问题进行了全面而深入的研究,逐渐形成了一套师范教育实习的理论与方法体系。我国绝大多数高师院校都设立了比较完整的实习管理体制,制定了一系列历史教育实习制度。如《教育实习办法》、《实习生守则》、《实习指导教师职责》、《教育实习成绩评定标准》、《教育实习经费管理办法》、《实习基地协议书》、《实习基地责任书》等教育实习文件,有的还制定了《历史教育实习大纲》,对历史教育实习的目的、意义、内容、形式、时间、要求、成绩评定等方面都做了明确的规定,使历史教育实习工作的开展有据可依、有章可循。不过,目前我国历史教育实习虽渐制度化,但尚未完全规范化,对比国外先进经验仍存在较多弊端与不足。

二、现存问题

(一) 重视课堂教学实习,而忽视诸多环节的实践与探索

受传统教育理念影响,我国大、中小学教育都长期存在着重视知识教学而忽视人生教育现象,严重影响了人才综合素质的培养。这种现象表现在高师历史教育过程中,不仅课程设置上偏重历史专业课程而轻视教育技能课程,而且,在历史教育实习中,也普遍以课堂教学实习为重,而忽视班级管理、教育调研、课外辅导等教育环节的实践与探索。历史课堂教学的效果成为对师范生实习成绩的单一评定标准,除此之外,几乎没有其他环节的实习任务。这种现象严重影响了历史专业师范生综合素质的提高和教师专业化的发展,已成为现阶段我国高师历史教育改革中必须解决的一个重要问题。师范生由"学生"到"教师"的角色转变,是建立在具备一定专业知识和教育教学技能基础上的,它要求最终实现的是包括心理意识、气质修养、精神状态等多种素质在内的全方位向教师角色的综合跨越。

(二) 重视毕业前的一次性短暂实习,而忽视学习过程中的平时训练

在我国高师院校普遍只重视临近毕业前的一次短暂性的实习,而忽视学习过程中的平时训练。毕业实习的时间安排不仅集中而且短暂,一般少在4~8周之间不等。若除去第一周"观摩见习"和最后一周"返校总结",则学生登台讲课的时间是非常有限的,更难说安排其他内容的实习活动了。又加上多数实习学校迫于升学压力,怕影响正常教学秩序,对接受实习生很不积极,要么就是象征性的让上一节课,甚至不让上课,只是最后给个评语、打个分数就了事了。这样,师范生在校期间本就缺乏应有的实践训练,而仅有的一次毕业实习机会又没有得到应有的重视,可想而知,其所拥有的教育教学技能水平又该如何去胜任中学历史教师工作呢?

(三) 重视纪律上的管束,而忽视对实践技能的指导

很多师范院校认为,教育实习的指导也就是一个纪律管理的问题,所以,大多是派年轻、经验不足甚至行政人员带队指导,他们在指导能力和认识上都存在很多不足之处。例如,有的指导教师就认为既然实习生到中学实习,就应该一切由中学教师去指导,自己不该也不便多插手,况且实习生在实习之前就已学过了相关的教育实践课程,实习中应付几节历史课不成问题。所以,自己只要管住学生不出纪律和安全问题,就算是完成实习指导

任务了。指导教师的错误认识和实际能力,从根本上降低了教育实习的真正价值和意义。

(四)部分实习生对教育实习缺乏积极性

主要表现有以下几种原因:

1. 认识高度不够

受以上因素影响,致使一些实习生认为,教育实习仅仅是他们毕业成绩中的一项,不过是"走走过场"、去中学上几节课罢了,而并未从思想高度认识到教育实习对自己专业成长所产生的重要作用和深远影响。于是,有的实习生不认真备课、上课和其他实践锻炼。还有一些实习生,打算毕业后改行不作教师,所以,认为实习成绩的好坏,对自己将来的工作没什么影响,因而也对实习报以敷衍态度。

2. 忙于考研无暇应对

我国高师院校的毕业实习多安排在大四上期进行(下期举行毕业论文答辩),这恰与考研复习的时间发生冲突,使一些准备考研的学生感到时间紧、压力大,而不愿甚至消极对待实习工作。

3. 实习疏于监控而流于形式

由于高师院校的实习经费有限,多采取定向实习,地点分散,不利于对师范生的监控,加上实习学校不积极、不重视而疏于管理,实习生基本处于"放羊"状态。所以,毕业实习期间实际上成了学生跑工作或考研复习的最佳时候,由此,教育实习流于形式也就成为势所必然的了。另外,对教育实习的评估和检测由于缺乏严谨性和科学性,学生追求形式上的成绩,也就不惜弄虚作假,而不积极去研究实习中的自我表现和所遇到的教育教学问题。

> 观点讨论:你对改变部分实习生不积极参加实习的现象有什么好的建议吗?

(五)高师院校与实习学校双方的合作被动

由于教育实习在客观上会对实习学校正常的教学秩序造成一定的负面影响,使许多中学往往不愿意接受实习生,对实习工作持排斥态度或被动应付不积极。这样,高师院校与实习学校之间应有的交流与合作,基本上变成了一种生硬、无奈的交易,对教育实习产生了不利的影响。相比来看,英国则是由实习学校、地方教育当局和大学教育学院组成了"伙伴关系指导小组"作为实习的领导机构,并共同为师资培训制定原则和目标。这很值得我们借鉴。应该说,教育实习是师范院校与实习学校沟通交流与相互学习的桥梁,建立实习合作管理关系与实习基地稳固化,是促进这种交流的必要措施。

综上所述,我国现阶段历史教育实习在内容、模式、组织与管理等诸多方面都存在着严重的缺陷与不足。对比国外,我们不难看出:最根本的差距在于对教育实习的重视程度和认识上的偏差。我国将教育实习当成单纯是教学计划中的一个内容、一个突击性的环节,并着重于检验师范生所掌握的历史专业理论知识水平和从事历史课堂教学的能力,至于其他方面素质的培养和锻炼则很少涉及。在实习中,学生只是一个单纯的接受检验者,缺乏主动创新的机会和积极参与的强烈愿望与兴趣,又加上实习过程中疏于指导、监督和管理,实际上教育实习工作并未发挥其重要的功能与作用。我国教育实习工作整体表现出来的封闭、偏狭、被动、僵化的弊端,其结果也就只能使之走向一种形式化的"过场";而国外发达国家则普遍将教育实习当成是学生素质的集中展现,当成是学生推销自己的首次面试,当成是师范院校生存的基石,当成是促进社会发展的手段,在这种实习理念的指导下,国外教育实习明显的在各个方面都广为重视,并且,采取了很多切实可行、灵活多样和富有成效的措施,使我们从中感受到的是生命成长的活力与气息。总之,在国际上教育实习已广泛呈现出制度规范化、内容综合化、实践过程化、模式多样化、管理合作化、基地稳固化以及职前职后培训一体化的发展趋势,这已成为我国历史教育实习改革的重点和方向。

第三节 我国历史教育实习的改革趋向

在新一轮基础教育改革的强力推动下,我国高师历史教育实习面临着前所未有的改革机遇,作为教育实习的实施者、参与者和受益者,我们有责任在回顾与反思、借鉴与省察的基础上,大力推进历史教育实习的创新与发展。

一、历史教育实习必将随着社会的发展而不断进行改革

社会发展决定了人才培养的目标和内容。高师院校作为人才培养的工作母机,必然要遵循"与社会相适应"的原则,随着社会的发展而不断改革和完善自己。当前基础教育新课程的改革,正在要求高师院校的历史教育专业,在培养目标、课程设置、教学模式、教学内容、教学方法和教育实习等全方位,都要做出相适应的改革与调整。尤其是,教育实习作为师范教育连接社会的桥梁,更要切实社会发展的脉搏,以社会需求为标尺,革故鼎新,不断改进,为社会输送更优质的师资力量。

二、历史教育实习在高师历史教育中的比重将会逐渐增大

当前我国基础教育历史新课程的改革,必然要求高师历史教育要加大教育实习环节的力度,才能培养出高素质的历史教师;而教育实习比重的加大,不仅要求尽快改革和调整高师历史教育课程的设置,如缩短两大通史的课时,增加基础文化课和教育技能课的分量,而且,还要增加师范生在校学习期间的常规实践锻炼和在实习基地的实习内容与实习时间,以增强为师从教的综合能力和职业竞争力。在这方面,国外师范教育为我们提供了很多值得借鉴的经验。

三、历史教育实习将走向课程化、科学化、经常化、多样化

(一)历史教育实习要逐步走向课程化

教育实习是师范教育的一门必修的重要课程,这已是世界发达国家的共识。作为一门课程,就应该有一套完善的教育实习制度来规范实习操作、一个具有指导意义的教育实习大纲来规范实习标准、一本严谨的教育实习教材来规范实习内容等,以此来保证教育实习和见习活动有条不紊的进行。从国际上教育实习发展的趋势来看,我们急需国家教育部对各级、各类师范院校颁布相对统一的教育实习大纲,对教育实习的目的、任务、内容、

形式、管理、评价等做出较详细的具体规定,以指导全国各级各类师范教育的实习工作,使教育实习逐步实现课程化。

(二) 历史教育实习的管理要科学化

实践证明,教育实习和见习涉及多方面的关系,如高师院校与地方教育行政部门以及实习学校之间的关系、实习生与指导教师的关系、实习生与中学生之间的关系、教学工作实习与班主任工作实习和教育调研实习之间的关系、课堂教学实习与课外活动实习之间的关系、实习工作中的人力物力与财力之间的关系等等。诸环节之间的关系与问题的处理,都必须有赖于科学化的组织与管理。

(三) 历史教育实习的时间要经常化

目前,我国教育实习多是在学生毕业前的一次性集中实习,平时常规性的教育实习较少,很多学生都是在毕业前的实习中才第一次接触到中学教育实际的,对此,有不少学者提出异议。相比来说,国外则是在师范生在校学习期间,教育见习和实习就非常多,基本上都能保持两三年不断线。今后,我们的教育见习和实习也将会像前苏联及许多国家那样,贯穿于师范教育的全过程,毕业教育实习只是其中的一个重要的有机组成部分。

(四) 历史教育实习的模式要多样化

教育实习改革的目标要建立低耗高效、利多弊少的新体制。多年来,国内外师范教育在实践中总结出定点实习、定向实习、顶岗实习、委托实习、模拟实习等实习模式,取得了良好的效果。随着我国师范教育的发展,今后的历史教育实习将融会多种实习的优势,创出更多既符合实际又富有时代特色的教育实习模式,逐步提高教育实习的质量。

四、现代教育技术将被广泛应用于历史教育实习中

现代教育技术为改进历史教育实习提供了极大的方便,不少学校也已在向着这方面努力。目前来说,主要表现在两方面的技术应用上:

(一) 微格教学

微格教学是一种在试听理论和技术基础上,系统训练教师教学技能的方法。这种方法是把实习生的教法、教态以及语态用录像机录制下来,然后再播放给试讲者、指导教师和其他同学看,大家根据事先确定的定性与定量相结合的评价指标进行评议,使评价更加生动、客观、全面、公正,优化了试讲效果。同时,试讲者本人通过观看录像,也容易发现自身存在的问题,对改进教学有很大帮助。

(二) 多媒体教学

计算机、幻灯机、投影仪、录放像机、VCD等多媒体现代教育技术,都将成为实习的得力助手,帮助实习生优化实习过程,提高课堂教学和教育实践的质量。

五、历史教育实习与教师进修的结合会更加紧密

从终身教育的观点来看,教师的教育教学实践能力应不断充实、更新,教育教学方法应不断改革。因此,当前世界各国培养师资的趋向,是既重视职前师资培养又特别关注在职进修,把就业后的从教活动当做教育实习的延伸。我国教育部制订的《面向21世纪中

小学教师继续教育工程》中,规定所有中小学教师每3～5年必须进行一次脱产学习,接受一次继续教育。这就会造成更多教师岗位的短期空缺,如果让实习生顶岗实习,既可以解决中小学教师脱产学习的进修问题,又解决了师范院校教育实习基地缺乏的困难,可谓一举两得。但必须加强实习生顶岗之前各项实习技能的训练,才能够确保顶岗后的教育教学质量。

总之,从古至今,师范教育历经沧桑巨变,从国外到国内,重视师范教育实习已成为时代的呼声。随着我国社会经济的发展和教育体制改革的深入,师范院校培养目标、课程设置、教学内容、教学方式、教学制度和教育实习模式等都必将进行相应的改革,走向整体优化。其中,教育实习将越来越显示出它的特殊价值和意义,并得到社会高度的重视和广泛深入的开展。

本 章 小 结

本章第一节,主要介绍了国外教育实习的发展状况及呈现出的国际化特点。第二节,对我国教育实习的发展历程做了较系统的回顾,并对现存问题进行了剖析。由于我国长期对教育实习重视程度不够和认识上的偏差,使其表现出封闭、偏狭、被动、僵化的弊端,结果只能使它走向一种形式化的"过场",而在高师教育中并未发挥其应有的功能与作用。第三节,分别从培养目标、课程设置、实习内容、实习手段、实施模式以及管理体制等方面,对我国历史教育实习的改革趋向进行了展望。理想产生追求,展望明确方向。伴随着教育事业的大发展,教育实习不再允许被人们遗忘和忽略,它将在其不可替代的位置上为培养高素质的师资人才发挥着越来越强劲的作用。

课 后 练 习

一、名词解释

《论师范》　南洋公学师范学院　微格教学　陶行知

二、判断选择

1. 为高年级师范生开辟了"中学日"活动的国家是(　　)。

　　A. 前苏联　　B. 美国　　C. 英国　　D. 日本

2. 将教育实习分为临床实践与现场实践相结合和教育实习与讨论相结合两步实施计划的国家是(　　)。

　　A. 美国　　B. 前苏联　　C. 德国　　D. 英国

3. 实行高校、地方教育行政部门和中小学校建立"密切工作伙伴关系",共同完成教育理论和教学实践课程的国家是(　　)。

　　A. 美国　　B. 法国　　C. 德国　　D. 英国

三、教学试练

请自选一段中学历史教学内容,准备10分钟的微格教学,并与大家交流评议。

四、实践探究

1. 开展一次关于高师历史教育实习制度改革的问卷调查。要求写出书面报告,并与同学们交流研讨。

2. 请以"毕业前一次性集中实习的利与弊"为辩题,举行一次辩论赛。

阅 读 参 考

1. 于友西、叶小兵、赵亚夫:《历史学科教育学》,首都师范大学出版社,2000.

2. 赵亚夫:《日本学校社会科学教育研究》,北京师范大学出版社,2001.

3. 陈永明:《国际师范教育改革比较研究》,人民教育出版社,1999.

4. 赵翰章等:《师范教育概念》,吉林教育出版社,1994.

5. 翟宝清:《教育实习概论》,陕西科学技术出版社,2000.

6. 施良方、崔允漷:《教学理论:课堂教学的原理、策略与研究》,华东师范大学出版社,1999.

7. 成有信:《中国师范教育和教师》,人民教育出版社,1990.

8. 汤深坑、欧用生:《各国实习教师制度比较》,(台北)台湾师大书苑,1994.

第二十章　历史教育实习的模式与程序

导　语

选定和使用教育实习"模式",就是将历史教育实践活动付诸于一个有计划且有效的实施过程,这是实现历史教育实习目标的根本保障。本章将依据不同划分标准对历史教育实习的基本模式进行分类介绍。首先,重点结合历史学科教学论的实践教学,对校内"模拟实习"的具体实施和考评办法进行探究;其次,对"毕业实习"的运作程序"准备动员—全面实施—总结考评"三大阶段,分别做较全面系统的分析和阐述。

思考与探究

❖ 历史教育实习的基本模式及其分类是怎样的?
❖ 如何实施定点和分散教育实习模式?
❖ 开展校内"模拟实习"的意义、形式有哪些?如何进行测评?
❖ 毕业实习的基本内容及其操作程序是什么
❖ 毕业实习中如何运作历史教学实习工作?
❖ 如何撰写教育实习总结报告?
❖ 如何构建新教育理念下的历史教育实习模式?

第一节　历史教育实习模式的分类

历史教育实习模式,是指在一定历史教育理论的指导下设计的程式化的历史教育实习方式。当前,高师历史教育实习模式呈现出多种多样,依据不同划分标准可归类如下:

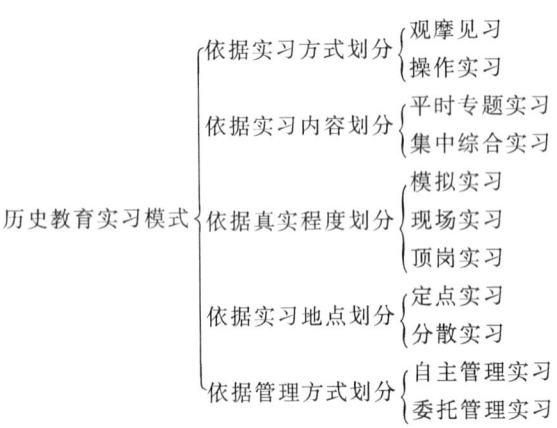

一、依据实习方式划分

（一）观摩见习

观摩，语出《礼记·学记》："相观而善之谓摩。"郑玄注："摩，相切磋也。"观摩，即观看彼此成绩并互相学习研究；见习，就是身临现场察看。观摩见习，用于教育活动，又称教育见习。就是师范生在教师指导下，根据教学大纲的要求，结合所学教育理论及历史专业知识，在实习学校初步了解、体验和学习教育教学工作的一种综合性实践活动。"观摩见习"是"操作实习"的初期阶段或准备形式，是师范教育的有机组成部分，是搞好整个师范教育实习活动的基础。观摩见习又可分为"平时见习"和"跟班见习"两种形式。

1. 平时见习

是指平时结合教育学、心理学、历史教学论等教育课程的学习，由教师引导师范生到中学观摩课堂教学、教研活动以及班级活动或开展教育调研等，使其所学的教育教学理论与中学教育教学实际联系起来，增加感性认识。其特点是分散、不定时、多样化和经常化。平时见习有利于师范生广泛接触和了解中学教育教学实际，但在我国高师教育中，这一基础性实践环节并未给予足够的重视。应该说，教育见习是一个贯穿于师范教育始终的一个连续性过程，从师范生一入校就应有计划、有步骤地安排各种形式的日常性见习活动，这有助于师范生尽早树立教师意识、牢固教育专业思想，还可以使他们通过观摩教师的课堂教学、听报告、参观、调查、访问、参与班级的课外活动以及见习班主任工作等活动，经历一个从理论到实践、再从实践到理论的过程，逐步把专业历史知识转化为技能技巧，为后续的"操作实习"环节打下良好的基础。当然，由于受各种条件的限制，平时见习也不一定每次都直击中学现场，可采取间接方式来弥补，比如组织学生观看课堂教学录像或搜集相关资料等等，都能帮助师范生了解中学实际。

2. 跟班见习

就是指毕业实习刚开始时，实习生进入实习学校后，在一段时间内（一般为1～2周），跟随实习班级班主任和历史教师的见习活动。它是毕业实习的前奏或实习生集中练兵的热身阶段，具体内容和要求详见本章第二节。

（二）操作实习

操作实习，就是师范生直接参与中学教育教学实践的一种体验性活动。观摩见习与操作实习是实践能力锻炼的前后阶段。前者是基础，重在"看"；后者是提升，重在"做"。操作实习，就是师范生在观摩见习中积累一定认知经验和能力的基础上，对"教师"角色的亲身体验和尝试。可以说，除了观摩见习以外的实习活动都属于操作实习，如"平时专题实习"、"集中综合实习"、"模拟实习"、"现场实习"、"顶岗实习"等，具体详见下文的分别介绍。

二、依据实习内容划分

（一）平时专题实习

平时专题实习，是指师范生在学习过程中，依循各教育课程的教学进度，根据具体教学内容和师范生实践能力培养的需要所设计的专题性实践活动，主要表现为专题性的教育教学调研实习或第二课堂探究活动实习。例如,根据授课内容,为了搞清楚或探究某一个教学理论或技能方法或跟随本地区或实习学校所开展的某一项主题教研活动等,都可直接参与观摩实验。

在这里,需要特别提出的是:高师院校应该在平时教学中,要有计划、分阶段地安排师范生从初中到高中每个年级都去进行一定的教育教学实践活动,目的是全面了解不同年级的历史教学内容、熟悉不同年龄的学生对历史学习的心理需求、掌握不同教学方法的针对性运用等等,就如医学专业学生的实习都要到医院各部门去熟悉业务那样。师范生对中学能有一个全面认识和把握是十分必要的。一来,中学教师教学多实行从低年级到高年级跟班走的循环方式;二来,教育的本身就具有明显的阶段性,即"受教育者"在不同年龄和知识阶段,对"教育者"都会有不同的教育教学要求。基于这两点,师范生就非常有必要从低到高逐年级了解和熟悉情况。至于高三年级这个特殊的阶段,它有着更多特殊的教育教学问题,同样值得师范生去学习和研究。一般来说,高三年级多由经验丰富的教师担任教学和班级管理工作,作为高师院校不能忽略这一重要的实习阵地。当然,由于高三年级无论对其学校还是中学生本人来说,都是一个关键的升学冲刺阶段,所以,高校实习不宜多"打扰",宜采取"多观摩、多研讨,少实践教学"的方式进行实习。

(二)集中综合实习

集中综合实习,通常又指毕业实习。它是平时专题实习的后续和强化,是在积累了专题实习经验的基础上,对师范生多种素质及教育教学技能进行综合性的实践训练,是师范教育"出厂"合格"产品"的最后一道把关"程序"。集中综合实习一般由高校统一组织领导,在规定的时间内,在指定的教师指导下,以实习班、队(组)的形式,在中学实习基地或选择规模较大、教学条件较好、指导力量较强、交通较便利的中学集中进行实习活动。这种实习模式适合实习生人数较多、单一学科的中学教育教学实习。

集中综合实习,是师范生"真枪实弹"的独立从事中学教育教学活动,其质量的好坏,不仅影响着高师院校的办学声誉和实习生未来就业的形象,还直接影响到实习学校教育教学秩序的稳定和中学生的学习与成长,所以,要求高师院校必须高度重视。一般在实习前,高师院校都要安排一段时间对师范生进行模拟性的综合演练,直到合格方可被允许参加实地的集中综合实习。集中综合实习模式有一套相对固定完整的程序,通常包括准备动员、全面实施和总结考评三大阶段,具体操作规程详见本章第二节。

三、依据真实程度划分

(一)模拟实习

模拟实习,即在高师校内进行的模拟中学历史教育教学情境的实践训练活动。

1. 平时专题模拟实习

平时专题模拟实习,即在平时的教育课程教学中,由任课教师依循教学进程,根据具体教学内容,有计划地组织学生从简单到复杂、从单一到综合、从部分到整体进行的模拟实践活动。如模拟新教师自我介绍、导课练习、结课练习、史料教学练习、教具演示练习以及模拟组织一次"主题班(团)会"、"班委会"、"家长(校长)访谈"等。平时专题模拟实习具有以下优点:① 随机性强,能及时就所学内容进行演练,有利于加深学生对基本理论和技能的理解与熟悉掌握;② 试练内容丰富,可就中学历史教育教学内容、环节、方法、手段等诸方面都可设计练习(如本书各章课后练习中的"教学试练"和"实践活动"题),有利于师范生感知和了解中学历史教学工作;③ 试练中,同学之间互为活动对象,有助于换位思考,虽是模拟却有真实感受;不足是:受课时限制,每次只是部分师范生参与试练,这就要求重视课堂试练前的小组练习。

平时专题模拟试练的题目和要求一般要提前一周布置,在学生充分准备的基础上,为了保证机会均等,也为了调动每个学生的积极准备和参与,可采取现场抽签方式,决定当次的试练者。

开展模拟试练活动的基本要求是:① 严格按照下列基本程序进行:动员—准备—试练—评议—总结;② 要求试练者认识到模拟实习的意义,在积极主动、认真准备的基础上大胆参与试练;③ 要求试练者树立现场意识,进入角色,其他同学以假想的"中学生"身份给予试练者各种活动的配合;④ 要求试练者在试练后主持课堂评议(这对学生的组织及表达能力都大有助益),先由试练者自评,然后再组织师生评议;⑤ 教师要做好点评总结,在互为示范、互相评议、坦诚客观、取长补短中达到共同提高;平时专题模拟实习的成绩记入该课程学习成绩。

以历史学科教学论课程实践教学为例,其测评办法是:

① 平时专题模拟实习的成绩作为学生平时成绩之一,记入历史教学论课程总成绩(包括:考勤10%、平时专题模拟实习20%、集中综合模拟实习20%、期末考试50%)。

历史学科教学论成绩考核表

年级:　　　　实习生:

项目	内容	评定标准	得分
考勤 (10%)			
平时 专题 模拟 实习 (20%)			

项目	内容	评定标准	得分
集中综合模拟实习（20%）			
期末考试（50%）			

总计得分：
任课教师签名：
　　　　　　　　　　　　　　　　　　　　　　　　　　年　　月　　日

② 评分方法：一是试练者自评打分；二是同学评议打分（可取前三位评议者的打分）；三是任课教师点评打分。然后，取这五个分数的平均值，就是试练者当次试练成绩。打分可采取口头或投票方式，做好记录。最后，教师对整个试练活动进行总结，可当场公布试练者的成绩。

平时专题模拟实习评估表（20%）

年级：　　　　实习生：　　　　试练时间：　　年　　月　　日

专题名称	内容	评估标准	满分	得分

说明：本项占学科总成绩20%　　　　　　　　　　总分
自评打分：
同学甲打分：
同学乙打分：
同学丙打分：
任课教师打分：
任课教师签名：

③ 总分计算：期末考评时，将每位试练者的每次试练得分相加，再除以该试练者参加试练的总次数，所得分数便是该生"平时专题模拟实习"的总得分，然后以20%计入该生的学科总成绩。

模拟实习在美国运用较为广泛，尤其是课堂教学模拟，一般采用微格教学的方法，利用声像手段对师范生应掌握的各种教学方法、技巧进行选择性模拟。我国高师院校也有不少使用微格教学方法的,很受师范生的欢迎。

2. 集中综合模拟实习

集中综合模拟实习,是在学科教学内容全部授完,学生也已进行了多次观摩见习和平时专题模拟实习,并对中学历史教育教学有了较全面的了解和一定实践经验的基础上,在临近毕业实习之前,集中一段时间组织学生进行的综合能力的演练活动。一般是模拟中学历史课堂情景,做完整一节课的教学试讲。这种实习,对历史学科教学论课程来说,可作为本课程教学的结束环节,由任课教师组织,学生人人过关,成绩以 20% 计入课程总成绩。当然,也可作为毕业实习前的热身演练,由院系派一些有经验的专业教师指导,将学生分成小组进行。集中综合模拟实习作为毕业实习前的彩排预演,其特点是:时间集中、能力综合、全体参与、一个不少。所以,要求做到以下几点:① 要在组织管理上与毕业实习一样,院系领导要给予高度重视。要求全面准备、认真组织、严格把关、落到实效。② 要制定好评分标准,尤其是课堂教学的评估标准(见下表),对学生严格要求、客观评分。③ 对不能顺利通过模拟实习的学生要特别辅导,直至合格,方能进入中学参加毕业实习。

集中综合模拟课堂教学实习评估表(20%)

授课名称		试教学生	指导教师	综合成绩	评价等级			
视 角		观 察 点			A	B	C	D
教学情况	教学目标	1. 知识与技能目标科学合理						
		2. 过程与方法目标准确恰当						
		3. 情感态度与价值观切合实际						
		4. 符合课程标准的要求和学生实际						
		5. 体现学生主体的教学思想						
	教学准备	6. 备课充分,对教材理解有深度						
		7. 合理选择和开发课程资源辅助教学						
	活动组织	8. 积极合理组织学生自学、活动探究、讨论、交流						
		9. 关注和调动绝大多数学生的学习积极性						
		10. 完成教学任务,达到课堂教学目标						
	课堂环境	11. 尊重学生,形成民主、自主、宽松、平等的环境						
		12. 合理利用教学材料和设备						
	教学技能	13. 板书、板画						
		14. 教学语言与教学仪态						
		15. 教具演示与操作						
		16. 课件设计与制作						
	评价反馈	17. 恰当评价学生发言,适时点拨						
		18. 根据学生对知识的掌握情况,及时鼓励学生小结、反思、巩固						
	创新与特色	19. 教师有自己的风格和特色,有创新意识						
综合意见				指导教师:(签字) 年 月 日				

注:1. 具体栏目的评价等级只需在方格内打"√"。

2. 综合意见以定性分析为主,综合成绩以 20% 比例折算计入学科总成绩。

（二）现场实习

现场实习，又叫"基地教育实习"，指的就是在中学教育教学的实际环境中所进行的各种内容和形式的实习。可以说，除了高师院校校内的"模拟实习"之外，包括观摩见习在内，都属于这种现场实习。它的优点是：实习情景真实，现场气氛强烈；实习生锻炼全面，角色转化自然；有利于学生理论联系实际，增强感性认识。但由于受各种条件限制，组织和管理难度大，所需经费多，建立长期的实习学校基地有一定困难。

（三）顶岗实习

顶岗实习，也称"双向培训实习"，即指高校师范生通过顶岗任课的方式，来完成教育实习任务的一种教育教学实践活动。顶岗实习一般是基于中学教育师资匮乏或中学教师因业务进修造成空岗现象所进行的一种教学实习。它的优点是：一方面解决了中学教师因繁忙的教学工作而进修难的问题；另一方面为师范生创造了在实践中学习的难得机会。缺点是：一次性接收实习生人数有限，还会受中学教师进修时间限制。所以，高师院校开展这种实习比较被动。

四、依据实习地点划分

（一）定点实习

定点实习，就是将实习生分组，集中固定在一个或几个实习学校进行的教育实习。其优点是：实习生相对集中，便于管理和具体指导，有利于提高教育实习质量。但集中定点，实习生多，实习资源相对有限，实习机会较少。

（二）分散实习

分散实习，是针对定点实习而言，也叫开放式教育实习，即在学校规定的时间内，实习生自行联系实习学校而进行的实习。它的优点是：节省了高校对实习工作所投入的人力、物力；实习生在实习中自由度较大，锻炼机会也较多。但实习生多是一人（或数人）一校，没有浓厚的教育实习氛围，缺乏相互学习、取长补短的机会；实习过于分散，缺乏约束机制，不便高校管理和指导，易流于形式。

五、依据管理方式划分

（一）自主管理实习

自主管理实习，一般是与定点实习相结合，即由高校指派历史专业教师，对教育实习进行全权管理和指导，实习学校只是按照高校的规定给予配合。这是传统的教育实习模式。其优点：便于高校对实习进程的控制，有利于发挥高校指导教师的积极主动性，增强责任感。但不利于实习学校主动性的发挥；对高校来说，实习经费的投入也比较大。

（二）委托管理实习

委托管理实习，即高校对实习生进行严格把关后，将实习指导工作全权委托给地方教育局或实习学校，由它们集中安排指导和管理，高校只做不定期检查指导。其优点是：能充分调动当地教育部门的大力支持和实习学校的积极主动性，并将实习生完全纳入到地方教育和实习学校的运行轨道，教育实习氛围浓厚，便于实习生更好地接触和了解当地的教育状况和特点,便于学生能力的锻炼。缺点是:不利于高校全面把握实习生的实习情况,难于对实习生做出客观评估;有时实习学校管理不严,也会造成流于形式。

综上所述,各种历史教育实习模式,在实际运用中,往往是多种类型的综合使用,它们交叉重叠、相互融合,且各有优点与不足,其适应范围也各不相同。高师院校要结合自己的特点优势和当地实习学校的实际情况,调动各方面的积极性,选择有效的实习模式,帮助师范生顺利完成职业角色的转变。

> **观点讨论**:请结合实际,谈谈你所希望参加的实习模式是什么?为什么?

第二节　毕业实习的程序与内容

教育实习任务是通过一系列有计划的基本程序来完成的,师范生毕业实习的工作流程可以分为:准备动员(前期、临界)—全面实施(见习、实习)—总结考评(回讲、考核)三大阶段。下面依照定点实习模式,分述各阶段具体实施的内容和操作要求:

一、准备动员阶段

毕业实习是高师院校师资培养工作中的重要一环,必须做好长期规划建设和充分、具体的准备。毕业实习的准备工作可分为前期准备和临界准备两个阶段:

(一)前期准备

前期准备着重于"培养",它始于师范生入校之时,终于毕业实习之前。这是为培养合格师范生而进行的日常准备。在毕业实习前夕,师范生必须具备一定的教师职业素质,即教师工作所需的基本技能和素养。这可概括为:"四种素质"——思想道德素质、文化知识素质、教师职业技能、身体心理素质;"四会"——会现代教育技术以适应基础教育现代化的要求、会教两门以上课程以适应新形势下基础教育改革的要求、会一项文体技能以适应开展素质教育促进学生个性发展的需要、会进行班级管理并善于做好学生个别教育及班级日常工作;"三能"——能用普通话进行教学和演讲、能写规范的"三笔字"(粉笔字、钢笔字、毛笔字)、能初步进行历史教学改革研究;"二熟"——熟悉中学历史课程标准和教科书体系与内容、熟练掌握并规范使用教学语言及一门外国语言和计算机语言。

(二)临界准备

临界准备侧重于"适用",指的是在临近毕业实习时,为顺利并成功达到预定实习目的而做的具体准备工作。

1. 建立实习领导小组

成立学校或院(系)历史教育实习领导小组,指定带队教师和专业指导教师;将实习生分为实习队(组),指定负责人,做到层层有管理。

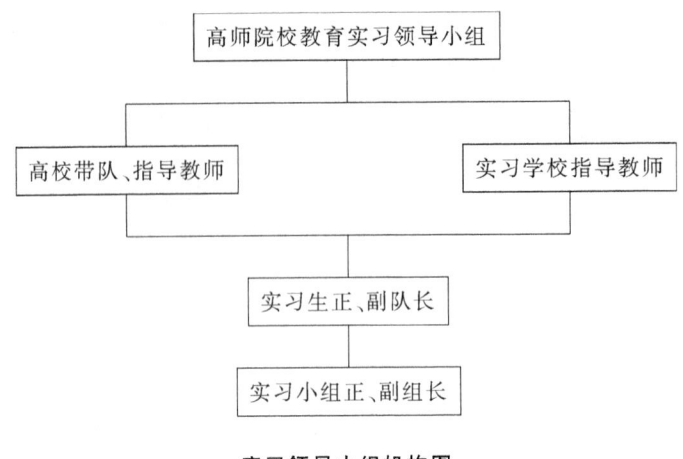

实习领导小组机构图

2. 选定实习学校，签订实习协议

提倡建立长期的实习基地，并签订实习协议，共同保障实习任务的圆满完成。实习学校的基本条件：一是学校领导重视，并乐于接受历史教育实习任务；二是有较好的校风、学风；三是学校历史教研组有较强的指导力量；四是学校有一定的规模，能容纳一定量的实习生；五是交通比较便利。

3. 拟定实习计划，完善各项制度

根据实习学校的具体情况，商定实习队（组）总人数、各年级和班级实习生的人数分配，确定具体实习内容；各实习队（组）分别拟定本队（组）的实习计划，各项实习指标都要具体明确的落实到实习生个人。

4. 确定实习时间

我国目前高师院校历史教育实习较多放在第六学期或第七学期，也有少数放在第八学期的，实习周期为4～8周不等。

（1）确定时间

如何确定毕业实习时间，依据我国教育实情，应主要考虑以下几点：

① 从师范生参加毕业实习的条件来考虑。毕业实习是师范生直接面对中学生独立进行历史教育教学的实践活动，其质量好坏，对教、学双方影响都很大。所以，毕业实习必须是在师范生修完了历史专业理论课与教育实践课之后，在平时实践训练的基础上，在确定已具备了综合实习能力的前提下进行。

② 从理论与实践的关系来考虑。理论与实践是一个相互影响和促进、逐步提升和发展的交互过程。毕业实习的目的是要师范生由基础的"理论1—实践1"过渡到"实践1—理论2"的阶段，即在实习结束之后，必须有一个对实习中暴露的问题进行总结反思、查漏补救、强化提升的阶段，才能让学生在走上工作岗位时能够从"理论2"开始，而进入一个更高的"实践2"层面，周而复始，不断提高新水平。所以，建议毕业实习不要放在最后一个学期（尤其不能在其后半期）进行。

③ 从学生的学业和就业来考虑。一要避免毕业实习与考研复习在时间上的冲突；二

要重视毕业实习对学生就业的重要作用和影响,也就是说,毕业实习实际上就是师范生求职应聘前的一次"热身",或者说是师范生素质的一次集中展示,是师范生提升自身分量的一个重要筹码。所以,毕业实习应尽量安排在每年大规模人才招聘会举办之前。

基于上述三点考虑,我们认为历史教育实习放在第六学期相对比较适宜。一是能避免与考研复习时间撞车;二是为师范生在第七学期和第八学期迎接更多人才招聘做准备;三是在实习后有充分时间进行反思、补救和强化训练。

(2) 确定周期

关于实习周期的长短问题,可根据我国中学教学体制做如下两种选择(按一学期18周计):

① 半学期(9周)实习

选择半学期实习,是考虑把中学的期中或期末复习考试作为实习第一周或最后一周的时间段划分,也即是说,这9周的实习安排,无论是选择前半学期还是后半学期,都包含了至少有一次复习考试的环节在里面。这样,可以使实习生能够经历一个从教学到测评相对完整的中学教育教学过程,有利于熟悉和掌握中学教育教学各环节的工作。这种实习周期在我国现阶段的中学也易于接受。九周实习时间可分配为:第一周,准备动员;第二周,观摩见习;第三至第八周,操作实习;第九周,考评总结。

② 全学期(18周)实习

选择全学期实习,一是保证有较充裕的实习时间;二是在整个学期中,实习生可以接触到包括期中和期末两次考试在内的完整的教育教学实践活动,便于熟悉学业测评的命题、监考、阅卷、评卷等工作。另外,两次期考后,多数学校都有班主任家访或召开家长座谈会的惯例,这使班主任实习能经受更多锻炼。这种实习模式较适用于师资缺乏的农村中学,而在师资条件较好的城市中学则较难开展。全学期实习时间可分配为:第一周,准备动员;第二周和第三周,观摩见习;第四至第十六周,操作实习;第十七周和第十八周,考评总结。

观点讨论:为什么说全学期实习在师资条件较好的城市中学难以实施?

5. 做好实习动员

(1) 动员大会

高校要在实习生下中学实习前,召开教育实习动员暨欢送大会,由负责院(系)教学工作的领导主持,历史学科教学论教师、各实习点带队和指导教师列席参加,邀请非毕业年级学生代表(或全体)参加。领导做实习动员报告和工作部署,包括:讲明实习目的和意义,激发实习热情,鼓舞志气,树立信心;介绍实习成绩考核办法、实习管理制度、纪律和注意事项;讲清实习学校简况、特点和具体要求;宣布实习计划,做好交通或食宿安排等。会后,各实习队(组)分头开会,明确实习内容、实习职责和落实具体任务。

(2) 营造氛围

搞好实习动员,不容忽视良好氛围的积极作用。具体措施:一是在高校内张贴欢送标语、海报等,增强实习生实习的光荣感,同时对非毕业年级也是一种很好的职业教育;二是在实习学校召开欢迎大会,主管领导主持参加,校园内悬挂欢迎条幅,形成良好的实习氛围;三是实习年级和班级分别召开指导教师与实习生、中学生与实习生的见面会,这有助于实习生消除陌生、树立信心、搞好实习。任何一个欢送、欢迎活动看似是礼节性的,实则是对所有参与实习工作者的一次生动的教育,尤其是对师范生的职业成长具有重要意义和影响。

二、全面实施阶段

实施阶段,是毕业实习的中心环节,直接影响着教育实习任务的完成。全面实施阶段包括观摩见习和操作实习前后两个阶段。

(一)观摩见习阶段

毕业实习的实施工作,是从实习生进入实习学校进行为期1~2周的观摩见习开始的。在观摩见习阶段,实习生的主要任务是了解实习环境,做好实习准备,具体概括为以下五点:

1."听"(听介绍)

一是听取中学领导介绍学校历史、教改状况、远景规划、工作环境、管理制度等;二是听取历史教研组长(或年级段长、历史指导教师、班主任)介绍实习年级和班级的历史教学及管理情况,明确具体实习任务。

2."观"(观摩)

(1)观摩课堂教学:实习生要广泛听课,包括不同年级的历史课和相关课程(主要是政治、地理),从中学习不同教师的长处和教学风格。当然,还要重点多听实习班级历史教师的课,了解教师对教学内容的设计、教学活动的组织、作业布置与批改、课外辅导、测验命题及试卷讲评等;了解学生的学习历史的基础、情绪和习惯,以便更好地接班上课。

(2)观摩班级管理和课外活动的组织:实习生随班主任见习,主要是熟悉班级事务、制定实习计划。一是熟悉实习学校班级管理规定和要求,弄清班纪、班规、班风,了解学生的基本情况;二是当好原班主任的助手,学习工作方法,包括日常工作(早读、间操、自习、课外活动等)及班(团)委例会、主题班会的组织技巧等;三是利用课外活动广泛接触学生,观察他们的思想、学习、生活、兴趣、爱好及特长等;最后,在原班主任指导下,制定班主任工作实习计划。

3."备"(备课)

备课是观摩见习阶段的中心任务。实习生在广泛见习、听课的同时还在紧张而细致地做着教学准备工作,尤其是第一堂课是实习生教育生涯的起点,所以,打响教学实习的第一炮,是每一个实习生在见习阶段都要重点考虑的问题。备好课是上好课的前提,在全面细致备课的基础上,我们要求实习生写出详细教案,周密设计课堂教学的每一个环节,并在反复熟悉和修改中多遍试讲。

试讲,是实习生走上讲台前的一种特殊备课方式,是教案现场实态化的预演过程,是实习生课前准备工作的最后一步,是对实习生教学实习准备情况的综合性考察。试讲本质上属于课堂教学实践行为的范畴,先期进入讲课状态,可有效地调动起实习生的教学智慧。① 通过试讲,可以使实习生体验教一节课的全过程,检验教案的可行性程度,把备课

---

① 周晓光:《历史教学论》,安徽人民出版社,2007年版,第228页。

中的漏洞、课堂上可能发生的问题和差错，预先暴露出来，从而及时采取针对性改进措施。一般试讲比较成功的，上课效果就比较好。试讲要坚持"自练互帮为主，教师指导为辅"的原则，即先由自己单独多遍试讲，待有把握和信心后，再在实习小组中试讲。小组试讲的方式有很多，可采用一人主讲，其他人补充讨论的方式；也可采用轮流试讲、分别评议的方式；还可采用"先说课，后试讲"的方式。说课，作为近年来教学研究的一种新形式，充满了民主与和谐气氛，说者和听者在说、问、答形式的交替中，相互学习、取长补短，有利于培养实习生的创新意识与合作精神，还无形中给实习生一种自我约束力，使其不能随便、想当然的备课而去努力钻研，使每一个教学环节的设计都具备科学依据，从而避免备课的盲目性、随意性和抄教案、背教案的现象。说课，在指导师范生实习备课中是一种值得提倡和重视的有效方法。

4."查"（调查）

实习生可就中学历史教学和改革问题进行广泛的调查访问，如访谈实习学校主管校长、历史任课教师或班主任，或召集有关中学历史教师、中学生和部分家长座谈会，或采用口问笔记、问卷调查等方式进行资料搜集，以了解中学历史教育教学改革现状；还可通过查阅实习学校相关制度，了解学校的有关要求；查阅学生的学籍档案，了解学生的家庭情况和整体发展情况；查阅学生作业、作文、日记、成绩册、"档案袋"等，了解学生学习历史的兴趣爱好、学习习惯以及知识、能力和思想状况等。

5."研"（研究）

（1）全面分析。实习生对照所学知识和理论，在观摩见习和调查访谈的基础上，要对实习环境的教育教学状况做出分析，最终形成书面的"见习分析报告"。

案例赏析

标题：《×中学×年级×班历史教育教学环境分析报告》

正文包括以下几方面：

一、概述实习学校及班级的基本情况。包括学校类型（普通、示范、职业）、实习班人数（男、女生及比例）、团队人数（团员所占比例）、班纪班风情况等。

二、实习班历史学科教学情况。包括原历史教师年龄、教龄、经验、特点；学生历史学科成绩，最近一次考试的及格率、平均分、最高分、最低分、在年级中的排名等；学生的学习习惯（预习、复习、笔记、作业）；历史学科学习的兴趣及原因；课外活动开展的效果等。

三、学校的其他情况及建议。作息时间及主要的规章制度；早读时间与组织方式；课间操、眼保健操的时间与组织方式；校园环境与其他工作的组织等。

四、班级管理与历史学习方面的建议。这些建议应是在实习期间可以考虑实行的。

（2）专题研究。实习生在观摩见习中，对所发现的值得深入探究的问题，可作为专题研究。在初步搜集和阅读相关资料的基础上，进一步论证课题的价值和可行性；然后确定具体的研究对象、方法和手段；最后制订出下一步"教育教学调研实习计划"。教育调研选题要注意实用性、时新性和可行性。可围绕当前教育研究的热点问题，结合历史教育教学特征，从多个角度去选择和设计调研题目。

观摩见习期间，实习生要完成一定量的见习作业，包括听课纪录、班主任见习记录、见习日志等。见习结束后,每个实习生必须完成一篇完整的"见习分析报告"(或见习总结),并与其他见习作业一起作为见习成绩的重要依据,计入实习总成绩。

(二)操作实习阶段

即实习生进行"真枪实弹"大显身手的阶段,这是整个毕业实习的中心环节。这个阶段所占时间最长、内容广泛、活动量大。这里主要谈谈历史教学、班主任工作、教育调研三大任务的实习操作。

1. 历史教学实习

历史教学实习是毕业实习的重要内容。要求实习生在充分了解中学历史教学各环节的基本要求下,根据中学历史课程标准和实习学校历史教学计划,在双方教师指导下开展一系列的历史教学实习工作。历史教学实习工作有一套完整而严密的实习程序,可将之归纳为八个环节:观课—备课—讲课—评课—辅导—批改—测评—反思。

(1)观课。实习生在操作实习阶段的观课形式主要有两种:一是,听实习学校教师的课,目的是了解课堂教学环节,向老师学习上课技巧,同时便于接课;二是,同一个小组的实习生要互相观课、取长补短、共同提高。实习生在实习期间,一般观课不少于10个学时,并要求有记录,作为实习材料之一上交存档。另外,双方指导教师对实习生的每一个新课都至少听一遍,以及时指导和考评。

(2)备课。操作实习阶段的备课包括对每一节新课的准备。实习生要在小组集体备课、说课、试讲、评议中,共同切磋课堂教学设计、教学方法,尤其是教同头课的更要相互学习和交流。在反复预讲中不断修改和完善教案,做到备细、备精、备深,还要做到讲课有稿不读稿(教案在课堂上更多的是一种"备案"),以便把精力集中在组织教学和教学艺术的运用上。

历史教学实习教案表

实习生_____　　中学指导教师_____
本次实习第_____个教案　　本校指导教师_____
上课时间:　　年　月　日　　星期　　第　节

实习学校		实习年级、班		实习课程	
教科书版本 单元、课题目					
教学目标					
教学方法					
教具演示					
教学过程					

中学指导教师 审阅意见	＿＿＿＿＿＿（签字） 　　　年　　月　　日
高校指导教师 审阅意见	＿＿＿＿＿＿（签字） 　　　年　　月　　日
教学札记	

（3）讲课。讲课是历史教学实习的核心工作。注意抓好"三课"和"六环节"：

① 抓好"三课"：

一是"登台课"，即实习期间的第一节课。实习生要在双方指导教师的严格要求下，集中精力打响教学实习的第一炮，争取教学有一个高起点。当然，实习生毕竟是教学新手，"登台课"难免出现错漏之处，对此，实习生不要过分苛责自己，以免造成不必要的心理压力；指导教师要帮助实习生分析问题原因、提出问题解决办法，并在下一节课上及时修正。

二是"提高课"，一般来说，实习生对"登台课"尚能高度重视，但有些实习生在上过后便产生思想松懈现象，认为中学上课不过如此，而不再去精细打磨下面的课。其实，教学是一件常教常新的工作，面对不同的教学内容和教学对象，都会有不同的方式和方法。所以，实习生要克服松劲情绪，总结"登台课"的经验和教训，把每一节课都当做一次"提高课"认真上好。

三是"鉴定课"，实习生在实习期间，所参与的每一次集体说课、试讲、小组示范以及实习归来的汇报讲课等，往往都是带有检验和考评性质的"鉴定课"，常被指导教师作为评定教学实习成绩的依据，所以，对这些课一定要给予重视，要全身心地投入、上好。

② 注意"六环节"：

一是课前准备。这是临上课前约两小时的准备。主要是进一步熟悉教案，对讲课内容、过程环节、教学方法、教具演示等再过一遍。这有利于避免疏漏，安定紧张情绪，让自己树立充分的自信。

二是良好开端。上课铃响之后，要自信大方、精神饱满地走上讲台，在师生互致礼节后，注意不要急于开口讲课，要用几秒钟环视一下全班学生，以亲切的眼神与学生做一次心灵的沟通和抚慰，这对双方稳定心理、调动现场气氛，具有"先声夺人"之良效。

三是精彩开场。说好开口第一句话，以新颖别致的"开场白"吸引学生。对于首次见面课，有必要设计一个简短精彩的自我介绍，然后再导入新课的讲授。

四是课堂施教。要始终围绕教学目标，突出重点，抓住关键，分解难点，揭示规律；要注意知识连接自然；注重启发式和参与式教学；布置作业要讲究实效；说好结束语，提升人格魅力。

五是教学机智。实习生要有随机应变的心理准备和调控能力。学生不遵守纪律时，要控制自己的情绪，千万不要发火，避免正面冲突；学生注意力分散时，会用眼神和心理停顿法暗示；发现自己出错时，不要遮掩搪塞，更不可无理狡辩，要真诚致歉，向发现错误的学生致谢,并及时纠错,提醒注意,以免谬误流传,误人子弟。教师勇于认错,更显睿智和魅力。

六是时间分配。科学合理分配各教学环节的时间,是初登讲台的实习生把握教学节奏的重要手段。在备课试讲中,就要设计好每个环节所需大致时间,包括学生活动的时间。要留有余地,要避免前松后紧的"拖堂课"或前紧后松的"半堂课"现象。

(4)评课。即指对实习生课堂教学成败得失及其原因做出客观分析与评价,并从教育理论高度对一些现象做出正确的解释。评课的主要方式是召开评议会,指导教师参加,实习组长主持,本组听课成员必须参与。一般不必对实习生的每一节课都做评议,但至少对其每一个新课评定一次。评议要有记录、评语,作为实习生教学实习成绩的依据。评教既要充分肯定优点,更要指出不足和缺点,要使每次评教都能达到"评议一人,启发大家"的目的。

(5)辅导。课外辅导是对课堂教学的补充和延伸,是一种重要的教学辅助形式,是关注中学生个体差异、发挥学习主体性、贯彻因材施教的重要措施。所以,要求实习生利用课余或自习堂,及时主动并有针对性地给予所教班级学生辅导答疑。辅导形式有多种,可以是以解答疑难为主,也可以是为不同需求的学生辅导。辅导内容很广泛,如作业辅导,指导学生实践性和社会服务性活动,开展课外辅助教学活动(参观历史古迹、观看历史题材的影视片等),进行历史学习方法的辅导和交流,开展历史课外阅读辅导,教学生学会文献检索、阅读古籍的方法等。课外辅导要避免变相成了"补课"和"家教",以免加重学生负担。

(6)批改。批改学生文本作业是实习生课堂教学实习的后续环节,通过它可以检测学生知识掌握的情况。作业分为课前预习作业、课堂练习作业和课后复习作业等,但无论是哪一种,实习生通过检查和批改都可以从中获得教学信息反馈,有助于实习生及时补缺填漏、改进教学。作业批改方式,有当面批改、学生互改、教师公布答案学生自改、教师抽查批改等。实习生批改作业要认真及时,批语要慎重,字迹要清楚、端正,指出优缺点,产生激励作用。

(7)测评。就是对中学生学习情况和发展情况进行的评价。通过对中学生学业测评,可帮助实习生了解和检查自己的教学实习效果,同时,也是两校领导与教师了解实习生教学实习的一种途径。对中学生进行学业测评的形式有很多种,实习生除了要学会用百分制和等级制两种常用的方式外,还应运用历史新课程改革中出现的一些新的考评方式,如开放式、探究式、调研式等形成性评价方式等,这对促进中学生的成长发展有重要影响,值得实习生去学习和尝试。实习生还要做好考核结果(试卷)的质量分析,并及时向学生讲评,肯定成绩,指出不足。

(8)反思。撰写教学札记,是培养实习生反思意识和教育研究能力的有效途径与方法。对于初登讲台的实习生来说,有的似乎感觉没有什么内容可写,要么就是觉得感受挺多,把课堂教学过程都记录下来。这都是没有把教学与研究结合起来。教学札记可以从"教"的角度,也可以从"学"的角度来写,可以从一堂课中寻找出最受启发、印象最深的一些现象或一两个问题来写;也可着重写某教学环节的设计或某教学方法的运用或是教学中的突发事件等等。

2. 班主任工作实习

实习生依照观摩见习阶段小组共同拟定的班主任实习计划,全面开展班主任工作实习。分到同一个实习班的实习生,要做到责任到人、工作到位、团结协作、互帮互助。要做到事前布置、事中精细、事后总结,使工作环环紧扣、有条有理。

一般来说,实习班主任主要完成原班主任交待的任务,但在新的教育形势下,实习生也不妨大胆地把新的教育思想和方法运用到实践中去,创造性地开展班级实习工作,充分展现自己的才华。但是,凡遇较大举措,尤其是偶发事件,必须先征求实习学校和原班主任的意见,不可擅自行动和处理。

> **观点讨论:**
>
> 随着年级的升高,中学生"不服管"的现象越来越严重,因此班级中会出现学生逃学、上网、打架等现象。作为一名实习班主任,请你分别说说下列几种处理方式的利与弊:
>
> (1) 反复说教,告诉他这么做是不对的,如果他还是不听管教,直接送到教导处或者让家长把学生领回家。
>
> (2) 把出现不良行为的学生集中安排坐到教室的角落,任其自然发展。
>
> (3) 在班级中建立奖励和惩罚制度,以制止不良行为。
>
> (4) 弄清学生不良行为背后的真实想法,帮学生分析其中不合理的地方,从而建立正确的想法。
>
> (5) 让学生认识到自己的价值和潜能,使他相信自己最近表现的不好只是一时的过失,改正了之后还会有美好的将来。

3. 教育教学调研实习

在进入操作实习阶段后,实习生的教育教学调研实习的主要任务是:围绕拟定课题进一步搜集和整理事实材料,并做出科学的判断,最后形成有一定理论体系的调研报告。在这一环节实施中,指导教师要指导实习生依据教育科研的特点,选择恰当而有效的方法来开展。基本方法有:

(1) 观察法。即通过观课、讲课、参与综合实践活动等方式进行。

(2) 调查法。包括全面调查、重点调查、抽样调查、个案调查等,可采取问卷调查、个别访谈、座谈研讨等形式。

(3) 文献法。即通过查阅相关政策、文献、教育教学档案、教师日志、学生作业、考卷等材料获得信息。

此外,还有实验法、统计法、个案研究法、经验总结法等。问卷调查法是教育研究中最常用也是最方便、高效的一种方法。问卷调查的关键在于问卷制作,其制作的一般程序包括:构建问卷框架—选择问卷题型—编制调查问题—撰写调查指导语—征询试测和修订定卷。

案例赏析

中学生历史学习调查问卷

亲爱的同学们:你们好!为了便于老师了解大家学习历史的状况,以促进今后的历史学习,请同学们按实际情况填写以下调查问卷(可以多选)。对你的意见,老师会认真阅读,并作为改进教学的依据。谢谢!

1. 年级(　　)
   A. 初一　　B. 初二　　C. 初三　　D. 高一　　E. 高二
2. 你对历史感兴趣吗?(　　)
   A. 特别感兴趣　　　　B. 比较感兴趣
   C. 不太感兴趣　　　　D. 一点也不感兴趣
3. 你喜欢目前的历史自主学习方式吗?(　　)
   A. 特别喜欢　　B. 比较喜欢　　C. 不太喜欢　　D. 一点也不喜欢
4. 目前你学习历史的状态是(　　)
   A. 主动学习(我要学)　　B. 被动学习(要我学)
5. 你对你的历史学习状况满意吗?(　　)
   A. 很满意　　B. 满意　　C. 不太满意　　D. 很不满意
6. 历史成绩不好的原因是(　　)
   A. 对该课不感兴趣　　B. 没有认真学　　C. 认真学了,学不会
7. 每天你在课外学习历史的时间有多少(　　)
   A. 有很多　　B. 半小时~1小时　　C. 半小时　　D. 没有
8. 平时上课的时候你有疑问的话,你怎么做?(　　)
   A. 当堂举手问老师　　B. 课后问老师　　C. 不问老师和同学
   D. 只和同学讨论　　E. 其他
9. 对于一些开放性问题,你平常有兴趣深入探究吗?(　　)
   A. 很有兴趣　　B. 有兴趣　　C. 一般　　D. 没有
10. 你打算以什么样的学习方式学习历史?(　　)
    A. 课前预习　　B. 课堂认真听讲　　C. 课后认真复习　　D. 自学
11. 在历史学习中,你以什么方式记忆最有效?(　　)
    A. 理清线索　　B. 死记硬背　　C. 理解记忆　　D. 反复看书
    E. 其他方式
12. 你认为在历史学习中,你应该改进的是什么?(　　)
    A. 学习态度　　B. 学习方法　　C. 培养兴趣
13. 你最喜欢历史老师用哪种方式上课?(　　)
    A. 讲授法　　B. 活动法　　C. 讨论法　　D. 播放影像资料
    E. 多种方法结合
14. 你愿意参加什么形式的历史活动?
    _____

15. 老师应如何改进教学,你的建议是:
_____
_____

再次感谢同学们的合作!

年　　月　　日

三、总结考评阶段

在毕业实习的最后一二周,是教育实习的总结、考评与交流阶段。这是实习生对实习期间的工作、生活、学习、思想进行全面系统的回顾整理、总结反思、分析评价、交流沟通的一个重要阶段。应主要抓好以下几项工作:

(一)实习学校召开总结欢送会

在实习任务全部结束后,实习学校要及时召开实习总结暨欢送会,使实习工作的开展有头有尾。同时,充满人情味的告别会,既是对指导教师辛苦工作的肯定,更是对实习生职业情感的又一次教育,让他们再一次感受到做一名教师的尊严和责任,进而增强对未来职业的信心和期待。总结会的召开,还有助于加强实习学校与高校之间的沟通与协作,使双方在总结成绩与不足中,明确各自在师资培养中的责任与工作方向。

总结会后,实习生要及时办理实习结束杂务、准时返校。

(二)实习生整理实习材料

实习生要对实习期间搜集积累和撰写的相关材料进行及时整理。如听课记录、见习分析报告、课时教案、试卷分析、教学札记、实习日记等。还要按要求填写好实习手册、实习登记表、实习鉴定表、实习总结表等。这些材料都要列入学生实习档案并成为学生实习总成绩的重要组成部分。

(三)撰写实习总结报告

实习总结,包括实习生个人总结和实习队(组)及院(系)工作总结。

1. 实习生个人总结

对实习生来说,教育实习是理论联系实际、培养教育教学能力的一个教育实践过程,也是对教育本质和规律的认识过程。实习生通过课堂教学、当实习班主任、进行教育调查等实践活动,广泛地接触中学教师、中学生和基础教育现状,获得了较为丰富的感性材料。那么,在实习结束后,只有对这些感性材料进行反复的思考加工,才能实现认识上的飞跃,才能认识和逐步掌握教育的规律与本质。实习生的实习总结报告可分为全面总结和专题总结两种形式。

(1)全面总结

全面总结,就是实习生对自己在实习期间各方面表现的总结。一般由三个部分构成:① 基本情况。简述实习时间和地点、实习学校和班级、所任课程和授课节数、听课节数、组织和参加班级教育活动的次数、组织班(团)队活动次数、对学生个别教育次数、家访人次以及其他有关教育性活动等等。② 主要成绩。从专业思想、课堂教学、班主任工作、教育研究等方面阐明所取得的成绩和原因、收获和体会。行文要重点突出,有理性分析,实事求是。③ 存在问题。主要是自己在实习过程中暴露的思想、知识、能力、素质等方面的弱点和缺点以及实习中出现的问题,简单分析原因,并提出改进措施。

(2) 专题总结

专题总结是实习生就自己体会最深、收获最大的某一方面进行的重点总结。专题总结要求有一定深度和理论高度,对典型事例及经验教训予以说理分析,使具体的感受上升为理性认识,总结出带有规律性的结论。这实际上就是一种教育研究论文,可将它作为年度论文或毕业论文进一步深入和升华。教研论文的质量要求:① 结构严谨,层次分明,文字通顺,表达准确。② 观点正确,论据充分,分析透彻,说服力强。③ 结论正确,建议切实可行。

2. 实习队(组)和院(系)总结

教育实习是对师范院校教育质量的一次全面检验。教育实习后,每个实习队(组)和院(系)、校都应认真总结教育实习的收获及优缺点,并提出今后的工作方向。内容包括:基本情况、主要成绩、主要体会、存在问题、改进意见等。在报告中,要特别针对实习生和实习管理工作中存在的问题和不足提出下一步的补救和整改措施。如利用实习结束后实习生在校学习时间,有针对性地做一些查漏补缺、强化训练的工作。

(四) 组织教学实习汇报课

实习汇报课,又叫实习公开课,或称作"回讲"。它是在实习结束后,实习生回到本校内举行的汇报展示性的讲课。院(系)在实习结束后,要及时而认真地组织,避免教育实习工作出现前热后冷、虎头蛇尾的现象。参加汇报讲课的学生,可以是实习指导教师指定的教学效果好、基本素质高的实习生参加,目的是树立教学典范;也可以是随机抽定,这样更能引起学生普遍重视,会再次认真准备锻炼提高能力。讲课的内容可以是完整一节课,也可以是教学精彩片段。在组织上也可办成比赛形式,使活动更富挑战性和激励性。无论哪种形式,最终目的都是为了给师范生创造一个进一步观摩、沟通、交流、学习和展示的机会,以增进师范生热爱历史教育的情怀。另外,要组织非毕业年级的师范生参加观摩,以增加他们对教育实习的感性认识,同时也是难得的学习机会。

(五) 教育实习成果展

教育实习成果和事迹展览在教育实习考评结束后进行,最好由学校统一组织,以院(系)为单位参加布展。目的是向全体师生展示教育实习的成果和师范生的精神风貌。布展内容要丰富,可以是实习生教育实习工作场面的照片和图片、实习生搜集的文字和实物资料、实习生自制的教具和教案及优秀调研论文,甚至是实习生课堂教学录像视频等等,总之,要以多种形式全面反映实习工作的成就。

(六) 教育实习论文集

在整个实习工作结束后,学校(或院系)可以组织编辑《××届毕业生教育实习论文集》,这能很好地调动实习生开展教育调研的积极性和提高撰写论文的能力。当然,还可以编辑成具有纪念和宣传效果的图文并茂的纪念册子,内容可含实习生优秀论文和其他实习作品以及实习活动集锦等信息资料。这既可以作为本届实习生珍藏的纪念品,还可以为今后的师范生教育提供案例指导。

（七）实习成绩考评

1. 考评意义

毕业实习成绩的考核与评定是一项重要而繁杂的工作。如何客观、公正、准确地评定师范生实习成绩，全面反映师范生的教育教学水平，对于增强师范生的进取心、提高教育实习质量具有重要的意义，具体表现在：

（1）检测实习生教育教学工作的综合能力，为用人单位选聘人才提供可靠的依据；

（2）调动实习生的工作积极性和主动性，从成绩中树立自信，在不足中找到努力的方向，从而更加勤奋实践，大胆工作，全面提高；

（3）为师范院校提供人才培养和办学质量的信息反馈，为师范院校的教学改革、培养模式的修订提供重要的依据。

由于毕业实习成绩的重要性，学生对实习成绩非常敏感，其自尊心、自信心和学习情绪都会受到评定结果的影响。另外，毕业实习成绩的可比性和可量性都不强，要准确评定确有一定的困难。因此，毕业实习成绩的评定必须建立在科学性、目的性、综合性、绩效性和可行性原则的基础上。

2. 考评方法与标准

实习成绩的评定要具有可操作性，可将毕业实习工作进行分解，通过一些具体指标对教育实习进行刻画。标准要明确具体，易于界定，尽量避免抽象笼统的条文，但也不宜太细、太繁琐。为使实习成绩评定达到预期效果，评定标准应该在实习之前就要向实习生公布。下面是参照他人研究成果，分别采用等级制和百分制制定的两种评定办法，具体细则如下：

（1）分项量化积分评定法

此种方法就是将实习生的各项实习工作表现进行细分量化，用一定的分值来计算。可将细则分成正分、负分和印象分三部分。

实习组长在整个实习期间要及时登记情况，每周向全体组员公布一次，在没有错登漏登的情况下，向本校带队（指导）教师汇报一次并备案。实习结束时，按正分、负分、印象分分别统计分数，不求算术和，最后划定等级标准如下：

优秀：负分的绝对值不超过 1

良好：负分的绝对值小于 5

中等：负分的绝对值小于 10

及格：负分的绝对值小于 15

不及格：负分的绝对值超过 15（含 15）

实习成绩优秀的确定：在负分的绝对值不超过 1 的前提下，根据正分的高低，选取各队人数的 20% 为优秀。

毕业实习分项量化积分表

专业：　　　实习生：　　　实习学校：　　　实习班级：

项目	评分依据	得分	项目	评分依据	得分
1			23		
2			24		
3			25		
4			26		
5			27		
6			28		
7			29		
8			30		
9			31		
10			32		
11			33		
12			34		
13			35		
14			36		
15			37		
16			38		
17			39		
18			40		
19			41		
20			42		
21			43		
22			44		
合计正分			合计负分		

（2）加权求和评定法

即将教育实习分解为思想素质、教学实习、班主任实习、教育调研实习四大项来考核，每一项又通过若干指标来体现。四项权值依次是：0.1、0.5、0.2、0.2，用公式表示为：

毕业实习成绩＝思想素质得分×0.1＋教学实习得分×0.5＋班主任实习得分×0.2＋教育调研实习得分×0.2

各项分数依照下列评分细则表算出，然后按四项各权值进行折算，得出各项的实际分数，最后，四项之和，即该实习生的总实习成绩。

等级标准的划分为：优秀：90～100分；良好：80～89分；中等：70～79分；及格：60～69分；不及格：0～59分

实习生毕业实习成绩评分细则表

专业：　　　　实习生：　　　　实习学校：　　　　实习班级：

项　目	内容	评 定 标 准	得分
思想素质（10%）满分100（实习小组占30%，双方指导教师占70%）	思想觉悟（15）	1. 用辩证唯物主义观察、处理学生中的问题，用全面、发展的眼光对待每位学生(5分)	
		2. 工作中不计较个人得失，讲奉献，淡薄名利(5分)	
		3. 自我控制能力高，遇事头脑冷静(5分)	
	思想品质（15）	4. 爱祖国、爱党、爱人民、爱社会主义(5分)	
		5. 忠诚党的教育事业，全面贯彻党的教育方针(5分)	
		6. 职业信念坚定，专业思想牢固(5分)	
	道德素养（30）	7. 热爱每一位学生，坚持正面教育，耐心细致(6分)	
		8. 尊敬师长，尊重学生人格，维护学生自尊心，不挖苦、讽刺、体罚学生(6分)	
		9. 作风正派，待人诚恳，为人师表，以身作则(6分)	
		10. 学而不厌，诲人不倦，有团结协作精神(6分)	
		11. 热爱集体，关心同志，爱护公共财物(6分)	
	实习态度（40）	12. 认真对待实习，服从工作安排，完成实习任务(8分)	
		13. 积极参加实习学校的政治、业务学习和教研活动(8分)	
		14. 严格遵守《实习生守则》和实习学校的各项规章制度(8分)	
		15. 能正确处理与带队老师、指导老师、同学及学生的关系(8分)	
		16. 热情为同学服务，为实习学校排忧解难(8分)	

项目	内容	评定标准	得分
教学实习（50%）满分96（实习小组占30%，双方指导教师占70%）	教学准备（18）	1. 明确教学目标，熟悉课程标准和教科书体系，制订合适的教学工作计划(3分)	
		2. 了解原任课教师的教学特点及实习班级学生的学习情况，备课有针对性(3分)	
		3. 刻苦钻研教材，正确理解教材内容，熟悉所教知识的内在联系(3分)	
		4. 教案基本要素齐全，结构完整，层次分明，书写工整规范，有板书计划(3分)	
		5. 每一堂课都有教案且教学内容处理得当，体现素质教育，可操作性强(3分)	
		6. 试教积极，准备充分，要求严格，虚心接受指导(3分)	
	教学内容（9）	7. 教学内容符合课标要求，切合学生实际，促使学生的知识、能力、素质协调发展(3分)	
		8. 讲授内容准确无误，重点突出，难点分散，抓住关键，并且理论联系实际，教书育人(3分)	
		9. 内容熟悉，脱稿讲课(3分)	
	组织教学（25）	10. 课堂导语设计巧妙，引人入胜。各教学环节紧凑，节奏适度，时间安排妥当(5分)	
		11. 教学方法使用得当，体现了启发式教学思想和培养学生创新精神，发挥了学生的主体作用(5分)	
		12. 适当使用幻灯、投影、小黑板、多媒体等辅助教学手段(5分)	
		13. 能稳定课堂教学秩序，妥善处理课堂偶发事件，及时纠正学生的学习错误(5分)	
		14. 能集中学生注意力，充分调动学生的学习积极性，课堂气氛活跃(5分)	
	教学技能（20）	15. 能用普通话教学。教学语言准确、精练、清晰、流畅；声音洪亮，有节奏感；生动、形象，有亲切感(5分)	
		16. 板书设计合理、详略得当，书写工整、规范，图形清楚、大方(5分)	
		17. 实验教学操作规范，教学媒体演示正确、熟练，辅助教学效果好(5分)	
		18. 教态自然、亲切、精神饱满、举止庄重(5分)	
	辅导答疑（8）	19. 深入学生，准确及时回答学生提问，进行课后辅导(4分)	
		20. 详细批改作业，按时进行作业讲评(4分)	
	课后评议（8）	21. 听课有记录、有评议，评课会上积极发言，正确评价他人授课的优点和缺点(4分)	
		22. 客观自我评教，虚心接受老师和同学的评议意见(4分)	
	教学效果（8）	23. 学生听课认真，思维活跃，积极准确地回答教师的提问(4分)	
		24. 学生能按时完成课后练习且正确率高(4分)	

项　目	内　容	评　定　标　准	得分
班主任实习 （20%） 满分100 （实习小组占30%，双方指导教师占70%）	准备工作（15）	1. 了解班级基本情况和学生的平时表现及学习情况（5分） 2. 能叫出大部分学生的名字，了解学生及其家庭简要情况（5分） 3. 制订具体、切实可行的班主任工作实习计划（5分）	
	工作能力（15）	4. 制订班级工作计划，能独立主持班会，进行班级工作小结，及时向原班主任汇报工作（5分） 5. 具有指导学生开展班级活动的能力，能发挥教师的主导作用，当好"导演"和"教练"（5分） 6. 具有较强的组织协调能力，能处理好师生之间、兄弟班级之间及与实习学校各职能部门的关系（5分）	
	常规管理（28）	7. 深入班级，督促并检查学生搞好学习、清洁卫生、遵守纪律（7分） 8. 及时、妥善地处理班级的突发性事件（7分） 9. 针对性地进行学生个别教育，努力做好后进生的转化工作（7分） 10. 有目的地对个别学生进行家访，方法得当，效果明显（7分）	
	班级活动（14）	11. 成功地组织主题班会，准备充分，主题突出，形式生动活泼，学生深受教育（7分） 12. 积极组织学生课外活动，进行活动课程指导，促进学生个性发展（7分）	
	工作实绩（28）	13. 班级团结友爱，文明礼貌，遵纪守法，奋发向上，有凝聚力，在学校纪律评比中名列前茅（7分） 14. 学习风气浓厚，学习态度端正，学习有进步，学风正（7分） 15. 文体活动开展好且成绩突出，班级生动活泼，学生个性健康发展（7分） 16. 班级环境做到净化、美化、知识化，教室内桌凳摆放整齐、窗明几净，体现人文教育特点，在学校文明卫生检查中取得好成绩（7分）	
教育调研实习（20%） 满分100 （实习学校指导教师占30%，高校指导教师占70%）	教育调查（30）	1. 调查选题恰当，调查对象面宽，有代表性（10分） 2. 调查方法合适，目的明确，重点突出（10分） 3. 调查问卷设置合理，问题确切，科学性、逻辑性、针对性强。个别访谈，具体得当，热情礼貌，记录全面（10分）	
	教育调研（70）	4. 认真填写听课评议意见，及时反思课堂教学，写好教学后记（10分） 5. 积极参加教研活动，踊跃发表自己的见解（10分） 6. 对调查结果进行认真统计、分析，写出有价值的调研报告或研究论文（50分）	

总计得分：

指导老师签名：

　　　　　　　　　　　　　　　　　　　　　　　年　　月　　日

对于上述两种评定方法,我们本着对师范生高度负责和重在教育的原则,特提出建议:给予实习总成绩为"及格"和"不及格"的学生再次实习的机会。这是为了保障我们的师范教育不出"残品"、"次品",是对推进我国基础教育和高师教育改革的负责,同时,也是对学生个人成长的负责。当然,作为一种惩戒措施,可规定实习成绩不及格者再次实习的费用一律由实习生个人承担,且按一门课程不及格记录。

> **观点讨论**:请对比以上两种评定方法有什么不同特点?你认为对它们还有哪些地方需要修改完善?或许你有更好的方法,请提出来供大家分享。

实习成绩考评结束后,院(系)实习领导小组还要组织相关人员填写《教育实习鉴定表》。

教育实习鉴定表

姓　名		系　别		班　级	
实习学校				实习年级	
实习科目		实习时间		实习内容	
个人总结					
实习小组意见	组长:(签字)　　年　月　日				
中学指导教师意见	(签字)　　年　月　日				
实习学校意见	盖章　　年　月　日				
本校指导教师意见	(签字)　　年　月　日				
院(系)意见	盖章　　年　月　日				
总　成　绩					

注:本表用钢笔填写。实习学校签署的意见原则上不与实习生见面,密封后由实习生带回交院(系),最终完成此表填写。

(八) 召开总结暨表彰大会

师范生实习成绩考核后,评出优秀实习生、优秀指导教师、优秀实习小组等。然后,组织院(系)全体师生,召开本届毕业实习工作总结暨表彰大会。总结成绩与不足,进一步推进高师历史教育实习工作的改革与发展。

本 章 小 结

本章主要介绍历史教育实习的模式与程序。第一节依据不同标准将教育实习模式进行了分类介绍。其中,重点对校内模拟实习的重要意义和实施办法进行论述和探究,明确把它作为历史学科教学论课程的一个重要实践环节,并将其列入该课程总成绩。第二节专题介绍了毕业实习,将其分为准备动员、全面实施和总结考评三大阶段,具体阐述了各阶段的实施内容和策略,特别是对毕业实习时间的确定、实习基地的建立、观摩见习的内容、教学实习的环节、调研实习的方法、实习总结的写作、实习考核的标准制定等重要的实习课题进行了较为全面系统的论述与探索。

综述本章内容,强调三个论点:第一,历史教育实习是一件经常性的工作,师范生从一入校就要开始接受系统严格的师范技能和职业素养培训。从重视平时的实地见习和模拟实习,到抓好毕业实习的各环节,高师院校都有责任为师范生学为人师之旅铺路、搭桥和护航。第二,历史教育实习是高师历史教育全部工作的重要支柱,对师范生的职业教育绝非仅是历史学科教学论独门学科的专利,而应是融进整个师范教育全方位、全过程的,是囊括了师范教育内容、方式方法、师资素质、实践机制与组织管理等在内的全员性的教育活动。第三,师资培养是全社会的责任,尤其是与师范教育对口的基础教育,更是责无旁贷的要为高师院校的师范生提供良好的实习基地,使教育实习真正发挥出促进高师教育与基础教育共同发展的原动力的作用。教育是人类延续的基础,师资是人类发展的动力,教育实习则是人类社会永恒不变的课题。

课 后 练 习

一、名词解释

观摩见习　操作实习　模拟实习　定点实习　分散实习　毕业实习　历史教学实习　顶岗实习　实习环境　登台课

二、问题解析

1. 面临即将到来的毕业实习,你觉得自己还有哪些方面没有做好准备?你打算如何改进?请自测一下你目前对中学历史课堂教学各个环节设计的把握能力是:

	非常熟练	熟练	一般	不太熟练	不会
A. 教学目标分析	5	4	3	2	1
B. 教学内容选择与组织	5	4	3	2	1
C. 学习者分析	5	4	3	2	1

	非常熟练	熟练	一般	不太熟练	不会
D. 教学方法与策略选择	5	4	3	2	1
E. 教学媒体选择	5	4	3	2	1
F. 教学评价设计	5	4	3	2	1
G. 完整教案的编写	5	4	3	2	1

2. 您对实习学校有哪些建议：

3. 您对本校教育实习工作有哪些建议：

三、教学试练

请准备一节完整的中学历史课堂教学，以"先说课，后试讲"的方式，参加集体试练活动，然后完成一篇教学札记。

四、实践探究

1. 请选择下列课题之一，拟出问卷并进行教育调研，最终形成书面报告：
   (1) 中学实习学校对接受历史教育实习生情况问卷调查。
   (2) 本校往届高师历史教育实习生实习意见反馈调查。
2. 建议开展一次"一日班主任"实习活动。

阅 读 参 考

1. 教育部编：《深化教育改革，全面推进素质教育》，高等教育出版社，1999.
2. 朱元春：《教育实习新探索——三阶段教育实习模式》，高等教育出版社，2005.
3. 刘伟正："培养反思型教师：从教育实习开始"，载《第十届全国学科教育学术会议论文汇编》，首都师范大学出版社，2002.
4. 陈冀平：《高师教育实习新概念：混合编队模式实习主体的体验与感悟》，广东教育出版社，2003.
5. 陈文涛：《教育实习的实践与创新》，河南大学出版社，2006.
6. 周晓光：《历史教学论》，安徽人民出版社，2007.

后　　记

《新课程历史教学论》原为河南大学教学改革项目成果,2011年2月作为河南大学教材建设基金资助项目由河南大学出版社正式出版,本次又有幸列入河南省"十二五"普通高等教育规划教材出版计划而得以重新修订。

本书在整个编著出版和修订过程中,得到了河南大学出版社、教务处和历史文化学院领导的大力支持,马小泉社长、苗书梅院长、张礼刚教授,还有教材科王宝才、责编张珊、排版申立萍和李亚涛等同志都对本书出版给予了热情的帮助,马福贞、姚尧和孙瑞婷博士也为本书提出了许多好的建议,在书稿即将付梓之际,特向他们表示诚挚的谢意!

《新课程历史教学论》一书的总体构思、编撰体例和篇章纲目均由王翠拟定,并负责全书的编写、修改、统稿和定稿,同时撰写了前言、后记、每篇的"学习内容与目标要求"、"学习重点与难点"及部分章节内容。本次修订在保留了原有参编人员的基础上略有变动。第一章,王翠;第二章,王翠;第三章,王翠、牛琳;第四章,王翠、邱胜利;第五章,邱胜利、史爱君;第六章,王翠、宋艳萍、邱胜利;第七章,王翠;第八章,王翠;第九章,邱胜利、李彦雄;第十章,李彦雄、邱胜利;第十一章,房翠敏;第十二章,王翠、房翠敏;第十三章,邱胜利、宋艳萍;第十四章,王翠;第十五章,王翠;第十六章,王翠;第十七章,李彦雄、宋艳萍;第十八章,王翠;第十九章,王翠;第二十章,王翠。杨苗苗、徐彩云、董明杰参与了部分资料的搜集和整理。为保证全书内容和风格一致性,在全书统稿和本次修订时,统稿人对原编内容有一定调整、删改和补充,特此说明。另外,本书吸收了大量中外相关研究成果,限于篇幅,恕未能一一注明,敬希见谅并致谢!

囿于笔者学识与水平,文中观点和内容难免有不妥和错漏之处,祈望专家及广大读者批评斧正。

王　翠

2018年6月于河南大学博雅楼